POST CARD

（キリトリ線）

MOMOKO SAKURA

もくじ

集英社文庫

ちびまる子ちゃん⑥

さくらももこ

集英社版

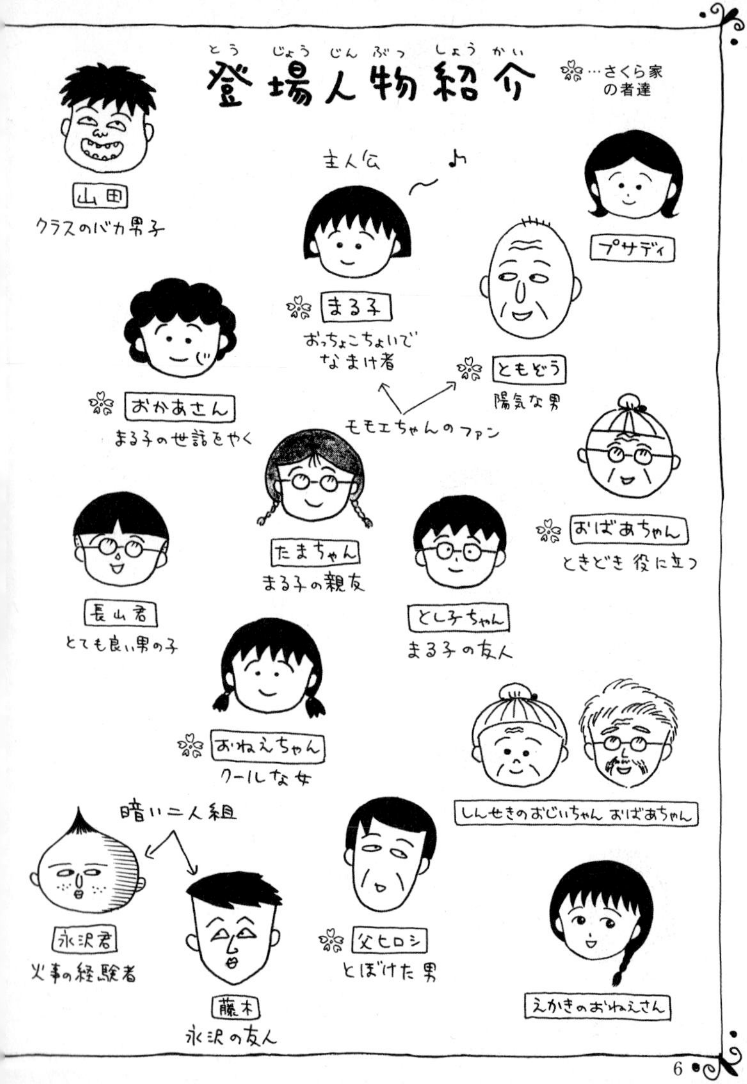
登場人物紹介
…さくら家の者達
山田
クラスのバカ男子
主人公
まる子
おっちょこちょいでなまけ者
プサディ
ともぞう
陽気な男
おかあさん
まる子の世話をやく
モモエちゃんのファン
おばあちゃん
ときどき役に立つ
たまちゃん
まる子の親友
長山君
とても良い男の子
とし子ちゃん
まる子の友人
おねえちゃん
クールな女
しんせきのおじいちゃん おばあちゃん
暗い二人組
永沢君
火事の経験者
藤木
永沢の友人
父ヒロシ
とぼけた男
えかきのおねえさん

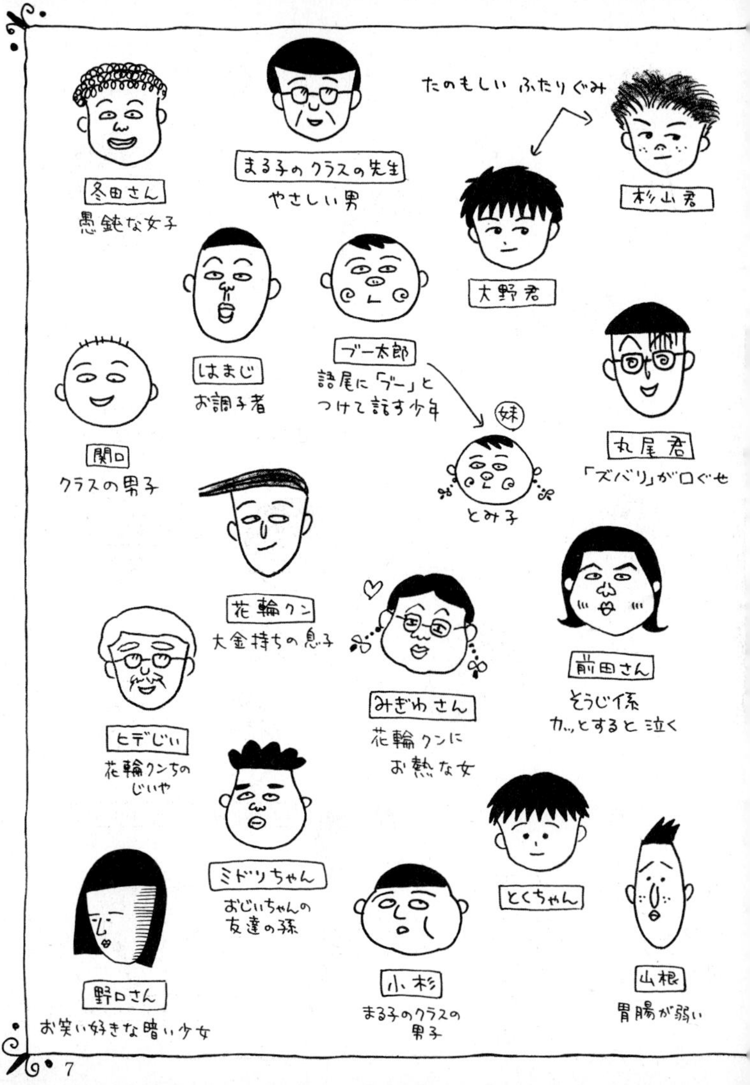

冬田さん
愚鈍な女子
まる子のクラスの先生
やさしい男
たのもしい ふたりぐみ
杉山君
大野君
はまじ
お調子者
ブー太郎
語尾に「ブー」と
つけて話す少年
関口
クラスの男子
妹
とみ子
丸尾君
「ズバリ」が口ぐせ
花輪クン
大金持ちの息子
前田さん
そうじ係
カッとすると泣く
みぎわさん
花輪クンに
お熱な女
ヒデじい
花輪クンちの
じいや
ミドリちゃん
おじいちゃんの
友達の孫
とくちゃん
野口さん
お笑い好きな暗い少女
小杉
まる子のクラスの
男子
山根
胃腸が弱い

ちびまる子ちゃん

⑥

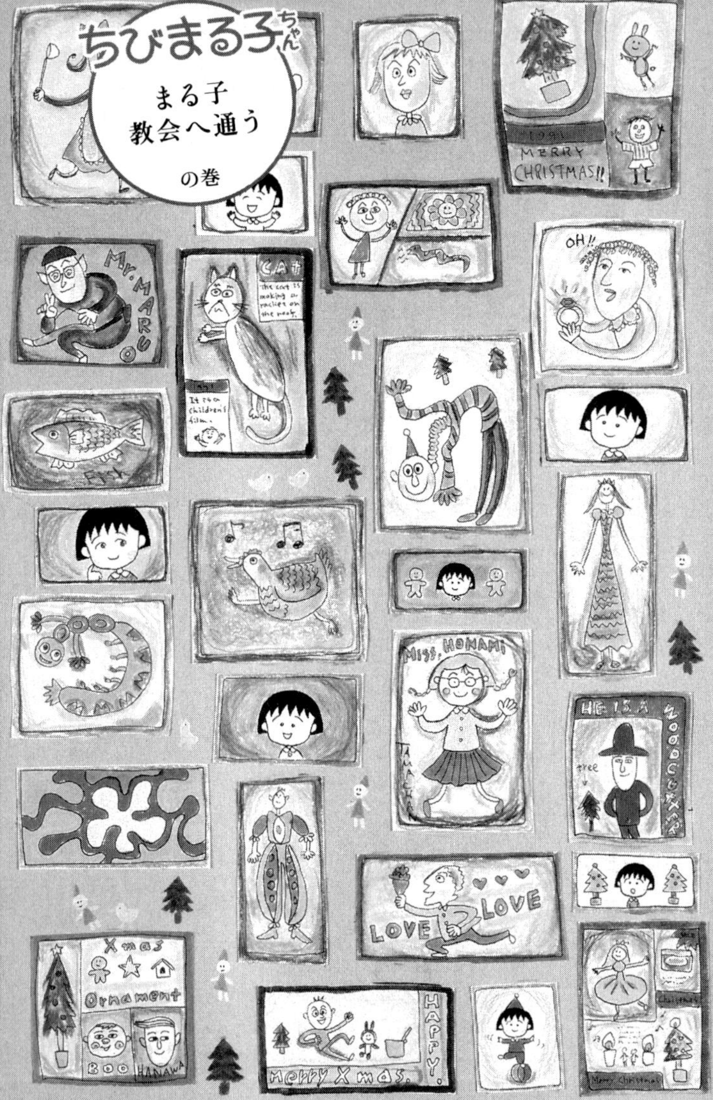
ちびまる子ちゃん
まる子
教会へ通う
の巻
MERRY
CHRISTMAS!!
Mr. MARUO
CAT
OH!!
Miss. HONAMI
HE IS A
LOVE
LOVE
Xmas
Ornament
BOO
HANAWA
HAPPY.
Merry Xmas.
Merry Christmas

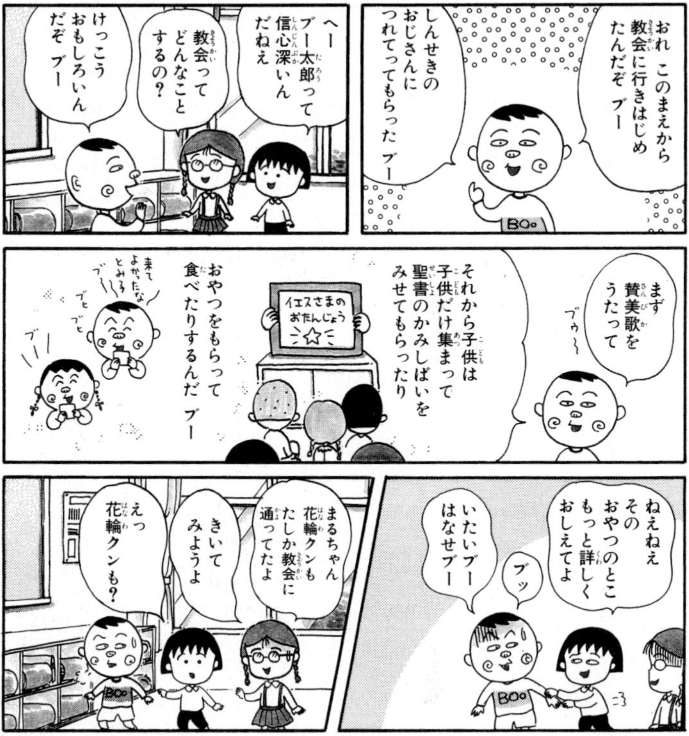
おれ このまえから教会に行きはじめたんだぞ ブー
しんせきのおじさんにつれてってもらった ブー
へー ブー太郎って信心深いんだねえ
教会ってどんなことするの?
けっこうおもしろいんだぞ ブー
まず賛美歌をうたって
ブゥ〜
それから子供は子供だけ集まって聖書のかみしばいをみせてもらったり
イエスさまのおたんじょう
おやつをもらって食べたりするんだ ブー
来てよかったなとみ子
ブ〜
ブヒブヒ
ブー
ねえねえ そのおやつのとこもっと詳しくおしえてよ
ブッ
いたいブー はなせブー
まるちゃん 花輪クンもたしか教会に通ってたよ
きいてみようよ
えっ 花輪クンも?
ねえねえ 花輪クン
なんか用かい リトルベイビー
あのさ 教会に通っているんでしょ? おやつのことくわしくおしえてくんない?
……ベイビー 教会を何だと思っているんだい ボクの行ってる教会じゃおやつなんてないよ

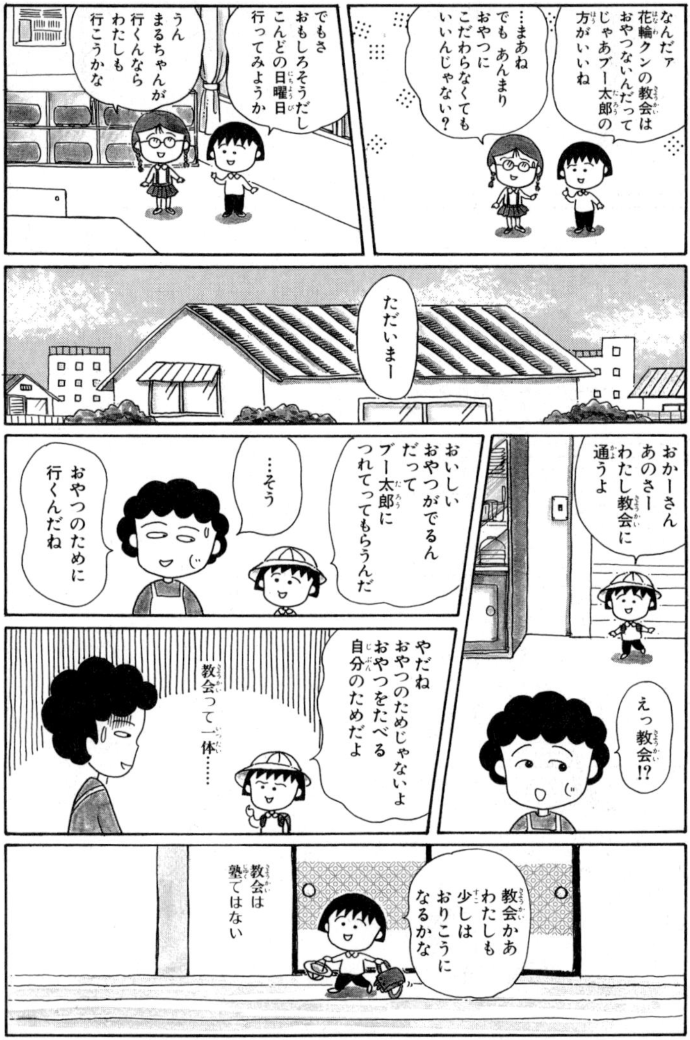
なんだァ花輪クンの教会はおやつないんだってじゃあブー太郎の方がいいね
…まあね でも あんまり おやつに こだわらなくても いいんじゃない?
でもさ おもしろそうだし こんどの日曜日 行ってみようか
うん まるちゃんが 行くんなら わたしも 行こうかな
ただいまー
おかーさん あのさー わたし教会に 通うよ
えっ教会!?
おいしい おやつがでるん だって ブー太郎に つれてってもらうんだ
…そう
おやつのために 行くんだね
やだね おやつのためじゃないよ おやつをたべる 自分のためだよ
教会って一体……
教会かあ わたしも 少しは おりこうに なるかな
教会は 塾ではない

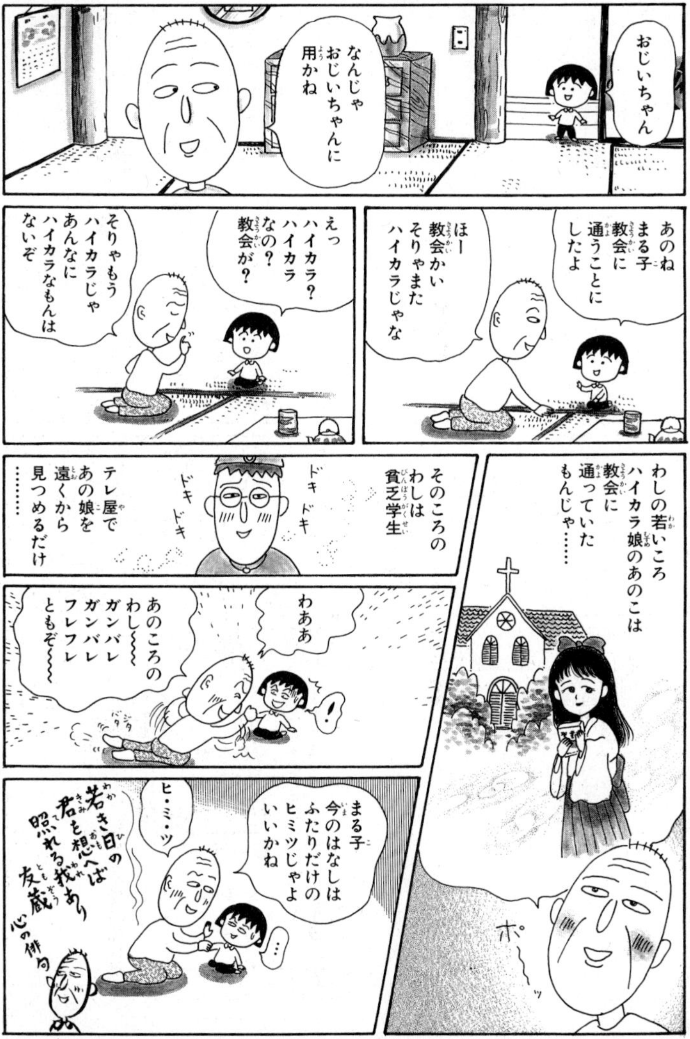
おじいちゃん
なんじゃ おじいちゃんに用かね
あのね まる子 教会に 通うことに したよ
ほー 教会かい そりゃまた ハイカラじゃな
えっ ハイカラ? ハイカラ なの? 教会が?
そりゃもう ハイカラじゃ あんなに ハイカラなもんは ないぞ
わしの若いころ ハイカラ娘のあのこは 教会に 通っていた もんじゃ……
ポ〜ッ
そのころの わしは 貧乏学生
ドキ ドキ ドキ
テレ屋で あの娘を 遠くから 見つめるだけ……
わああ
あのころの わし〜〜 ガンバレ ガンバレ フレフレ ともぞ〜〜〜
!
まる子 今のはなしは ふたりだけの ヒミツじゃよ いいかね
ヒ・ミ・ツ
…
若き日の 君を想へば 照れる我あり 友蔵 心の俳句

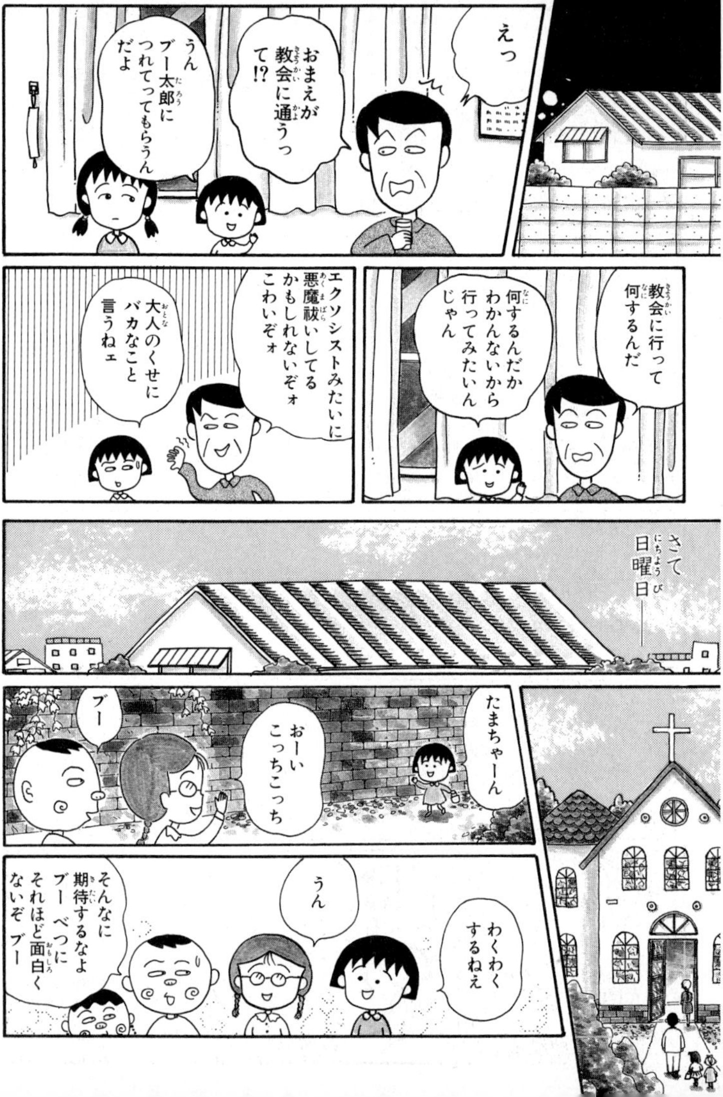
えっ
おまえが教会に通うって!?
うんブー太郎につれてってもらうんだよ
教会に行って何するんだ
何するんだかわかんないから行ってみたいんじゃん
エクソシストみたいに悪魔祓いしてるかもしれないぞォこわいぞォ
大人のくせにバカなこと言うねェ
さて日曜日――
たまちゃーん
おーいこっちこっち
ブー
わくわくするねえ
うん
そんなに期待するなよブー べつにそれほど面白くないぞ ブー

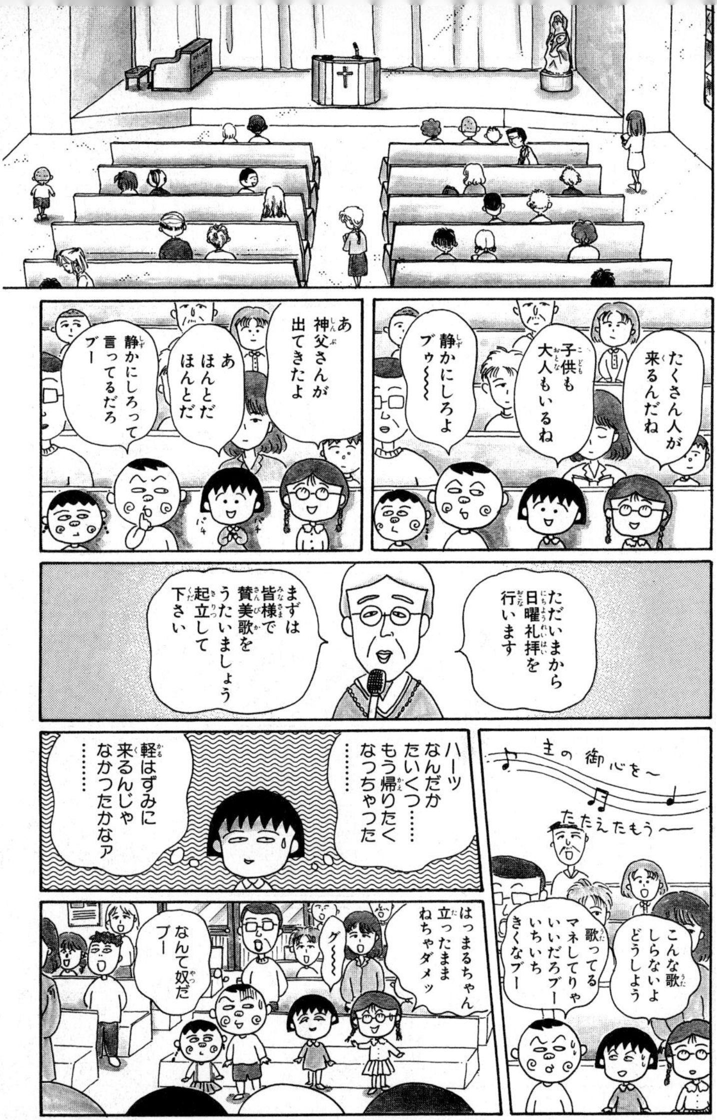
たくさん人が来るんだね
子供も大人もいるね
静かにしろよブゥ〜〜〜
あ神父さんが出てきたよ
あほんとだほんとだ
静かにしろって言ってるだろブー
ただいまから日曜礼拝を行います
まずは皆様で賛美歌をうたいましょう起立して下さい
主の御心を〜
たたえたもう〜〜
こんな歌しらないよどうしよう
歌ってるマネしてりゃいいだろブーいちいちきくなブー
ハーッなんだかたいくつ……もう帰りたくなっちゃった……
軽はずみに来るんじゃなかったかなァ……
はっまるちゃん立ったままねちゃダメッ
グ〜〜
なんて奴だブー

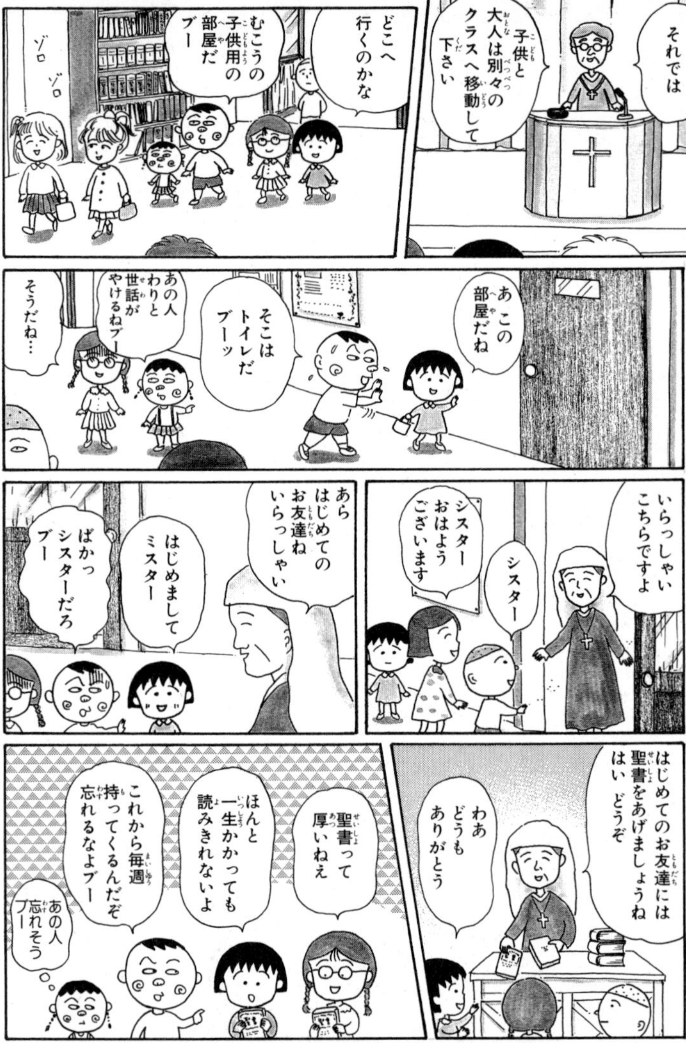

それでは
子供と大人は別々のクラスへ移動して下さい
どこへ行くのかな
むこうの子供用の部屋だブー
ゾロ ゾロ
あこの部屋だね
そこはトイレだブーッ
あの人わりと世話がやけるねブー
そうだね…
いらっしゃいこちらですよ
シスター
シスターおはようございます
あらはじめてのお友達ねいらっしゃい
はじめましてミスター
ばかっシスターだろブー
はじめてのお友達には聖書をあげましょうねはい どうぞ
わあどうもありがとう
聖書って厚いねえ
ほんと一生かかっても読みきれないよ
これから毎週持ってくるんだぞ忘れるなよブー
あの人忘れそうブー

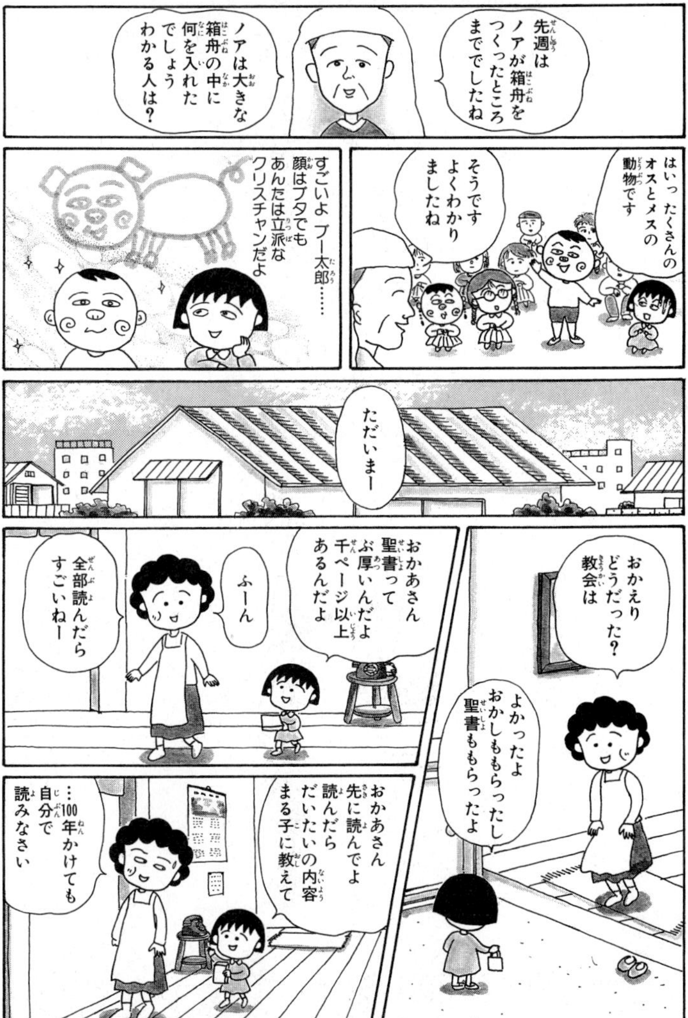
先週は ノアが箱舟を つくったところ まででしたね
ノアは大きな 箱舟の中に 何を入れた でしょう わかる人は？
はいっ たくさんの オスとメスの 動物です
そうです よくわかり ましたね
すごいよ ブー太郎…… 顔はブタでも あんたは立派な クリスチャンだよ
ただいまー
おかえり どうだった？ 教会は
よかったよ おかしももらったし 聖書ももらったよ
おかあさん 聖書って ぶ厚いんだよ 千ページ以上 あるんだよ
ふーん
全部読んだら すごいねー
おかあさん 先に読んでよ 読んだら だいたいの内容 まる子に教えて
…100年かけても 自分で 読みなさい

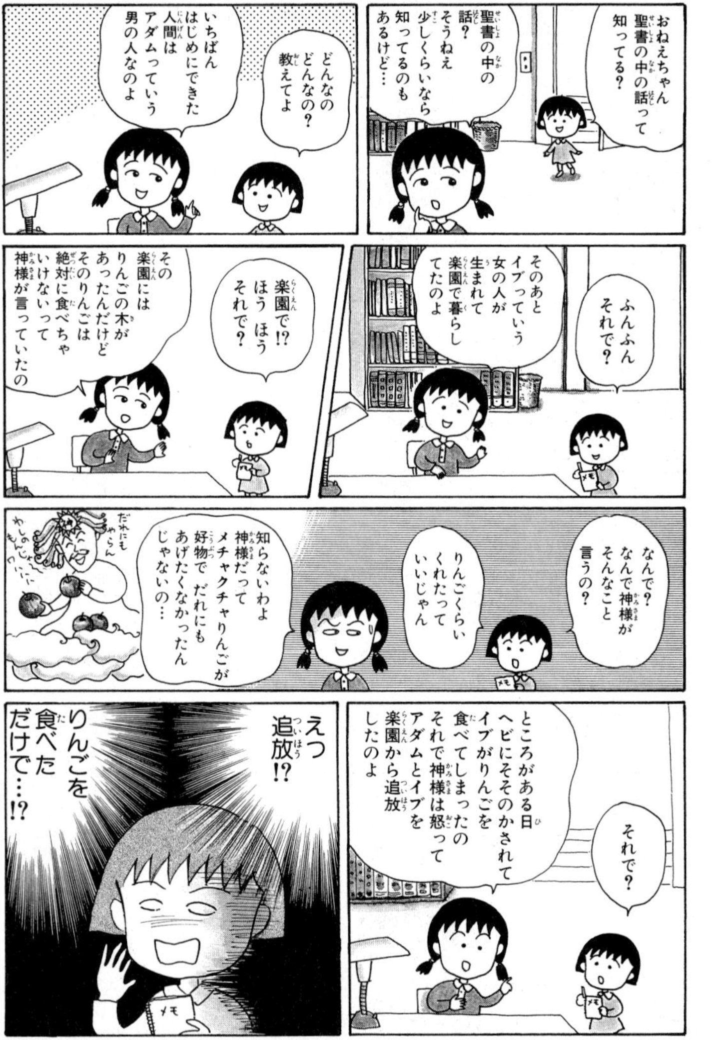
おねえちゃん 聖書の中の話って 知ってる？
聖書の中の 話？ そうねえ 少しくらいなら 知ってるのも あるけど…
どんなの どんなの？ 教えてよ
いちばん はじめにできた 人間は アダムっていう 男の人なのよ
ふんふん それで？
そのあと イブっていう 女の人が 生まれて 楽園で暮らし てたのよ
楽園で!? ほう ほう それで？
その 楽園には りんごの木が あったんだけど そのりんごは 絶対に食べちゃ いけないって 神様が言っていたの
なんで？ なんで神様が そんなこと 言うの？
りんごくらい くれたって いいじゃん
知らないわよ 神様だって メチャクチャりんごが 好物で だれにも あげたくなかったん じゃないの…
だれにも やらん
わしの もんじゃ
それで？
ところがある日 ヘビにそそのかされて イブがりんごを 食べてしまったの それで神様は怒って アダムとイブを 楽園から追放 したのよ
えっ 追放!?
りんごを 食べた だけで…!?

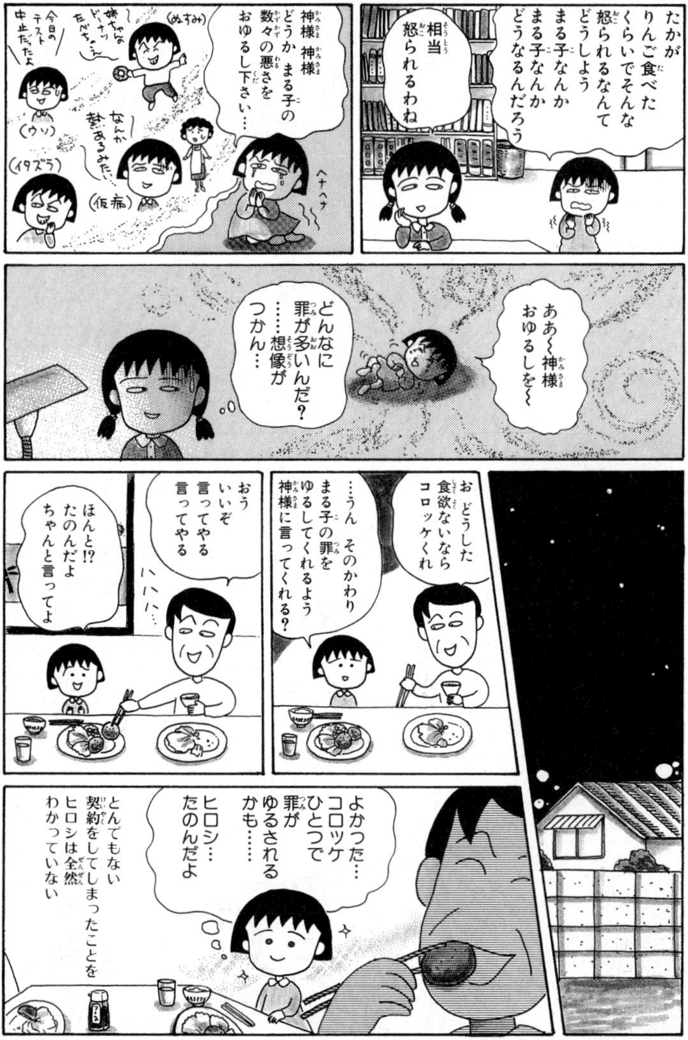
たかが りんご食べた くらいでそんな 怒られるなんて どうしよう まる子なんか まる子なんか どうなるんだろう
相当 怒られるわね
神様 神様 どうか まる子の 数々の悪さを おゆるし下さい…
ヘナヘナ
(ぬすみ)
姉ちゃんのドーナツ たべちゃえ
今日の テスト 中止だったよ
(ウソ)
なんか 熱あるみたい…
(仮病)
(イタズラ)
ああ〜神様 おゆるしを〜
どんなに 罪が多いんだ? ……想像が つかん…
お どうした 食欲ないなら コロッケくれ
…うん そのかわり まる子の罪を ゆるしてくれるよう 神様に言ってくれる?
おう いいぞ 言ってやる 言ってやる
ハハハ…
ほんと!? たのんだよ ちゃんと言ってよ
よかった… コロッケ ひとつで 罪が ゆるされる かも……
ヒロシ… たのんだよ
とんでもない 契約をしてしまったことを ヒロシは全然 わかっていない

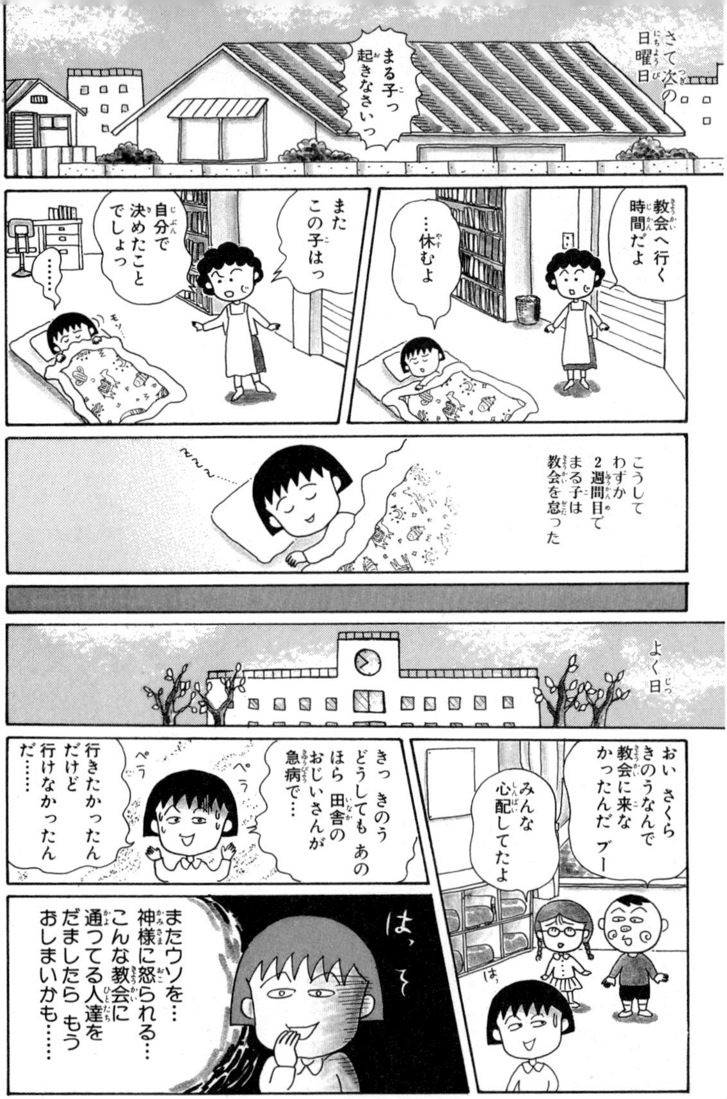
さて次の日曜日
まる子っ 起きなさいっ
教会へ行く時間だよ
…休むよ
また この子はっ
自分で決めたことでしょっ
……
こうしてわずか2週間目でまる子は教会を怠った
よく日
おい さくら きのうなんで教会に来なかったんだ ブー
みんな心配してたよ
はっ
きっ きのう どうしても あの ほら 田舎のおじいさんが急病で…
ペラ
ペラ
行きたかったんだけど行けなかったんだ……
はっ
またウソを…神様に怒られる…こんな教会に通ってる人達をだましたら もう おしまいかも……

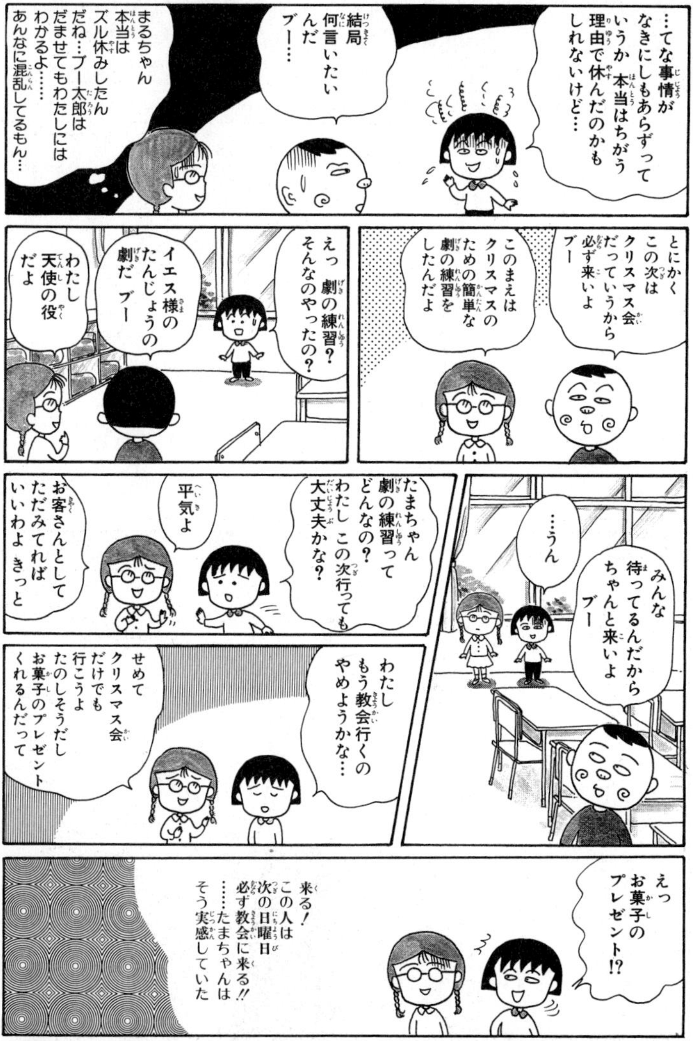

…てな事情がなきにしもあらずっていうか 本当はちがう理由で休んだのかもしれないけど…
結局何言いたいんだブー…
まるちゃん本当はズル休みしたんだね…ブー太郎はだませてもわたしにはわかるよ……あんなに混乱してるもん…
とにかくこの次はクリスマス会だっていうから必ず来いよブー
このまえはクリスマスのための簡単な劇の練習をしたんだよ
えっ 劇の練習?そんなのやったの?
イエス様のたんじょうの劇だ ブー
わたし天使の役だよ
みんな待ってるんだからちゃんと来いよブー
…うん
たまちゃん劇の練習ってどんなの?わたし この次行っても大丈夫かな?
平気よ
お客さんとしてただみてればいいわよ きっと
わたしもう教会行くのやめようかな…
せめてクリスマス会だけでも行こうよ たのしそうだし お菓子のプレゼントくれるんだって
えっ お菓子のプレゼント!?
来る!この人は次の日曜日必ず教会に来る!! ……たまちゃんはそう実感していた

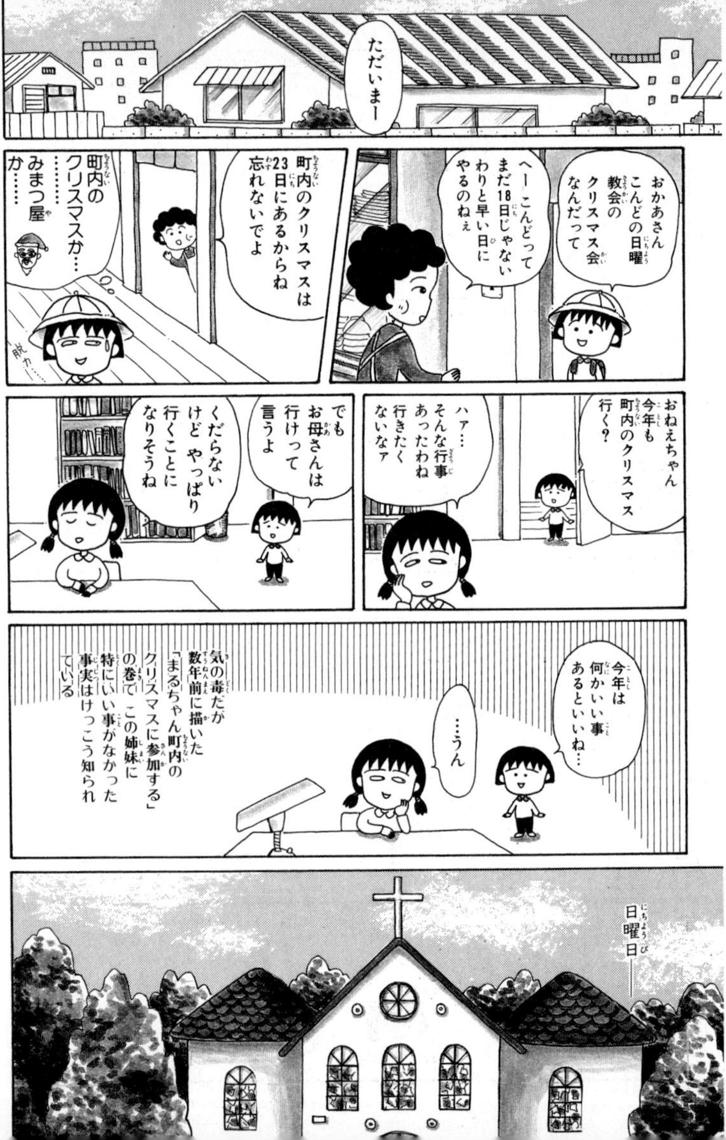

ただいまー
おかあさん こんどの日曜 教会の クリスマス会 なんだって
へー こんどって まだ18日じゃない わりと早い日に やるのねぇ
町内のクリスマスは 23日にあるからね 忘れないでよ
町内の クリスマスか… ……… みまつ屋 か……
脱力……
おねえちゃん 今年も 町内のクリスマス 行く？
ハァ… そんな行事 あったわね 行きたく ないなァ
でも お母さんは 行けって 言うよ
くだらない けど やっぱり 行くことに なりそうね
今年は 何かいい事 あるといいね…
…うん
気の毒だが 数年前に描いた 「まるちゃん町内の クリスマスに参加する」 の巻で この姉妹に 特にいい事がなかった 事実はけっこう知られ ている
日曜日——

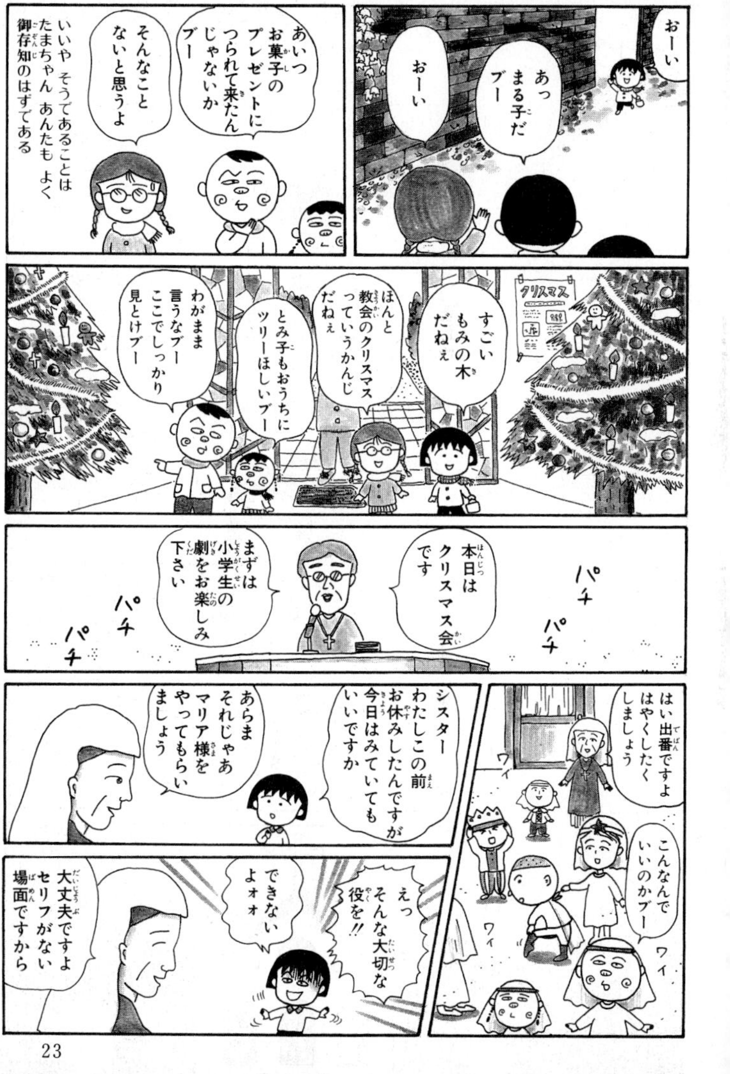

おーい
あっ まる子だブー
おーい
あいつ お菓子のプレゼントにつられて来たんじゃないかブー
そんなことないと思うよ
いいや そうであることは たまちゃん あんたも よく 御存知のはずである
すごい もみの木だねぇ
ほんと 教会のクリスマスっていうかんじだねぇ
とみ子もおうちにツリーほしいブー
わがまま言うなブー ここでしっかり見とけブー
クリスマス
パチ
パチ
本日はクリスマス会です
まずは小学生の劇をお楽しみ下さい
パチ
パチ
はい出番ですよ はやくしたくしましょう
こんなんでいいのかブー
ワイ
ワイ
ワイ
シスター わたしこの前お休みしたんですが 今日はみていてもいいですか
あらま それじゃあ マリア様をやってもらいましょう
えっ そんな大切な役を!!
できないよォォ
大丈夫ですよ セリフがない場面ですから

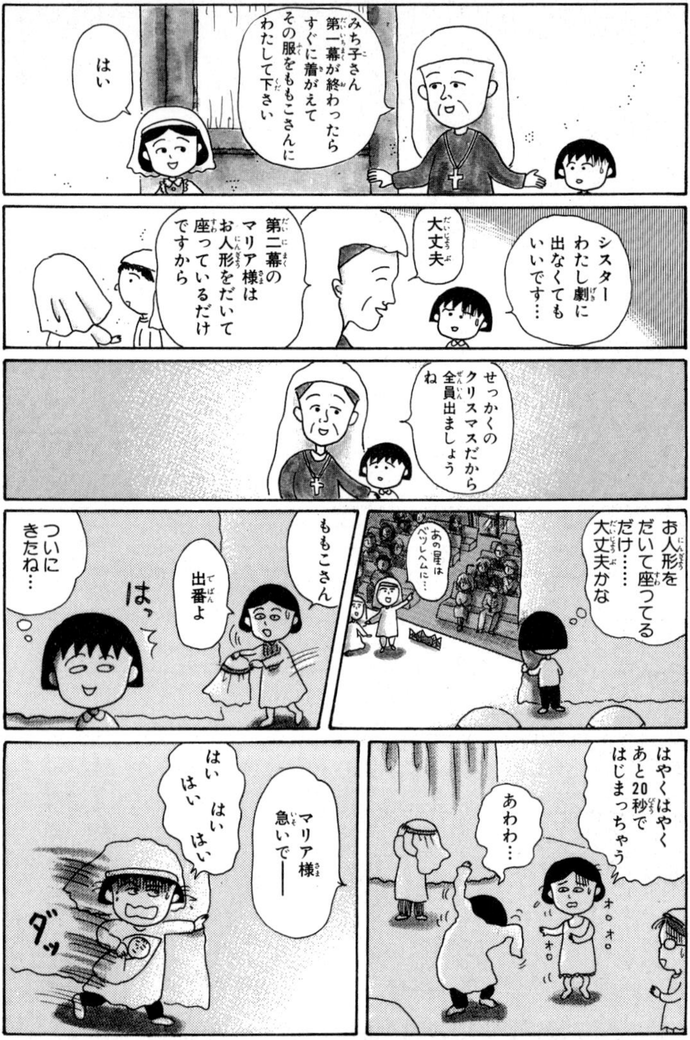

みち子さん
第一幕が終わったら
すぐに着がえて
その服をももこさんに
わたして下さい
はい
シスター
わたし劇に
出なくても
いいです…
大丈夫
第二幕の
マリア様は
お人形をだいて
座っているだけ
ですから
せっかくの
クリスマスだから
全員出ましょう
ね
お人形を
だいて座ってる
だけ……
大丈夫かな
あの星は
ベツレヘムに…
ももこさん
出番よ
はって
ついに
きたね…
はやくはやく
あと20秒で
はじまっちゃう
あわわ…
オロオロ
マリア様
急いで──
はい
はい はい
はい
ダッ

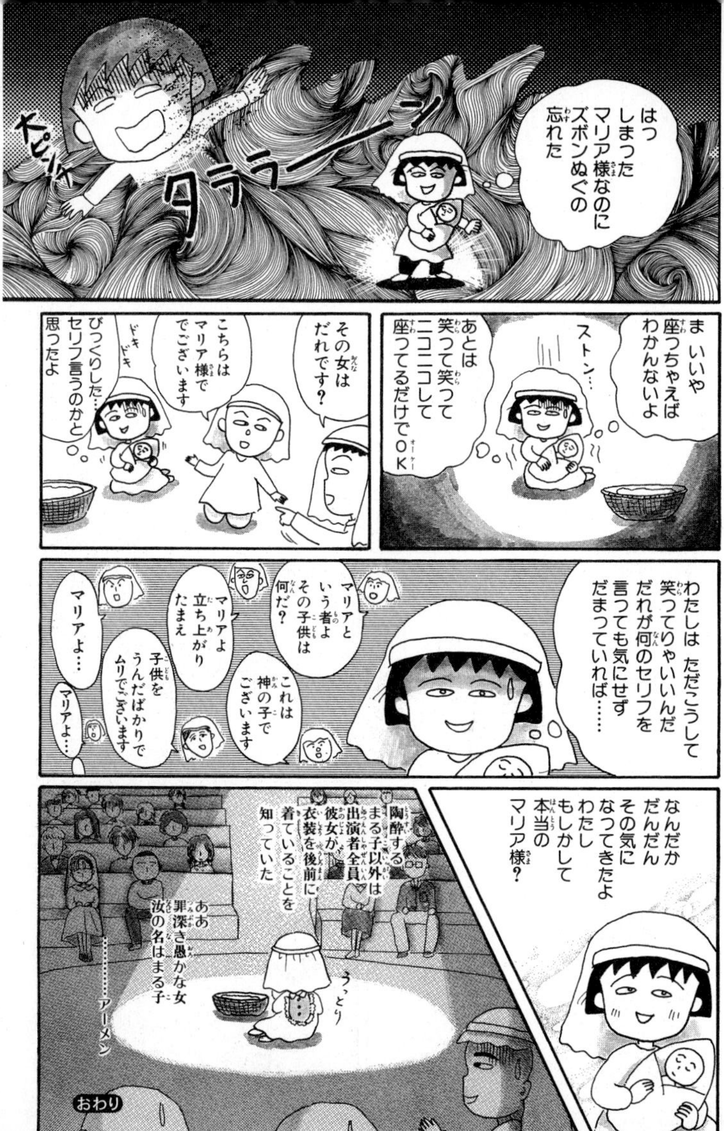
はっ
しまった
マリア様なのに
ズボンぬぐの
忘れた
タラララーーン
大ピンチ
ま いいや
座っちゃえば
わかんないよ
ストン…
あとは
笑って笑って
ニコニコして
座ってるだけでOK
その女は
だれです?
こちらは
マリア様で
ございます
ドキドキ
びっくりした…
セリフ言うのかと
思ったよ
わたしは ただこうして
笑ってりゃいいんだ
だれが何のセリフを
言っても気にせず
だまっていれば……
マリアと
いう者よ
その子供は
何だ?
これは
神の子で
ございます
マリアよ
立ち上がり
たまえ
子供を
うんだばかりで
ムリでございます
マリアよ…
マリアよ…
なんだか
だんだん
その気に
なってきたよ
わたし
もしかして
本当の
マリア様?
陶酔する
まる子以外は
出演者全員
彼女が
衣装を後前に
着ていることを
知っていた
うっとり
ああ
罪深き愚かな女
汝の名はまる子
……アーメン
おわり

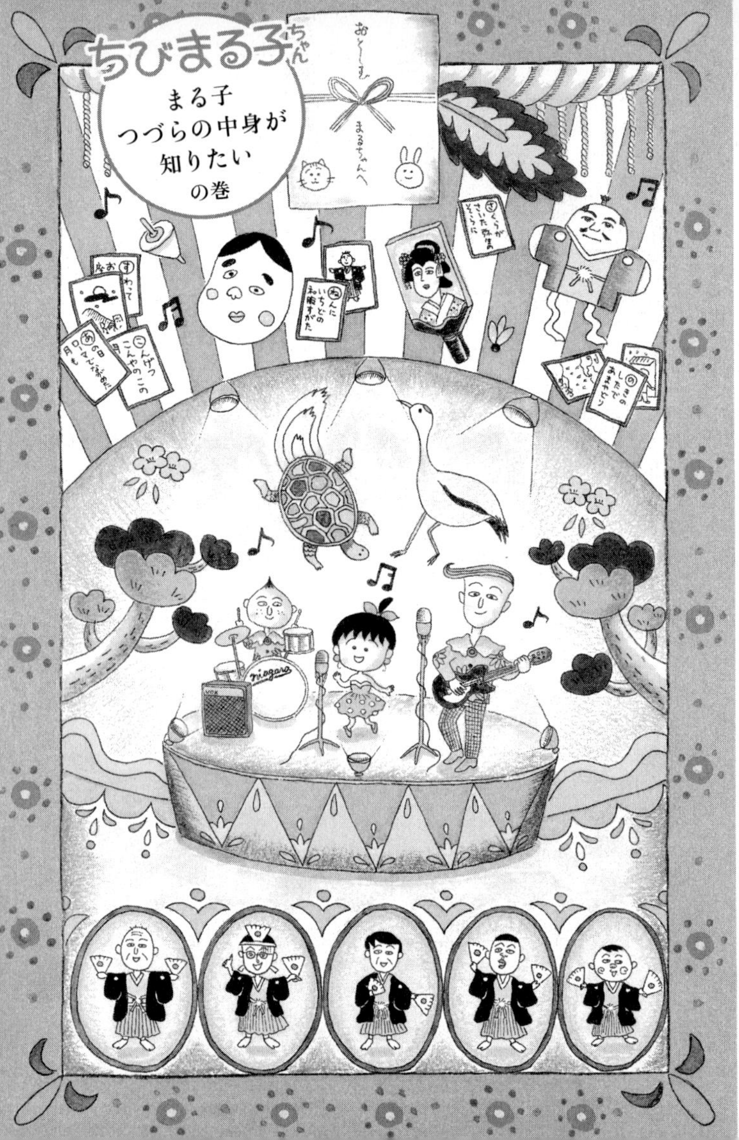

ちびまる子ちゃん
まる子
つづらの中身が
知りたい
の巻
おとしだま
まるちゃんへ

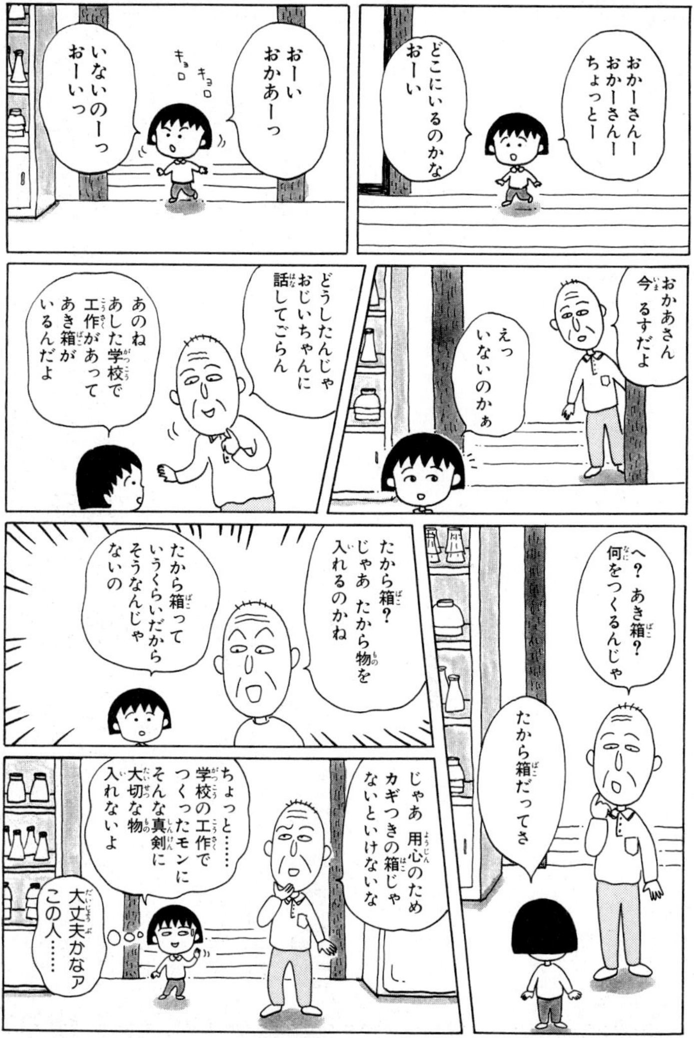
おかーさんー
おかーさんー
ちょっとー
どこにいるのかな
おーい
おーい
おかあーっ
キョロ
キョロ
いないのーっ
おーいっ
おかあさん
今るすだよ
えっ
いないのかぁ
どうしたんじゃ
おじいちゃんに
話してごらん
あのね
あした学校で
工作があって
あき箱が
いるんだよ
へ？ あき箱？
何をつくるんじゃ
たから箱だってさ
たから箱？
じゃあ たから物を
入れるのかね
たから箱って
いうくらいだから
そうなんじゃ
ないの
じゃあ 用心のため
カギつきの箱じゃ
ないといけないな
ちょっと……
学校の工作で
つくったモンに
そんな真剣に
大切な物
入れないよ
大丈夫かなア
この人……

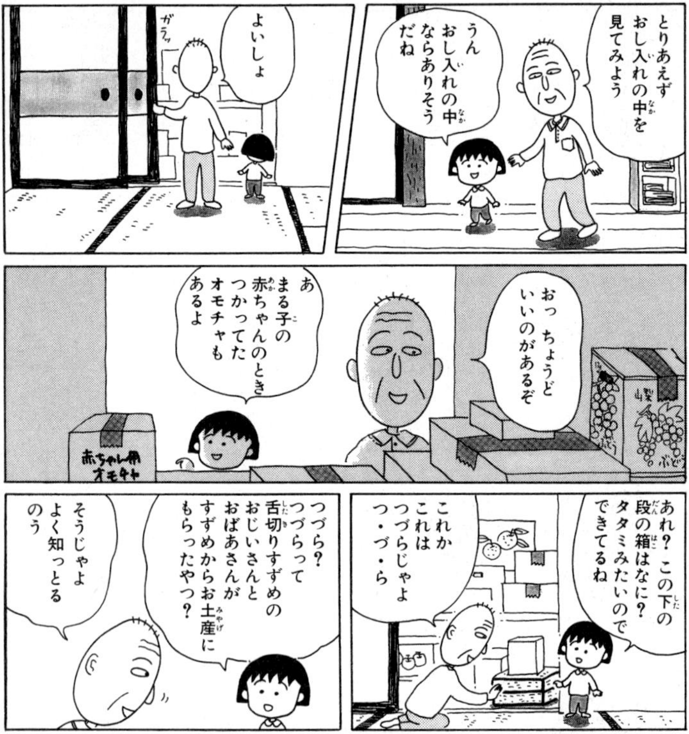
とりあえずおし入れの中を見てみよう
うんおし入れの中ならありそうだね
ガラッ
よいしょ
おっ ちょうどいいのがあるぞ
あ まる子の赤ちゃんのときつかってたオモチャもあるよ
赤ちゃん用オモチャ
あれ？ この下の段の箱はなに？ タタミみたいのでできてるね
これか これはつづらじゃよ つ・づ・ら
つづら？ つづらって舌切りすずめのおじいさんとおばあさんがすずめからお土産にもらったやつ？
そうじゃよ よく知っとるのう
なんでそんなもんがうちにあるの？ もしかしてうちのだれかがすずめからもらったの？
アハハハ そうじゃ そうじゃ すずめからもらったんじゃ
おじいちゃん笑いごとじゃないよ もしそうだとしたらこのつづらの中にはオバケがはいっているかもよ
アハハハハ そうじゃとも オバケがはいっているかもな アハハハハ
バン バン

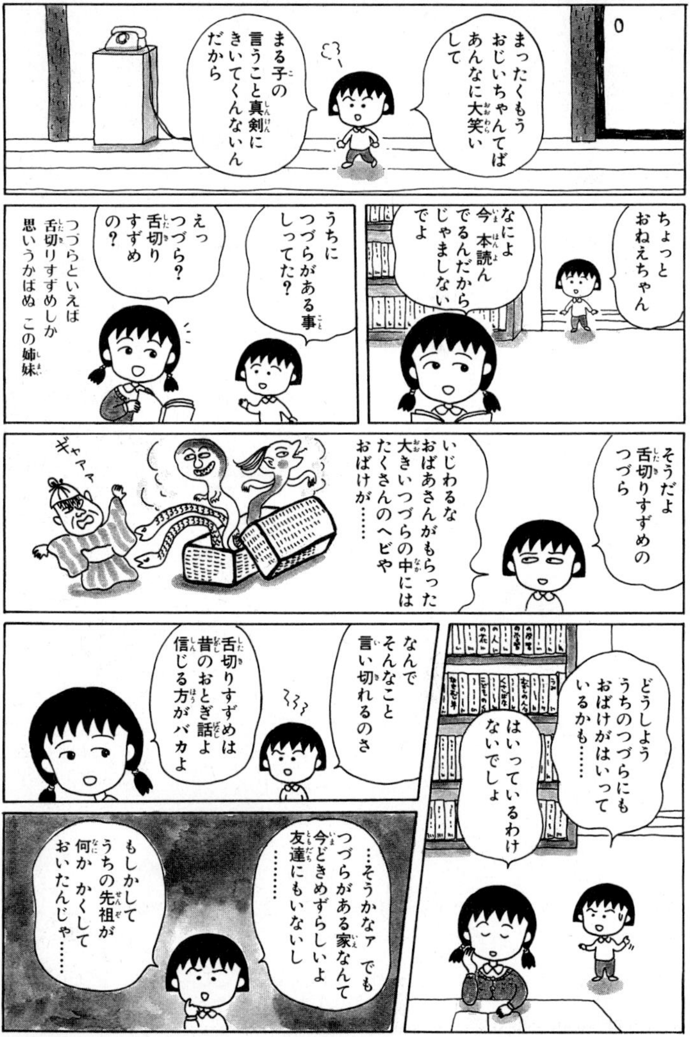
まったくもう おじいちゃんてば あんなに大笑い して
まる子の 言うこと真剣に きいてくんないんだから
ちょっと おねえちゃん
なによ 今本読んでるんだから じゃましないでよ
うちに つづらがある事 しってた?
えっ つづら? 舌切り すずめ の?
つづらといえば 舌切りすずめしか 思いうかばぬ この姉妹
そうだよ 舌切りすずめの つづら
いじわるな おばあさんがもらった 大きいつづらの中には たくさんのヘビや おばけが……
ギャアア
どうしよう うちのつづらにも おばけがはいって いるかも……
はいっているわけ ないでしょ
なんで そんなこと 言い切れるのさ
舌切りすずめは 昔のおとぎ話よ 信じる方がバカよ
…そうかなァ でも 今どきつづらがある家なんて 友達にもいないし ………
もしかして うちの先祖が 何か かくして おいたんじゃ……

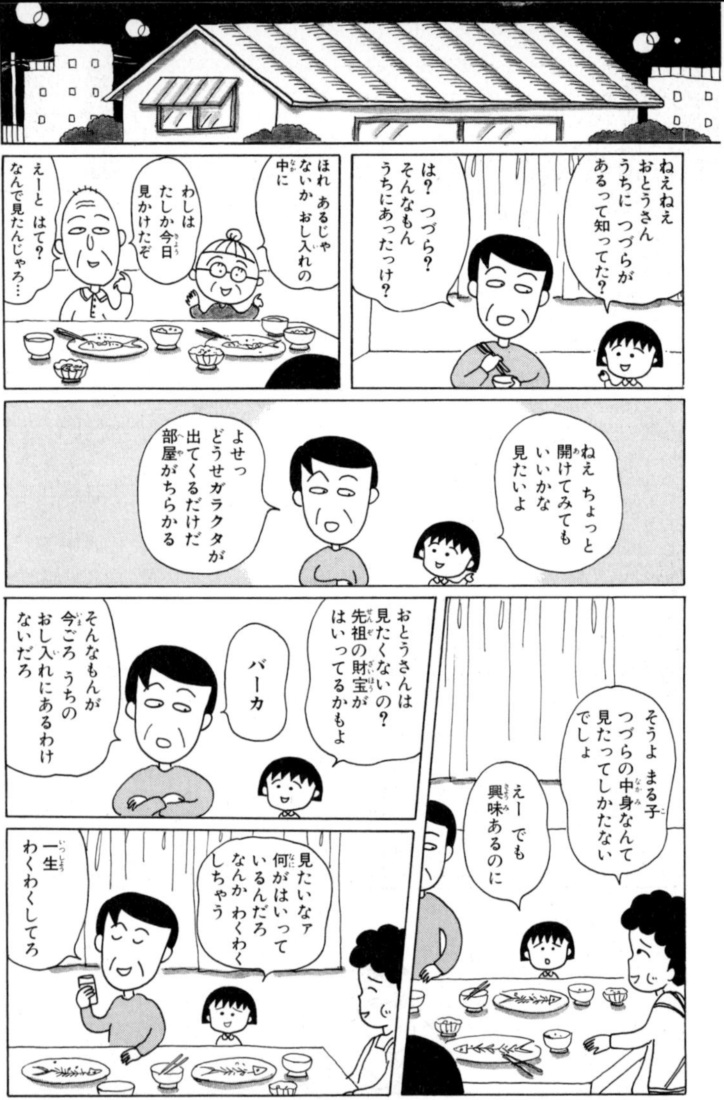
ねえねえ
おとうさん
うちに つづらが
あるって知ってた?
は? つづら?
そんなもん
うちにあったっけ?
ほれ あるじゃ
ないか おし入れの
中に
わしは
たしか今日
見かけたぞ
えーと はて?
なんで見たんじゃろ…
ねえ ちょっと
開けてみても
いいかな
見たいよ
よせっ
どうせガラクタが
出てくるだけだ
部屋がちらかる
そうよ まる子
つづらの中身なんて
見たってしかたない
でしょ
えー でも
興味あるのに
おとうさんは
見たくないの?
先祖の財宝が
はいってるかもよ
バーカ
そんなもんが
今ごろ うちの
おし入れにあるわけ
ないだろ
見たいなァ
何がはいって
いるんだろ
なんか わくわく
しちゃう
一生
わくわくしてろ

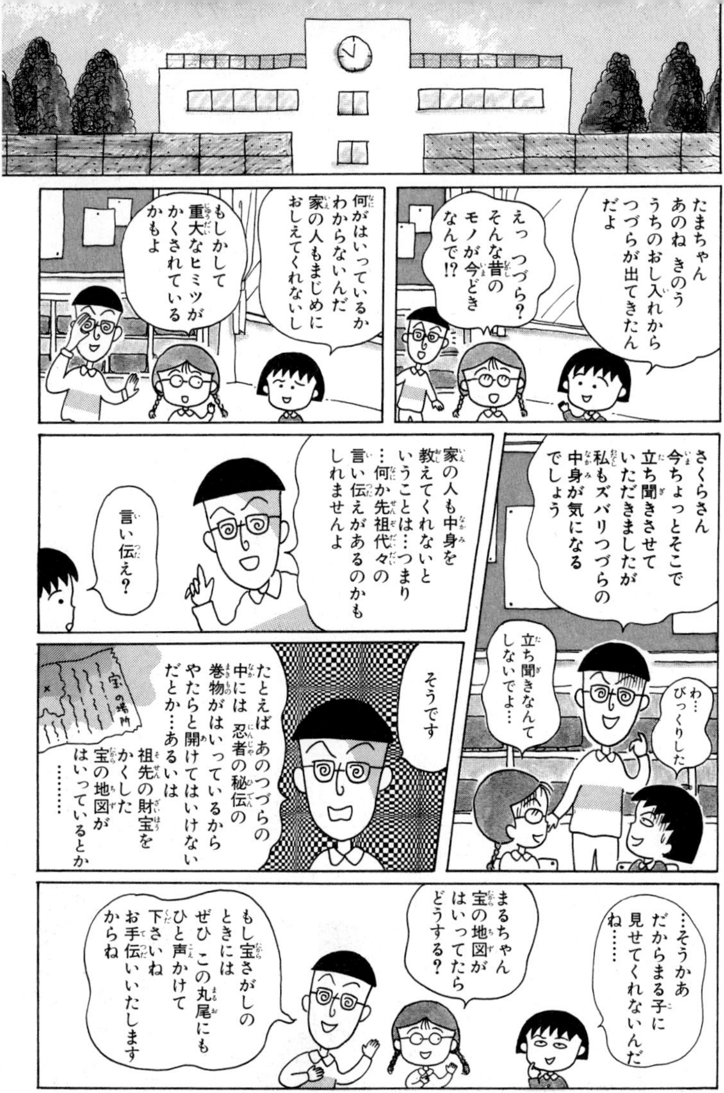

たまちゃん あのね きのう うちのおし入れから つづらが出てきたんだよ
えっ つづら? そんな昔のモノが今どき なんで!?
何がはいっているか わからないんだ 家の人もまじめに おしえてくれないし
もしかして 重大なヒミツが かくされている かもよ
さくらさん 今ちょっとそこで 立ち聞きさせて いただきましたが 私もズバリつづらの 中身が気になる でしょう
わ… びっくりした
立ち聞きなんて しないでよ…
家の人も中身を 教えてくれないと いうことは…つまり …何か先祖代々の 言い伝えがあるのかも しれませんよ
言い伝え?
そうです
たとえば あのつづらの 中には 忍者の秘伝の 巻物がはいっているから やたらと開けてはいけない だとか…あるいは 祖先の財宝を かくした 宝の地図が はいっているとか ………
宝の場所
…そうかあ だからまる子に 見せてくれないんだ ね……
まるちゃん 宝の地図が はいってたら どうする?
もし宝さがしの ときには ぜひ この丸尾にも ひと声かけて 下さいね お手伝いいたします からね

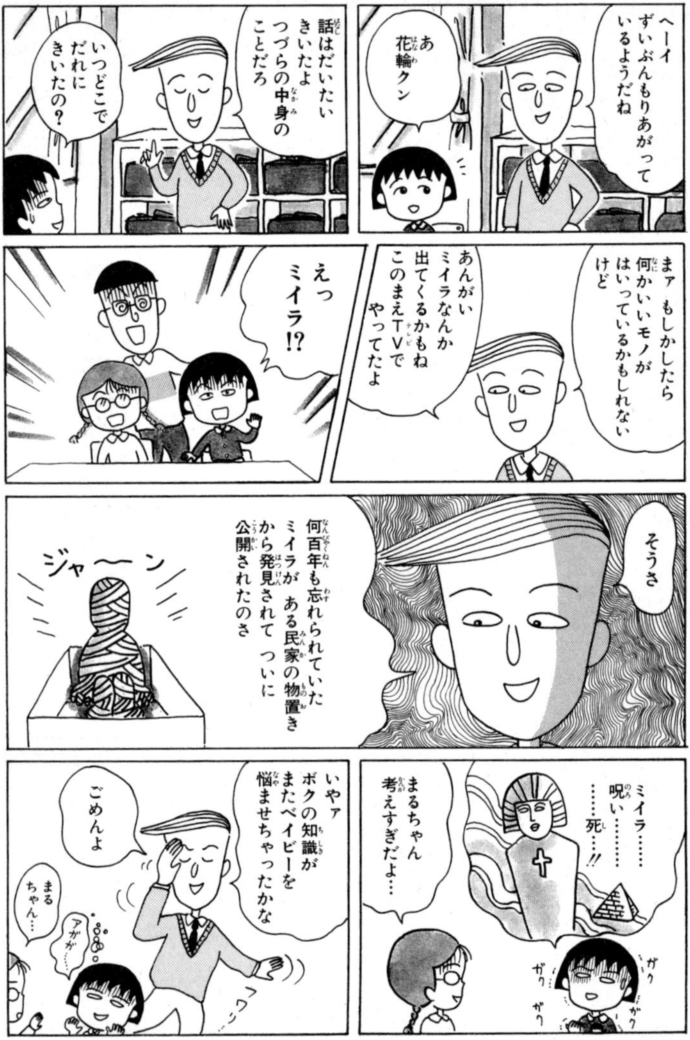
へーイ
ずいぶんもりあがっているようだね
あ
花輪クン
話はだいたいきいたよ
つづらの中身のことだろ
いつどこでだれにきいたの？
まァ もしかしたら何かいいモノがはいっているかもしれないけど
あんがいミイラなんか出てくるかもね
このまえTVでやってたよ
えっ
ミイラ!?
そうさ
何百年も忘れられていたミイラが ある民家の物置きから発見されて ついに公開されたのさ
ジャ〜〜ン
ミイラ……
呪い………
……死……!!
まるちゃん考えすぎだよ…
ガク
ガク
ガク
ガク
いやァ
ボクの知識がまたベイビーを悩ませちゃったかな
ごめんよ
まるちゃん…
アガが……
フワン

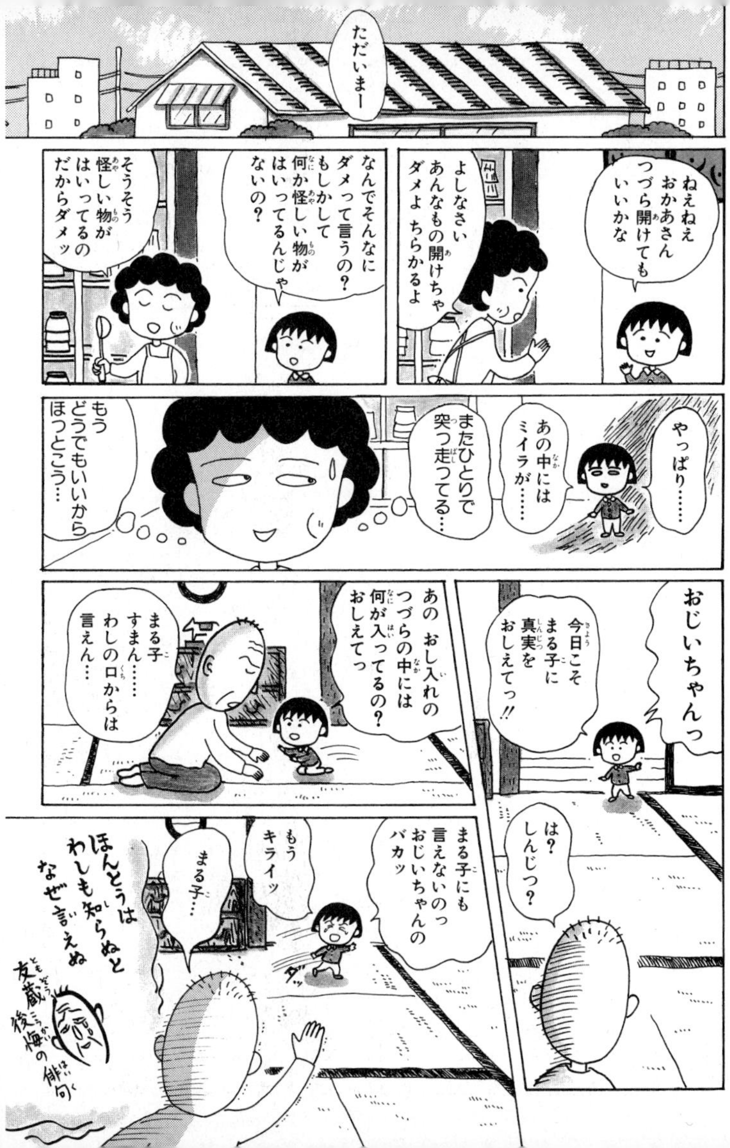
ただいまー
ねえねえ
おかあさん
つづら開けても
いいかな
よしなさい
あんなもの開けちゃ
ダメよ ちらかるよ
なんでそんなに
ダメって言うの?
もしかして
何か怪しい物が
はいってるんじゃ
ないの?
そうそう
怪しい物が
はいってるの
だからダメッ
やっぱり……
あの中には
ミイラが……
またひとりで
突っ走ってる…
もう
どうでもいいから
ほっとこう…
おじいちゃんっ
今日こそ
まる子に
真実を
おしえてっ!!
は?
しんじつ?
あの おし入れの
つづらの中には
何が入ってるの?
おしえてっ
まる子
すまん……
わしの口からは
言えん…
まる子にも
言えないのっ
おじいちゃんの
バカッ
もう
キライッ
まる子…
ダッ
ほんとうは
わしも知らぬと
なぜ言えぬ
友蔵
後悔の
俳句

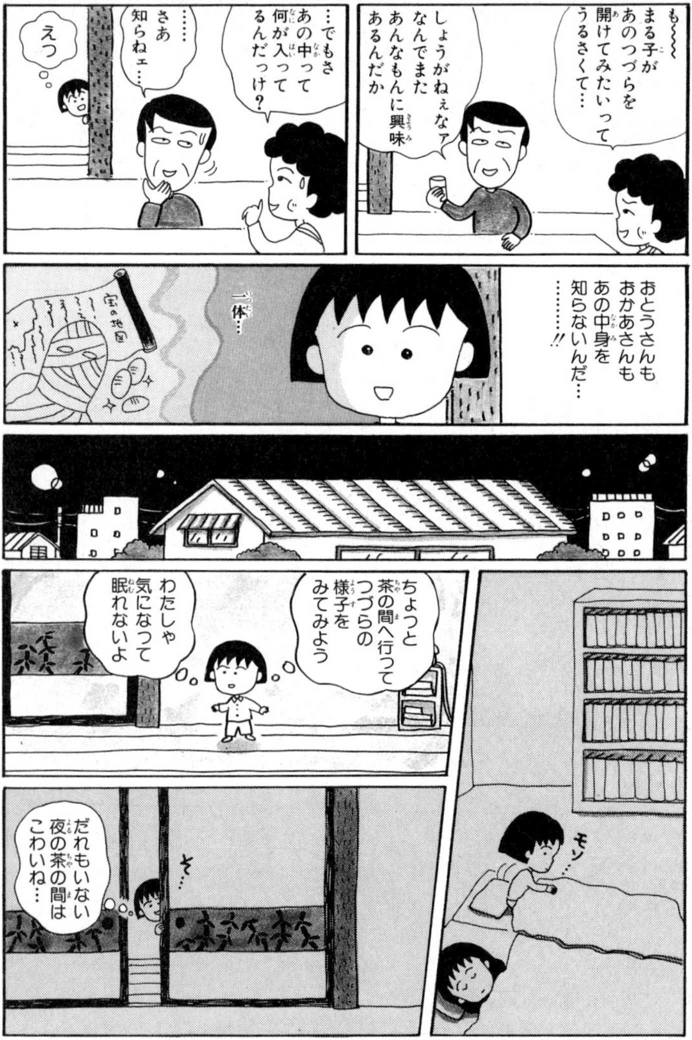

も〜〜〜
まる子があのつづらを開けてみたいってうるさくて…
しょうがねぇなァ なんでまたあんなもんに興味あるんだか
…でもさ あの中って何が入ってるんだっけ？
……さあ 知らねェ…
えっ
おとうさんもおかあさんもあの中身を知らないんだ………!!
一体…
宝の地図
モゾ…
ちょっと茶の間へ行ってつづらの様子をみてみよう
わたしゃ気になって眠れないよ
そ…
だれもいない夜の茶の間はこわいね…

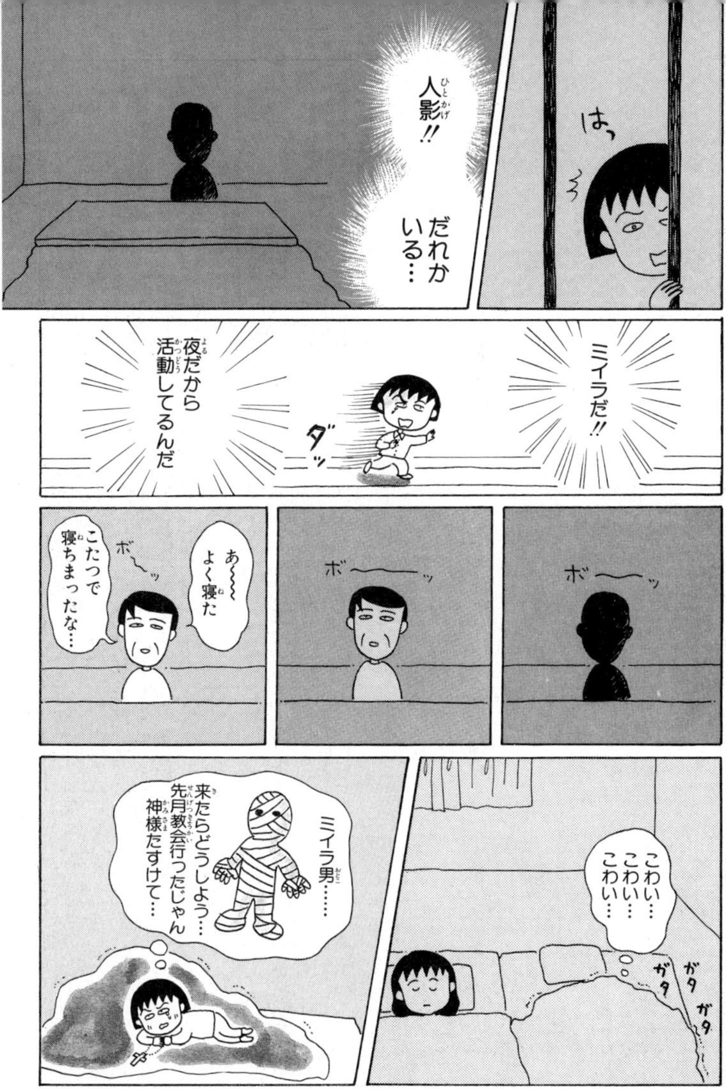
はっ
人影!!
だれかいる…
ミイラだ!!
ダッ
夜だから活動してるんだ
ボ〜〜ッ
ボ〜〜ッ
あ〜〜よく寝た
ボ〜〜ッ
こたつで寝ちまったな…
こわい…こわい…こわい…
ガタ
ガタ
ガタ
ガタ
ミイラ男……
来たらどうしよう…
先月教会行ったじゃん
神様たすけて…

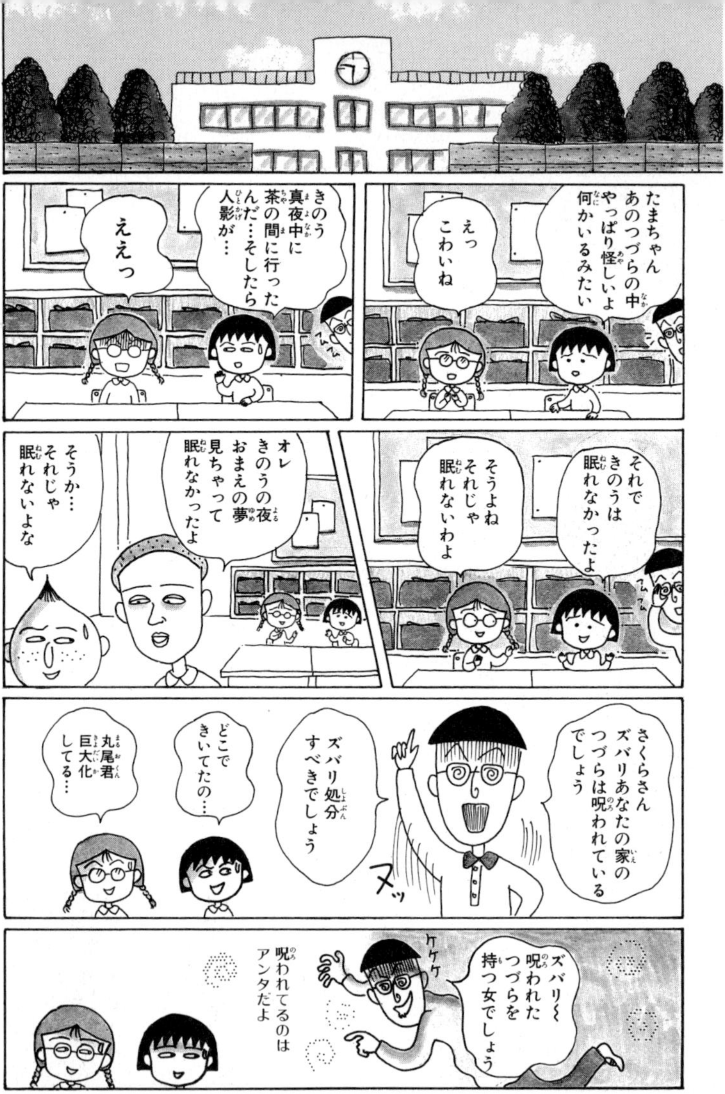
たまちゃん
あのつづらの中
やっぱり怪しいよ
何かいるみたい
えっ
こわいね
きのう
真夜中に
茶の間に行った
んだ…そしたら
人影が…
ええっ
それで
きのうは
眠れなかったよ
そうよね
それじゃ
眠れないわよ
オレ
きのうの夜
おまえの夢
見ちゃって
眠れなかったよ
そうか…
それじゃ
眠れないよな
さくらさん
ズバリあなたの家の
つづらは呪われている
でしょう
ヌッ
ズバリ処分
すべきでしょう
どこで
きいてたの…
丸尾君
巨大化
してる…
ズバリ〜
呪われた
つづらを
持つ女でしょう
ケケケ
呪われてるのは
アンタだよ

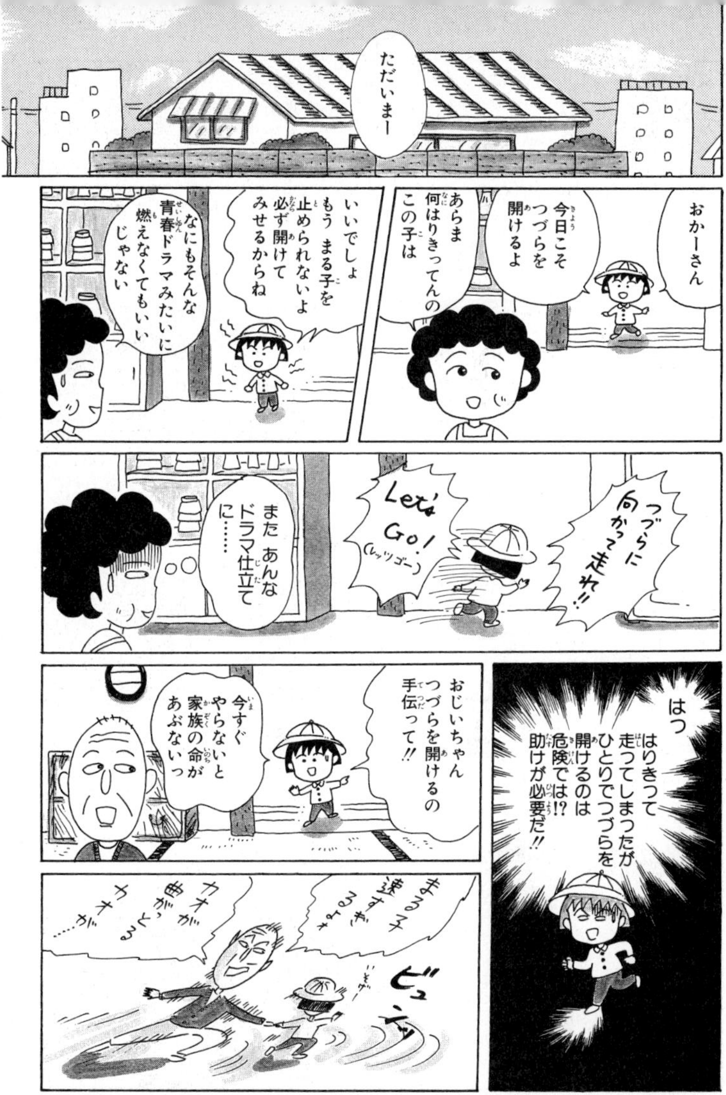
ただいまー
おかーさん
今日こそつづらを開けるよ
あらま何はりきってんのこの子は
いいでしょもう まる子を止められないよ必ず開けてみせるからね
なにもそんな青春ドラマみたいに燃えなくてもいいじゃない
つづらに向かって走れ!!
Let's Go!(レッツゴー)
また あんなドラマ仕立てに……
はっ
はりきって走ってしまったがひとりでつづらを開けるのは危険では!? 助けが必要だ!!
おじいちゃんつづらを開けるの手伝って!!
今すぐやらないと家族の命があぶないっ
まる子速すぎるよォ
カオが曲がってるカオが……
いそげー
ビュン

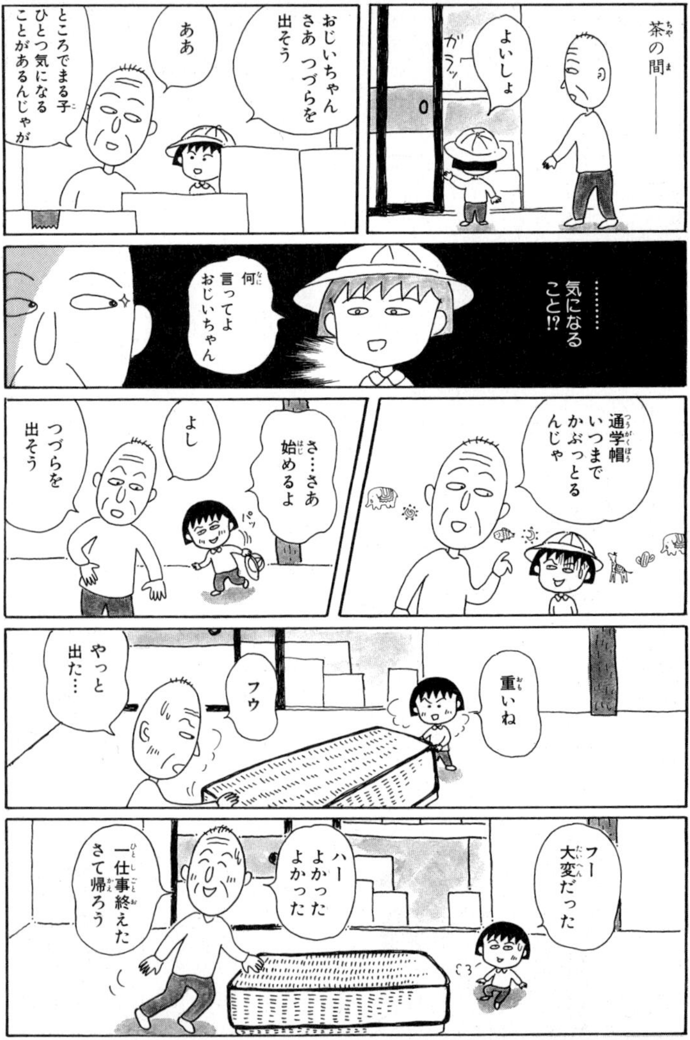
茶の間――
ガラッ
よいしょ
おじいちゃん さあ つづらを出そう
ああ
ところでまる子 ひとつ気になることがあるんじゃが
……気になること!?
何言ってよ おじいちゃん
通学帽いつまでかぶっとるんじゃ
さ…さあ始めるよ
パッ
よし
つづらを出そう
重いね
フウ
やっと出た…
フー大変だった
ハー よかった よかった
一仕事終えた さて帰ろう

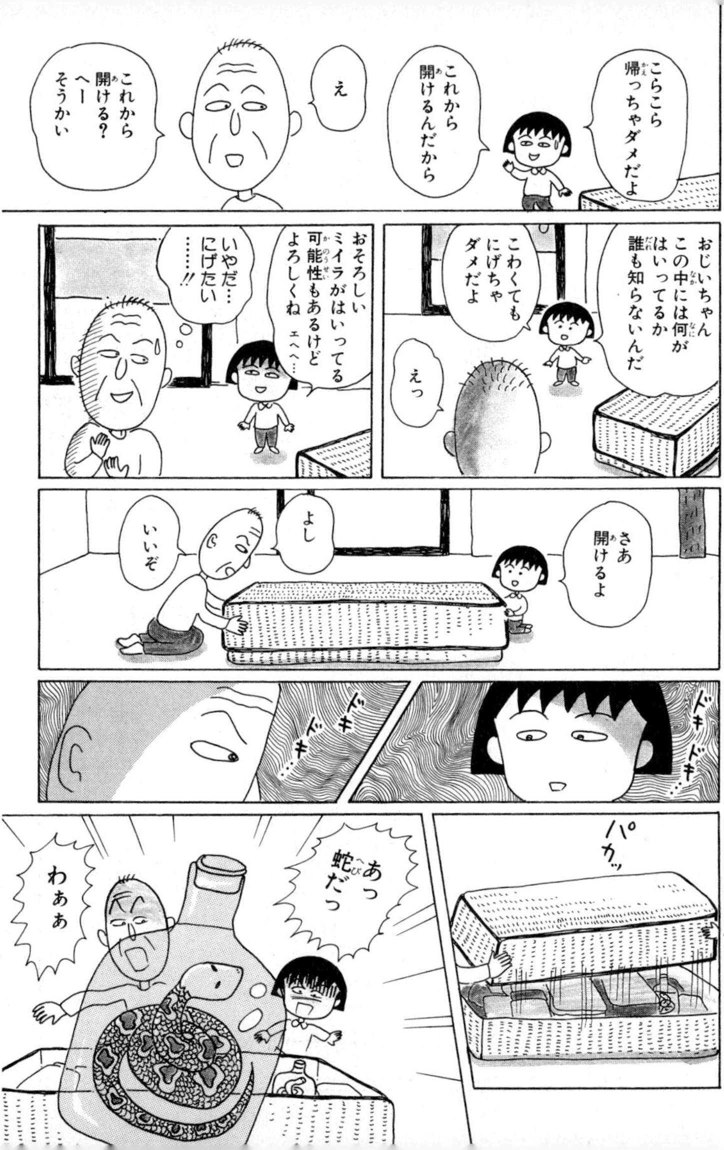

こらこら帰っちゃダメだよ
これから開けるんだから
え
これから開ける？へーそうかい
おじいちゃん この中には何が はいってるか 誰も知らないんだ
こわくても にげちゃ ダメだよ
えっ
おそろしい ミイラがはいってる 可能性もあるけど よろしくね エヘヘ…
いやだ… にげたい ……!!
さあ開けるよ
よし
いいぞ
ドキドキ…
ドキドキ…
パカッ
あっ蛇だっ
わぁぁ

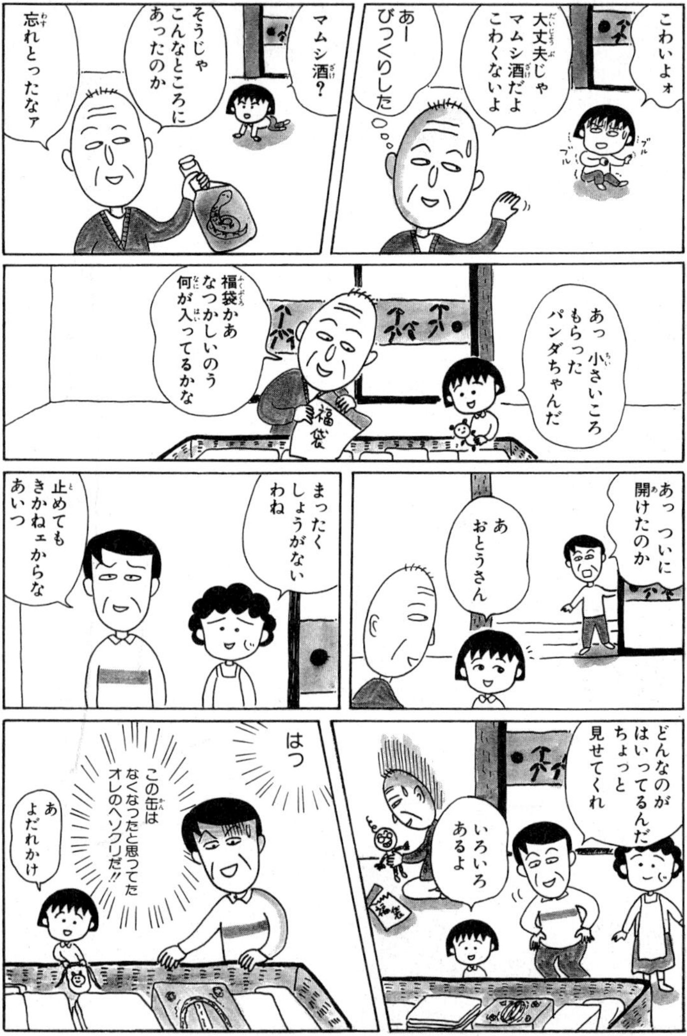

こわいよォ
大丈夫じゃ マムシ酒だよ こわくないよ
あー びっくりした
ブル ブル
マムシ酒?
そうじゃ こんなところに あったのか
忘れとったなァ
あっ 小さいころ もらった パンダちゃんだ
福袋かあ なつかしいのう 何が入ってるかな
福袋
あっ ついに 開けたのか
あ おとうさん
まったく しょうがない わね
止めても きかねェからな あいつ
どんなのが はいってるんだ ちょっと 見せてくれ
いろいろ あるよ
はつ
この缶は なくなったと思ってた オレのヘソクリだ!!
あ よだれかけ

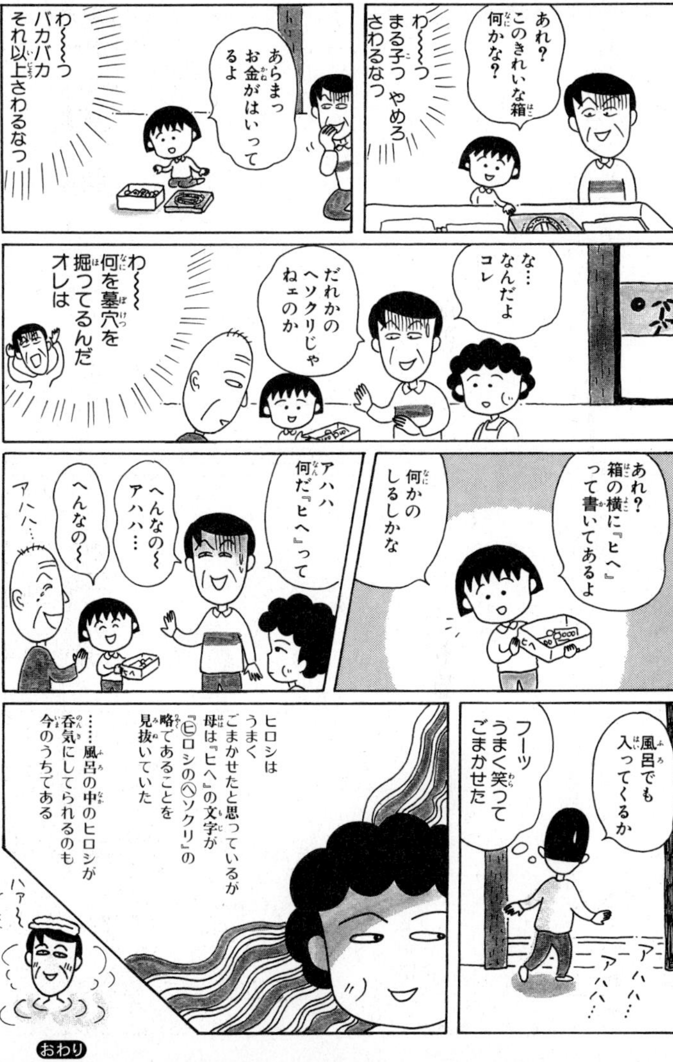
あれ？このきれいな箱何かな？
わ〜〜っ まる子っ やめろ さわるなっ
あらまっ お金がはいってるよ
わ〜〜っ バカバカ それ以上さわるなっ
な…なんだよ コレ
だれかのヘソクリじゃねェのか
わ〜〜 何を墓穴を掘ってるんだ オレは
あれ？ 箱の横に『ヒヘ』って書いてあるよ
何かのしるしかな
アハハ 何だ『ヒヘ』って
へんなの〜 アハハ…
へんなの〜
アハハ…
風呂でも入ってくるか
フーッ うまく笑ってごまかせた
アハハ… アハハ…
ヒロシはうまくごまかせたと思っているが母は『ヒヘ』の文字が『㋪ロシの㋬ソクリ』の略であることを見抜いていた
……風呂の中のヒロシが呑気にしてられるのも今のうちである
ハァ〜

おわり

ちびまる子ちゃん

たまちゃん、大好きの巻

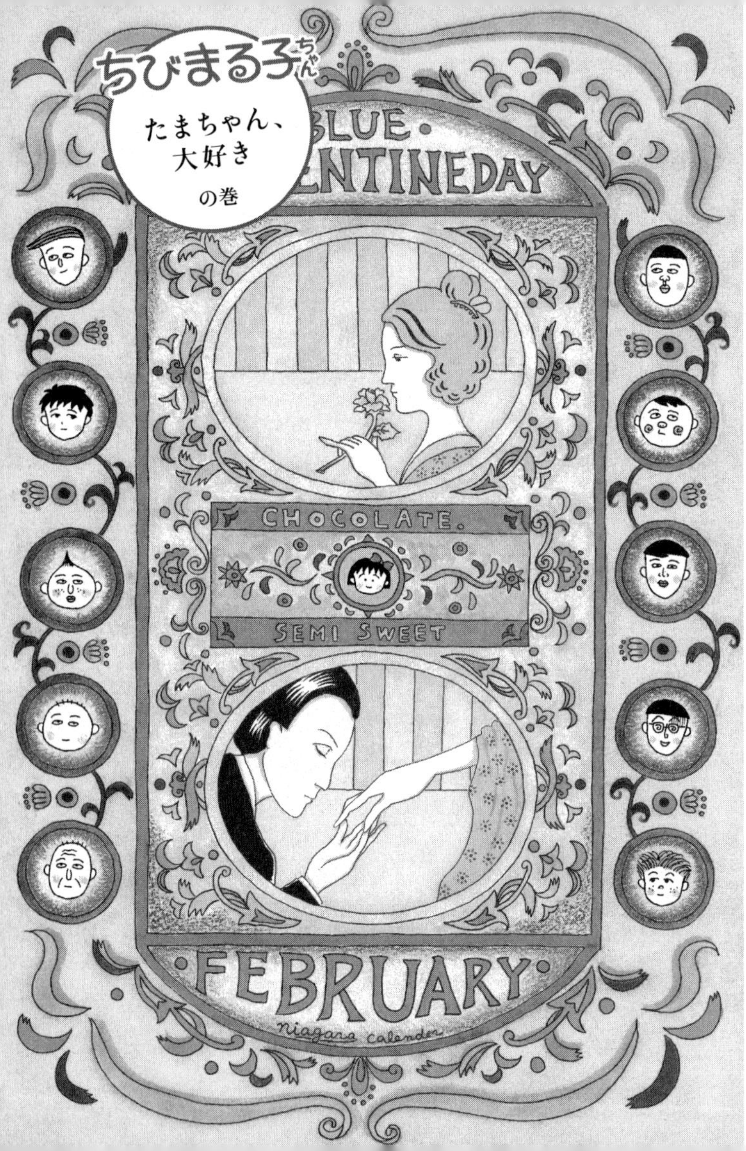

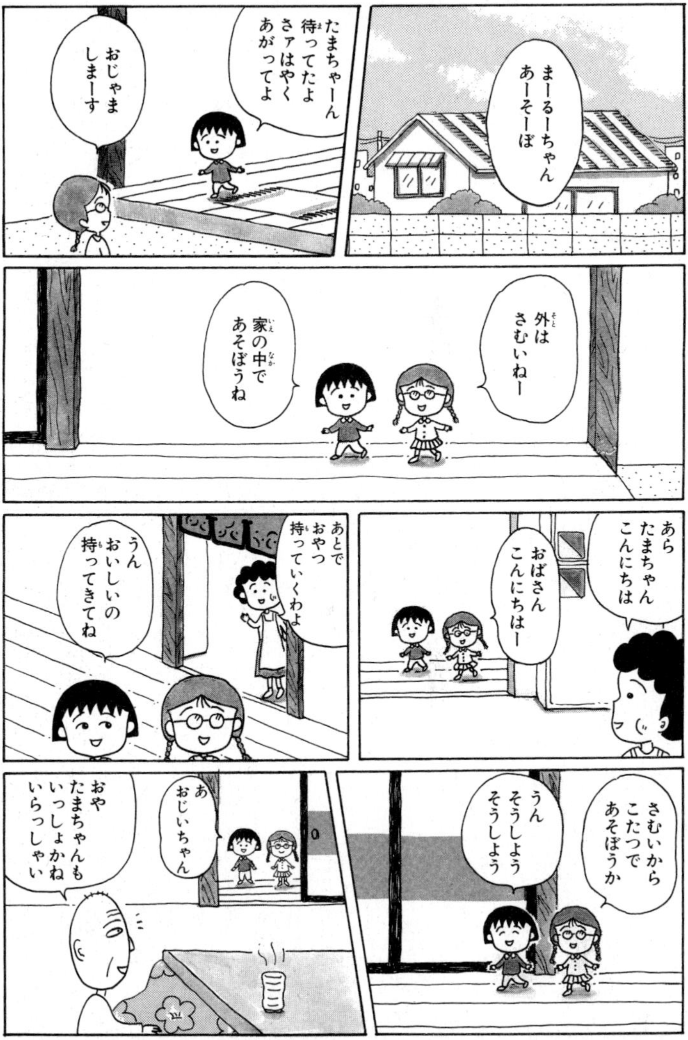
まーるーちゃん あーそーぼ
たまちゃーん 待ってたよ さァはやく あがってよ
おじゃまします
外はさむいねー
家の中であそぼうね
あら たまちゃん こんにちは
おばさん こんにちはー
あとで おやつ 持っていくわよ
うん おいしいの 持ってきてね
さむいから こたつで あそぼうか
うん そうしよう そうしよう
あ おじいちゃん
おや たまちゃんも いっしょかね いらっしゃい

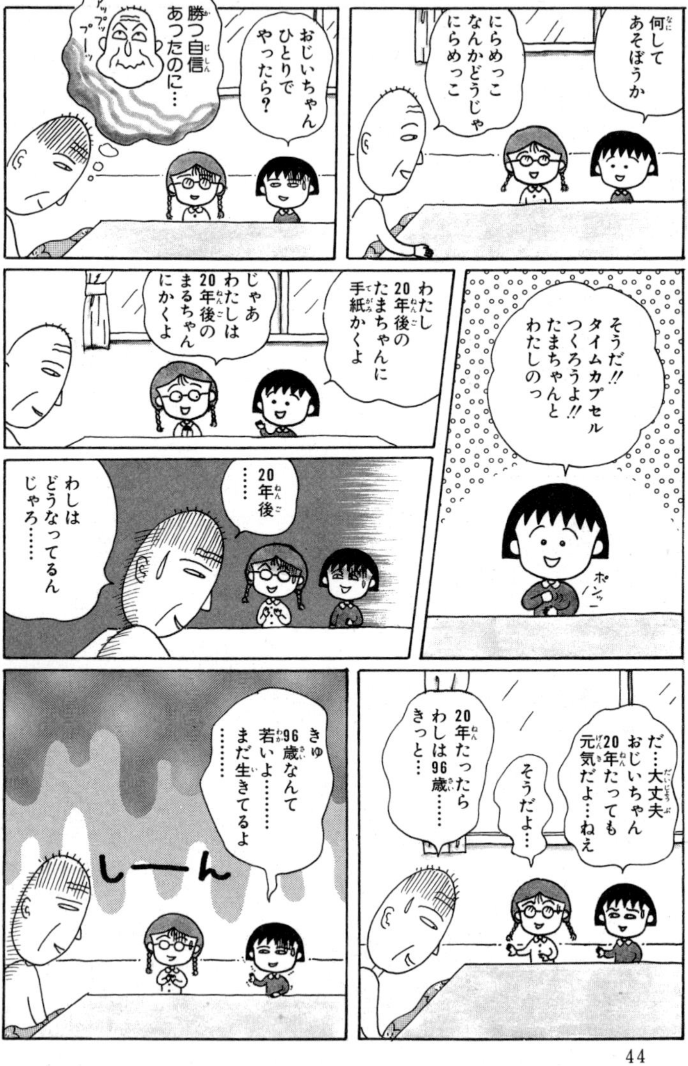
何してあそぼうか
にらめっこなんかどうじゃにらめっこ
おじいちゃんひとりでやったら?
勝つ自信あったのに…
アップッププーッ
そうだ!!タイムカプセルつくろうよ!!たまちゃんとわたしのっ
ポンッ
わたし20年後のたまちゃんに手紙かくよ
じゃあわたしは20年後のまるちゃんにかくよ
20年後……
わしはどうなってるんじゃろ……
だ…大丈夫おじいちゃん20年たっても元気だよ…ねえ
そうだよ…
20年たったらわしは96歳……きっと…
きゅ96歳なんて若いよ………まだ生きてるよ………
しーん

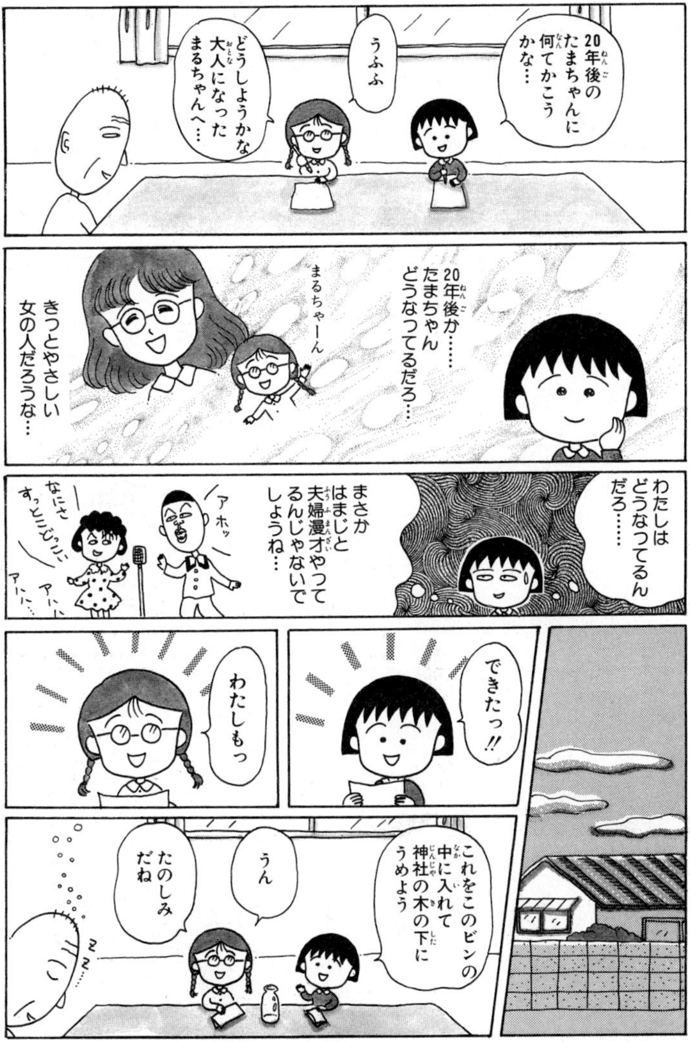
20年後のたまちゃんに何てかこうかな…
うふふ
どうしようかな大人になったまるちゃんへ…
20年後か……たまちゃんどうなってるだろ…
まるちゃーん
きっとやさしい女の人だろうな…
わたしはどうなってるんだろ……
まさかはまじと夫婦漫才やってるんじゃないでしょうね…
アホッ
なにさすっとこどっこい
できたっ!!
わたしもっ
これをこのビンの中に入れて神社の木の下にうめよう
うん
たのしみだね

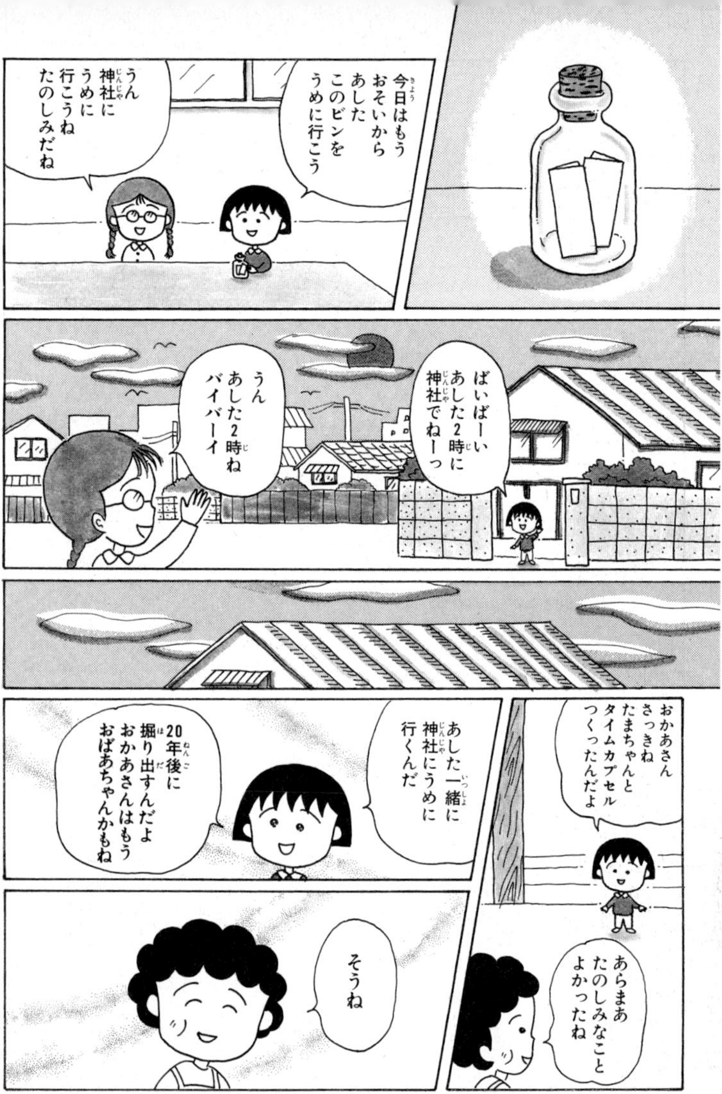
今日はもう おそいから あした このビンを うめに行こう
うん 神社に うめに 行こうね たのしみだね
ばいばーい あした2時に 神社でねーっ
うん あした2時ね バイバーイ
おかあさん さっきね たまちゃんと タイムカプセル つくったんだよ
あした一緒に 神社にうめに 行くんだ
20年後に 掘り出すんだよ おかあさんはもう おばあちゃんかもね
あらまあ たのしみなこと よかったね
そうね

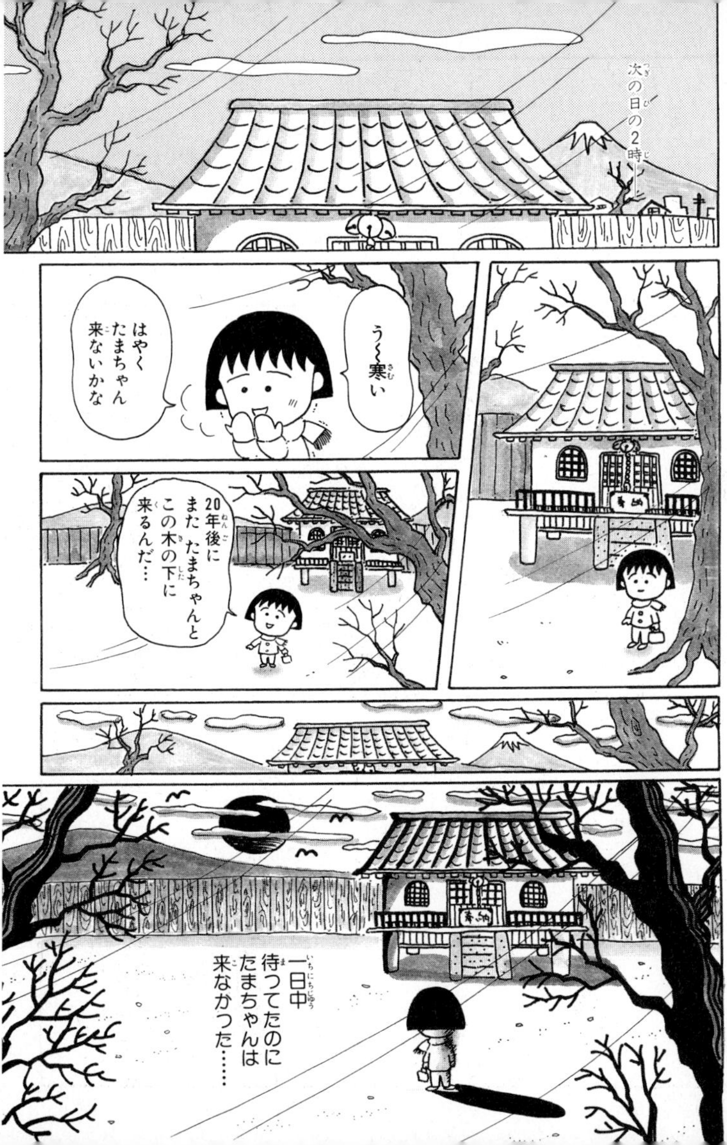
次の日の2時
う〜寒い
はやく たまちゃん 来ないかな
20年後に また たまちゃんと この木の下に 来るんだ…
一日中 待ってたのに たまちゃんは 来なかった……

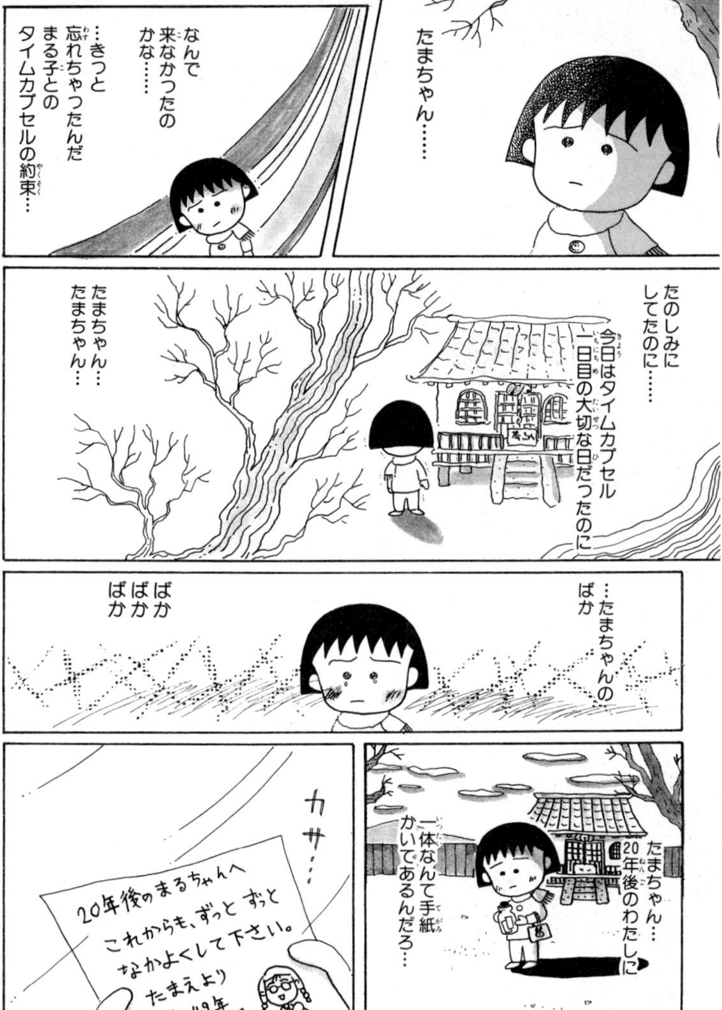
たまちゃん……
なんで来なかったのかな……
…きっと忘れちゃったんだ まる子とのタイムカプセルの約束…
たのしみにしてたのに……
今日はタイムカプセル一日目の大切な日だったのに
たまちゃん… たまちゃん…
…たまちゃんの ばか
ばか ばか
ばか
たまちゃん… 20年後のわたしに
一体なんて手紙かいてあるんだろ…
カサ…
20年後のまるちゃんへ
これからも、ずっと ずっと
なかよくして下さい。
たまえより
しょう和49年
2月18日

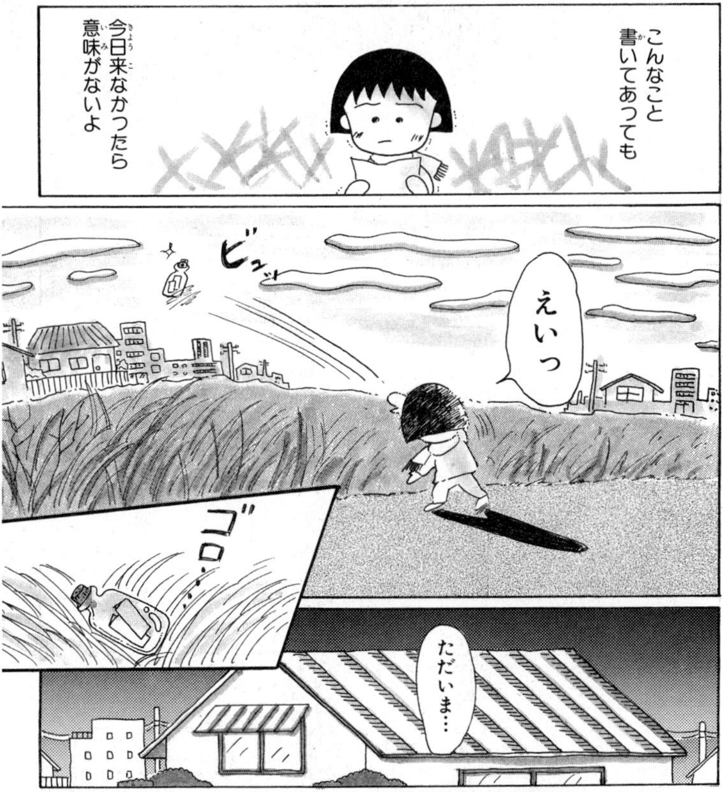
こんなこと書いてあっても
今日来なかったら意味がないよ
ビュッ
えいっ
ゴロ…
ただいま…
まる子おそかったね寒かったでしょ
ほらほっぺたが赤いわよ
おかあさん…あのね今日はさみしいことがあったよ…言わないけど…
ごはんにしましょ

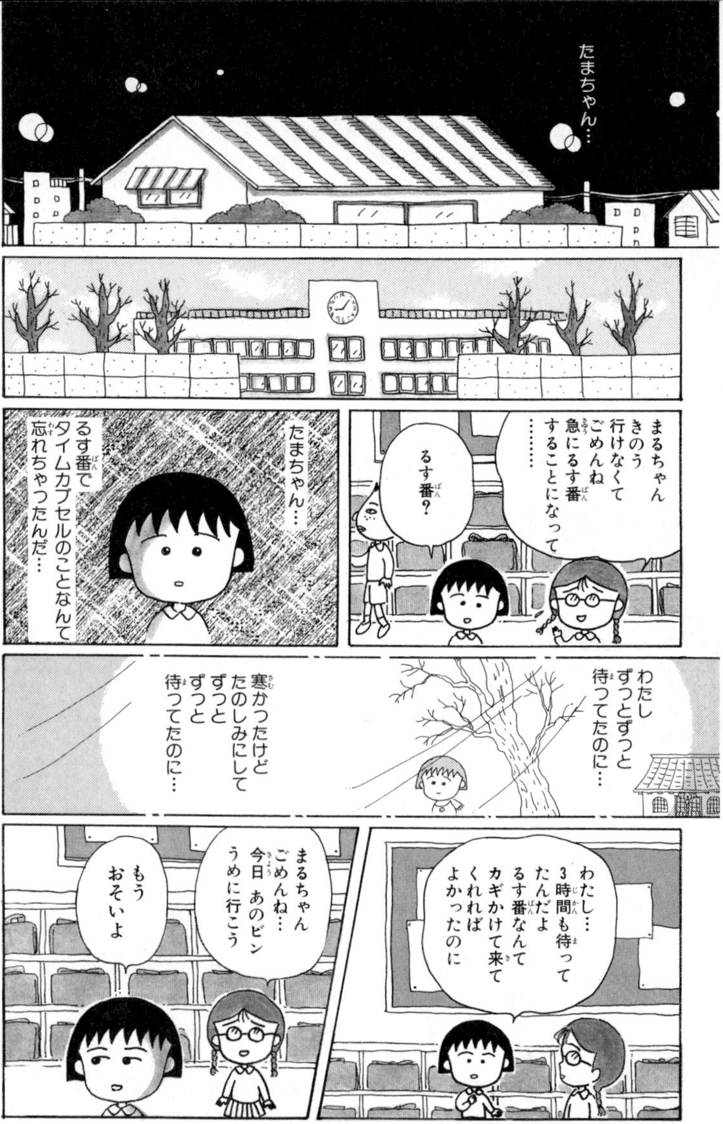

たまちゃん…
まるちゃん きのう 行けなくて ごめんね 急にるす番 することになって ………
るす番？
たまちゃん…
るす番で タイムカプセルのことなんて 忘れちゃったんだ…
わたし ずっとずっと 待ってたのに…
寒かったけど たのしみにして ずっと ずっと 待ってたのに…
わたし… 3時間も待って たんだよ るす番なんて カギかけて来て くれれば よかったのに
まるちゃん ごめんね… 今日 あのビン うめに行こう
もう おそいよ

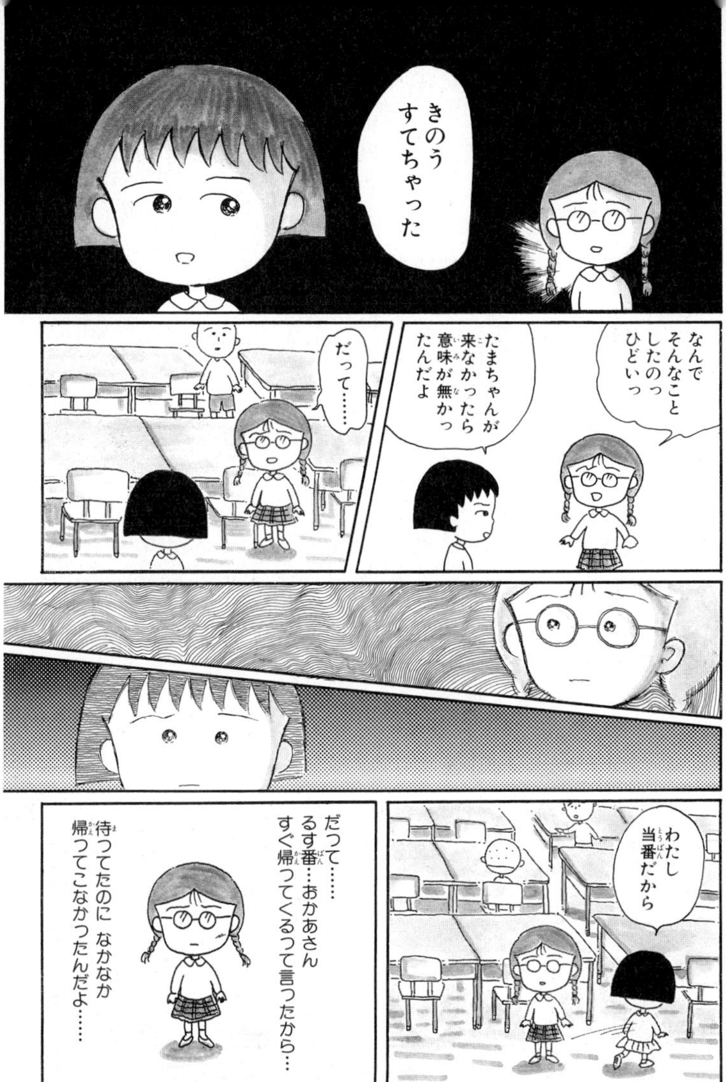
きのう すてちゃった
なんで そんなこと したのっ ひどいっ
たまちゃんが 来なかったら 意味が無かったんだよ
だって……
わたし 当番だから
だって…… るす番…おかあさん すぐ帰ってくるって言ったから…
待ってたのに なかなか 帰ってこなかったんだよ……

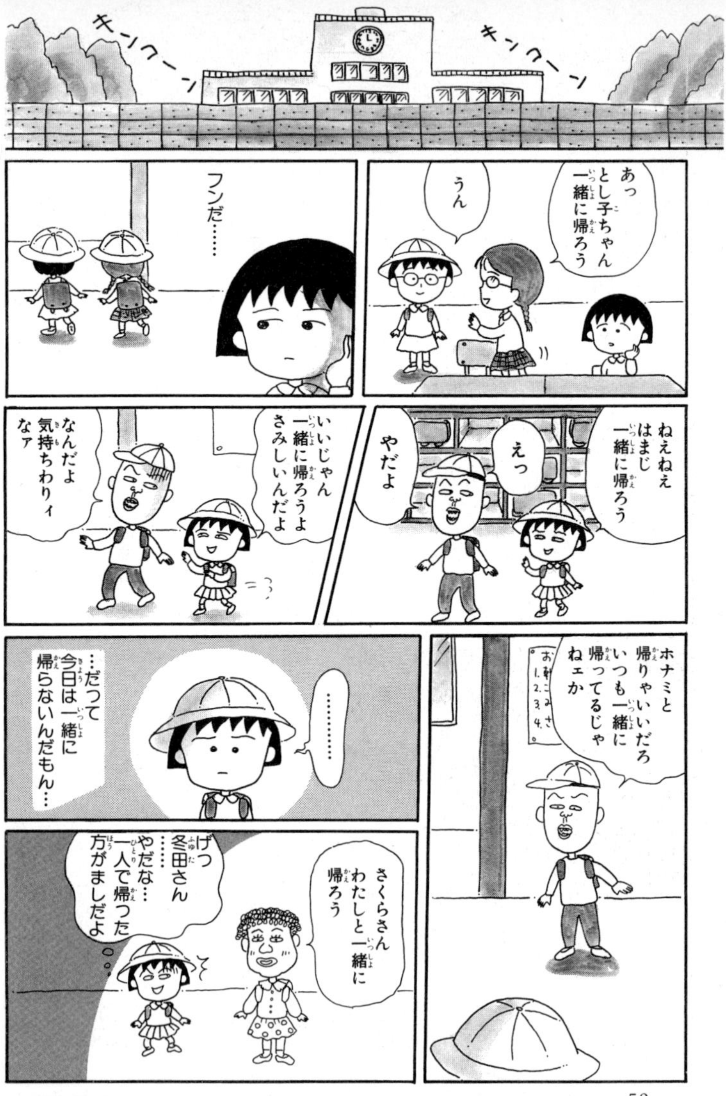
キンコーン
キンコーン
あっ とし子ちゃん 一緒に帰ろう
うん
フンだ……
ねえねえ はまじ 一緒に帰ろう
えっ
やだよ
いいじゃん 一緒に帰ろうよ さみしいんだよ
なんだよ 気持ちわりィなァ
ホナミと帰りゃいいだろ いつも一緒に帰ってるじゃねェか
…………
…だって今日は一緒に帰らないんだもん…
さくらさん わたしと一緒に帰ろう
げっ 冬田さん…… やだな… 一人で帰った方がましだよ

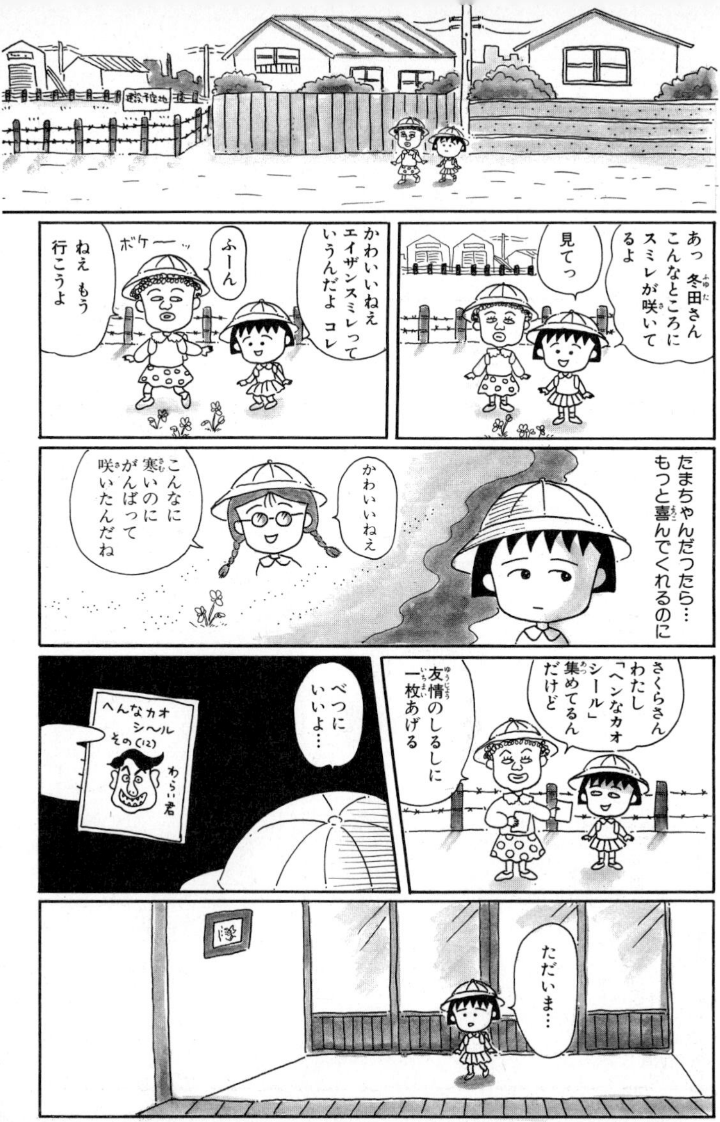
建設予定地
あっ 冬田さん こんなところに スミレが咲いてるよ
見てっ
かわいいねえ エイザンスミレって いうんだよ コレ
ふーん
ボケーーッ
ねえ もう 行こうよ
たまちゃんだったら… もっと喜んでくれるのに
かわいいねえ
こんなに 寒いのに がんばって 咲いたんだね
さくらさん わたし「ヘンなカオシール」集めてるんだけど
友情のしるしに 一枚あげる
べつに いいよ…
へんなカオ シ〜ル その(12)
わらい君
ただいま…

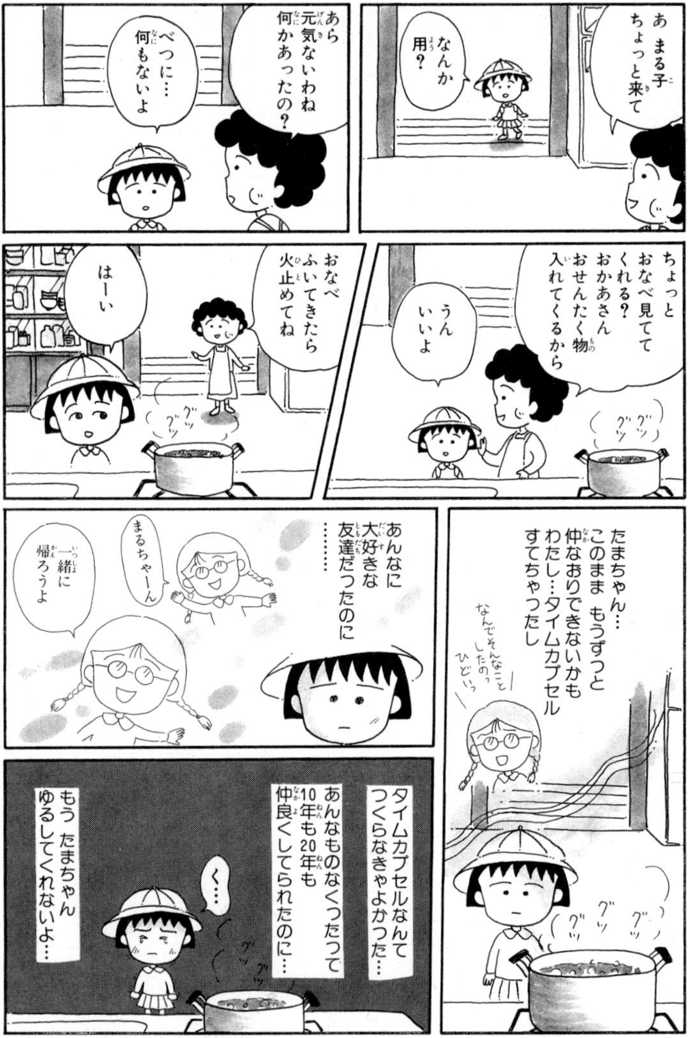
あ まる子 ちょっと来て
なんか 用？
あら 元気ないわね 何かあったの？
べつに… 何もないよ
ちょっと おなべ見ててくれる？ おかあさん おせんたく物入れてくるから
うん いいよ
グツ グツ
おなべ ふいてきたら 火止めてね
はーい
グツ グツ
たまちゃん… このまま もうずっと 仲なおりできないかも わたし…タイムカプセル すてちゃったし
なんでそんなことしたの？ ひどいっ
グツ グツ グツ
あんなに 大好きな 友達だったのに ……
まるちゃーん
一緒に 帰ろうよ
タイムカプセルなんて つくらなきゃよかった…
あんなものなくったって 10年も20年も 仲良くしてられたのに…
く…
グツ グツ
もう たまちゃん ゆるしてくれないよ…

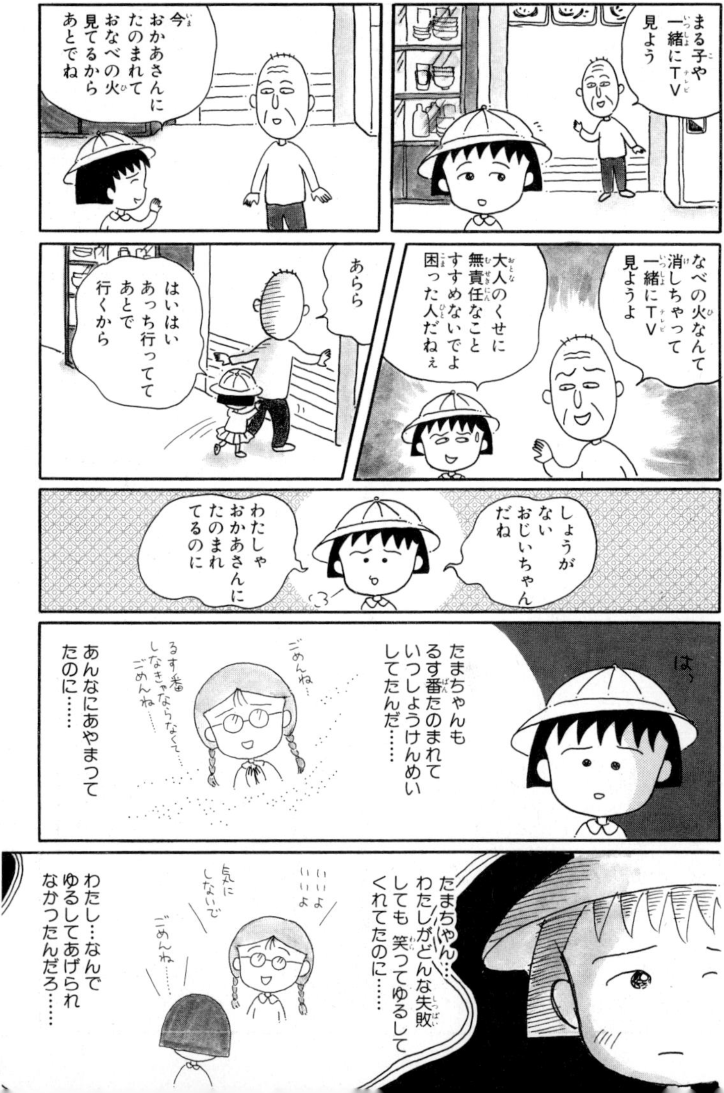
まる子や 一緒にTV 見よう
今 おかあさんに たのまれて おなべの火 見てるから あとでね
なべの火なんて 消しちゃって 一緒にTV 見ようよ
大人のくせに 無責任なこと すすめないでよ 困った人だねぇ
あらら
はいはい あっち行ってて あとで 行くから
しょうがない おじいちゃん だね
わたしゃ おかあさんに たのまれ てるのに
は、
たまちゃんも るす番たのまれて いっしょうけんめい してたんだ……
ごめんね…
るす番 しなきゃならなくて ごめんね……
あんなにあやまって たのに……
たまちゃん…… わたしがどんな失敗 しても 笑ってゆるして くれてたのに……
いいよ いいよ
気に しないで
ごめんね……
わたし…なんで ゆるしてあげられ なかったんだろ……

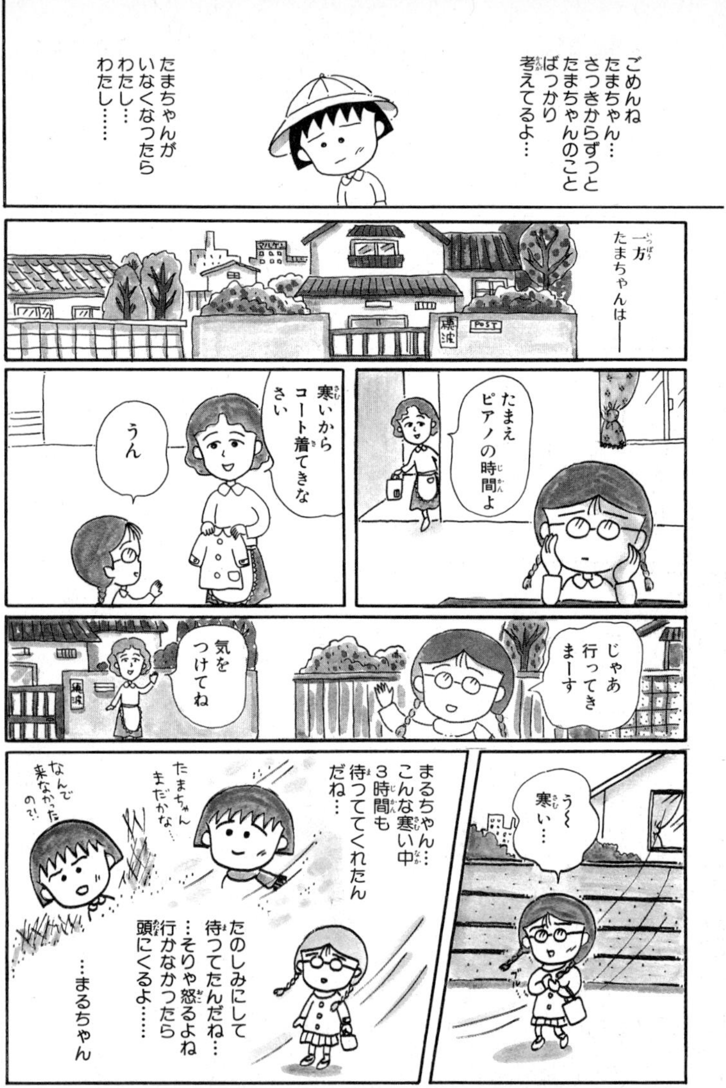

ごめんね
たまちゃん…
さっきからずっと
たまちゃんのこと
ばっかり
考えてるよ…
たまちゃんが
いなくなったら
わたし…
わたし……
一方
たまちゃんは――
たまえ
ピアノの時間よ
寒いから
コート着てきな
さい
うん
じゃあ
行ってき
まーす
気を
つけてね
う〜
寒い…
まるちゃん…
こんな寒い中
3時間も
待っててくれたん
だね…
たまちゃん
まだかな…
なんで
来なかった
の!!
たのしみにして
待ってたんだね…
…そりゃ怒るよね
行かなかったら
頭にくるよ……
…まるちゃん

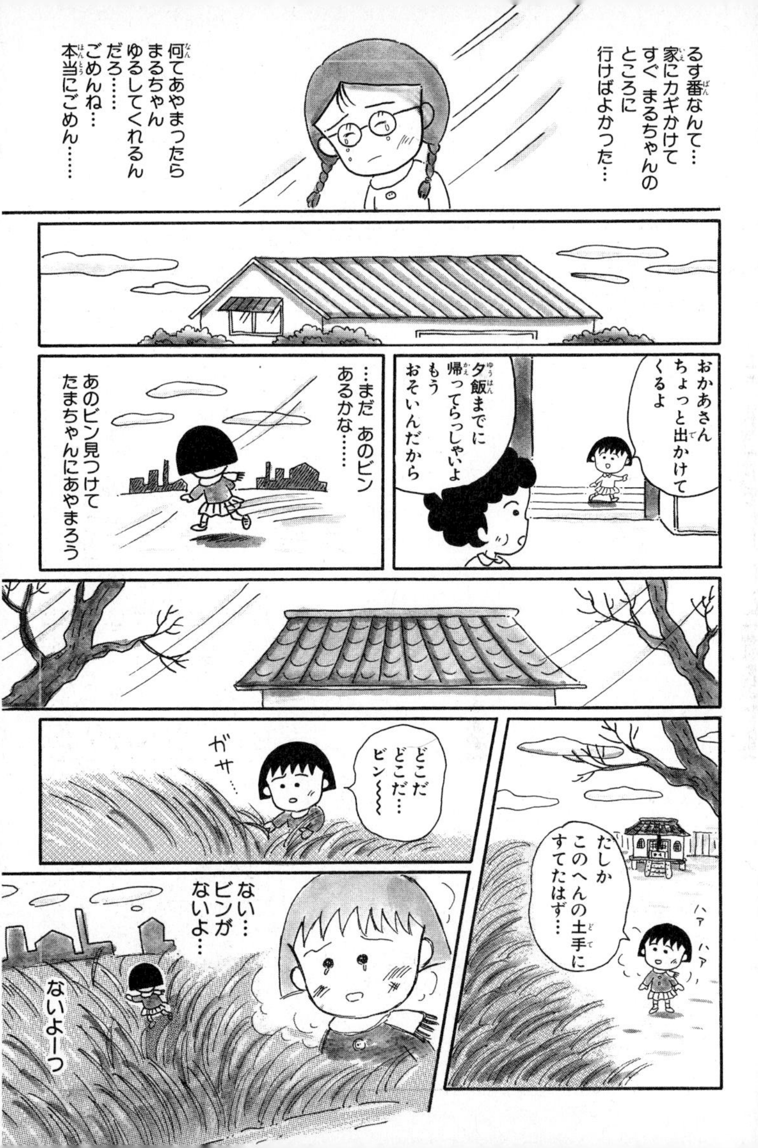
るす番なんて… 家にカギかけて すぐ まるちゃんの ところに 行けばよかった…
何てあやまったら まるちゃん ゆるしてくれるん だろ…… ごめんね… 本当にごめん……
おかあさん ちょっと出かけて くるよ
夕飯までに 帰ってらっしゃいよ もう おそいんだから
…まだ あのビン あるかな……
あのビン見つけて たまちゃんにあやまろう
ハア ハア
たしか このへんの土手に すてたはず…
どこだ どこだ… ビン〜〜
ガサ…
ない… ビンが ないよ…
ないよーっ

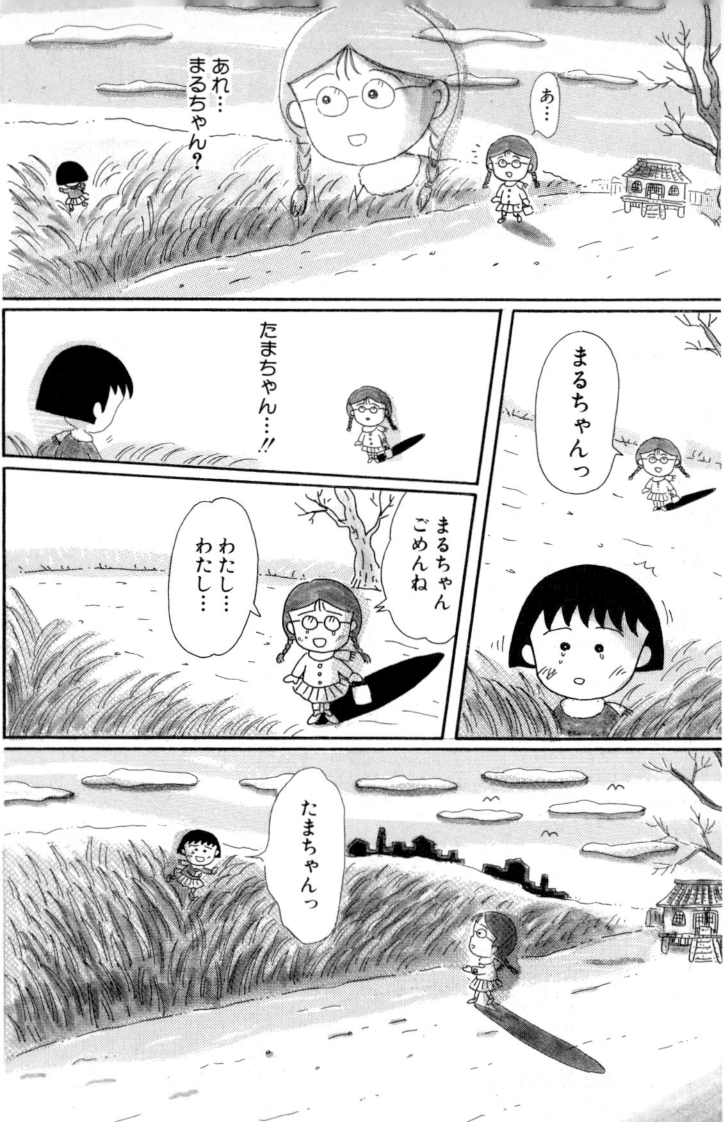
あ…
あれ…
まるちゃん？
まるちゃんっ
たまちゃん…!!
まるちゃん
ごめんね
わたし…
わたし…
たまちゃんっ

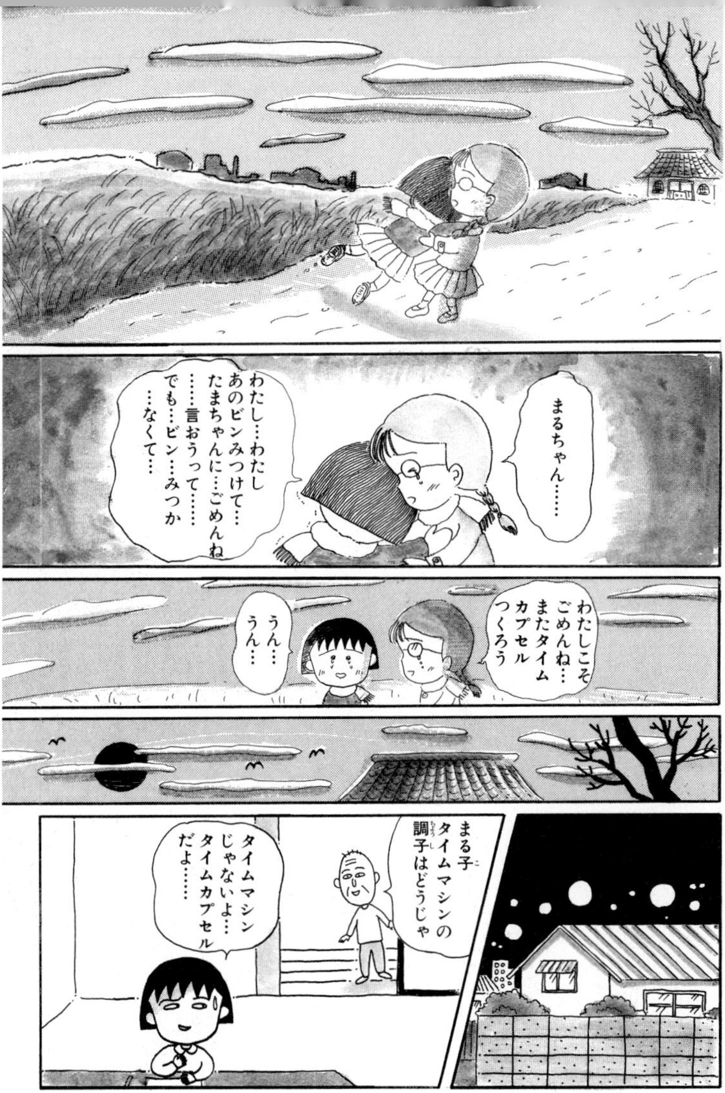

まるちゃん……
わたし…わたし あのビンみつけて… たまちゃんに…ごめんね ……言おうって…… でも…ビン…みつか …なくて…
わたしこそ ごめんね… またタイム カプセル つくろう
うん… うん…
まる子 タイムマシンの 調子はどうじゃ
タイムマシン じゃないよ… タイムカプセル だよ……

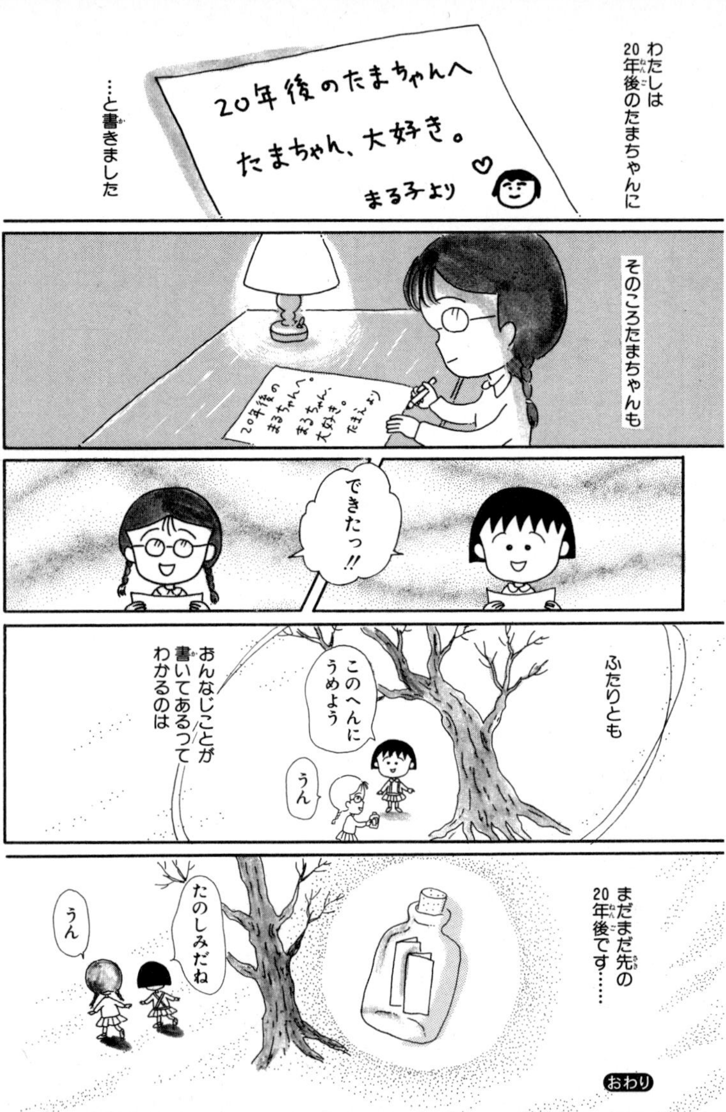
わたしは20年後のたまちゃんに
20年後のたまちゃんへ
たまちゃん、大好き。
まる子より
…と書きました
そのころたまちゃんも
20年後のまるちゃんへ。
まるちゃん、大好き。
たまえより
できたっ!!
ふたりとも
このへんにうめよう
うん
おんなじことが書いてあるってわかるのは
まだまだ先の20年後です……
たのしみだね
うん
おわり

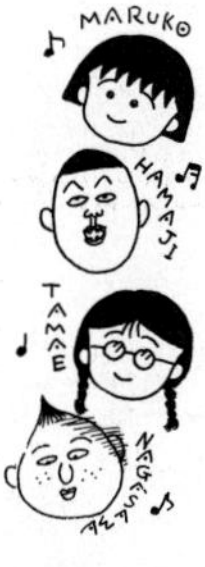
MARUKO
HAMAJI
TAMAE
NAGASAWA

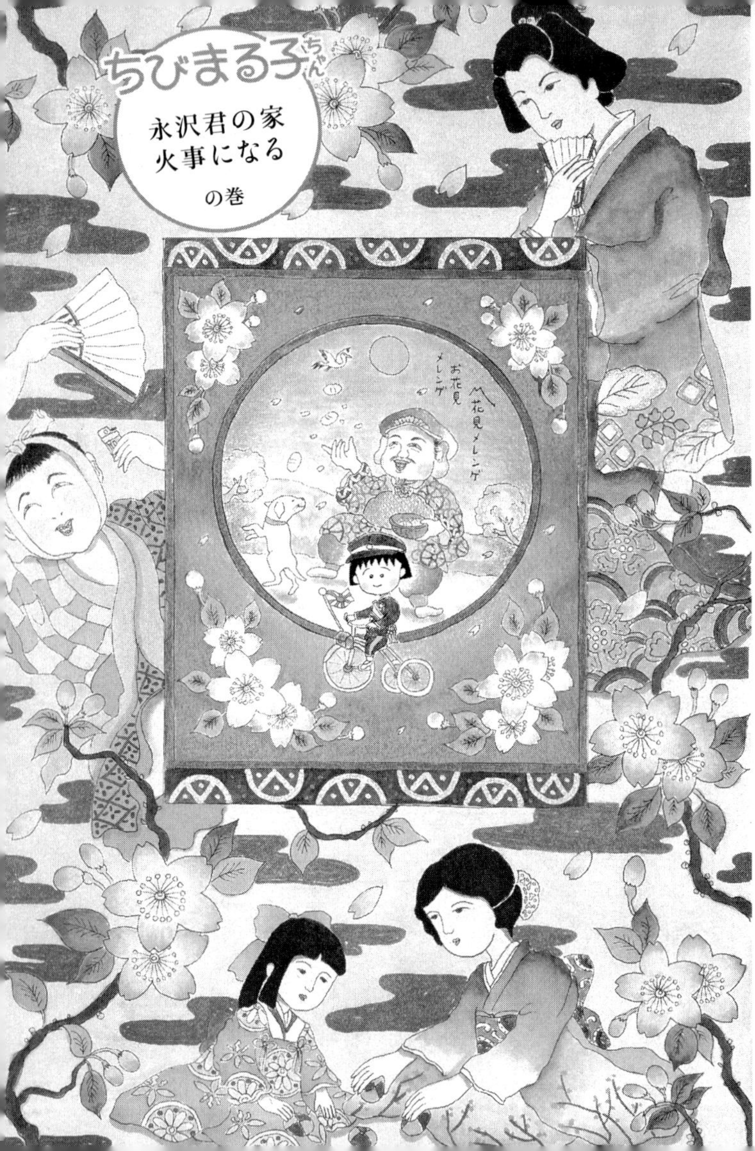

ちびまる子ちゃん
永沢君の家
火事になる
の巻
〽花見メレンゲ
お花見メレンゲ

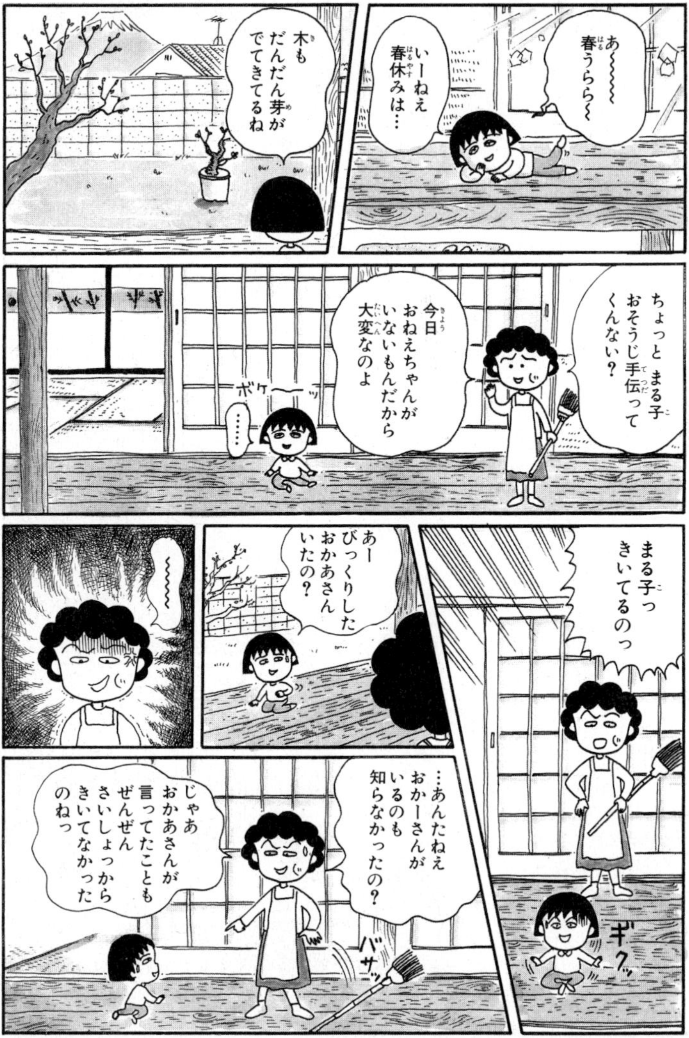
あ〜〜〜 春うらら〜
いーねえ 春休みは…
木も だんだん芽が でてきてるね
ちょっと まる子 おそうじ手伝って くんない？
今日 おねえちゃんが いないもんだから 大変なのよ
ボケ〜〜ッ
……
まる子っ きいてるのっ
ギクッ
あー びっくりした おかあさん いたの？
〜〜〜
…あんたねえ おかーさんが いるのも 知らなかったの？
バサッ
じゃあ おかあさんが 言ってたことも ぜんぜん さいしょっから きいてなかった のねっ

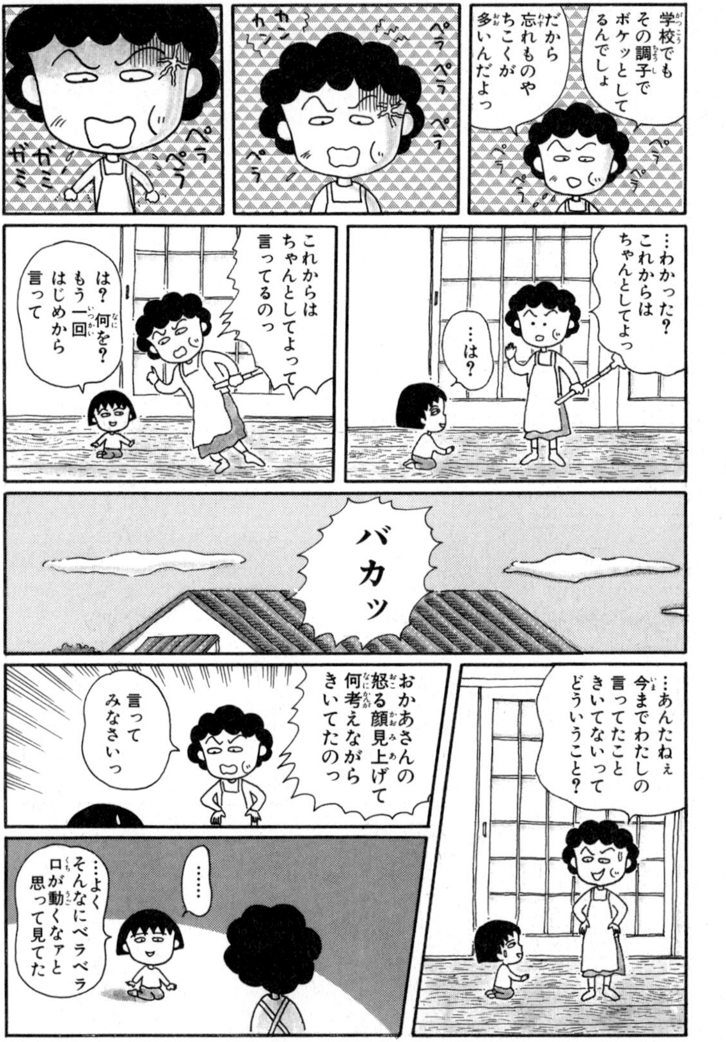

学校でもその調子でボケッとしてるんでしょ
だから忘れものやちこくが多いんだよっ
ペラ ペラ ペラ
ペラ ペラ ペラ
カン カン
ペラ ペラ
ガミ ガミ
…わかった? これからはちゃんとしてよっ
…は?
これからはちゃんとしてよって言ってるのっ
は? 何を? もう一回はじめから言って
バカッ
…あんたねぇ 今までわたしの言ってたこときいてないってどういうこと?
おかあさんの怒る顔見上げて何考えながらきいてたのっ
言ってみなさいっ
……
…よくそんなにベラベラ口が動くなァと思って見てた

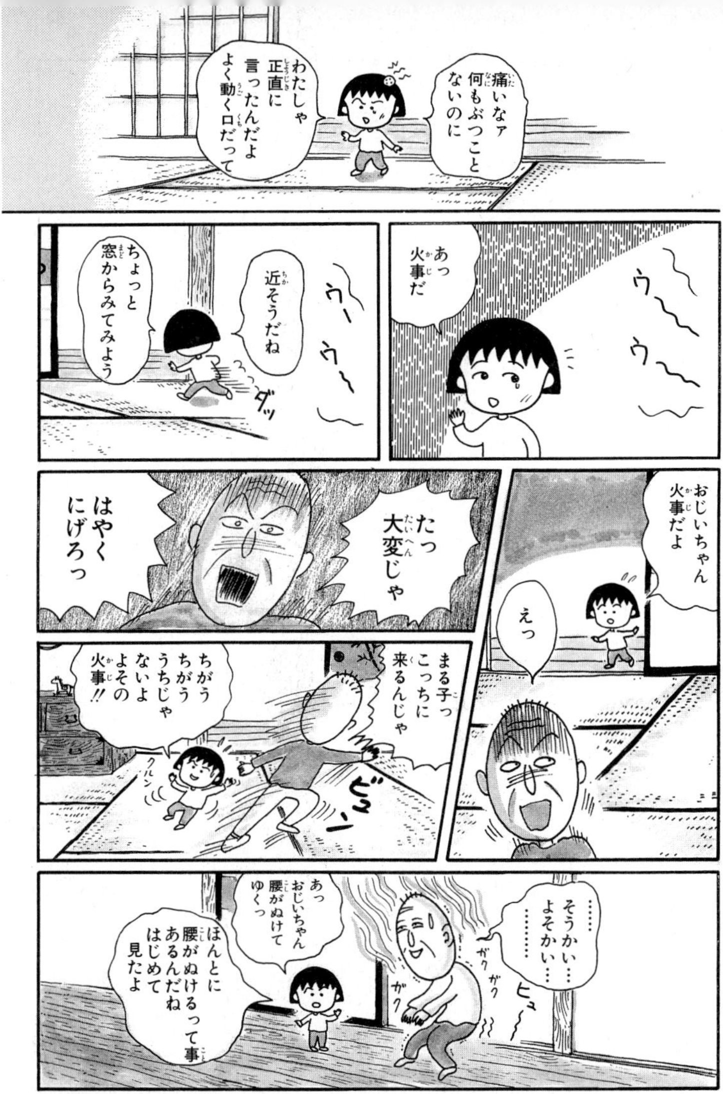
痛いなァ何もぶつことないのに
わたしゃ正直に言ったんだよよく動く口だって
ウ〜ウ〜
あっ火事だ
近そうだね
ちょっと窓からみてみよう
ウ〜ウ〜
ダッ
おじいちゃん火事だよ
えっ
たっ大変じゃ
はやくにげろっ
まる子っこっちに来るんじゃ
ビュン
クルン
ちがうちがううちじゃないよよその火事!!
……そうかい……よそかい……
ヒュ〜
ガク ガク ガク
あっおじいちゃん腰がぬけてゆくっ
ほんとに腰がぬけるって事あるんだねはじめて見たよ

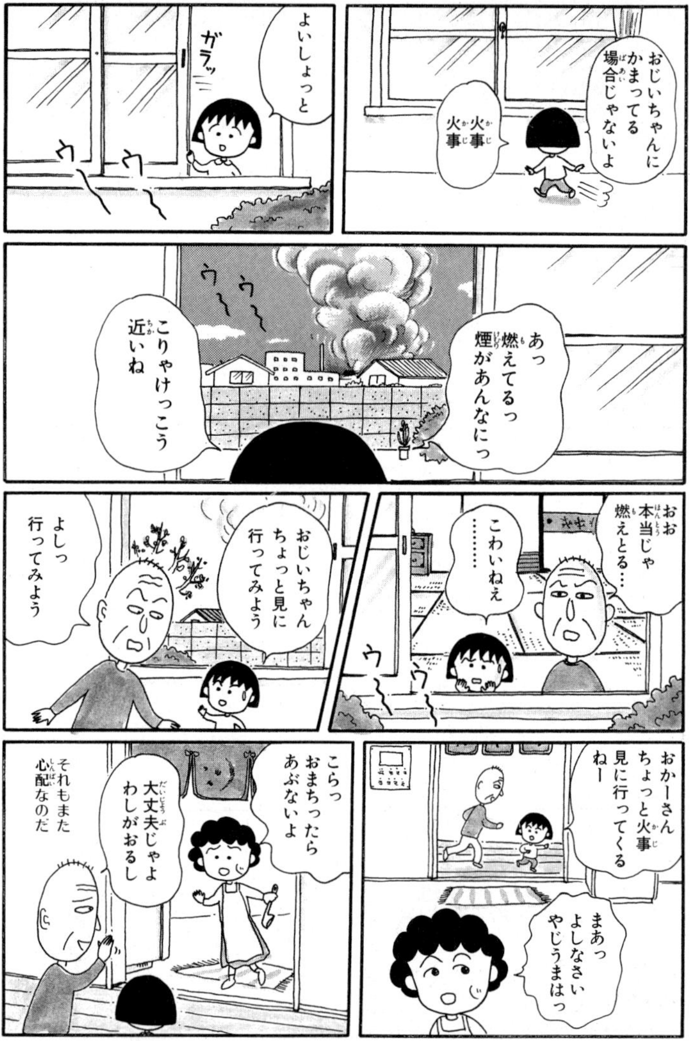
おじいちゃんにかまってる場合じゃないよ
火事火事
よいしょっと
ガラッ
あっ燃えてるっ煙があんなにっ
こりゃけっこう近いね
おお本当じゃ燃えとる……
こわいねえ……
おじいちゃんちょっと見に行ってみよう
よしっ行ってみよう
おかーさんちょっと火事見に行ってくるねー
まあっよしなさいやじうまはっ
こらっおまちったらあぶないよ
大丈夫じゃよわしがおるし
それもまた心配なのだ

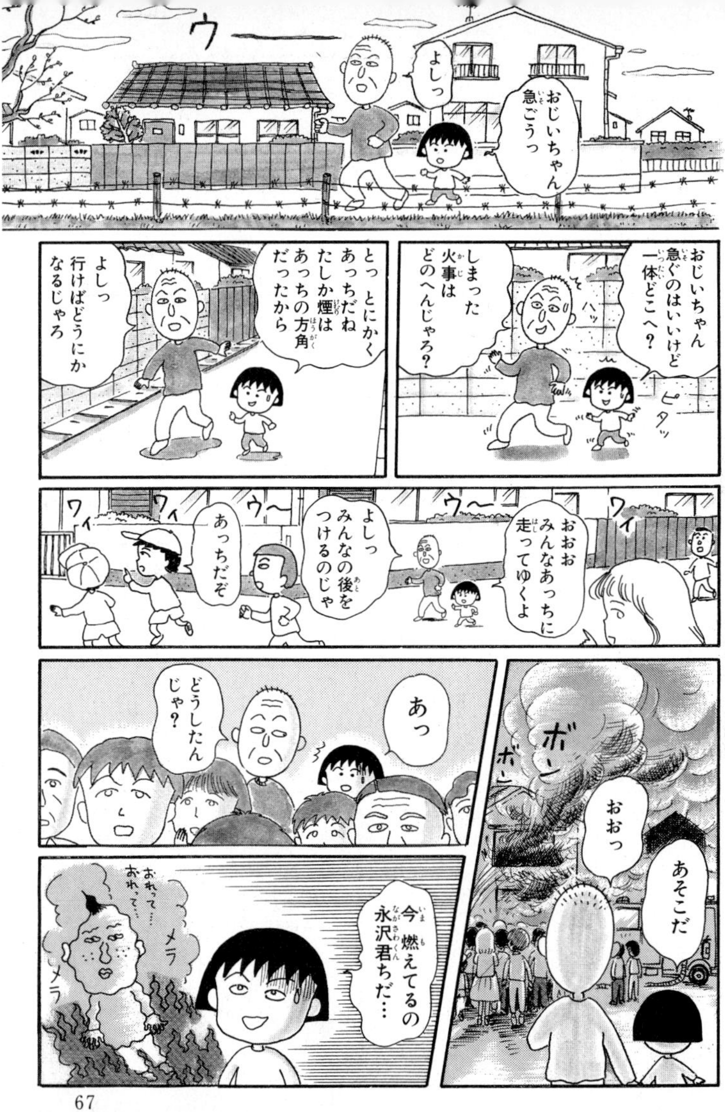
ウ—
おじいちゃん急ごうっ
よしっ
おじいちゃん急ぐのはいいけど一体どこへ？
ハッ
ピタッ
しまった火事はどのへんじゃろ？
とっ とにかくあっちだねたしか煙はあっちの方角だったから
よしっ行けばどうにかなるじゃろ
ワィ
ウ〜
おおおみんなあっちに走ってゆくよ
よしっみんなの後をつけるのじゃ
ウ〜
あっちだぞ
ワィ
ワィ
ボン
ボン
おおっ
あそこだ
あっ
どうしたんじゃ？
今燃えてるの永沢君ちだ…
おれって…おれって…
メラ
メラ

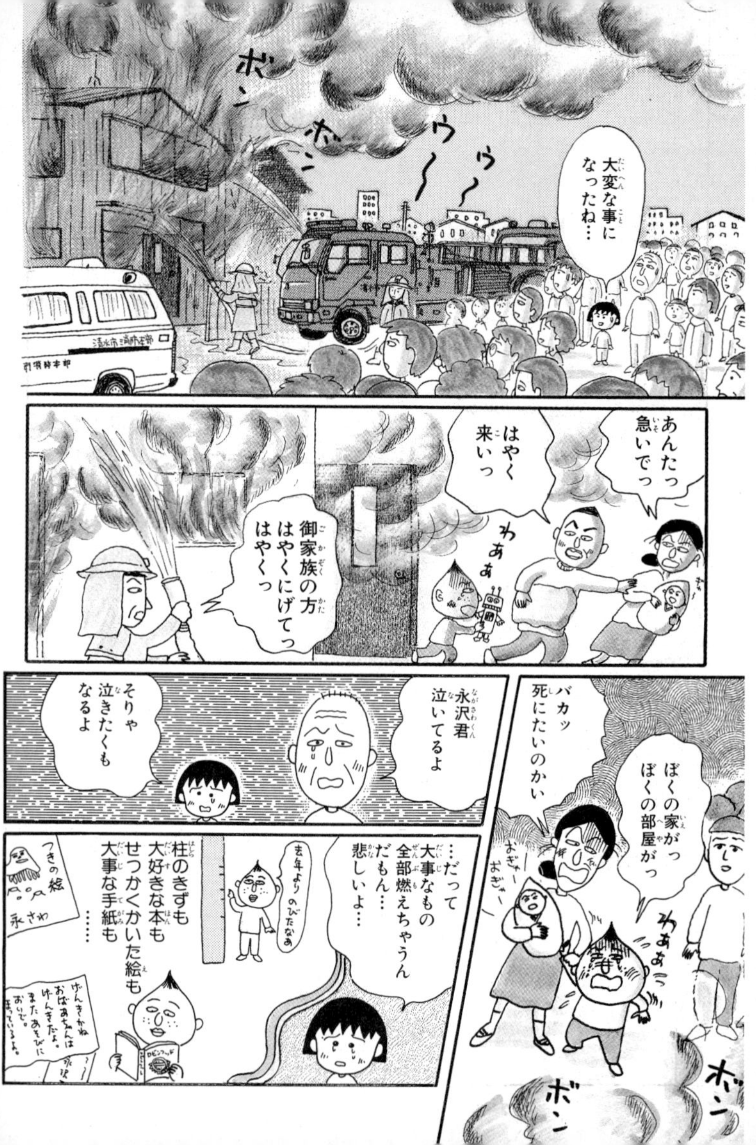

ボン
ボン
ウ〜
ウ〜
大変な事になったね…
清水市消防本部
あんたっ急いでっ
はやく来いっ
わあぁ
御家族の方はやくにげてっはやくっ
バカッ死にたいのかい
ぼくの家がっぼくの部屋がっ
おぎゃー おぎゃー
わあぁ
ボン
ボン
永沢君泣いてるよ
そりゃ泣きたくもなるよ
…だって大事なもの全部燃えちゃうんだもん…悲しいよ…
去年よりのびたなあ
柱のきずも大好きな本もせっかくかいた絵も大事な手紙も……
つきの絵
永さわ
げんきかね おばあちゃんはげんきだよ。またあそびにおいで。まっているよ。

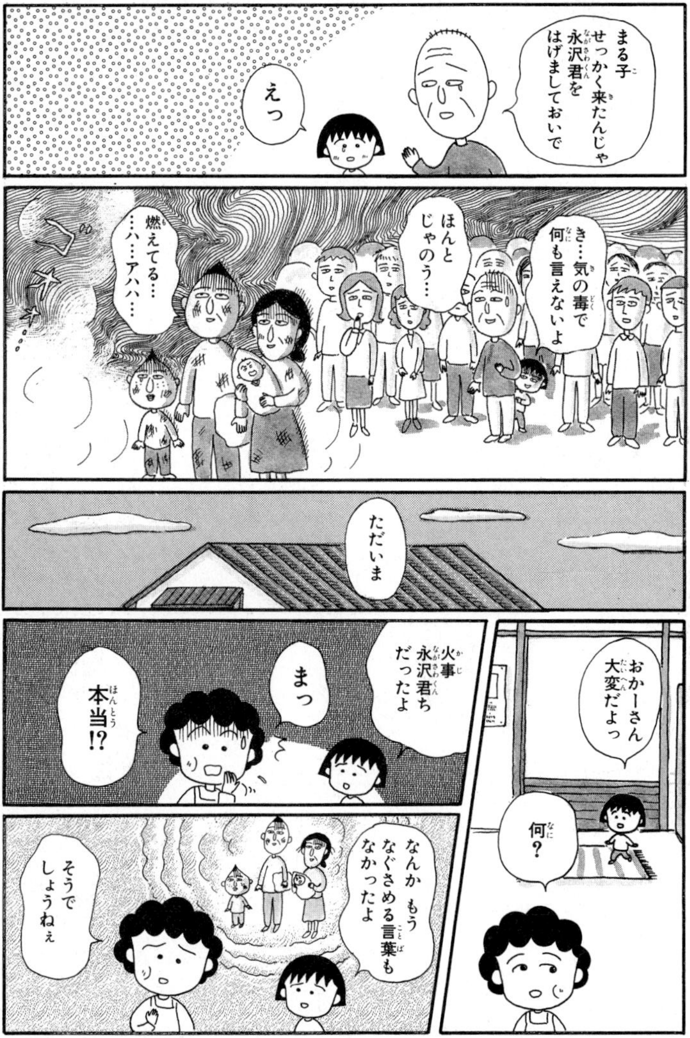
まる子 せっかく来たんじゃ 永沢君をはげましておいで
えっ
き…気の毒で何も言えないよ
ほんとじゃのう…
燃えてる…ハ…アハハ…
ただいま
おかーさん大変だよっ
何?
火事 永沢君ちだったよ
まっ
本当!?
なんか もう なぐさめる言葉もなかったよ
そうでしょうねぇ

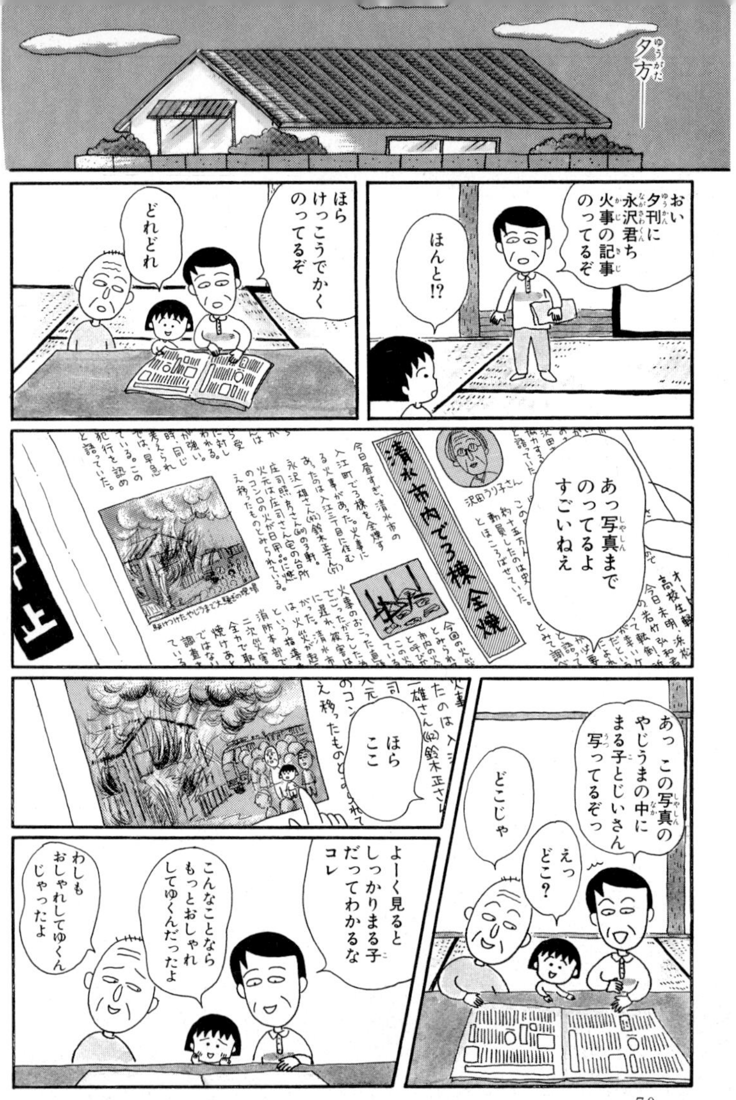
夕方――
おい 夕刊に 永沢君ち 火事の記事 のってるぞ
ほんと!?
ほら けっこうでかく のってるぞ
どれどれ
清水市内でろ棟全焼
沢田うり子さん
あっ写真まで のってるよ すごいねえ
あっ この写真の やじうまの中に まる子とじいさん 写ってるぞっ
えっ どこ?
どこじゃ
ほら ここ
よーく見ると しっかりまる子 だってわかるな コレ
こんなことなら もっとおしゃれ してゆくんだったよ
わしも おしゃれしてゆくん じゃったよ

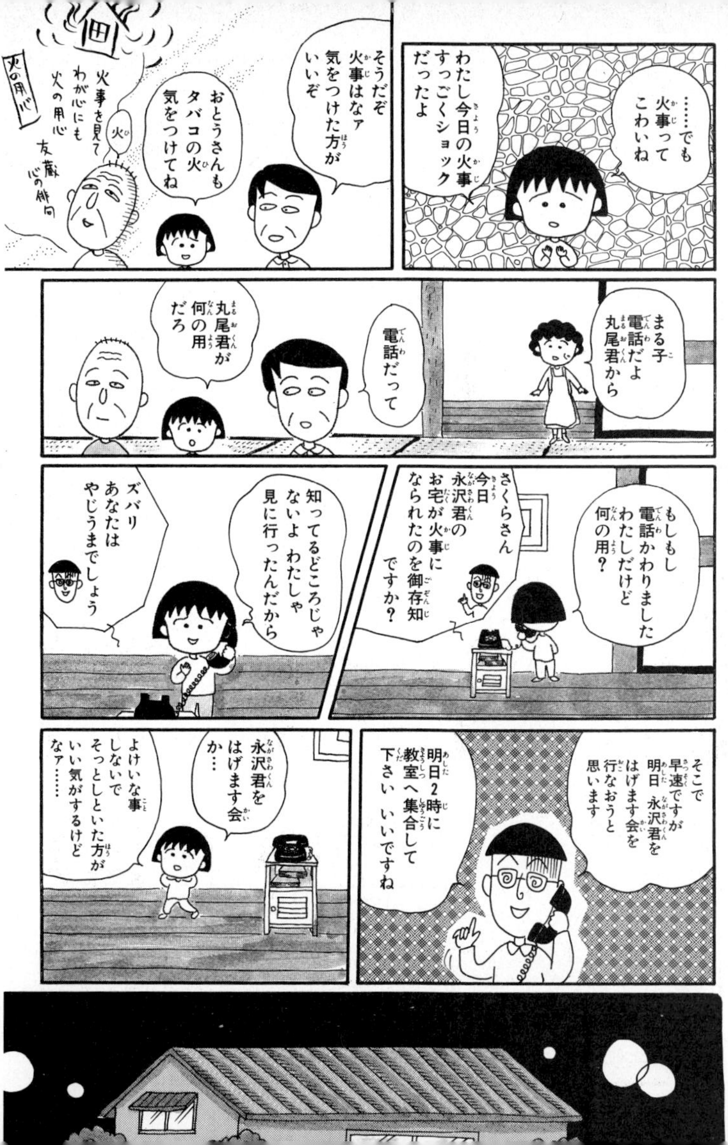
……でも
火事って
こわいね
わたし今日の火事
すっごくショック
だったよ
そうだぞ
火事はなァ
気をつけた方が
いいぞ
おとうさんも
タバコの火
気をつけてね
火
火事を見て
わが心にも
火の用心
友蔵
心の俳句
火の用心
まる子
電話だよ
丸尾君から
電話だって
丸尾君が
何の用
だろ
もしもし
電話かわりました
わたしだけど
何の用？
さくらさん
今日
永沢君の
お宅が火事に
なられたのを御存知
ですか？
知ってるどころじゃ
ないよ わたしゃ
見に行ったんだから
ズバリ
あなたは
やじうまでしょう
そこで
早速ですが
明日 永沢君を
はげます会を
行なおうと
思います
明日2時に
教室へ集合して
下さい いいですね
永沢君を
はげます会
か…
よけいな事
しないで
そっとしといた方が
いい気がするけど
なァ……

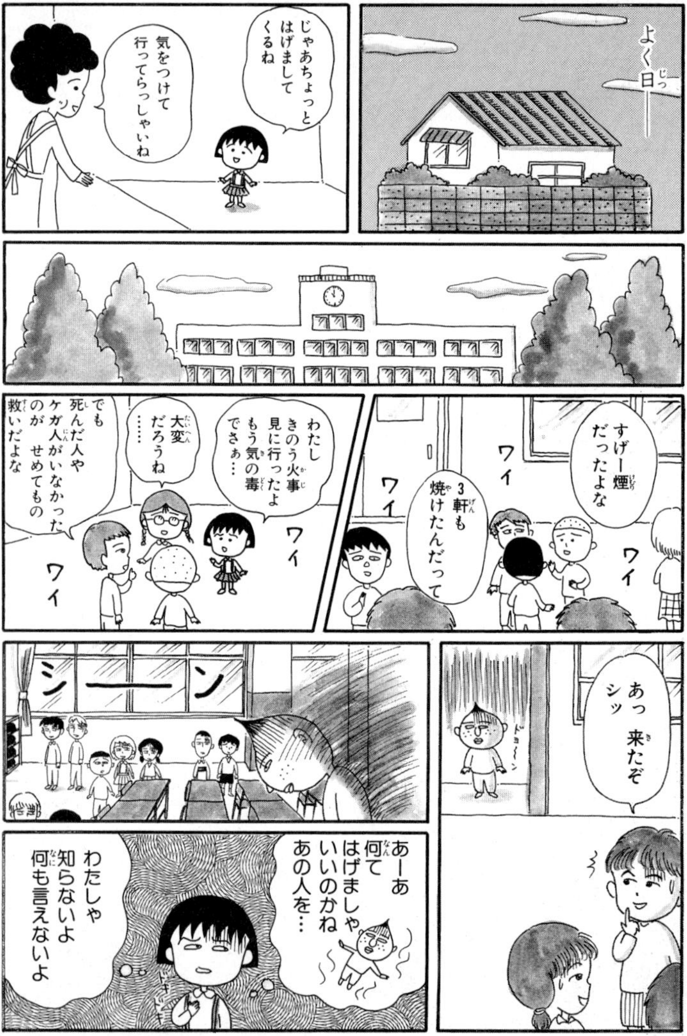
よく日――
じゃあちょっと はげましてくるね
気をつけて行ってらっしゃいね
すげー煙だったよな
3軒も焼けたんだって
ワイ
ワイ
ワイ
わたし きのう火事見に行ったよ もう気の毒でさぁ…
大変だろうね……
でも死んだ人やケガ人がいなかったのが せめてものの救いだよな
ワイ
ワイ
あっ 来たぞ シッ
ドョ～ン
シーーーン
あーあ 何てはげましゃいいのかね あの人を…
わたしゃ知らないよ 何も言えないよ
ドキドキ

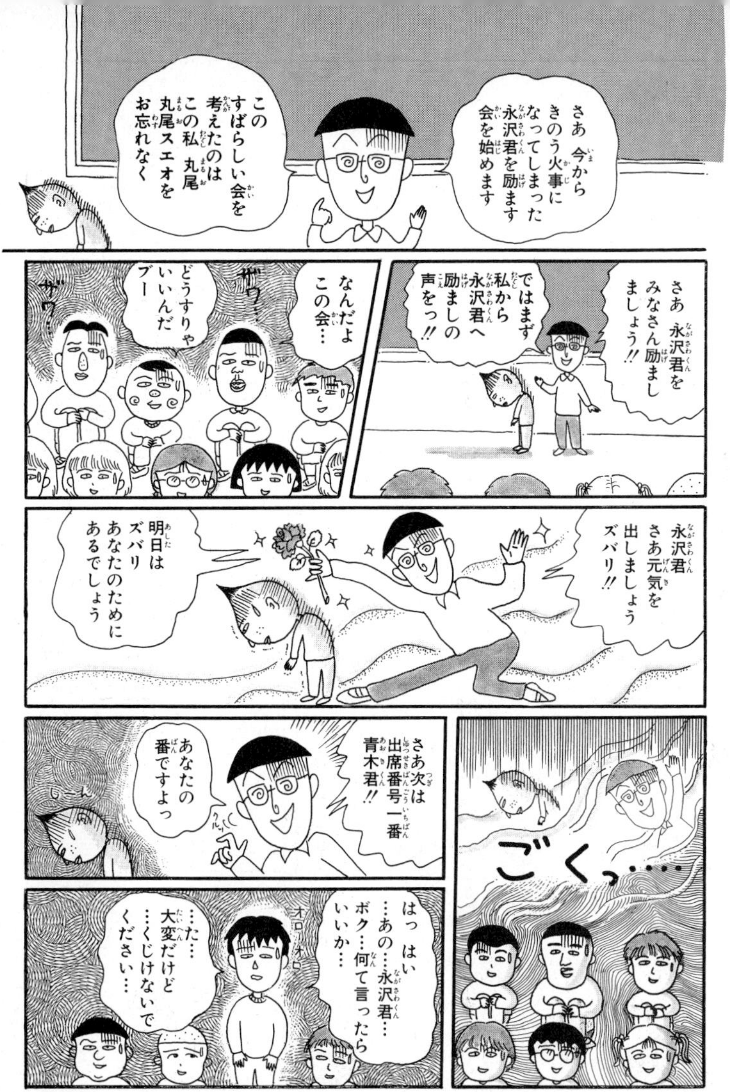

さあ 今から
きのう火事に
なってしまった
永沢君を励ます
会を始めます
この
すばらしい会を
考えたのは
この私 丸尾
丸尾スエオを
お忘れなく
さあ
みなさん 永沢君を
励ましましょう!!
ではまず
私から
永沢君へ
励ましの
声をっ!!
なんだよ
この会…
どうすりゃ
いいんだ
ブー
ザワ…
ザワ…
永沢君
さあ元気を
出しましょう
ズバリ!!
明日は
ズバリ
あなたのために
あるでしょう
ごくっ……
さあ次は
出席番号一番
青木君!!
あなたの
番ですよっ
しーん
はっ はい
…あの…永沢君…
ボク…何て言ったら
いいか…
オロ オロ
…た…
大変だけど
…くじけないで
ください…

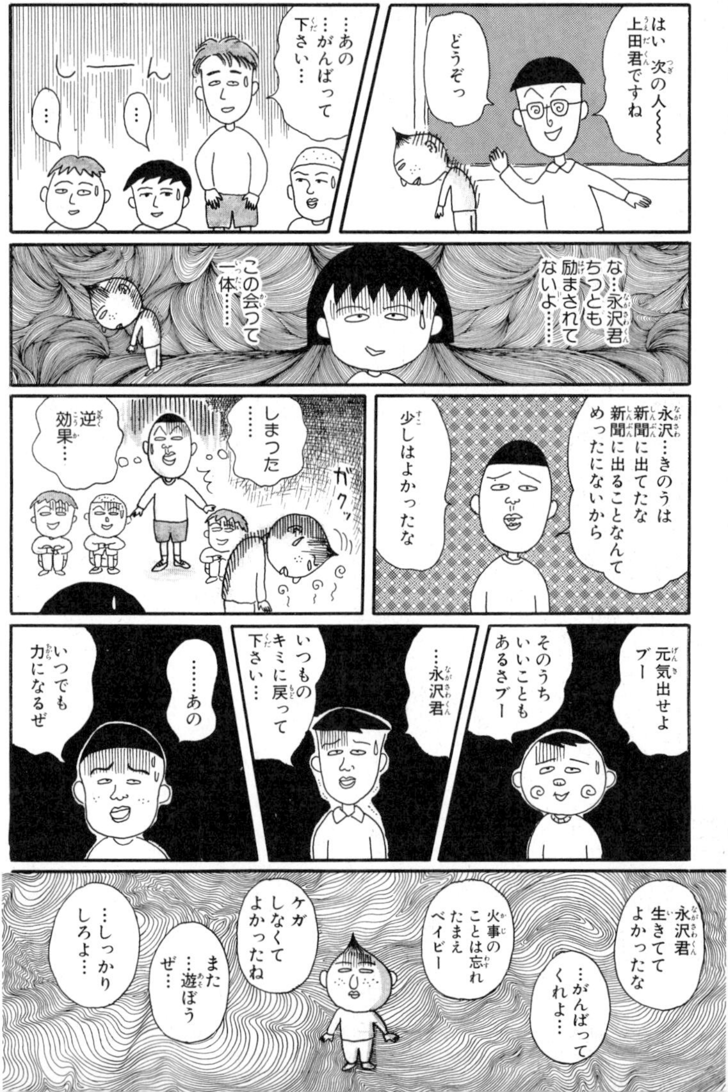
はい 次の人〜〜〜 上田君ですね
どうぞっ
…あの …がんばって 下さい…
しーーん
…
…
な…永沢君 ちっとも 励まされて ないよ……
この会って 一体……
永沢…きのうは 新聞に出てたな 新聞に出ることなんて めったにないから
少しはよかったな
しまった……
ガクッ
逆効果……
元気出せよ ブー
そのうち いいことも あるさブー
…永沢君
いつもの キミに戻って 下さい…
……あの
いつでも 力になるぜ
永沢君 生きてて よかったな
…がんばって くれよ…
火事の ことは忘れ たまえ ベイビー
ケガ しなくて よかったね
また …遊ぼう ぜ…
…しっかり しろよ…

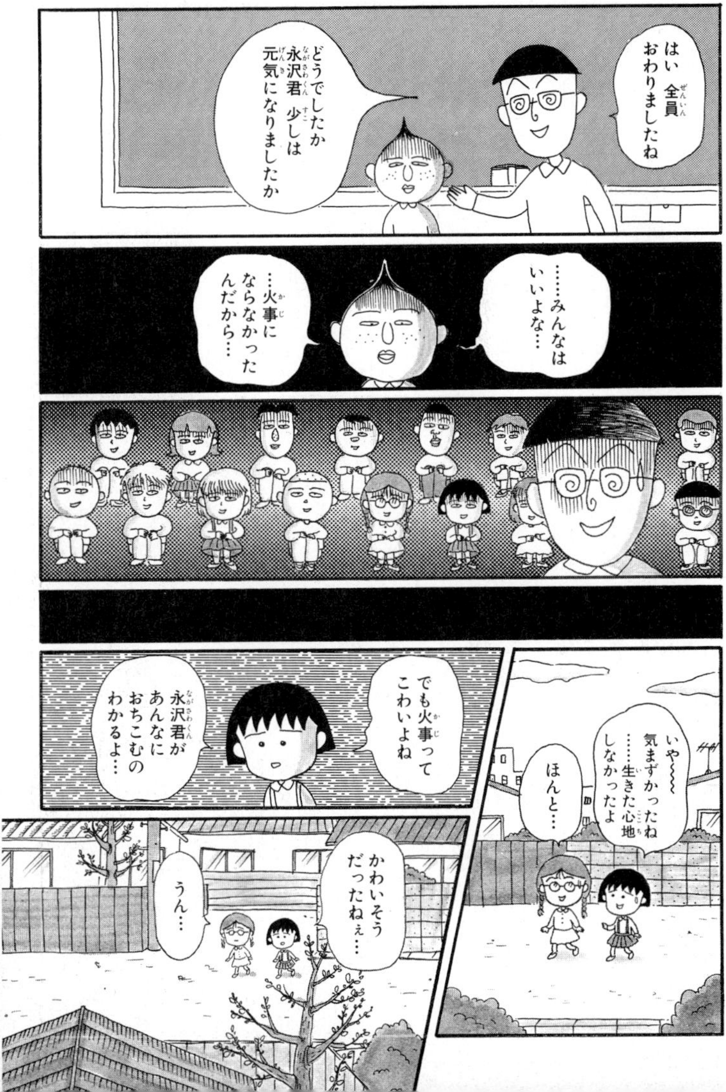
はい　全員おわりましたね
どうでしたか永沢君　少しは元気になりましたか
……みんなはいいよな…
…火事にならなかったんだから…
でも火事ってこわいよね
永沢君があんなにおちこむのわかるよ…
いや～～～気まずかったね……生きた心地しなかったよ
ほんと…
かわいそうだったねぇ…
うん…

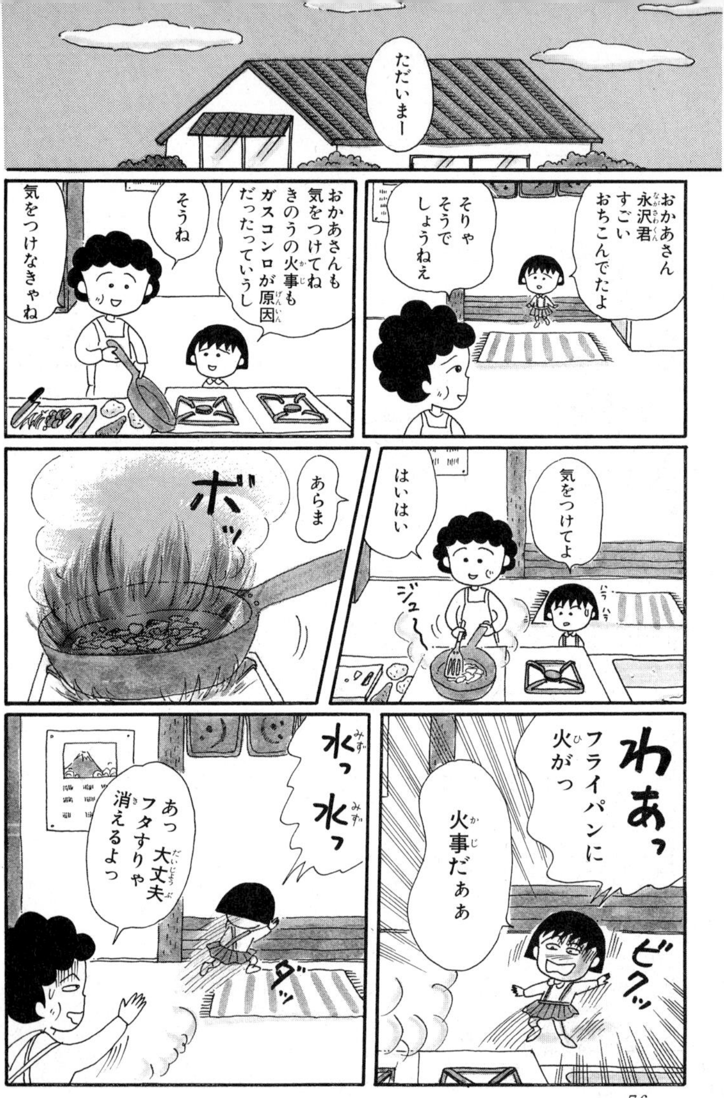
ただいまー
おかあさん 永沢君 すごい おちこんでたよ
そりゃ そうで しょうねえ
おかあさんも 気をつけてね きのうの火事も ガスコンロが原因 だったっていうし
そうね
気をつけなきゃね
気をつけてよ
はいはい
ジュ〜
ハラ ハラ
あらま
ボッ
わあっ
フライパンに 火がっ
火事だぁぁ
ビクッ
水っ 水っ
あっ 大丈夫 フタすりゃ 消えるよっ
ダッ

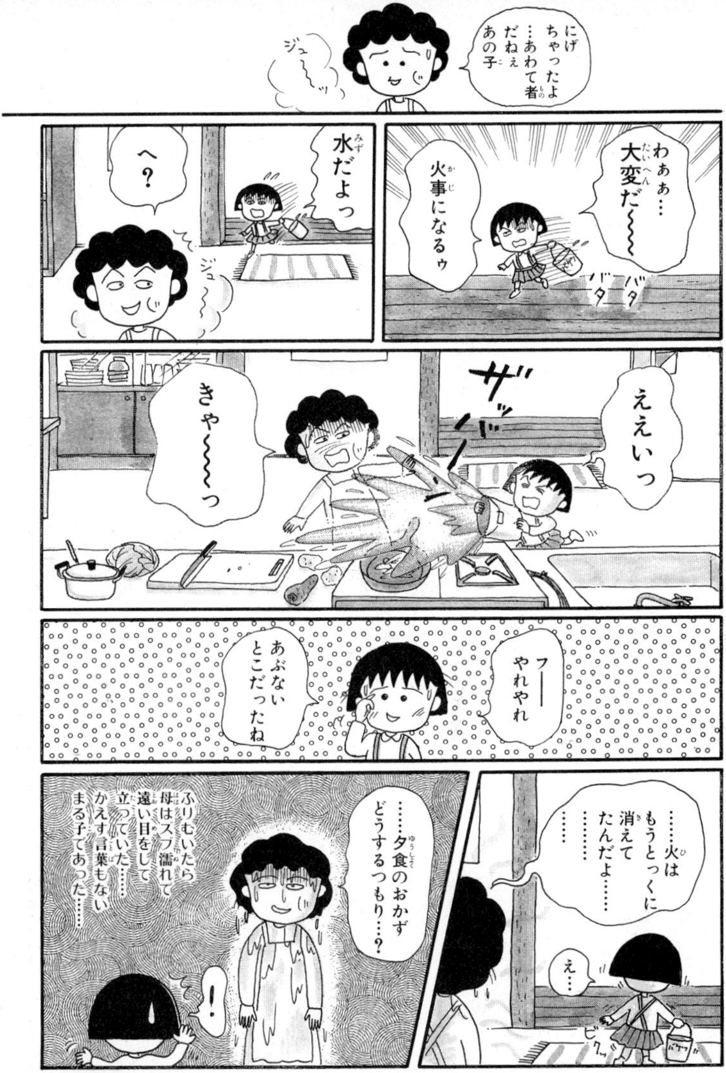

ジュ〜〜〜ッ
にげちゃったよ …あわて者だねぇ あの子
わぁぁ… 大変だ〜〜〜
火事になるゥ
バタバタ
水だよっ
へ？
ジュ〜〜
ええいっ
ザッバ〜
きゃ〜〜〜っ
フ―― やれやれ
あぶない とこだったね
……火は もうとっくに 消えて たんだよ…… ……
え……
ビクッ
……夕食のおかず どうするつもり…？
ふりむいたら 母はズブ濡れて 遠い目をして 立っていた…… かえす言葉もない まる子であった……
！

おわり

おまけのページ（永沢君の火事について）

「永沢君の家の火事」については、TV版の"ちびまる子ちゃん"ではずいぶんあとをひいていた。折にふれては永沢君が火事のことを思い出すので、そのたびに藤木君が「火事のことはもう忘れろよ…」と励ますのである。

TV版の方では、「永沢君ち火事になる」の巻の翌週、「永沢君ちへ火事見舞に行く」の巻というのを設定し、まる子とたまえと丸尾君たちが火事見舞をしたのである。　火事のあとの永沢君の一家は、やはり大変なことになっていた。まず父親はいなかの親のもとへ借金をしに旅に出ており、母親は乳飲み子をかかえたうえに心労で入院しているのだ。しかし、永沢君にはお金持ちのおじいちゃんがいてとりあえずそこに住んでいるので安心（しんせきに）であった。まる子は立派なおじいちゃんの家に住める永沢君を、すこしうらやましく思うのである。

このエピソードは本当に私の思い出の中のひとつであり、私の同級生が火事で家を失ったときに、立派な親せきの家にしばらくの間住むことになり、不謹慎にもうらやましく思ったという記憶がもとになっている。われながら情ない。

ところで永沢君は、これから先の人生でもこの"親せきのおじいさん"にはずいぶん世話になるはずである。「ちびまる子ちゃん映画版描きおろし原作本―大野君と杉山君―」という本の"れんが版￥390"の方に、私は"まる子のクラスの同窓会"という話を描いたのだが、その中で26才になった永沢君は喫茶店のマスターになったという設定で描かれている。『タマネギおじさんの店』というお店を経営しているのだ。

この店だって、例の"親せきのおじいさん"という人がお金を出してくれたにちがいない。（ちがいないどころか！私が「そうなのだ」といってしまえばそうなるのだが…）

とにかく、永沢君は火事にあってもおじいさんのもとで安全にくらしているので、皆様御心配なさらぬよう。

永沢君のマニアのための

永沢君の"火事の思い出触発"リスト

TV放送より

1991年4月21日「まるちゃん作文をかく」の巻

・永沢、火事の思い出を作文に書き 読み上げる。

1992年1月5日「まる子 たこあげをする」の巻

・広場でたこあげをしていたまる子のところに永沢 あらわれ、一緒にたこあげをするが永沢のたこは風でとばされ、たき火の中へおちる。このときに彼の脳裏には 火事の思い出がよぎる。

同年3月29日「永沢君ち 火事になる」の巻

・まさしく、たった今 あなたも読んだ この本の中に収録されているこの回のTV版。

同年4月5日「永沢君ちの火事見舞」の巻

・前ページでも話したように、みんなで火事のおみまいに行った話。なかなかの感動モノであった。

同年7月19日「明日から夏休み」

・通信簿があまりよくなかった永沢君にむかって藤木君が「先生は、永沢君の成せきを、もっと甘くしてやるべきだ」と言うが永沢は「よしてくれ藤木君、成せき表は火事とは関係ないよ」と言って怒る。

同年8月23日「巴川の花火大会」

・花火を見た永沢は、案の定 火事を思い出す。

この他、今回の巻には「きもだめしに行く」という回で、永沢はちょうちんの火で火事を思い出すことに…。

火事の思い出は 永沢君のトラウマとなり まだまだ後をひくのである。

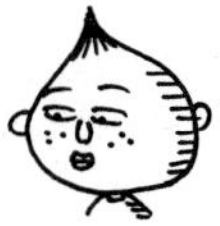

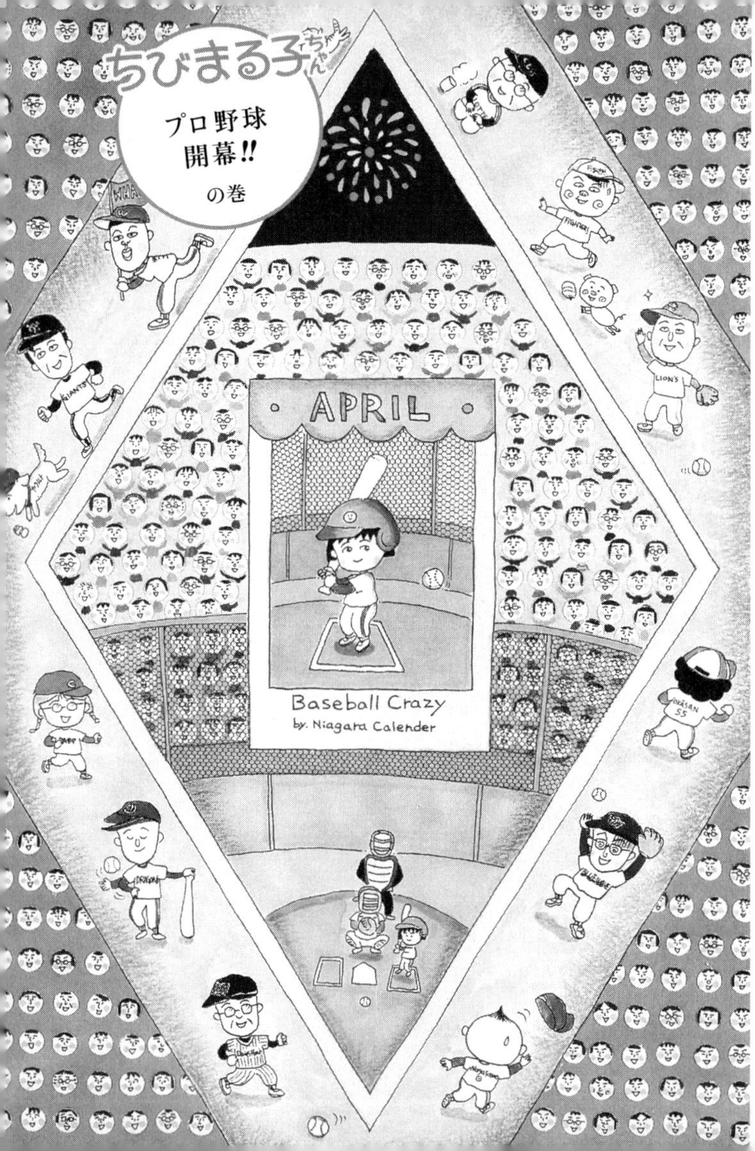
ちびまる子ちゃん
プロ野球開幕!!の巻
APRIL
Baseball Crazy
by. Niagara Calender
GIANTS
LION'S

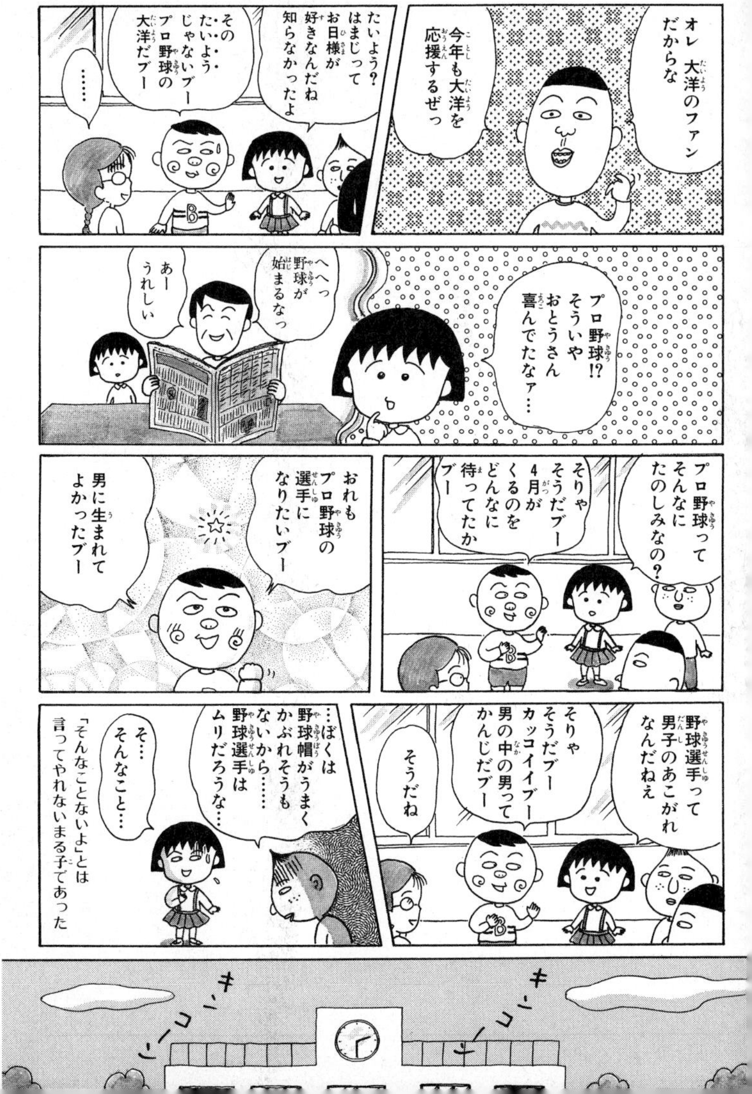
オレ 大洋のファン だからな
今年も大洋を 応援するぜっ
たいよう？ はまじって お日様が 好きなんだね 知らなかったよ
その たい・・たいよう じゃないブー プロ野球の 大洋だブー
……
プロ野球!? そういや おとうさん 喜んでたなァ…
へへっ 野球が 始まるなっ
あー うれしい
プロ野球って そんなに たのしみなの？
そりゃ そうだブー 4月が くるのを どんなに 待ってたか ブー
おれも プロ野球の 選手に なりたいブー
男に生まれて よかったブー
野球選手って 男子のあこがれ なんだねえ
そりゃ そうだブー カッコイイブー 男の中の男って かんじだブー
そうだね
…ぼくは 野球帽がうまく かぶれそうも ないから…… 野球選手は ムリだろうな…
そ… そんなこと…
「そんなことないよ」とは 言ってやれないまる子であった

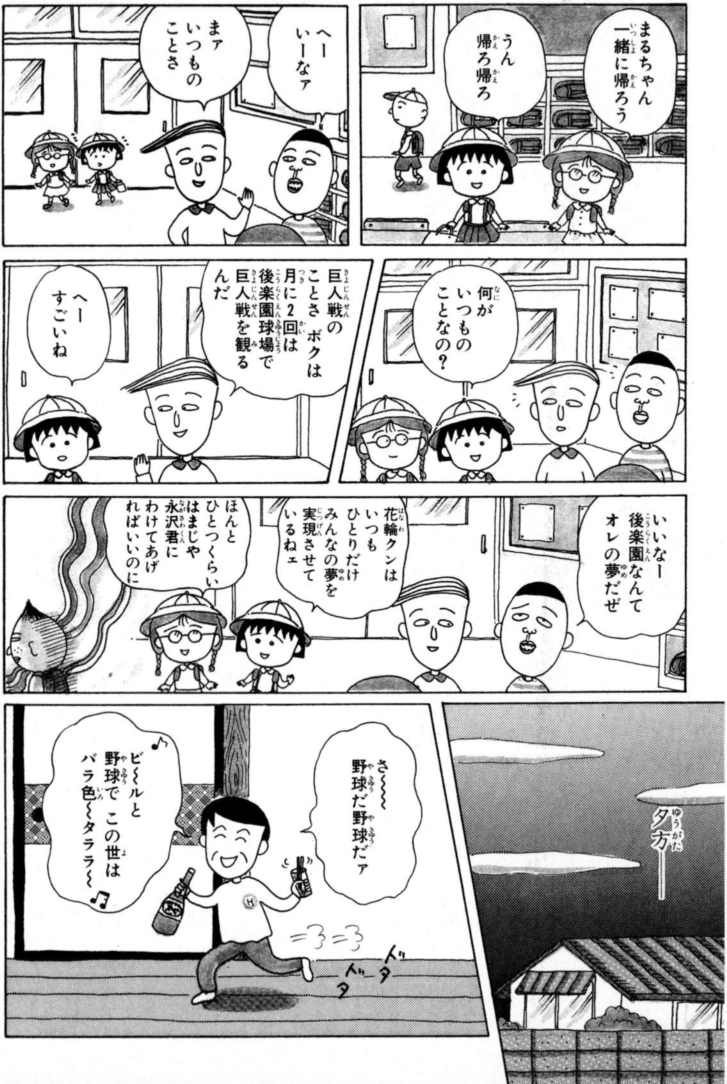
まるちゃん一緒に帰ろう
うん帰ろ帰ろ
へーいーなァ
まァいつものことさ
何がいつものことなの?
巨人戦のことさ ボクは月に2回は後楽園球場で巨人戦を観るんだ
へーすごいね
いいなー後楽園なんてオレの夢だぜ
花輪クンはいつもひとりだけみんなの夢を実現させているねェ
ほんとひとつくらいはまじや永沢君にわけてあげればいいのに
夕方
さ〜〜〜野球だ野球だァ
ビ〜ルと野球で この世はバラ色〜タララ〜
ドタドタ

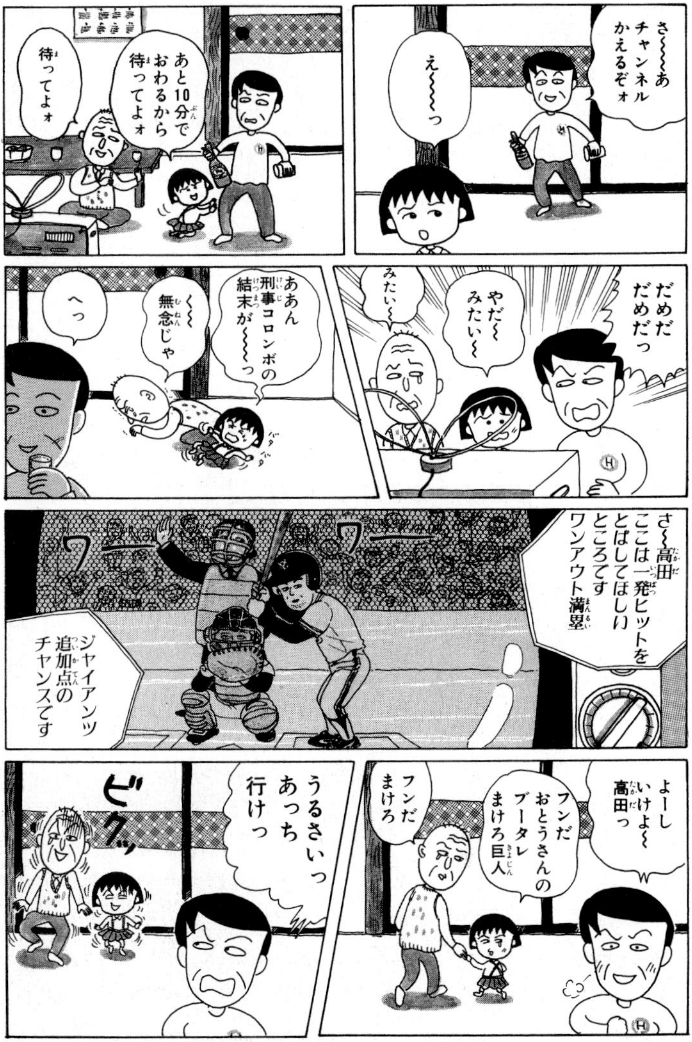
さ〜〜〜あ
チャンネル
かえるぞォ
え〜〜〜っ
あと10分で
おわるから
待ってよォ
待ってよォ
だめだ
だめだっ
やだ〜
みたい〜
みたい〜
ああん
刑事コロンボの
結末が〜〜〜っ
く〜
無念じゃ
へっ
さ〜高田
ここは一発ヒットを
とばしてほしい
ところです
ワンアウト満塁
ワーー
ワーー
ジャイアンツ
追加点の
チャンスです
よーし
いけよ〜
高田っ
フンだ
おとうさんの
ブータレ
まけろ巨人
フンだ
まけろ
うるさいっ
あっち
行けっ
ビクッ

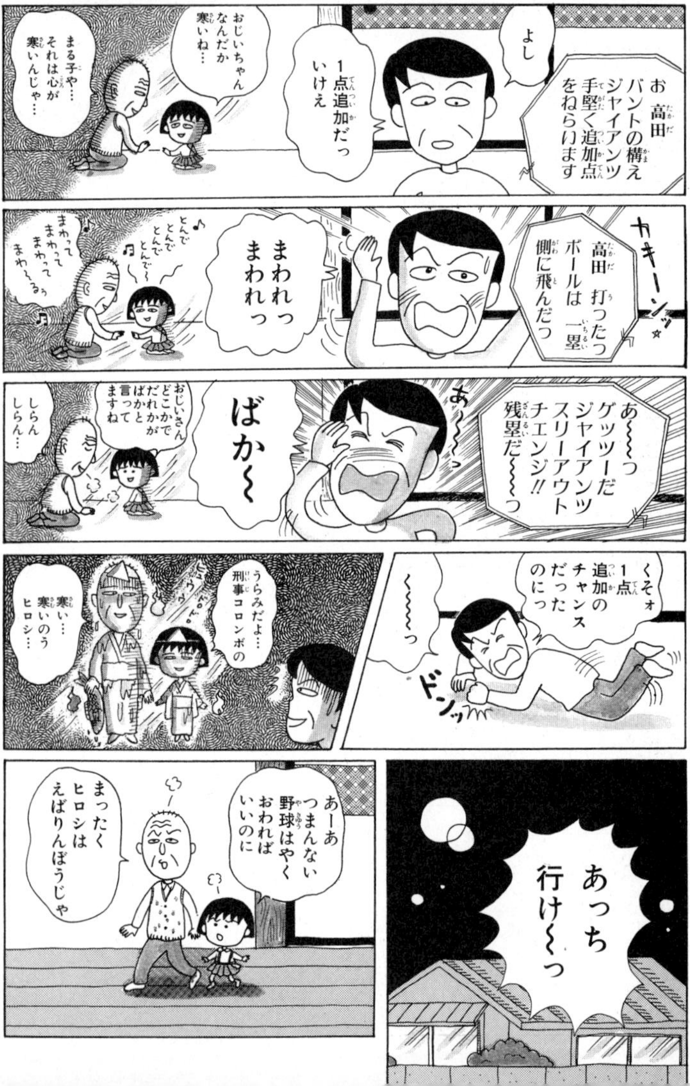
お 高田 バントの構え ジャイアンツ 手堅く追加点をねらいます
よし
1点追加だっ いけえ
おじいちゃん なんだか 寒いね…
まる子や… それは心が 寒いんじゃ…
カキーンッ
高田 打ったっ ボールは 一塁側に飛んだっ
まわれっ まわれっ
とんで とんで とんで とんで~
まわって まわって まわって まわ~る~るぅ
あ~~っ ゲッツーだ ジャイアンツ スリーアウト チエンジ!! 残塁だ~~っ
あ~~~っ
ばか~
おじいさん どこかで だれかが ばかと 言ってますね
しらん しらん…
くそォ 1点追加の チャンス だったのにっ
く~~っ
ドンッ
うらみだよ… 刑事コロンボの
寒い… 寒いのう ヒロシ…
あっち 行け~っ
あーあ つまんない 野球はやく おわれば いいのに
まったく ヒロシは えばりんぼうじゃ

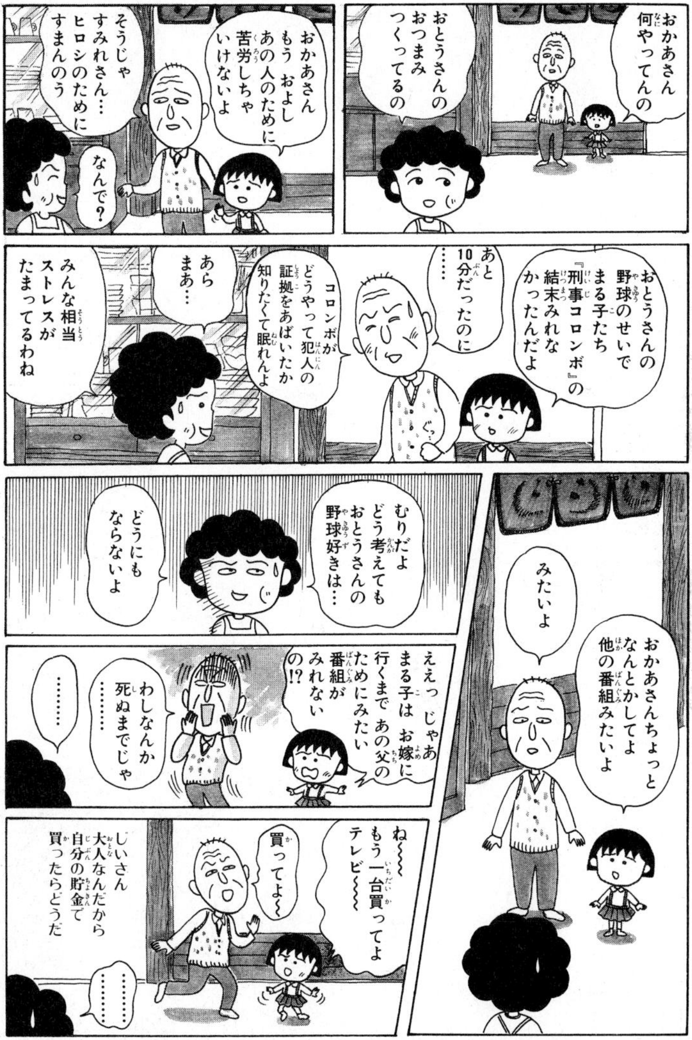

おかあさん何やってんの
おとうさんのおつまみつくってるの
おかあさん もう およし あの人のために苦労しちゃいけないよ
そうじゃ すみれさん… ヒロシのために すまんのう
なんで？
おとうさんの野球のせいでまる子たち『刑事コロンボ』の結末みれなかったんだよ
あと10分だったのに……
ぐっ…
コロンボがどうやって犯人の証拠をあばいたか知りたくて眠れんよ
あら まあ…
みんな相当ストレスがたまってるわね
おかあさんちょっと なんとかしてよ 他の番組みたいよ
みたいよ
むりだよ どう考えてもおとうさんの野球好きは…
どうにもならないよ
ええっ じゃあ まる子は お嫁に行くまで あの父のためにみたい番組がみれないの!?
わしなんか死ぬまでじゃ……
………
ね〜〜 もう一台買ってよ テレビ〜〜
買ってよ〜
じいさん大人なんだから自分の貯金で買ったらどうだ
………

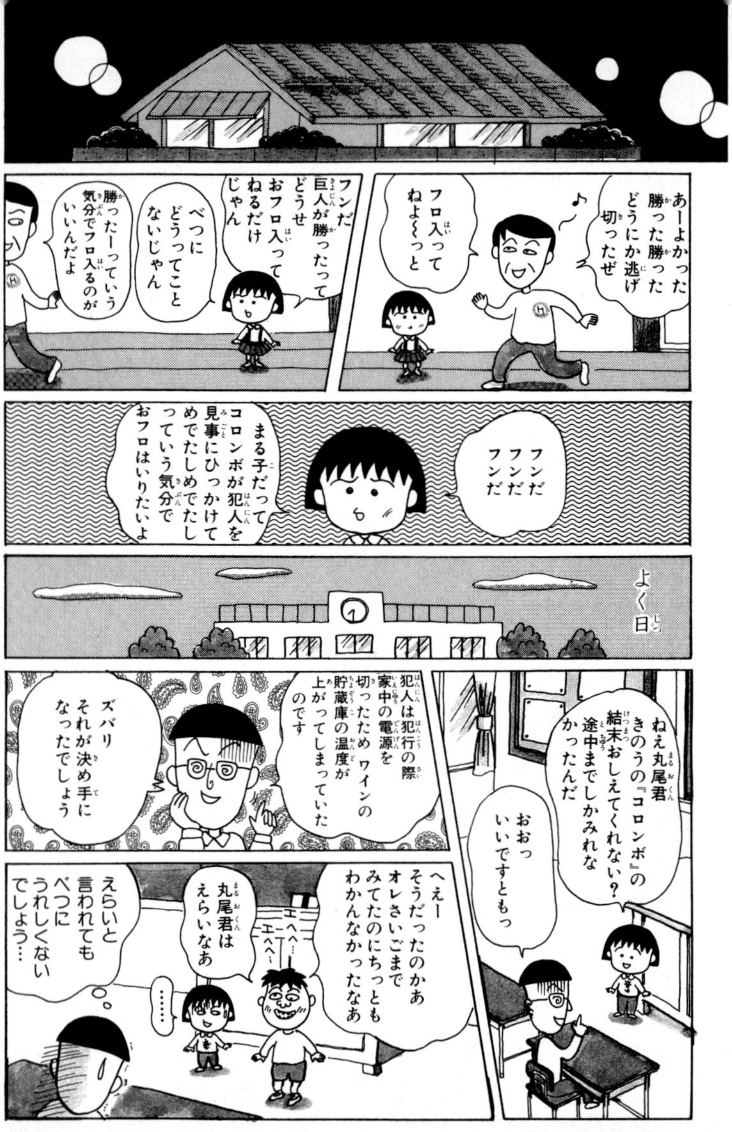
あーよかった
勝った勝った
どうにか逃げ
切ったぜ
♪
フロ入って
ねよ〜っと
フンだ
巨人が勝ったって
どうせ
おフロ入って
ねるだけ
じゃん
べつに
どうってこと
ないじゃん
勝ったーっていう
気分でフロ入るのが
いいんだよ
フンだ
フンだ
フンだ
まる子だって
コロンボが犯人を
見事にひっかけて
めでたしめでたし
っていう気分で
おフロはいりたいよ
よく日
ねえ丸尾君
きのうの『コロンボ』の
結末おしえてくれない？
途中までしかみれな
かったんだ
おおっ
いいですともっ
犯人は犯行の際
家中の電源を
切ったため ワインの
貯蔵庫の温度が
上がってしまっていた
のです
ズバリ
それが決め手に
なったでしょう
へえー
そうだったのかあ
オレさいごまで
みてたのにちっとも
わかんなかったなあ
エへへ…
エへへ…
丸尾君は
えらいなあ
……
えらいと
言われても
べつに
うれしくない
でしょう…

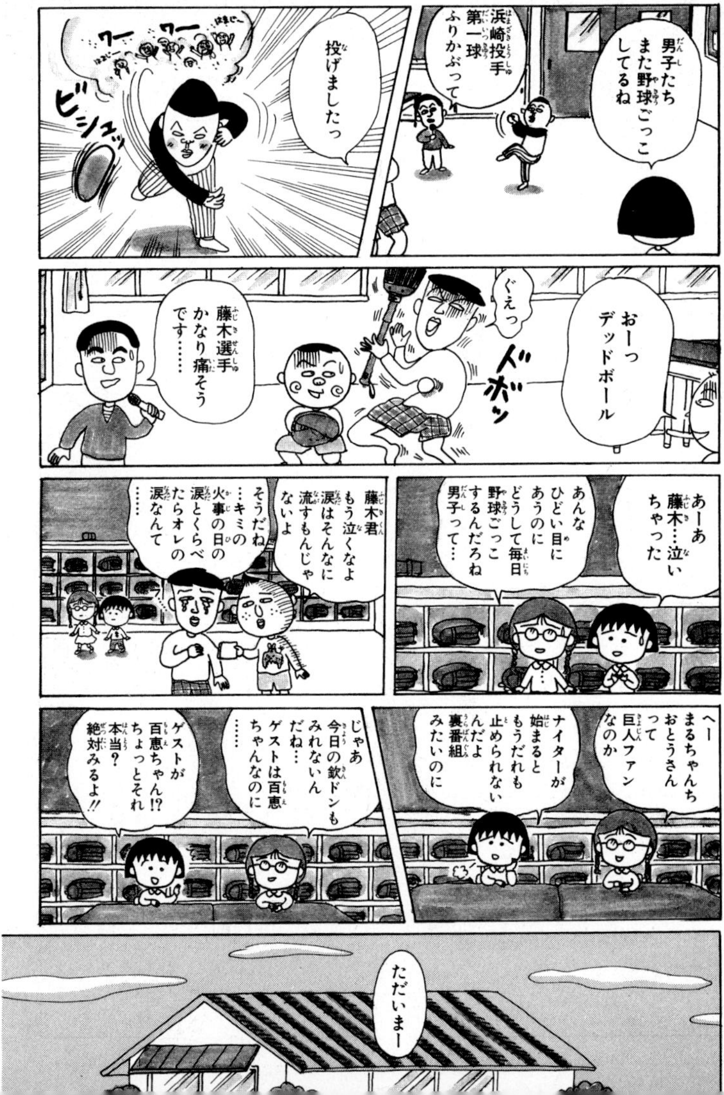
男子たち
また野球ごっこ
してるね
浜崎投手
第一球
ふりかぶって
投げましたっ
ワー
ワー
はまじー
ビシュッ
おーっ
デッドボール
ぐえっ
ドボッ
藤木選手
かなり痛そう
です……
あーあ
藤木…泣い
ちゃった
あんな
ひどい目に
あうのに
どうして毎日
野球ごっこ
するんだろね
男子って…
藤木君
もう泣くなよ
涙はそんなに
流すもんじゃ
ないよ
そうだね
…キミの
火事の日の
涙とくらべ
たらオレの
涙なんて
……
へー
まるちゃんち
おとうさん
って
巨人ファン
なのか
ナイターが
始まると
もうだれも
止められない
んだよ
裏番組
みたいのに
じゃあ
今日の欽ドンも
みれないん
だね…
ゲストは百恵
ちゃんなのに
……
ゲストが
百恵ちゃん!?
ちょっとそれ
本当？
絶対みるよ!!
ただいまー

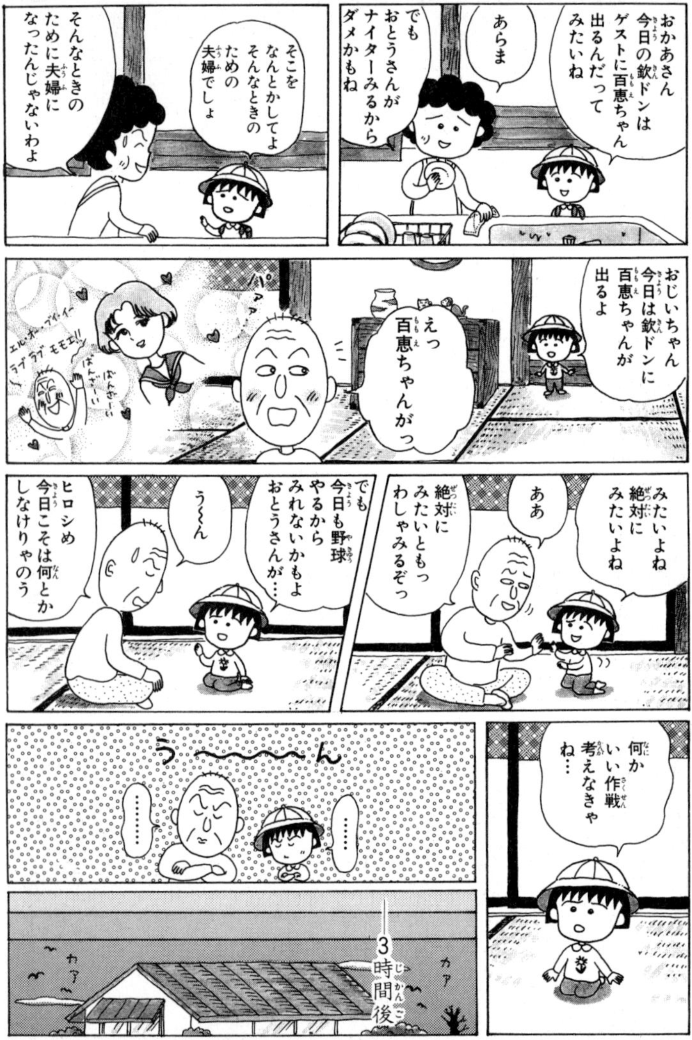

おかあさん
今日の欽ドンは
ゲストに百恵ちゃん
出るんだって
みたいね
あらま
でも
おとうさんが
ナイターみるから
ダメかもね
そこを
なんとかしてよ
そんなときの
ための
夫婦でしょ
そんなときの
ために夫婦に
なったんじゃないわよ
おじいちゃん
今日は欽ドンに
百恵ちゃんが
出るよ
えっ
百恵ちゃんがっ
パァァ…
エル・オー・ブイ・イー
ラブ ラブ モモエ!!
ばんざーい
ばんざーい
みたいよね
絶対に
みたいよね
ああ
絶対に
みたいともっ
わしゃみるぞっ
でも
今日も野球
やるから
みれないかもよ
おとうさんが…
う〜ん
ヒロシめ
今日こそは何とか
しなけりゃのう
何か
いい作戦
考えなきゃ
ね…
う〜〜〜〜ん
……
……
3時間後
カァ
カァ

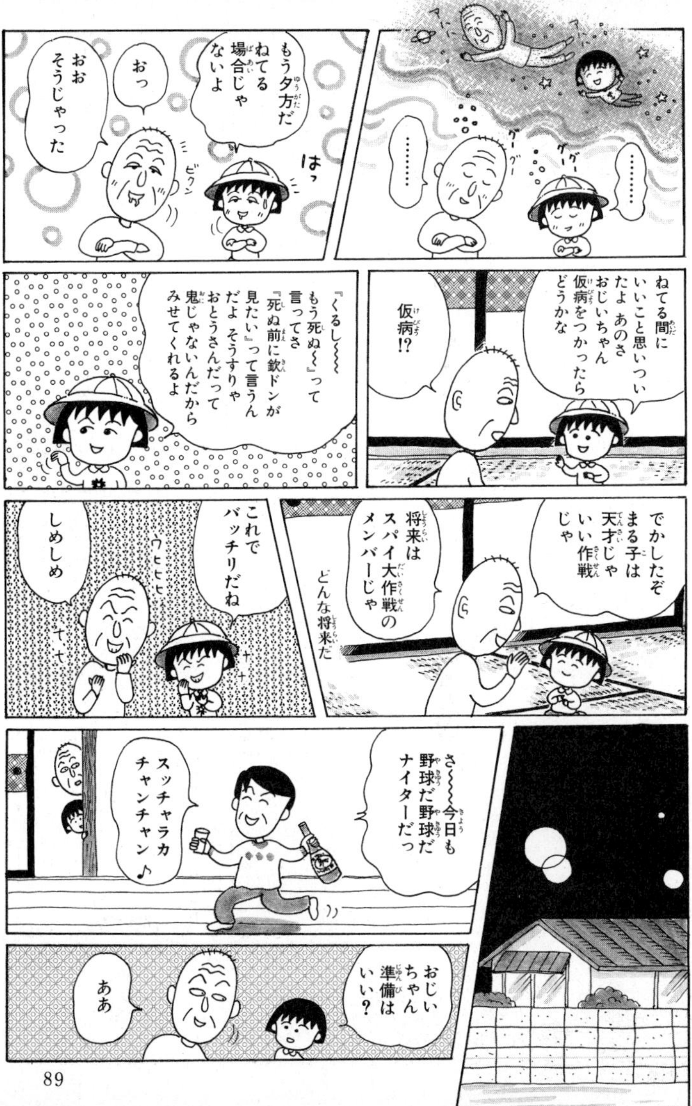
アハハ
………
グーグー
グーグー
………
はっ
もう夕方だ ねてる場合じゃないよ
ビクン
おっ
おお そうじゃった
ねてる間にいいこと思いついたよ あのさ おじいちゃん仮病をつかったらどうかな
仮病!?
『くるし〜〜 もう死ぬ〜』って言ってさ『死ぬ前に欽ドンが見たい』って言うんだよ そうすりゃおとうさんだって鬼じゃないんだからみせてくれるよ
でかしたぞ まる子は天才じゃ いい作戦じゃ
将来はスパイ大作戦のメンバーじゃや
どんな将来だ
これでバッチリだね
ウヒヒヒ
しめしめ
さ〜〜今日も野球だ野球だナイターだっ
スッチャラカチャンチャン♪
おじいちゃん準備はいい?
ああ

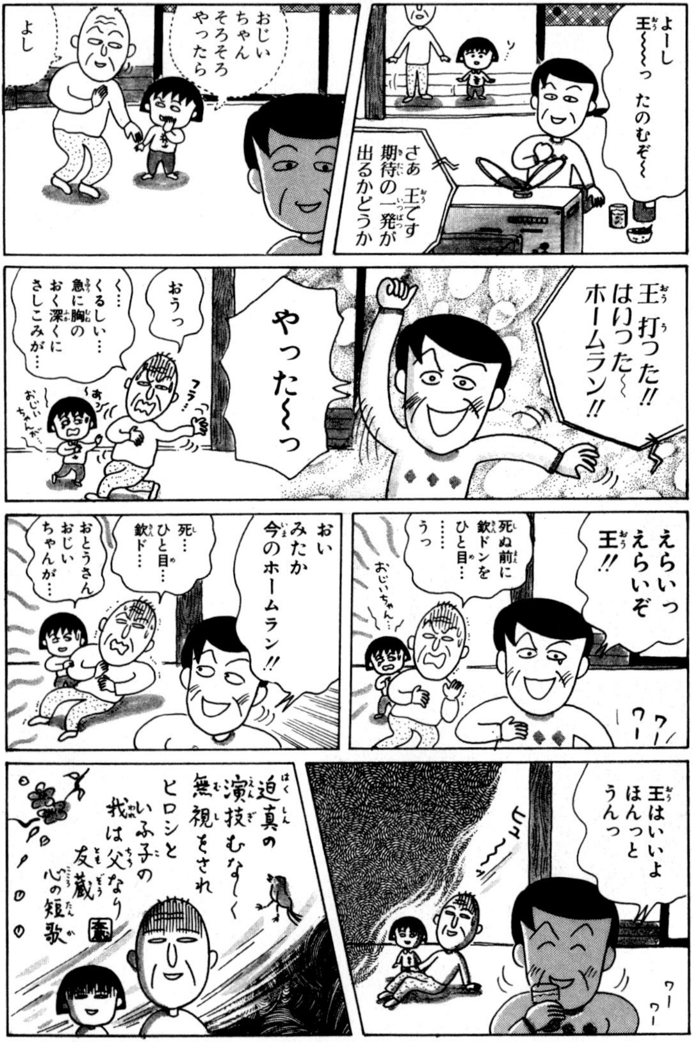

よーし 王〜〜〜っ たのむぞ〜
ン
さあ 王です 期待の一発が 出るかどうか
おじいちゃん そろそろ やったら
よし
王打った!! はいった〜 ホームラン!!
やった〜っ
おうっ
く… くるしい… 急に胸の おく深くに さしこみが……
フラ…
〜あっ
おじいちゃんが…
えらいっ えらいぞ 王!!
死ぬ前に 欽ドンを ひと目… ……うっ
おじいちゃん…
ワー ワー
おい みたか 今のホームラン!!
死… ひと目… 欽ド…
おとうさん おじいちゃんが…
王はいいよ ほんっと うんっ
ヒュ〜〜
ワー ワー
迫真の 演技むなしく 無視をされ ヒロシといふ子の 我は父なり
友蔵 心の短歌

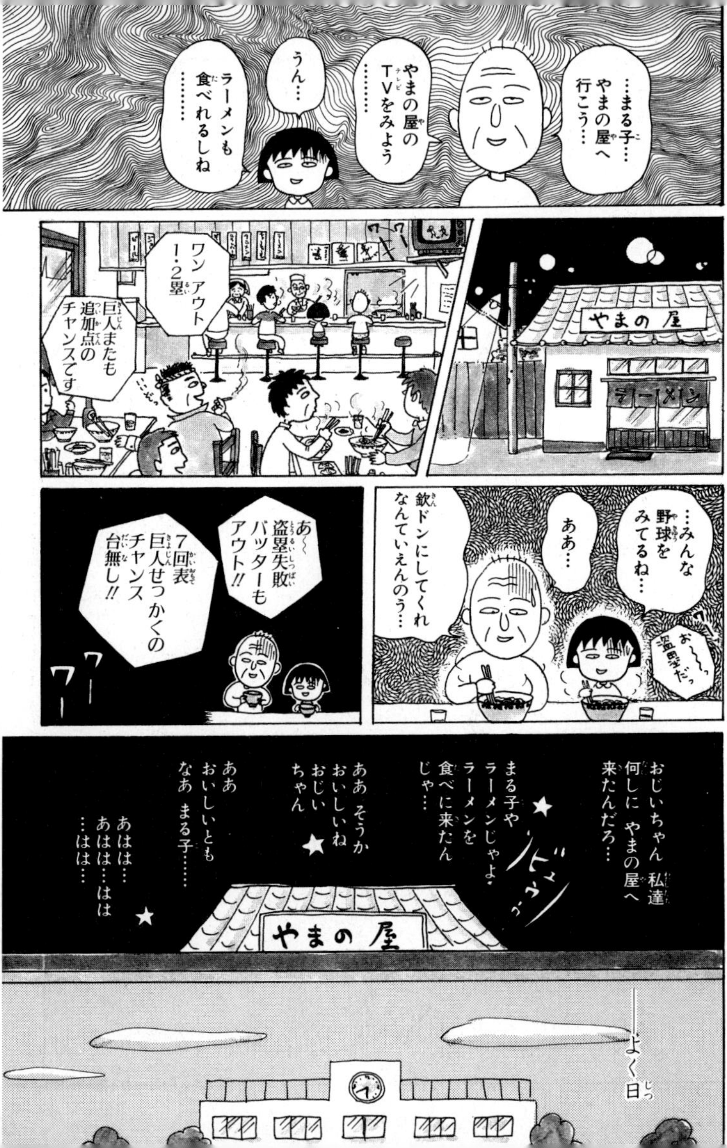
…まる子… やまの屋へ行こう…
やまの屋のTVをみよう……
うん…
ラーメンも食べれるしね……
やまの屋
ラーメン
ワンアウト 1・2塁
巨人またも追加点のチャンスです
いいぞっ
…みんな野球をみてるね…
ああ…
欽ドンにしてくれなんていえんのう…
お〜〜っ盗塁だっ
あ〜盗塁失敗バッターもアウト!!
7回表巨人せっかくのチャンス台無し!!
おじいちゃん 私達何しに やまの屋へ来たんだろ…
まる子や ラーメンじゃよ・ラーメンを食べに来たんじゃ…
ああ そうか おいしいね おじいちゃん
ああ おいしいとも なあ まる子……
あはは… あはは…はは …はは…
やまの屋
—よく日

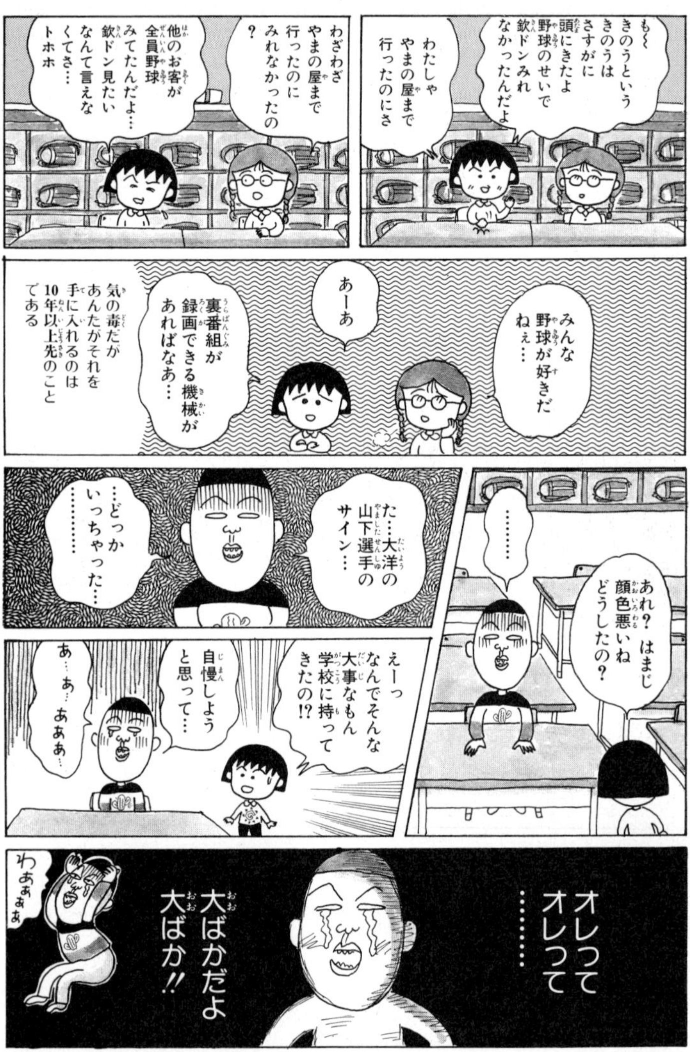
もく きのうというきのうはさすがに頭にきたよ 野球のせいで欽ドンみれなかったんだよ
わたしゃやまの屋まで行ったのにさ
わざわざやまの屋まで行ったのにみれなかったの？
他のお客が全員野球みてたんだよ… 欽ドン見たいなんて言えなくてさ… トホホ
みんな野球が好きだねぇ…
あーあ
裏番組が録画できる機械があればなあ…
気の毒だがあんたがそれを手に入れるのは10年以上先のことである
………
あれ？ はまじ顔色悪いね どうしたの？
た…大洋の山下選手のサイン…
…どっかいっちゃった…
………
えーっ なんでそんな大事なもん学校に持ってきたの!?
自慢しようと思って…
あ…あ…あああ…
オレってオレって……
大ばかだよ大ばか!!
わあああああ

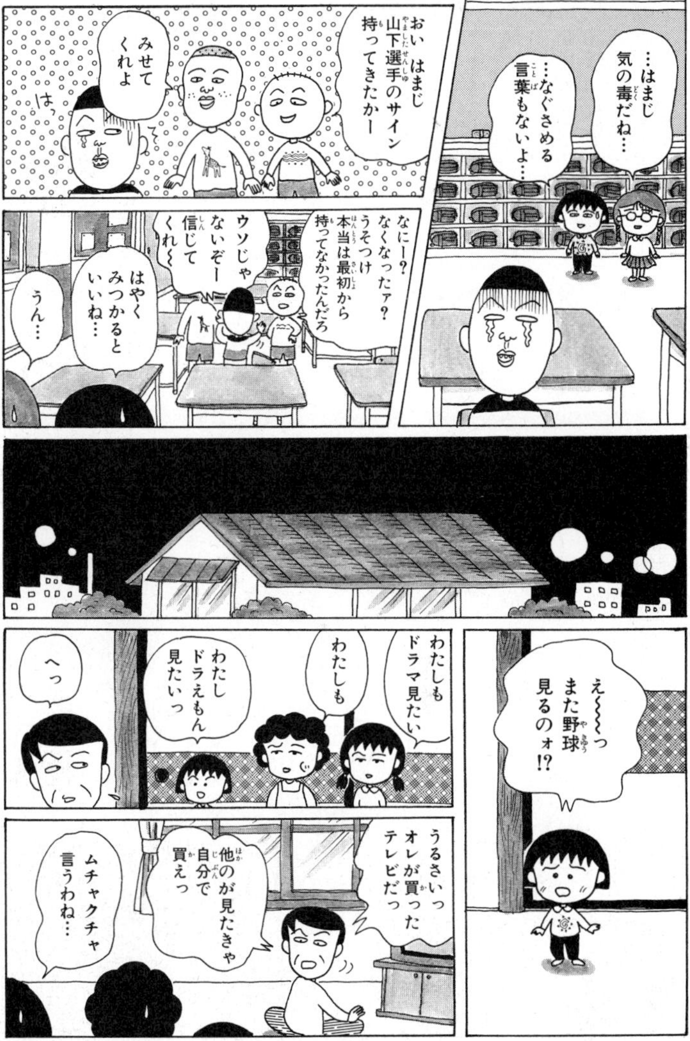
…はまじ 気の毒だね…
…なぐさめる 言葉もないよ…
おい はまじ 山下選手のサイン 持ってきたかー
みせて くれよ
はっ
なにー? なくなったァ? うそつけ 本当は最初から 持ってなかったんだろ
ウソじゃ ないぞー 信じて くれ〜
はやく みつかると いいね…
うん…
え〜〜っ また野球 見るのォ!?
わたしも ドラマ見たい
わたしも
わたし ドラえもん 見たいっ
へっ
うるさいっ オレが買った テレビだっ
他のが見たきゃ 自分で 買えっ
ムチャクチャ 言うわね…

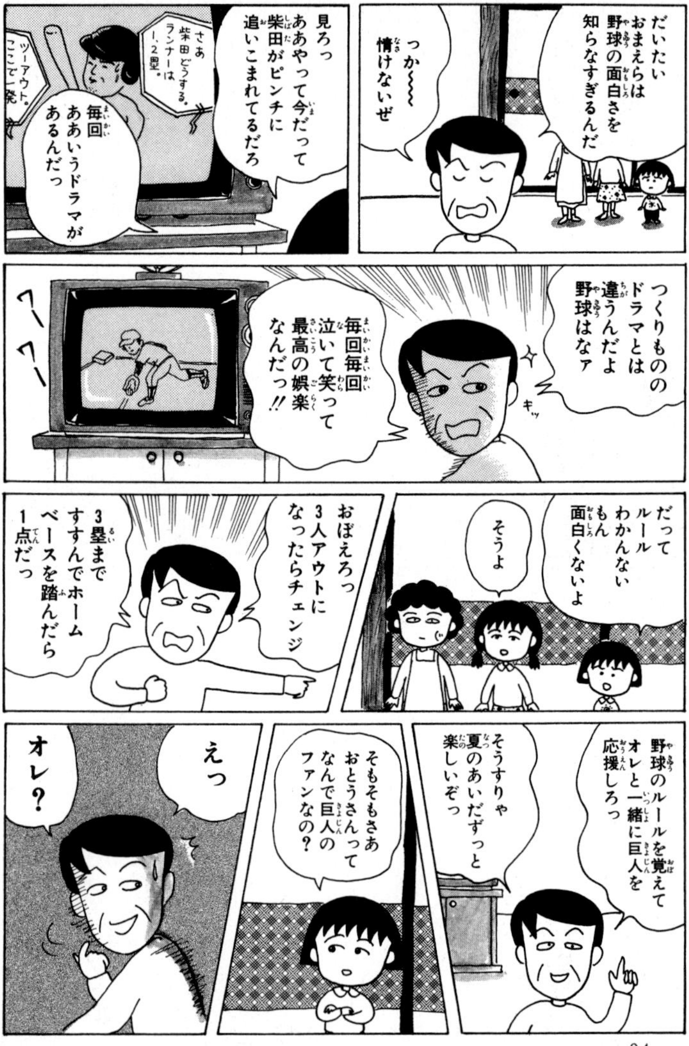
だいたい おまえらは 野球の面白さを 知らなすぎるんだ
っか〜〜〜 情けないぜ
見ろっ ああやって今だって 柴田がピンチに 追いこまれてるだろ
さあ 柴田どうする。ランナーは1、2塁。
ツーアウト。ここで一発
毎回 ああいうドラマが あるんだっ
つくりものの ドラマとは 違うんだよ 野球はなァ
キッ
毎回毎回 泣いて笑って 最高の娯楽 なんだっ!!
ワー ワー
だって ルール わかんない もん 面白くないよ
そうよ
おぼえろっ 3人アウトに なったらチェンジ
3塁まで すすんでホーム ベースを踏んだら 1点だっ
野球のルールを覚えて オレと一緒に巨人を 応援しろっ
そうすりゃ 夏のあいだずっと 楽しいぞっ
そもそもさあ おとうさんって なんで巨人の ファンなの?
えっ
オレ?

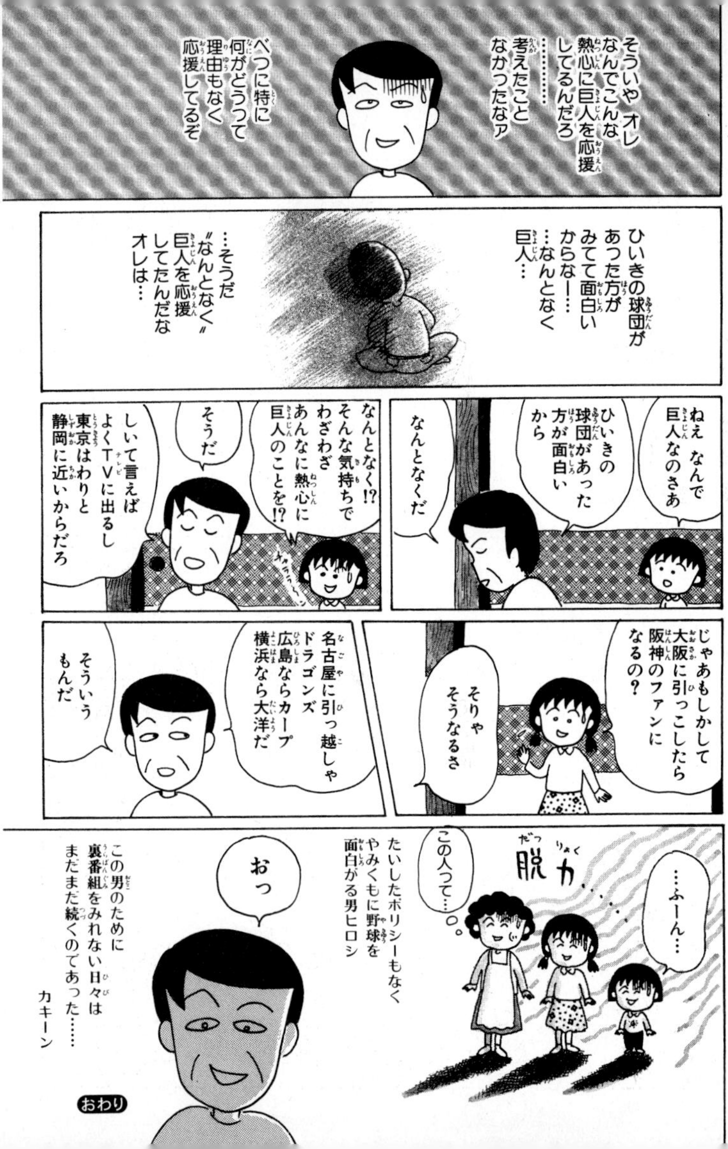
そういや オレ
なんでこんな
熱心に巨人を応援
してるんだろ
…………
考えたこと
なかったなァ
べつに特に
何がどうって
理由もなく
応援してるぞ
ひいきの球団が
あった方が
みてて面白い
からなー…
…なんとなく
巨人…
…そうだ
〝なんとなく〟
巨人を応援
してたんだな
オレは…
ねえ なんで
巨人なのさあ
ひいきの
球団があった
方が面白い
から
なんとなくだ
なんとなく!?
そんな気持ちで
わざわざ
あんなに熱心に
巨人のことを!?
そうだ
しいて言えば
よくTVに出るし
東京はわりと
静岡に近いからだろ
じゃあもしかして
大阪に引っこしたら
阪神のファンに
なるの？
そりゃ
そうなるさ
名古屋に引っ越しゃ
ドラゴンズ
広島ならカープ
横浜なら大洋だ
そういう
もんだ
…ふーん…
脱力
この人って…
たいしたポリシーもなく
やみくもに野球を
面白がる男ヒロシ
おっ
この男のために
裏番組をみれない日々は
まだまだ続くのであった……
カキーン
おわり

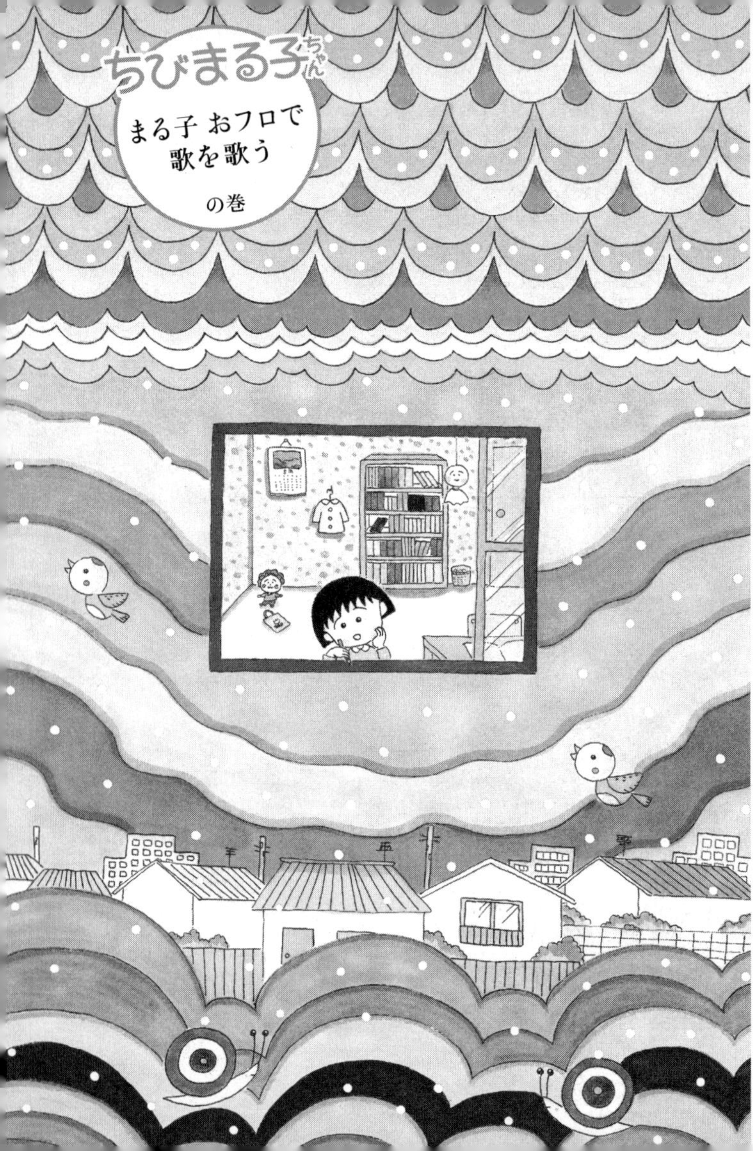
ちびまる子ちゃん
まる子 おフロで
歌を歌う
の巻

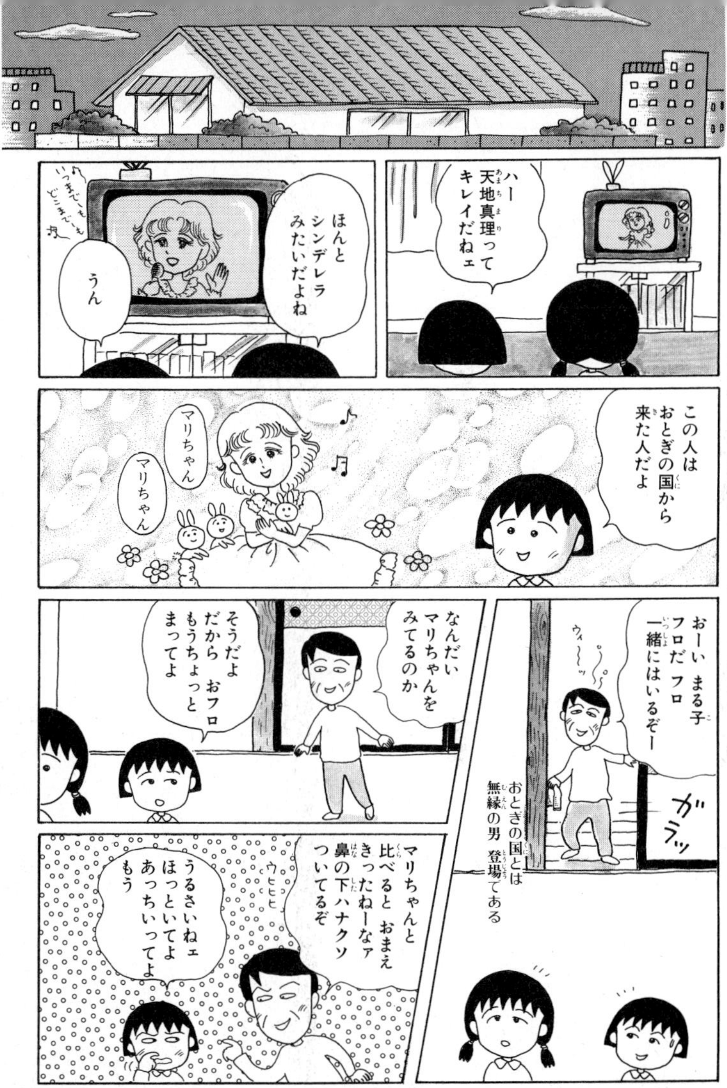
ハー
天地真理って
キレイだねェ
いつまでも
どこまでも
ほんと
シンデレラ
みたいだよね
うん
この人は
おとぎの国から
来た人だよ
マリちゃん
マリちゃん
おーい まる子
フロだ フロ
一緒にはいるぞー
ウィ〜〜ッ
ガラッ
おとぎの国とは
無縁の男 登場である
なんだい
マリちゃんを
みてるのか
そうだよ
だから おフロ
もうちょっと
まってよ
マリちゃんと
比べると おまえ
きったねーなァ
鼻の下ハナクソ
ついてるぞ
ウヒヒヒ
うるさいねェ
ほっといてよ
あっちいってよ
もう

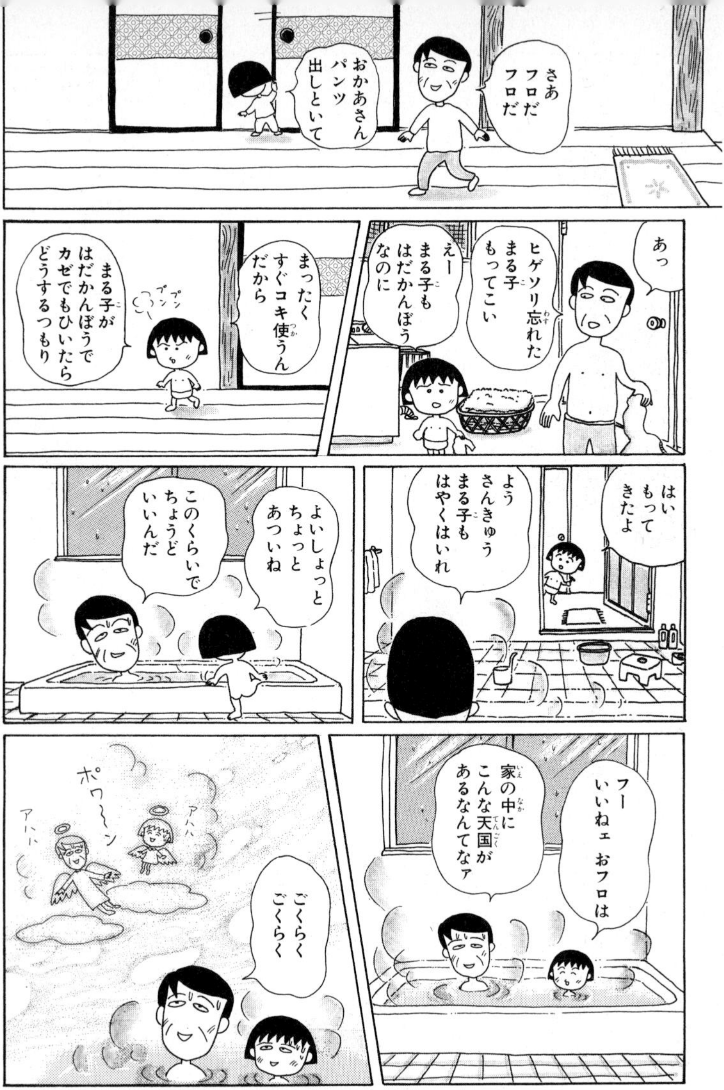
さあ
フロだ
フロだ
おかあさん
パンツ
出しといて
あっ
ヒゲソリ忘れた
まる子
もってこい
えー
まる子も
はだかんぼう
なのに
まったく
すぐコキ使うん
だから
プンプン
まる子が
はだかんぼうで
カゼでもひいたら
どうするつもり
はい
もって
きたよ
よう
さんきゅう
まる子も
はやくはいれ
よいしょっと
ちょっと
あついね
このくらいで
ちょうど
いいんだ
フー
いいねェ おフロは
家の中に
こんな天国が
あるなんてなァ
ごくらく
ごくらく
ポワ～ン
アハハ
アハハ

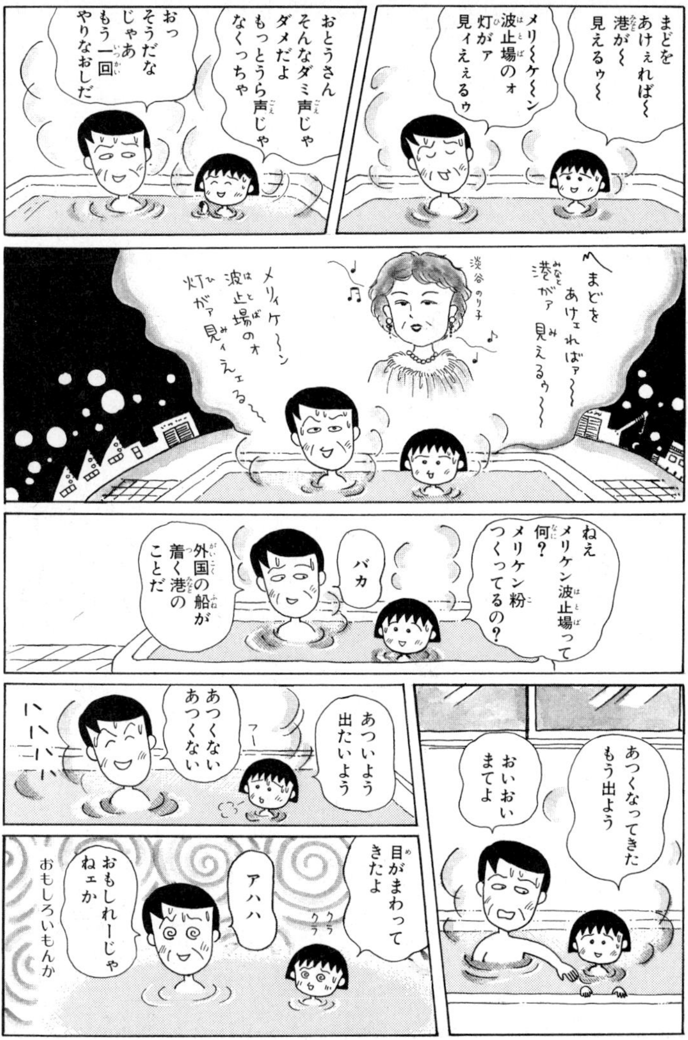

まどを
あけぇれば〜
港が〜
見えるゥ〜
メリ〜ケ〜ン
波止場のォ
灯がァ
見ィえぇるゥ
おとうさん
そんなダミ声じゃ
ダメだよ
もっとうら声じゃ
なくっちゃ
おっ
そうだな
じゃあ
もう一回
やりなおしだ
まどを
あけェればァ〜〜
港がァ
見えるゥ〜〜
淡谷のり子
メリィケ〜ン
波止場のォ
灯がァ
見ィえェる〜〜
ねえ
メリケン波止場って
何?
メリケン粉
つくってるの?
バカ
外国の船が
着く港の
ことだ
あつくなってきた
もう出よう
おいおい
まてよ
あついよう
出たいよう
あつくない
あつくない
フー
ハハハハ
目がまわって
きたよ
クラ
クラ
アハハ
おもしれーじゃ
ねェか
おもしろいもんか

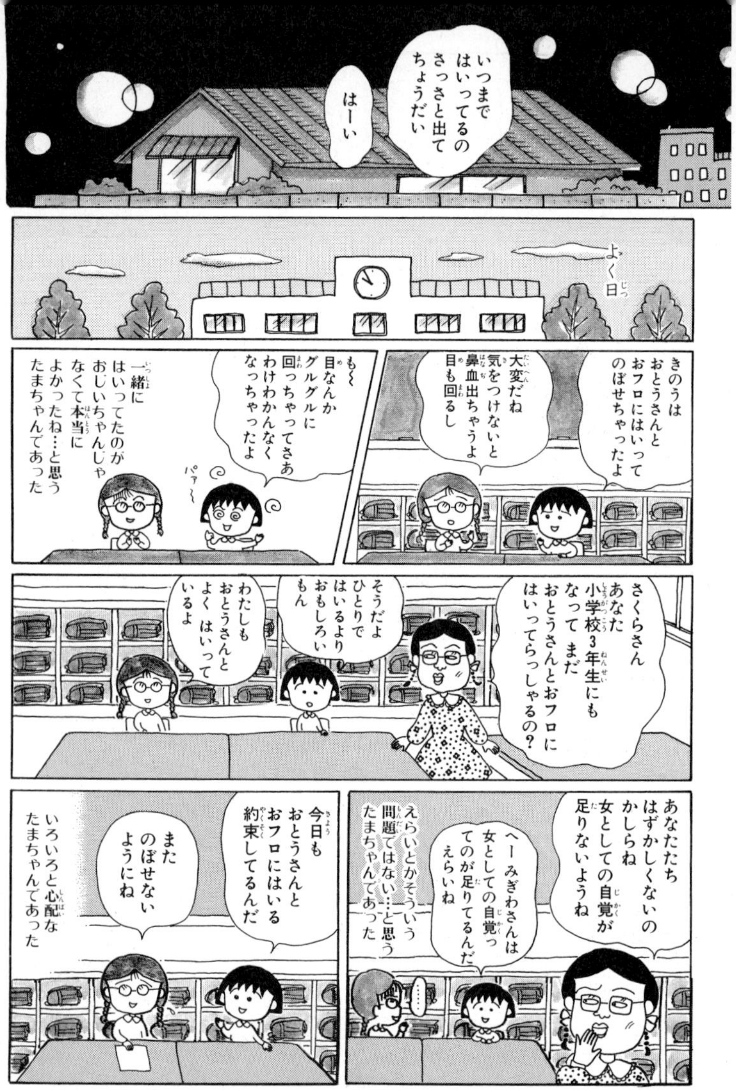
いつまで
はいってるの
さっさと出て
ちょうだい
はーい
よく日
きのうは
おとうさんと
おフロにはいって
のぼせちゃったよ
大変だね
気をつけないと
鼻血出ちゃうよ
目も回るし
も〜
目なんか
グルグルに
回っちゃってさぁ
わけわかんなく
なっちゃったよ
パァ〜
一緒に
はいってたのが
おじいちゃんじゃ
なくて本当に
よかったね…と思う
たまちゃんであった
さくらさん
あなた
小学校3年生にも
なって まだ
おとうさんとおフロに
はいってらっしゃるの?
そうだよ
ひとりで
はいるより
おもしろい
もん
わたしも
おとうさんと
よく はいって
いるよ
あなたたち
はずかしくないの
かしらね
女としての自覚が
足りないようね
へー みぎわさんは
女としての自覚っ
てのが足りてるんだ
えらいね
……
えらいとかそういう
問題ではない…と思う
たまちゃんであった
今日も
おとうさんと
おフロにはいる
約束してるんだ
また
のぼせない
ようにね
いろいろと心配な
たまちゃんであった

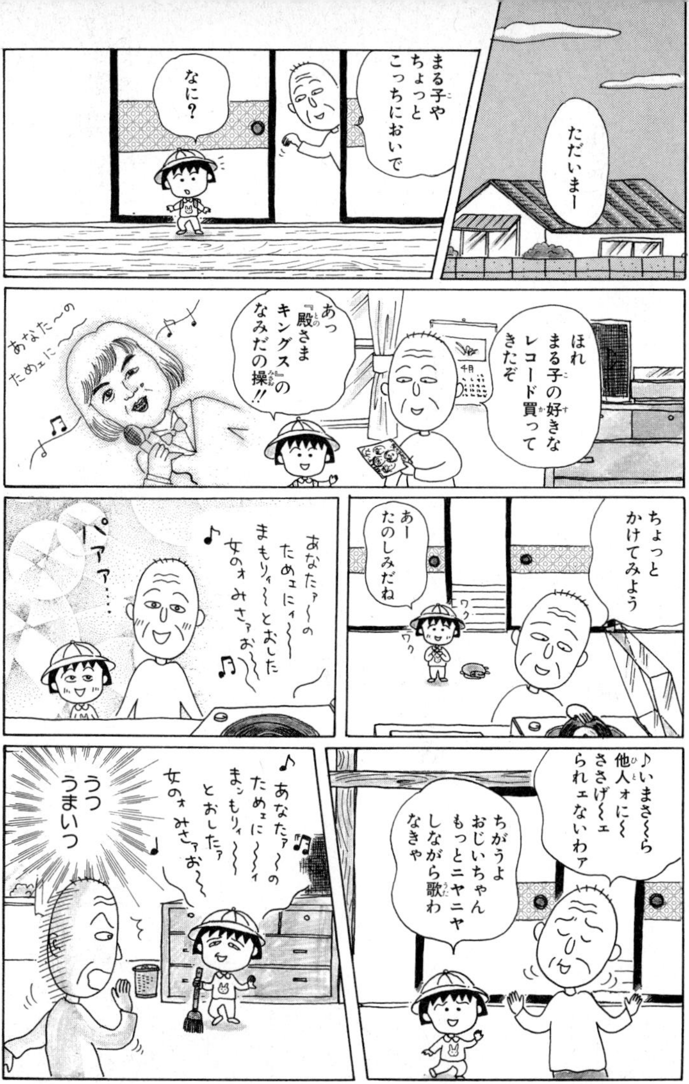
ただいまー
まる子や
ちょっと
こっちにおいで
なに?
ほれ
まる子の好きな
レコード買って
きたぞ
あっ
『殿さま
キングス』の
なみだの操!!
あなた〜の
ためェに〜〜
ちょっと
かけてみよう
あー
たのしみだね
ワク
ワク
あなたァ〜の
ためェにィ〜〜
まもりィ〜〜とおした
女のォ みさァお〜〜
パアア……
♪いまさ〜ら
他人ォに〜
ささげ〜ェ
られェないわァ
ちがうよ
おじいちゃん
もっとニヤニヤ
しながら歌わ
なきゃ
あなたァ〜の
ためェに〜〜ィ
まンもりィ〜〜
とおしたァ
女のォ みさァお〜〜
うう
うまいっ

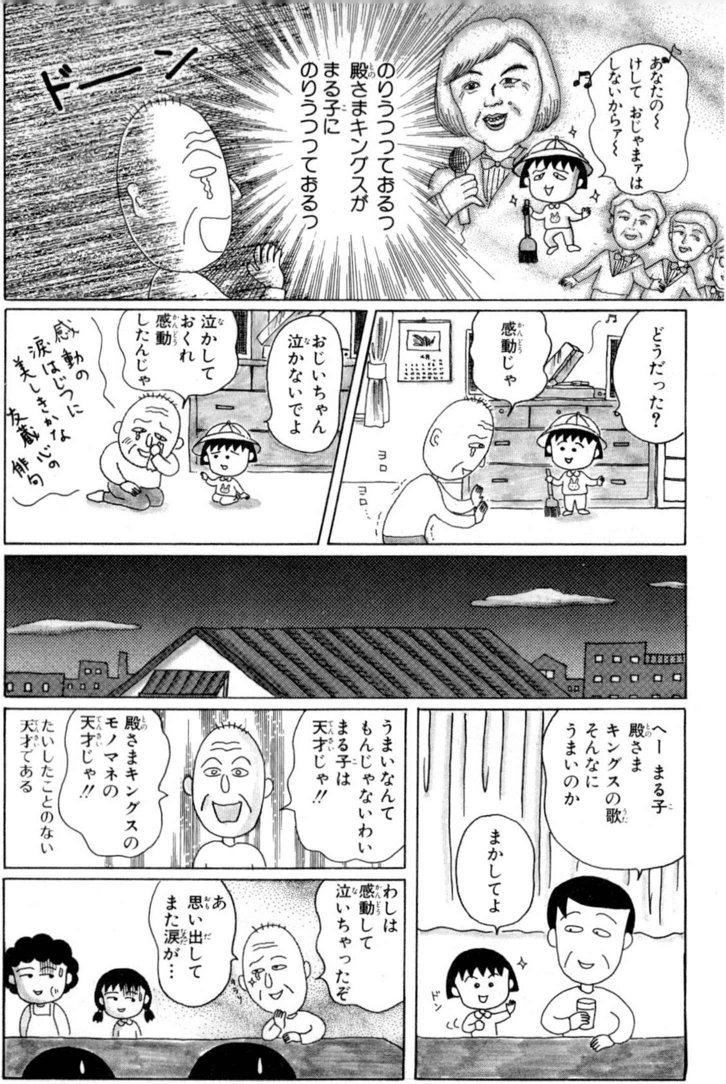
あなたの〜
けして おじゃまァは
しないからァ〜
のりうつっておるっ
殿さまキングスが
まる子に
のりうつっておるっ
ドーン
どうだった?
感動じゃ
ヨロ
ヨロ…
おじいちゃん
泣かないでよ
泣かして
おくれ
感動
したんじゃ
感動の
涙はじつに
美しきかな
友蔵
心の
俳句
へー まる子
殿さま
キングスの歌
そんなに
うまいのか
まかしてよ
ドン
うまいなんて
もんじゃないわい
まる子は
天才じゃ!!
殿さまキングスの
モノマネの
天才じゃ!!
たいしたことのない
天才である
わしは
感動して
泣いちゃったぞ
あ
思い出して
また涙が…

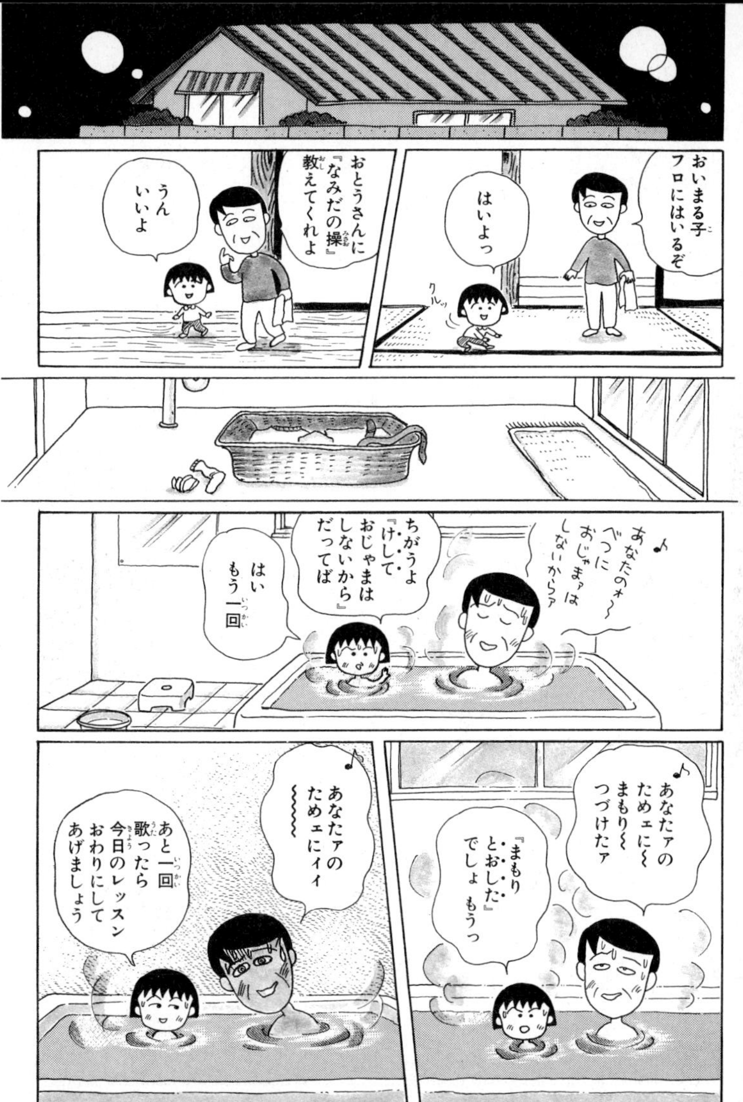
おいまる子
フロにはいるぞ
はいよっ
クルッ
おとうさんに
『なみだの操』
教えてくれよ
うん
いいよ
あなたのォ～
べつに
おじゃまァは
しないからァ
ちがうよ
『けして
おじゃまは
しないから』
だってば
はい
もう一回
あなたァの
ためェに～
まもり～
つづけたァ
『まもり
とおした』
でしょ もうっ
あなたァの
ためェにイイ
～～～
あと一回
歌ったら
今日のレッスン
おわりにして
あげましょう

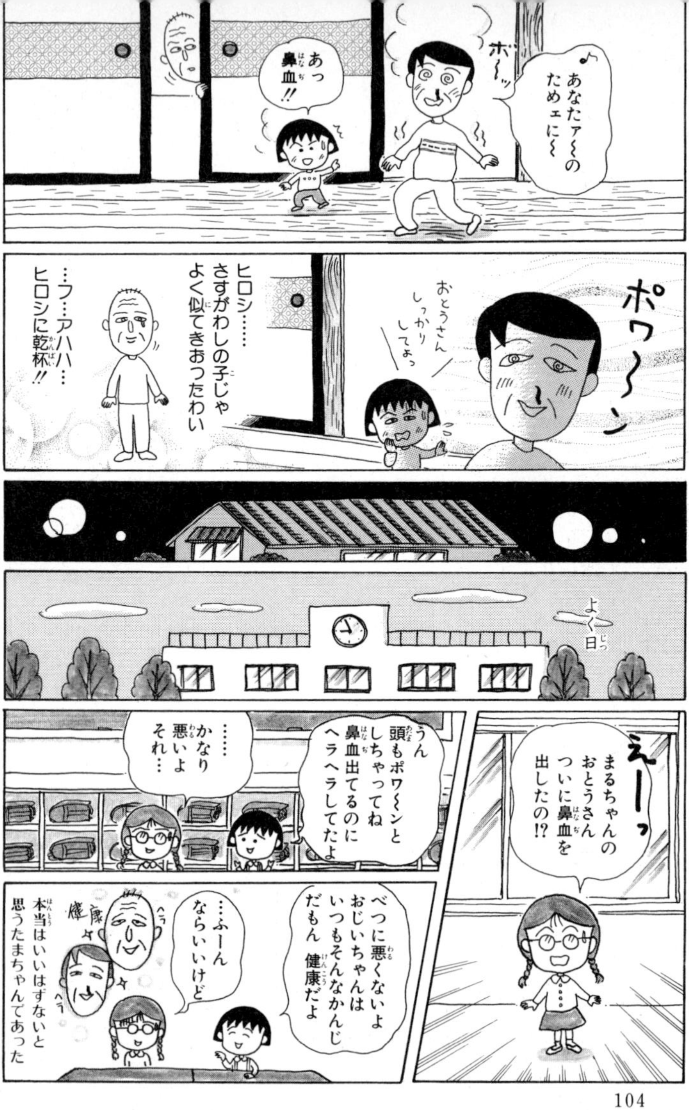

あなたァ〜のためェに〜♪
ボ〜ッ
あっ鼻血!!
ポワ〜〜ン
おとうさん しっかりしてよっ
ヒロシ…… さすがわしの子じゃ よく似てきおったわい
…フ…アハハ… ヒロシに乾杯!!
よく日
えーっ
まるちゃんの おとうさん ついに鼻血を 出したの!?
うん 頭もポワ〜ンと しちゃってね 鼻血出てるのに ヘラヘラしてたよ
…… かなり 悪いよ それ…
べつに悪くないよ おじいちゃんは いつもそんなかんじ だもん 健康だよ
…ふーん ならいいけど
健康
ヘラ
ヘラ
本当はいいはずないと 思うたまちゃんであった

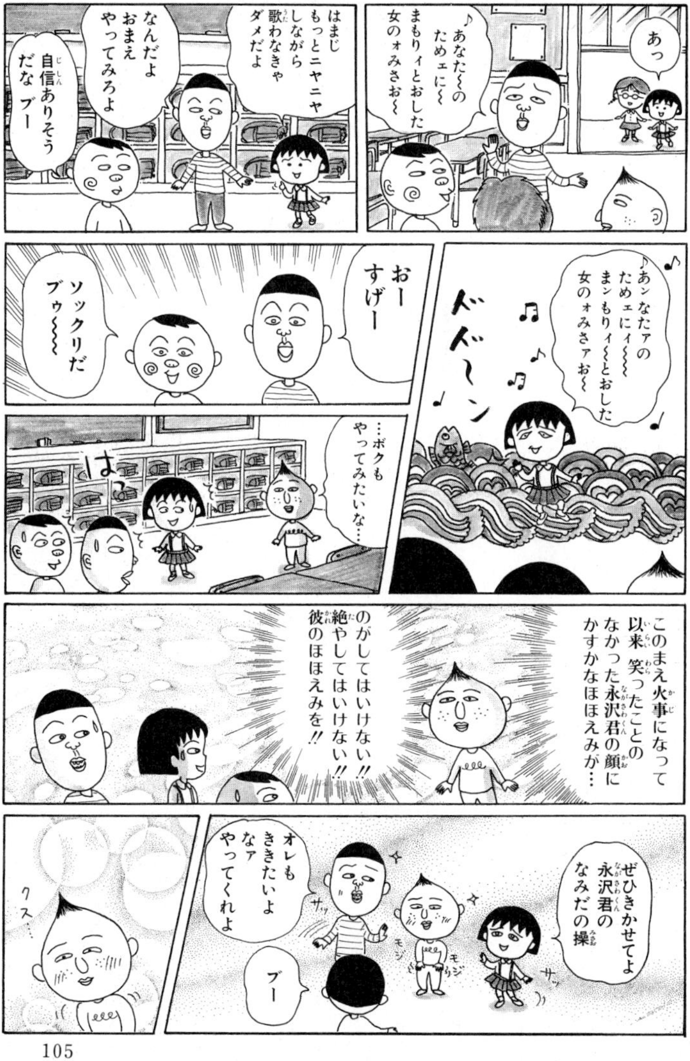
あっ
♪あなた〜の
ためェに〜
まもりィとおした
女のォみさお〜
はまじ
もっとニヤニヤ
しながら
歌わなきゃ
ダメだよ
なんだよ
おまえ
やってみろよ
自信ありそう
だな ブー
♪あンなたァの
ためェにィ〜〜
まンもりィ〜とおした
女のォみさァお〜
ダバ〜ン
おー
すげー
ソックリだ
ブゥ〜〜〜
…ボクも
やってみたいな…
はっ
このまえ火事になって
以来 笑ったことの
なかった永沢君の顔に
かすかなほほえみが…
のがしてはいけない!!
絶やしてはいけない!!
彼のほほえみを!!
ぜひきかせてよ
永沢君の
なみだの操
オレも
ききたいよ
なァ
やってくれよ
ブー
クス…

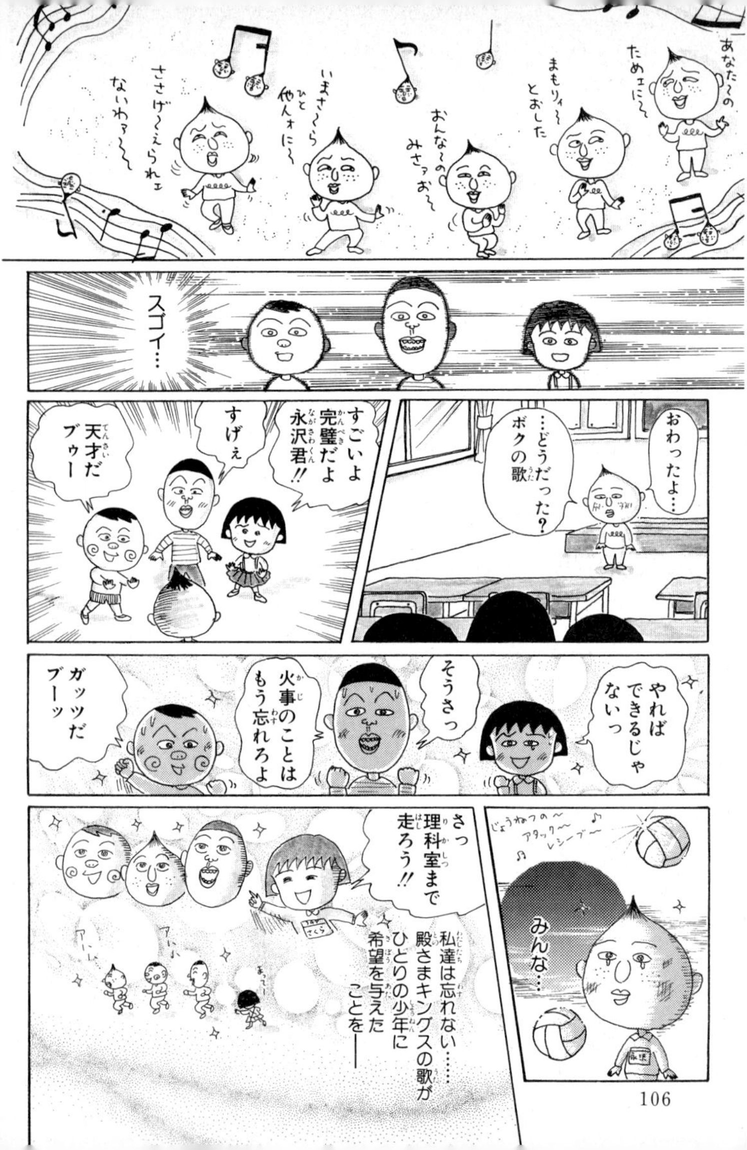
あなた〜の
ためェに〜
まもりィ〜
とおした
おんな〜の
みさァお〜
いまさ〜ら
仲人ォに〜
ささげ〜えられェ
ないわァ〜〜
スゴイ…
おわったよ…
…どうだった？
ボクの歌
すごいよ
完璧だよ
永沢君!!
すげぇ
天才だ
ブゥー
やれば
できるじゃ
ないっ
そうさっ
火事のことは
もう忘れろよ
ガッツだ
ブーッ
じょうねつの〜
アタック〜
レシーブ〜
みんな…
さっ
理科室まで
走ろう!!
私達は忘れない……
殿さまキングスの歌が
ひとりの少年に
希望を与えた
ことを──

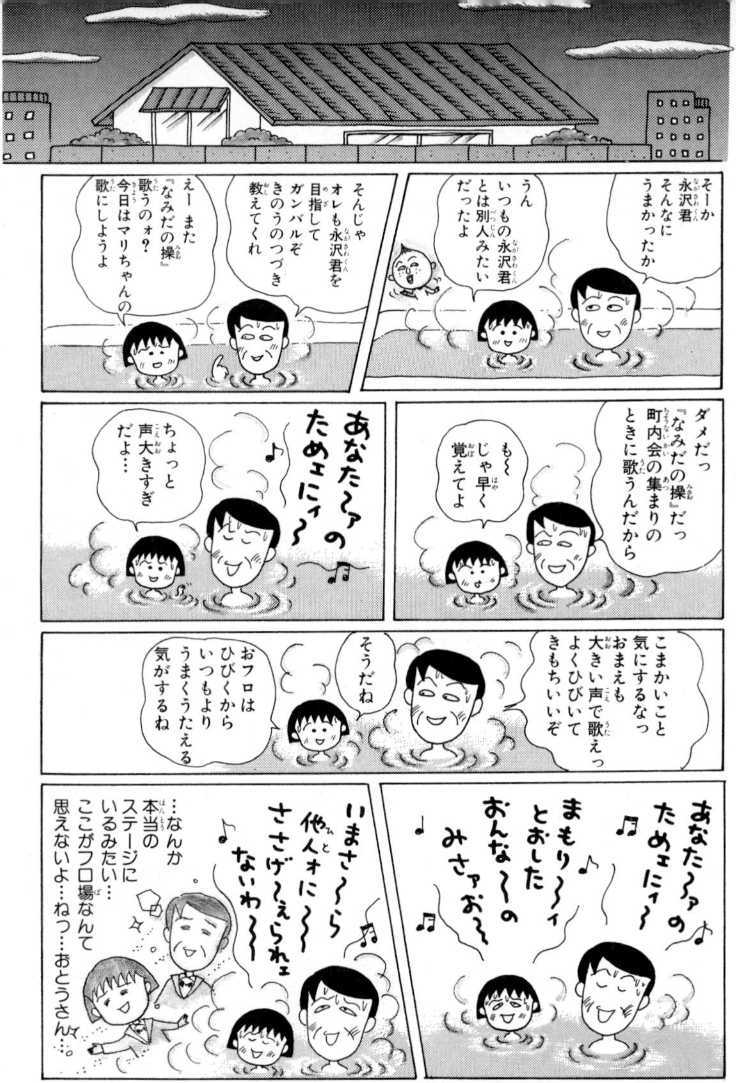
そーか
永沢君
そんなに
うまかったか
うん
いつもの永沢君
とは別人みたい
だったよ
そんじゃ
オレも永沢君を
目指して
ガンバルぞ
きのうのつづき
教えてくれ
えー また
『なみだの操』
歌うのォ?
今日はマリちゃんの
歌にしようよ
ダメだっ
『なみだの操』だっ
町内会の集まりの
ときに歌うんだから
も～
じゃ早く
覚えてよ
あなた～ァの
ためェにィ～
ちょっと
声大きすぎ
だよ…
こまかいこと
気にするなっ
おまえも
大きい声で歌えっ
よくひびいて
きもちいいぞ
そうだね
おフロは
ひびくから
いつもより
うまくうたえる
気がするね
あなた～ァの
ためェにィ～
まもり～ィ
とおした
おんな～の
みさァお～
いまさ～ら
他人オに～
ささげ～えられェ
ないわ～～
…なんか
本当の
ステージに
いるみたい…
ここがフロ場なんて
思えないよ…ねっ…おとうさん

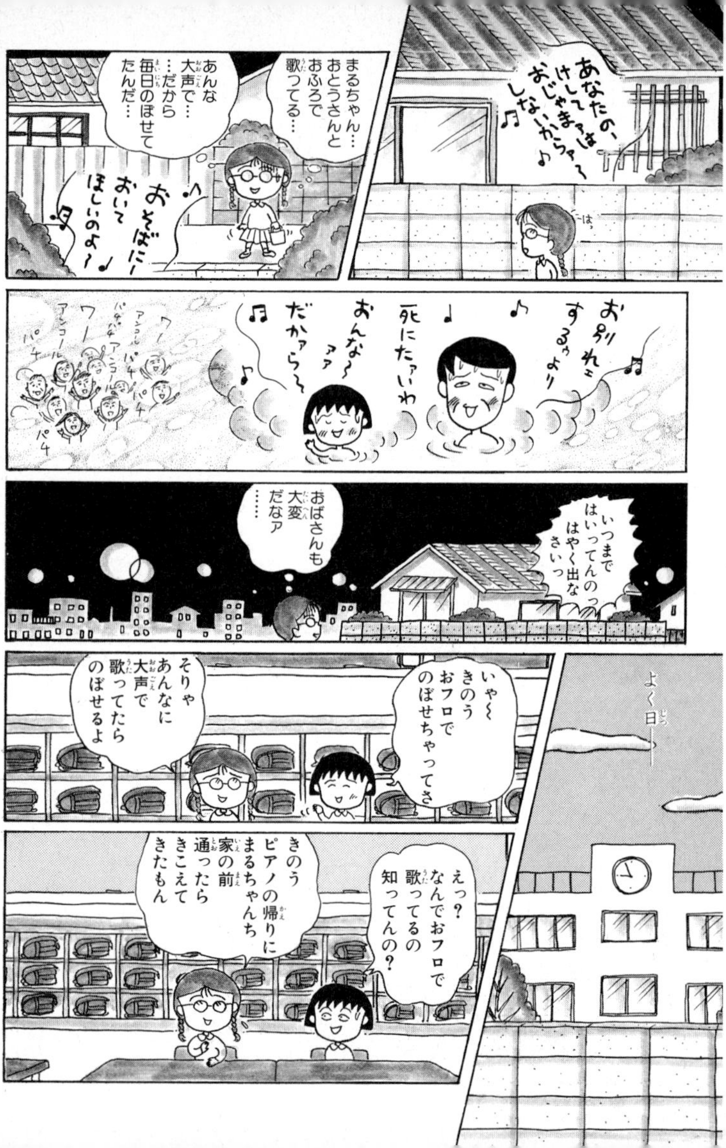

あなたの、けしてェおじゃまァはしないからァ〜♪
はっ
まるちゃん…おとうさんとおふろで歌ってる…
あんな大声で…だから毎日のぼせてたんだ…
おそばにおいてほしいのよ〜♪
お別れェするゥより
死にたァいわ
おんな〜ァア
だかァら〜
ワー
アンコール
パチパチ
アンコール
パチ
ワー
アンコール
パチ
パチ
パチ
いつまではいってんのっはやく出なさいっ
おばさんも大変だなァ……
よく日——
いやぁ〜きのうおフロでのぼせちゃってさ
そりゃあんなに大声で歌ってたらのぼせるよ
えっ？なんでおフロで歌ってるの知ってんの？
きのうピアノの帰りにまるちゃんち家の前通ったらきこえてきたもん

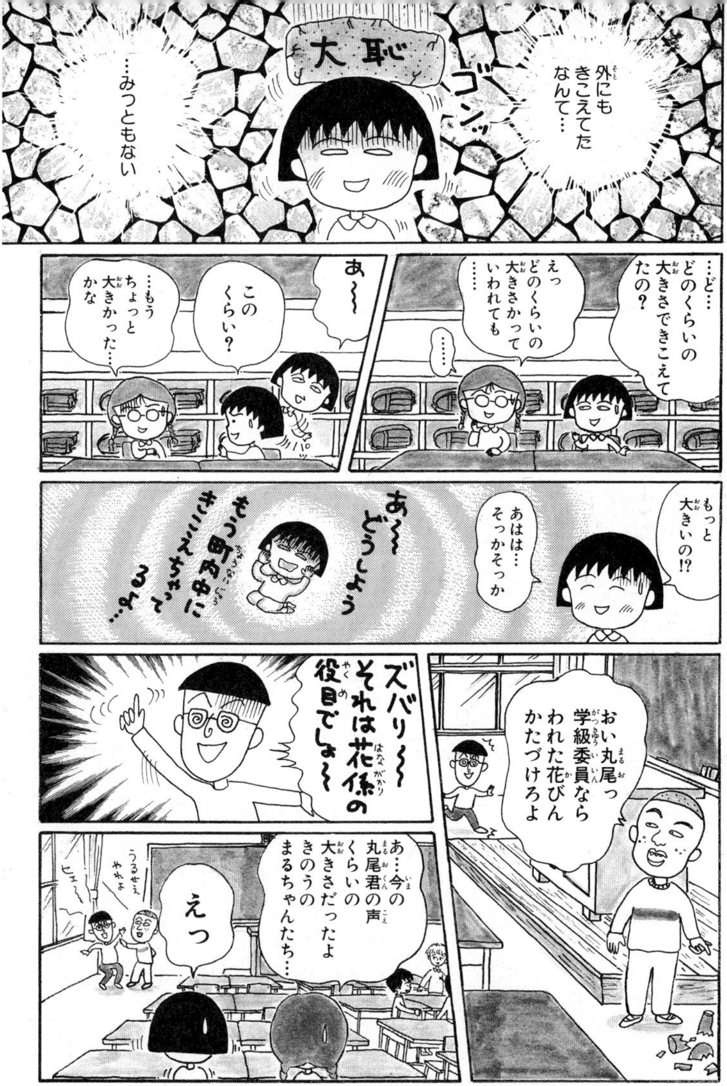
外にもきこえてたなんて…
ゴンッ
大恥
…みつともない
…ど…どのくらいの大きさできこえてたの？
えっどのくらいの大きさかっていわれても……
……
あ〜〜
このくらい？
…もうちょっと大きかった…かな
もっと大きいの!?
あはは…そっかそっか
あ〜どうしよう
もう町内中にきこえちゃってるよ…
おい丸尾っ学級委員ならわれた花びんかたづけろよ
ズバリ〜〜それは花係の役目でしょ〜
あ…今の丸尾君の声くらいの大きさだったよきのうのまるちゃんたち…
えっ
うるせえやれよ
ヒェ〜

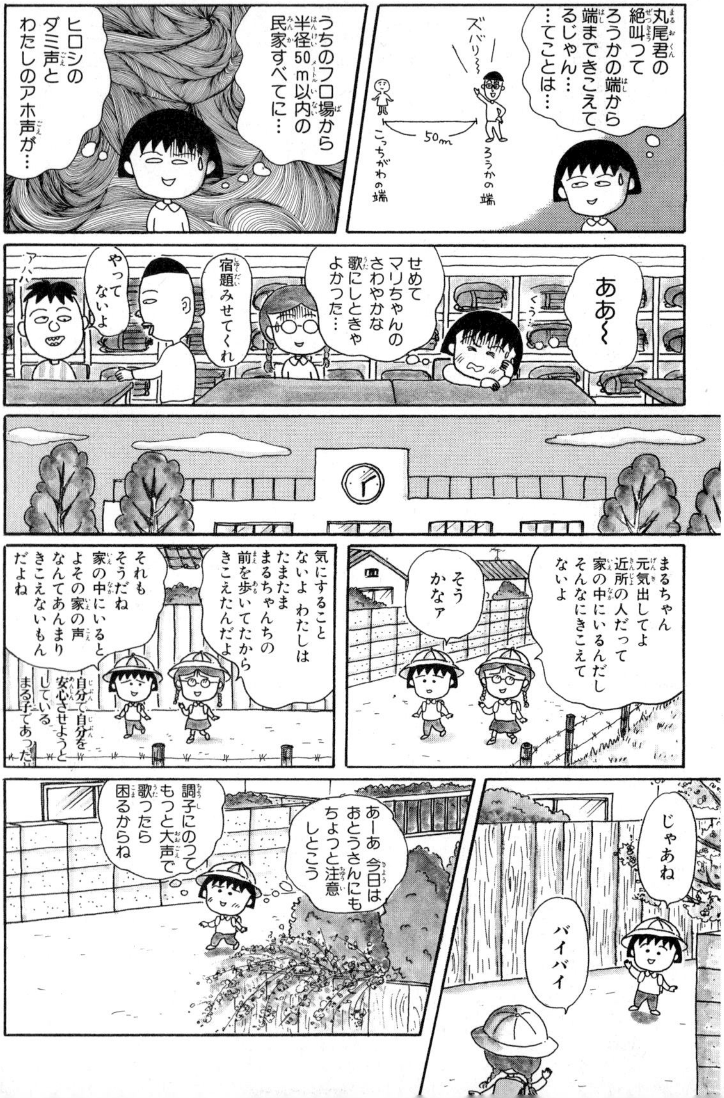
丸尾君の絶叫ってろうかの端から端まできこえてるじゃん…ってことは…
ズバリ～
ろうかの端
50m
こっちがわの端
うちのフロ場から半径50m以内の民家すべてに…
ヒロシのダミ声とわたしのアホ声が…
ああ～
くぅ…
せめてマリちゃんのさわやかな歌にしときゃよかった…
宿題みせてくれ
やってないよ
アハハ
まるちゃん元気出してよ近所の人だって家の中にいるんだしそんなにきこえてないよ
そうかなァ
気にすることないよ わたしはたまたままるちゃんちの前を歩いてたからきこえたんだよ
それもそうだね家の中にいるとよその家の声なんてあんまりきこえないもんだよね
自分で自分を安心させようとしているまる子であった
じゃあね
バイバイ
あーあ 今日はおとうさんにもちょっと注意しとこう
調子にのってもっと大声で歌ったら困るからね

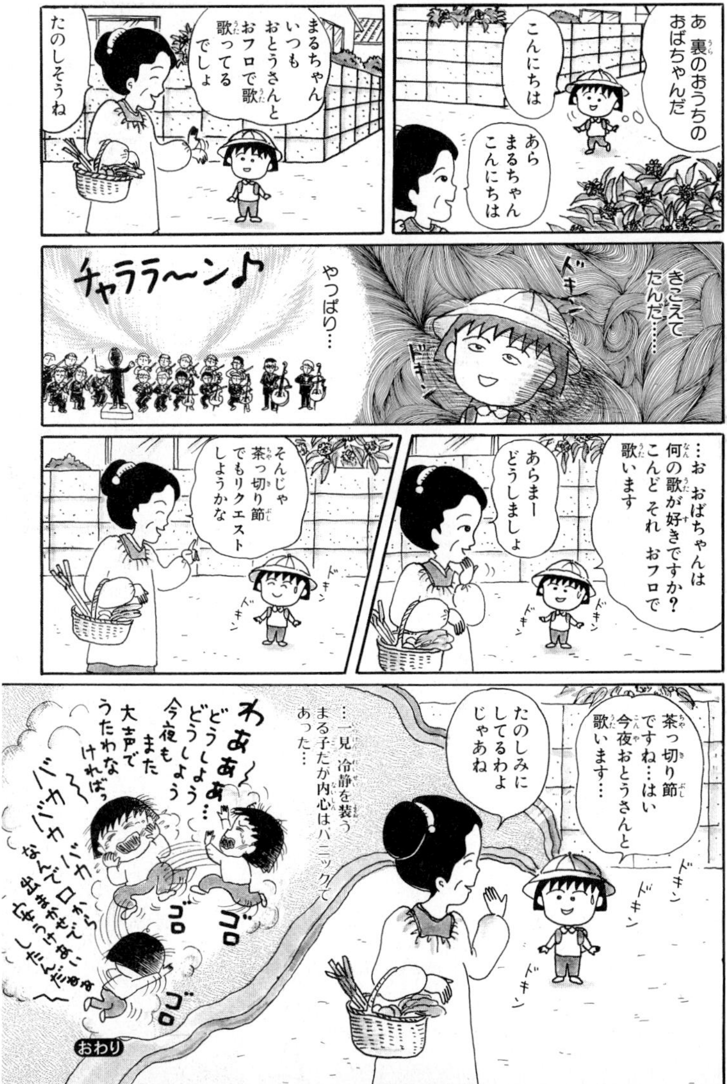

あ 裏のおうちのおばちゃんだ
こんにちは
あら まるちゃん こんにちは
まるちゃん いつも おとうさんと おフロで歌 歌ってる でしょ
たのしそうね
きこえてたんだ……
ドキン ドキン
やっぱり…
チャララ〜ン♪
…お おばちゃんは 何の歌が好きですか？ こんど それ おフロで 歌います
あらまー どうしましょ
ドキン ドキン
そんじゃ 茶っ切り節でもリクエストしようかな
ドキン ドキン
茶っ切り節ですね…はい 今夜おとうさんと歌います……
たのしみにしてるわよ じゃあね
ドキン ドキン ドキン
…一見冷静を装うまる子だが内心はパニックであった…
わあぁ〜 どうしよう… 今夜もまた大声でうたわなければっ
ゴロ ゴロ
ーバカーバカ〜 なんで口から
おわり

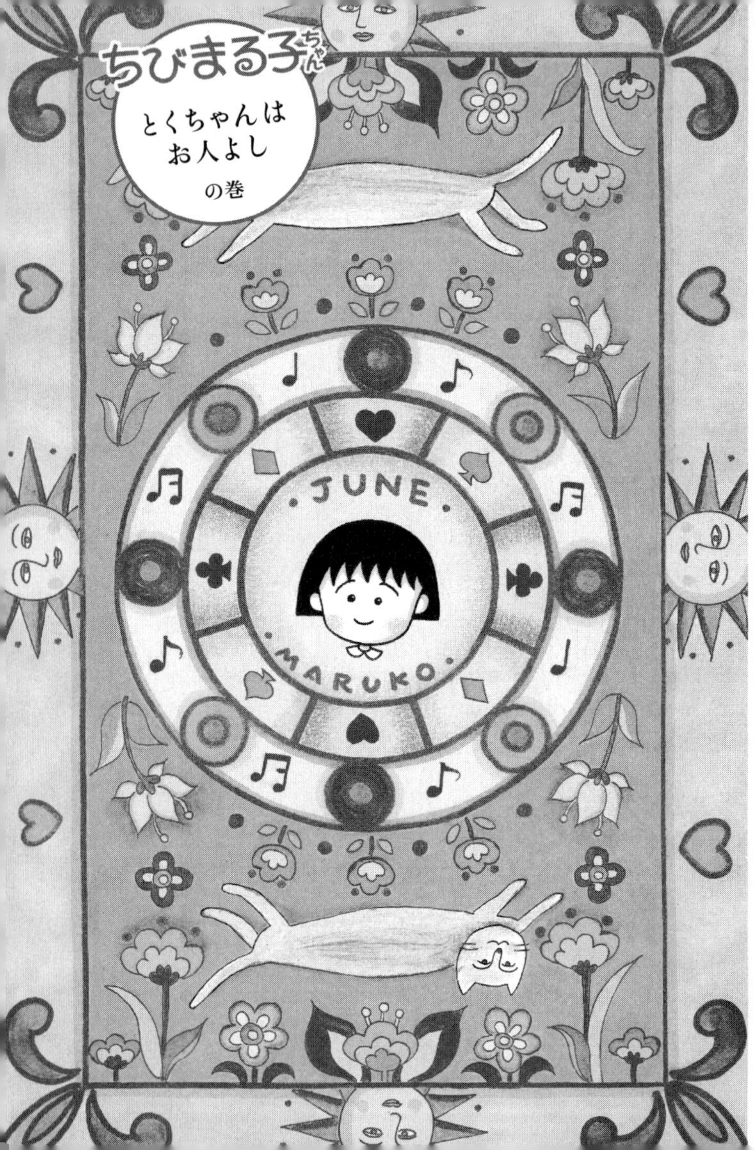
ちびまる子ちゃん
とくちゃんは
お人よし
の巻
JUNE
MARUKO

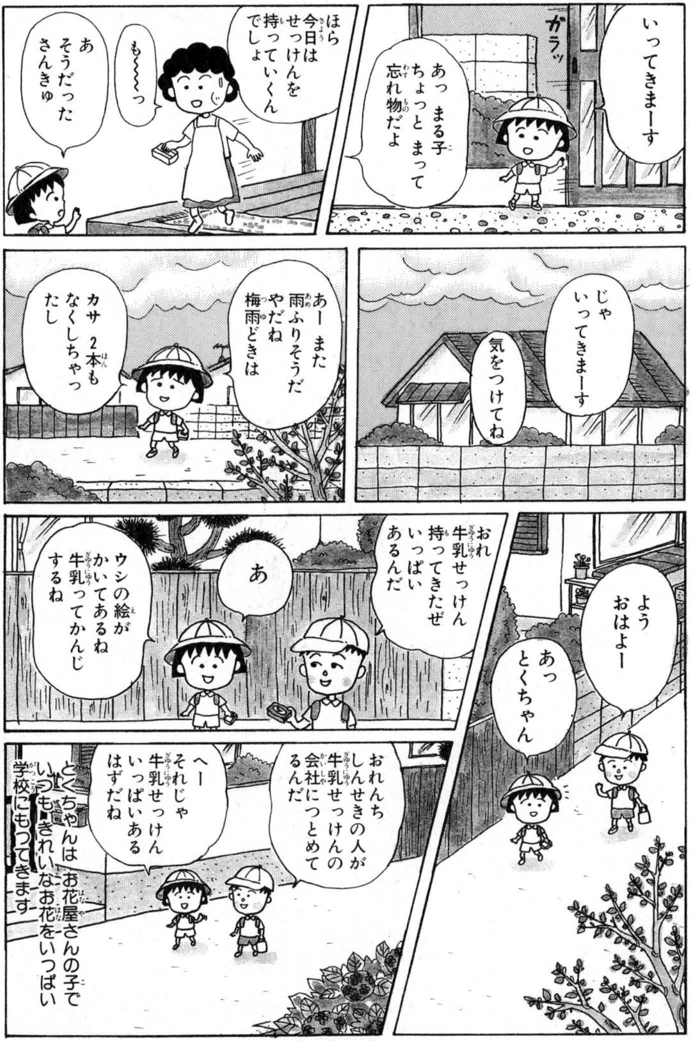
いってきまーす
ガラッ
あっ まる子 ちょっと まって 忘れ物だよ
ほら 今日は せっけんを 持っていくんでしょ
も〜〜〜っ
あ そうだった さんきゅ
じゃ いってきまーす
気をつけてね
あー また 雨ふりそうだ やだね 梅雨どきは
カサ 2本も なくしちゃったし
よう おはよー
あっ とくちゃん
おれ 牛乳せっけん 持ってきたぜ いっぱい あるんだ
あ
ウシの絵が かいてあるね 牛乳ってかんじ するね
おれんち しんせきの人が 牛乳せっけんの 会社につとめてるんだ
へー それじゃ 牛乳せっけん いっぱいある はずだね
とくちゃんは お花屋さんの子で
いつもきれいなお花をいっぱい
学校にもってきます

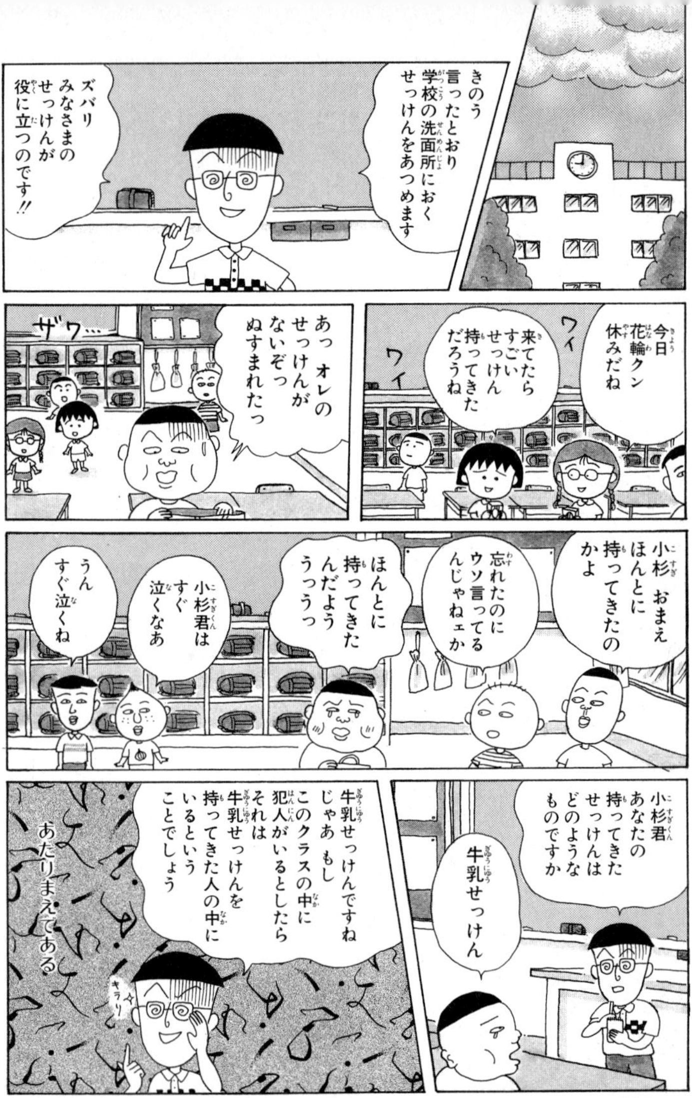
きのう 言ったとおり 学校の洗面所におく せっけんをあつめます
ズバリ みなさまの せっけんが 役に立つのです!!
今日 花輪クン 休みだね
来てたら すごい せっけん 持ってきた だろうね
ワイ ワイ
ザワ…
あっ オレの せっけんが ないぞっ ぬすまれたっ
小杉 おまえ ほんとに 持ってきたの かよ
忘れたのに ウソ言ってる んじゃねェか
ほんとに 持ってきた んだよう うっうっ
小杉君は すぐ 泣くなあ
うん すぐ泣くね
小杉君 あなたの 持ってきた せっけんは どのような ものですか
牛乳せっけん
牛乳せっけんですね じゃあ もし このクラスの中に 犯人がいるとしたら それは 牛乳せっけんを 持ってきた人の中に いるということでしょう
キラリ
あたりまえである

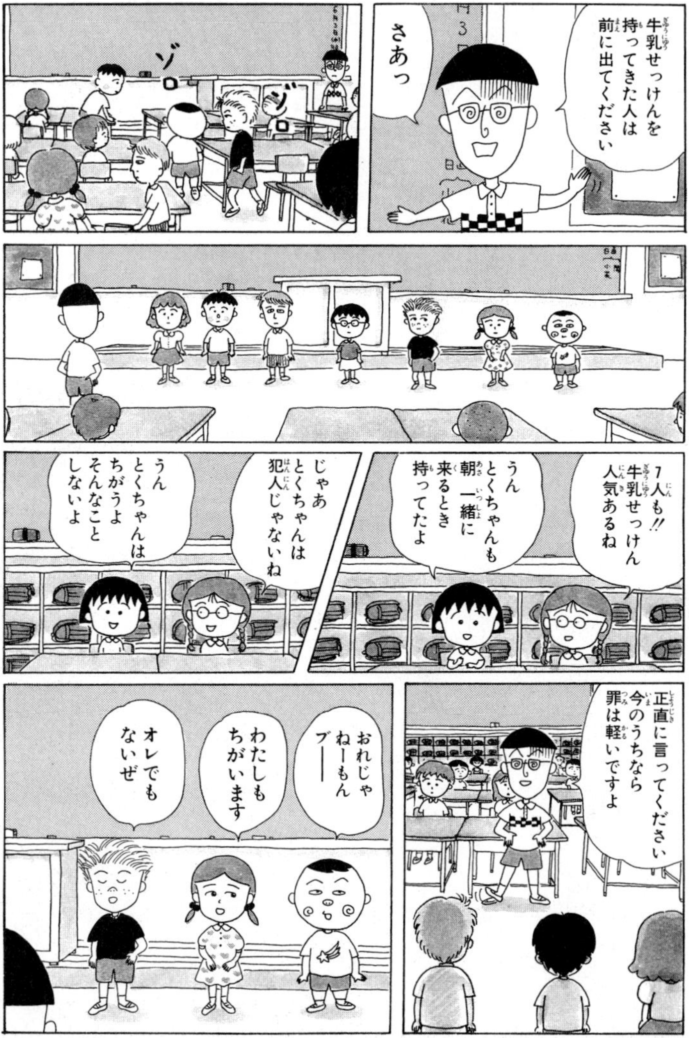
牛乳せっけんを持ってきた人は前に出てください
さあっ
ゾロ
ゾロ
7人も!!牛乳せっけん人気あるね
うんとくちゃんも朝一緒に来るとき持ってたよ
じゃあとくちゃんは犯人じゃないね
うんとくちゃんはちがうよそんなことしないよ
正直に言ってください今のうちなら罪は軽いですよ
おれじゃねーもんブ——
わたしもちがいます
オレでもないぜ

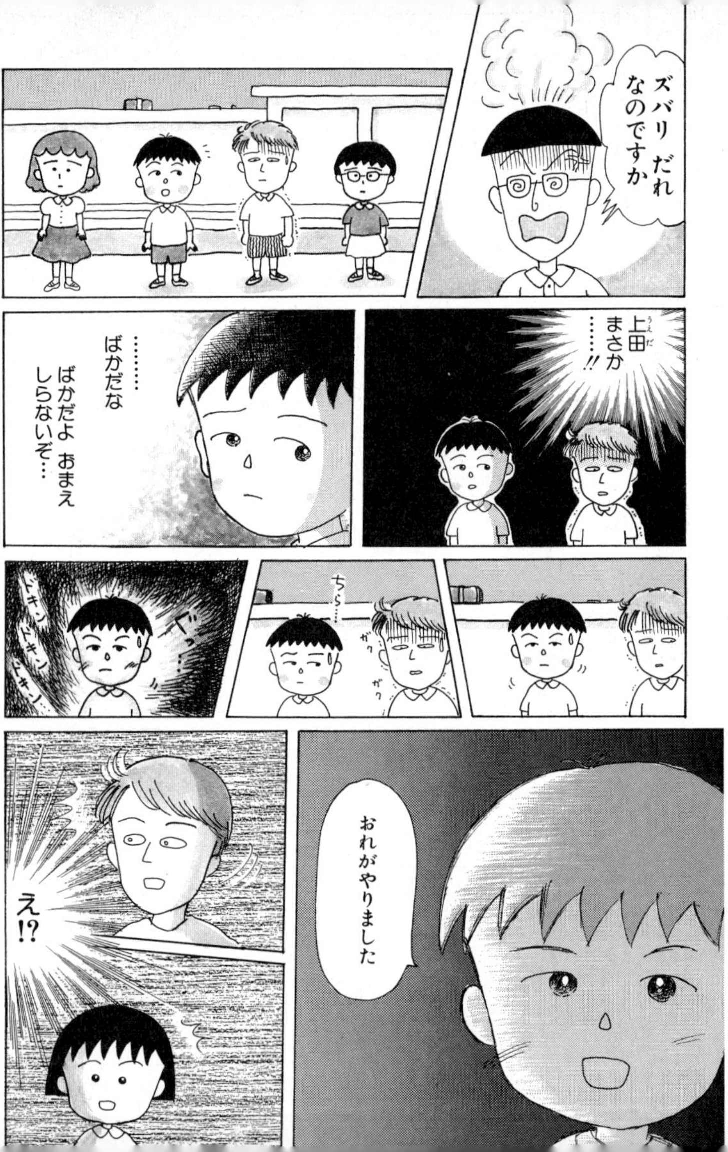
ズバリ だれなのですか
上田(うえだ) まさか……!!
……ばかだな
ばかだよ おまえ しらないぞ…
ちら…
ガク ガク
ドキン ドキン ドキン
おれがやりました
え!?

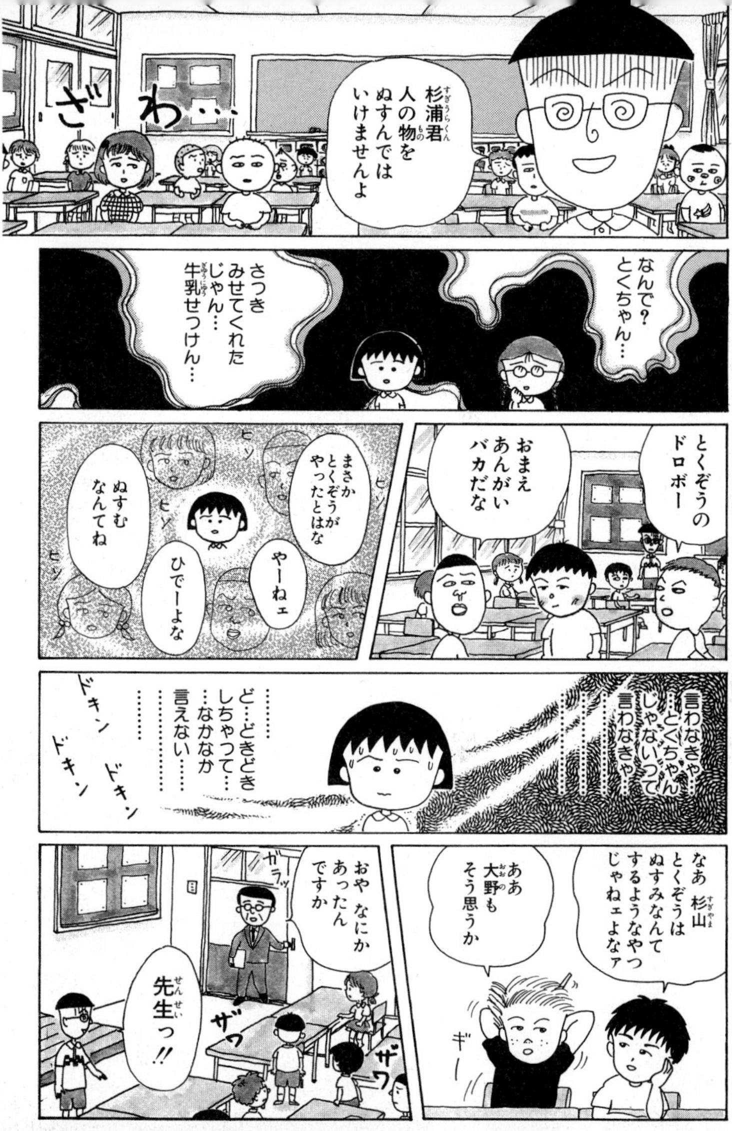

杉浦君
人の物を
ぬすんではいけませんよ
ざわ…
なんで？
とくちゃん…
さっき
みせてくれた
じゃん…
牛乳せっけん…
とくぞうの
ドロボー
おまえ
あんがい
バカだな
まさか
とくぞうが
やったとはな
ヒソ
ヒソ
やーねェ
ぬすむ
なんてね
ひでーよな
言わなきゃ…
…とくちゃん
じゃないって
言わなきゃ…
……
……
ど…どきどき
しちゃって…
…なかなか
言えない……
……
ドキン
ドキン
ドキン
なあ 杉山
とくぞうは
ぬすみなんて
するようなやつ
じゃねェよなァ
ああ
大野も
そう思うか
ギー
ガラッ
おや なにか
あったん
ですか
先生っ!!
ザワ
ザワ

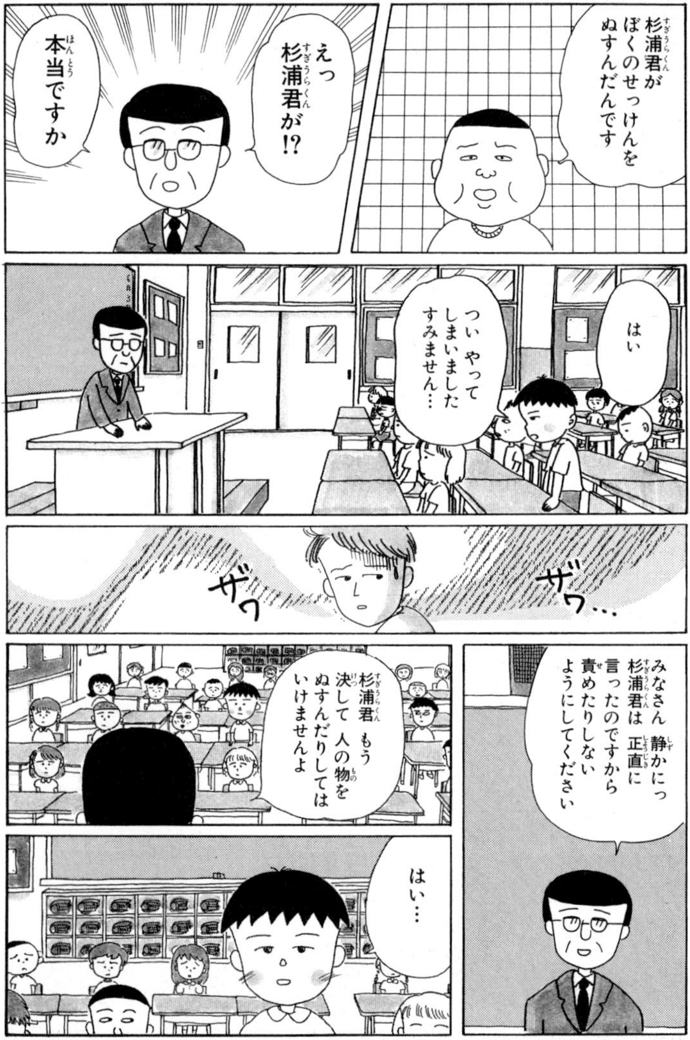

杉浦君がぼくのせっけんをぬすんだんです
えっ杉浦君が!?
本当ですか
はい
ついやってしまいましたすみません…
ザワ
ザワ…
みなさん 静かにっ 杉浦君は 正直に言ったのですから責めたりしないようにしてください
杉浦君 もう決して 人の物をぬすんだりしてはいけませんよ
はい…

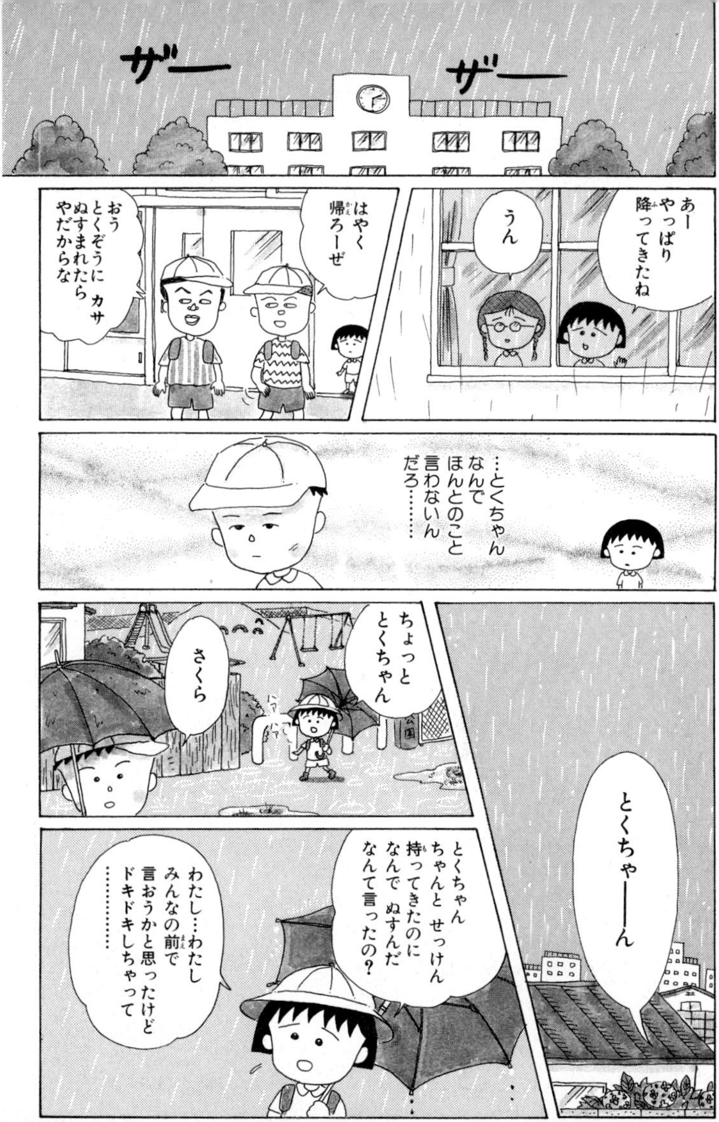
ザー
ザー
あー やっぱり 降ってきたね
うん
はやく 帰ろーぜ
おう とくぞうに カサ ぬすまれたら やだからな
…とくちゃん なんで ほんとのこと 言わないんだろ………
とくちゃーーん
ちょっと とくちゃん
さくら
とくちゃん ちゃんと せっけん 持ってきたのに なんで ぬすんだ なんて言ったの?
わたし…わたし みんなの前で 言おうかと思ったけど ドキドキしちゃって………

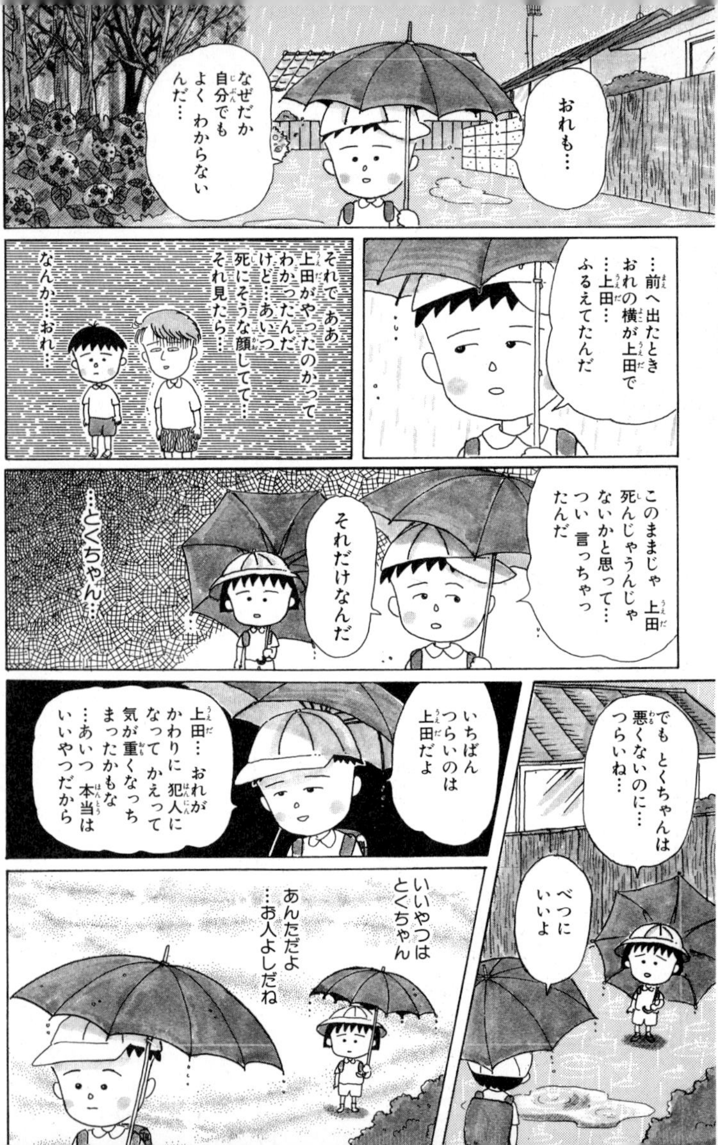
おれも…
なぜだか自分でもよく わからないんだ…
…前へ出たとき おれの横が上田で …上田… ふるえてたんだ
それで ああ 上田がやったのかって わかったんだ けど…あいつ 死にそうな顔してて… それ見たら…
なんか…おれ…
このままじゃ 上田 死んじゃうんじゃないかと思って… つい 言っちゃったんだ
それだけなんだ
…とくちゃん…
でも とくちゃんは 悪くないのに… つらいね…
べつに いいよ
いちばん つらいのは 上田だよ
上田… おれが かわりに 犯人に なって かえって 気が重くなっちゃったかもな …あいつ 本当は いいやつだから
いいやつは とくちゃん あんただよ
…お人よしだね

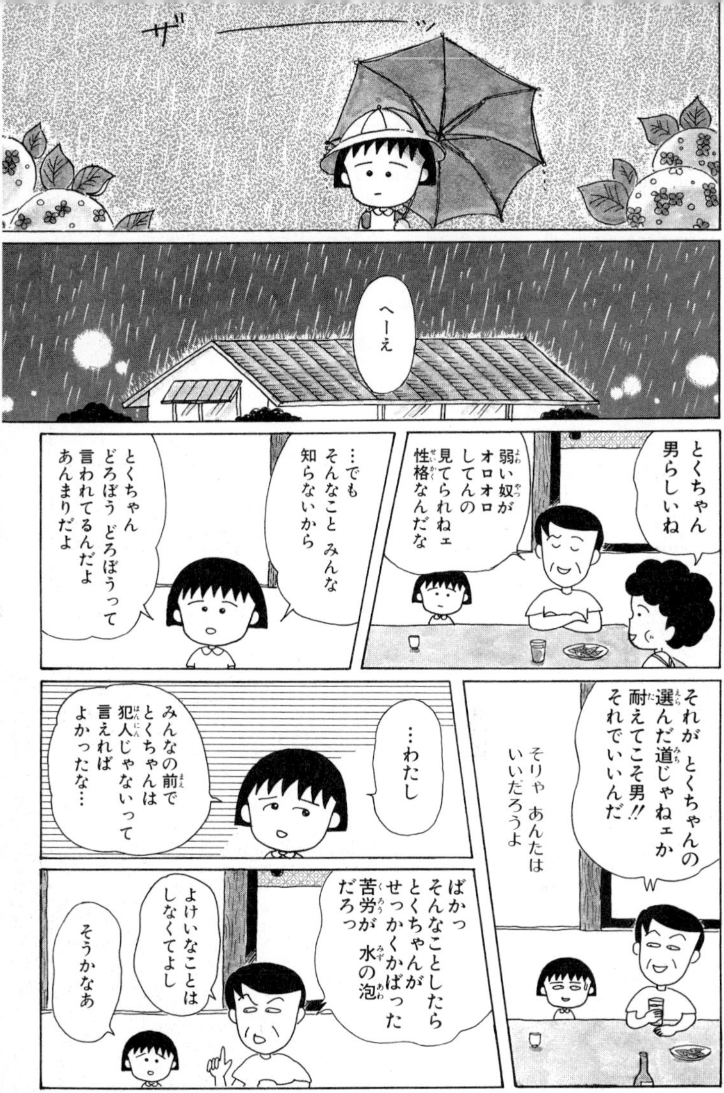
ザーーーッ
へーえ
とくちゃん 男らしいね
弱い奴が オロオロしてんの 見てられねェ 性格なんだな
…でも そんなこと みんな 知らないから
とくちゃん どろぼう どろぼうって 言われてるんだよ あんまりだよ
それが とくちゃんの 選んだ道じゃねェか 耐えてこそ男!! それでいいんだ
そりゃ あんたは いいだろうよ
…わたし
みんなの前で とくちゃんは 犯人じゃないって 言えれば よかったな…
ばかっ そんなことしたら とくちゃんが せっかくかばった 苦労が 水の泡 だろっ
よけいなことは しなくてよし
そうかなあ

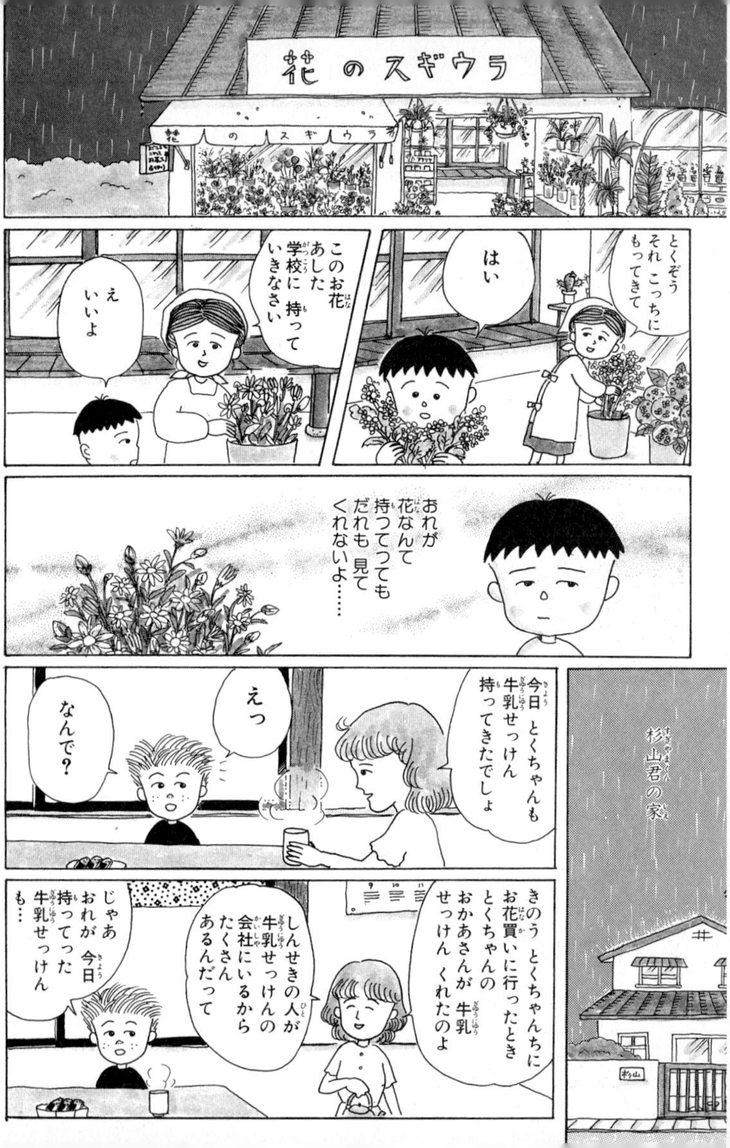
花のスギウラ
とくぞう それ こっちに もってきて
はい
このお花 あした 学校に 持って いきなさい
え いいよ
おれが 花なんて 持ってっても だれも 見て くれないよ……
杉山君の家
今日 とくちゃんも 牛乳せっけん 持ってきたでしょ
えっ
なんで?
きのう とくちゃんちに お花買いに 行ったとき とくちゃんの おかあさんが 牛乳 せっけん くれたのよ
しんせきの人が 牛乳せっけんの 会社にいるから たくさん あるんだって
じゃあ おれが 今日 持ってった 牛乳せっけん も…

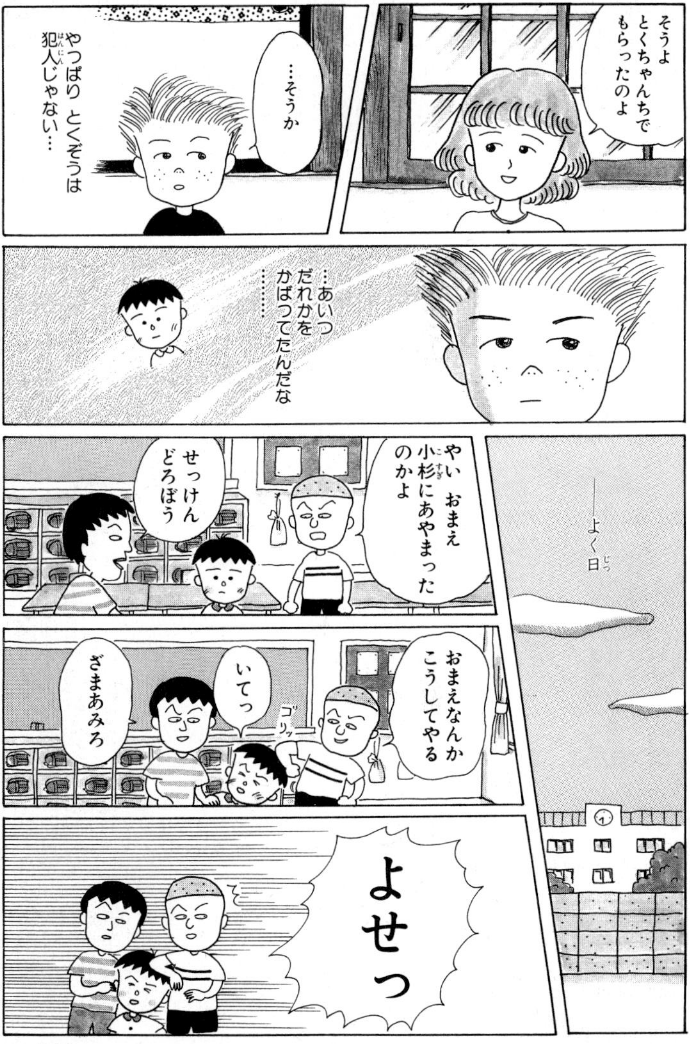
そうよ
とくちゃんちで
もらったのよ
…そうか
やっぱり とくぞうは
犯人じゃない…
…あいつ
だれかを
かばってたんだな
……
──よく日
やい おまえ
小杉にあやまった
のかよ
せっけん
どろぼう
おまえなんか
こうしてやる
ゴリッ
いてっ
ざまあみろ
よせっ

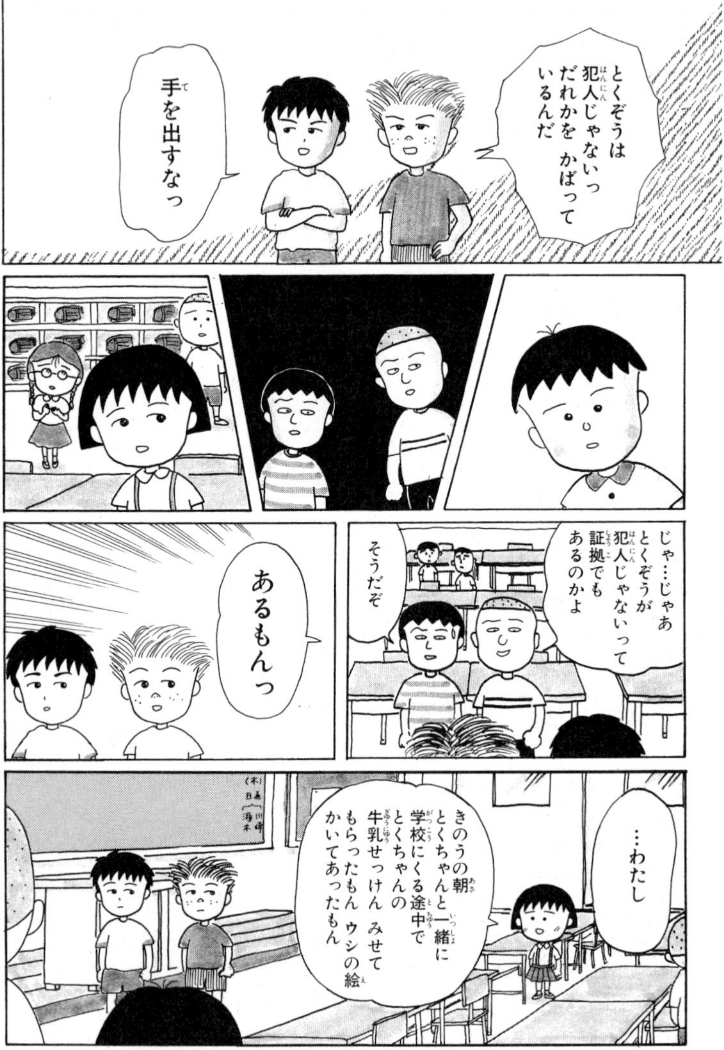
とくぞうは犯人じゃないっ だれかを かばって いるんだ
手を出すなっ
じゃ…じゃあ とくぞうが犯人じゃないって証拠でもあるのかよ
そうだぞ
あるもんっ
…わたし
きのうの朝 とくちゃんと一緒に学校にくる途中で とくちゃんの牛乳せっけん みせてもらったもん ウシの絵かいてあったもん

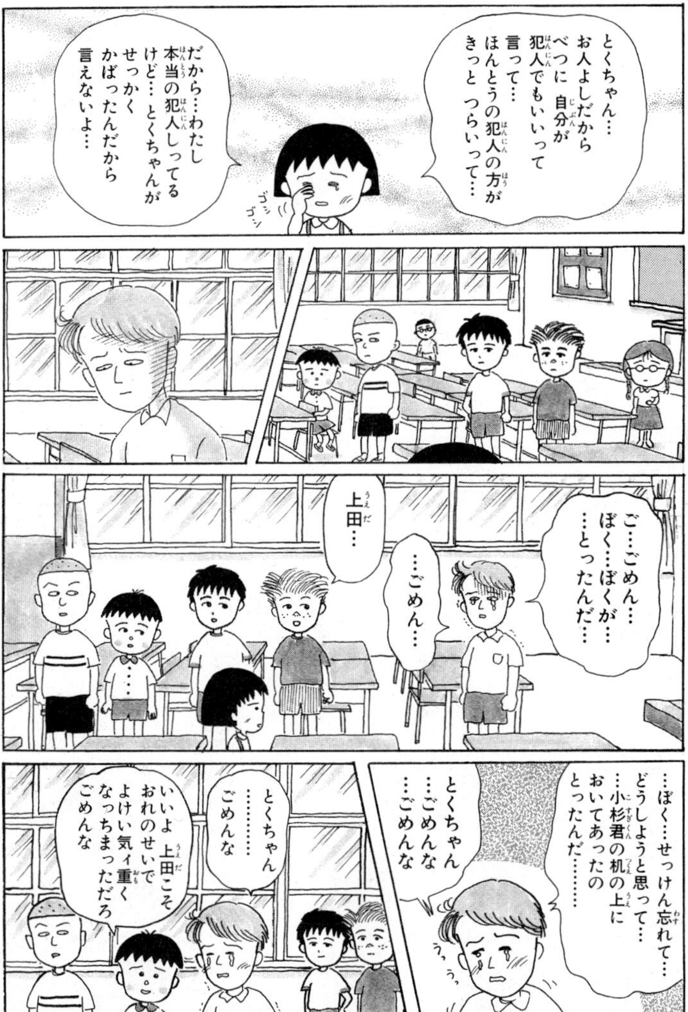
とくちゃん…
お人よしだから
べつに 自分が
犯人でもいいって
言って…
ほんとうの犯人の方が
きっと つらいって…
だから…わたし
本当の犯人しってる
けど… とくちゃんが
せっかく
かばったんだから
言えないよ…
ゴシ
ゴシ
ご…ごめん…
ぼく…ぼくが…
…とったんだ…
上田…
…ごめん…
…ぼく…せっけん忘れて…
どうしようと思って…
…小杉君の机の上に
おいてあったの
とったんだ……
とくちゃん
…ごめんな
…ごめんな
とくちゃん
………
ごめんな
いいよ 上田こそ
おれのせいで
よけい気ィ重く
なっちまっただろ
ごめんな

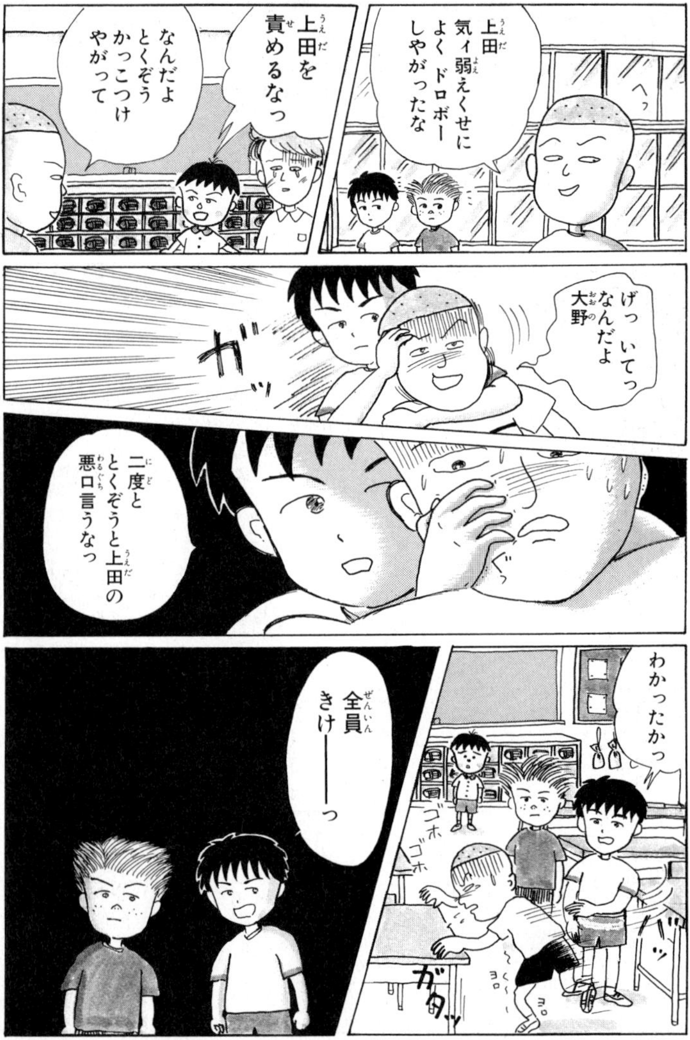
上田気ィ弱えくせによくドロボーしやがったな
へっ
上田を責めるなっ
なんだよとくぞうかっこつけやがって
ガッ
げっ いてっ なんだよ大野
二度とくぞうと上田の悪口言うなっ
ぐっ
わかったかっ
ゴホ
ゴホ
ガタッ
ヨロ
ヨロ
全員きけ――っ

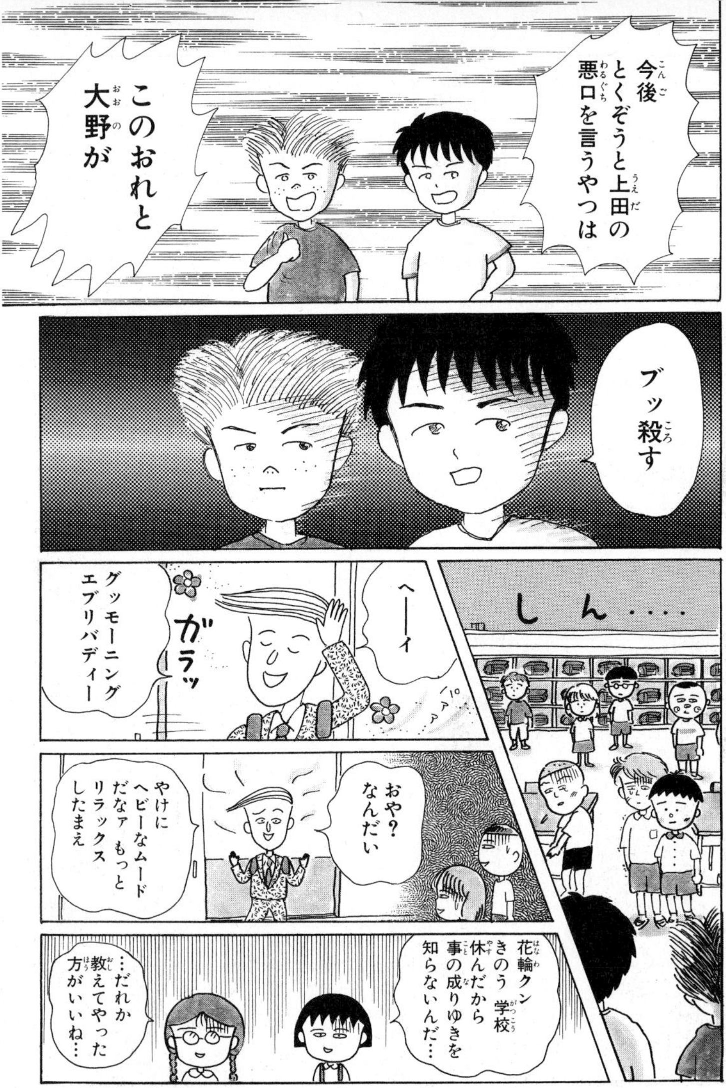
今後(こんご)
とくぞうと上田(うえだ)の
悪口(わるぐち)を言うやつは
このおれと
大野(おおの)が
ブッ殺(ころ)す
しん‥‥
へーーイ
パァァ
ガラッ
グッモーニング
エブリバディー
おや？
なんだい
やけに
ヘビーなムード
だなァ もっと
リラックス
したまえ
花輪(はなわ)クン
きのう 学校(がっこう)
休(やす)んだから
事(こと)の成(な)りゆきを
知らないんだ…
…だれか
教(おし)えてやった
方(ほう)がいいね…

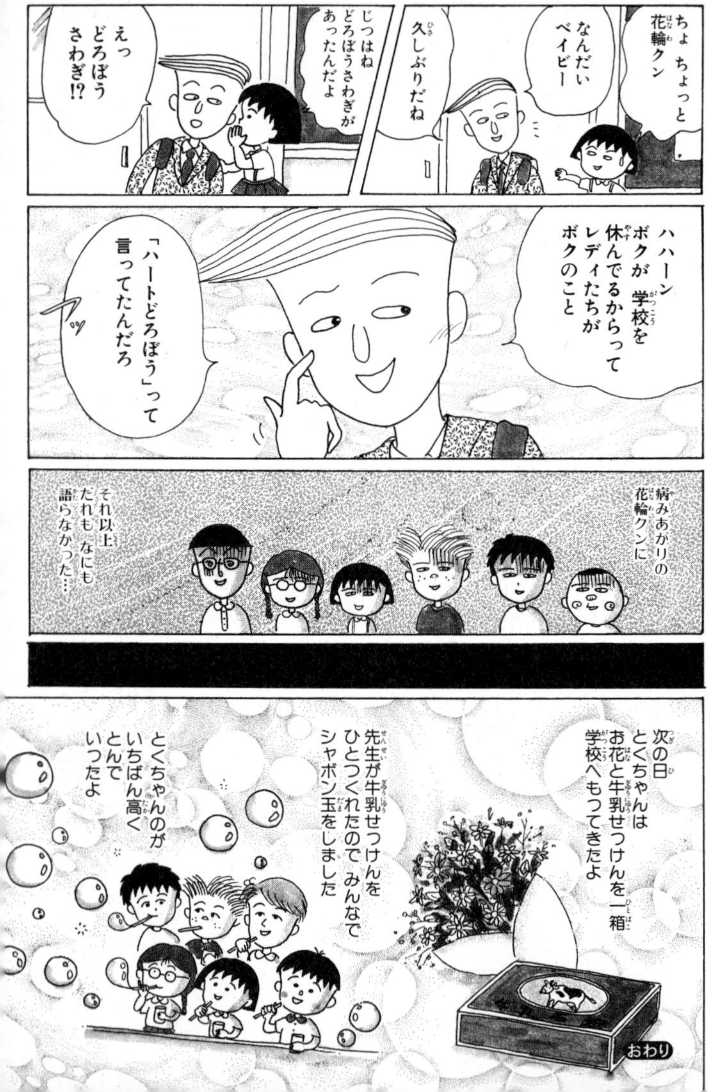
ちょ ちょっと
花輪クン
なんだい
ベイビー
久しぶりだね
じつはね
どろぼうさわぎが
あったんだよ
えっ
どろぼう
さわぎ!?
ハハーン
ボクが 学校を
休んでるからって
レディたちが
ボクのこと
「ハートどろぼう」って
言ってたんだろ
病みあがりの
花輪クンに
それ以上
たれも なにも
語らなかった…
次の日
とくちゃんは
お花と牛乳せっけんを一箱
学校へもってきたよ
先生が牛乳せっけんを
ひとつくれたので みんなで
シャボン玉をしました
とくちゃんのが
いちばん高く
とんで
いったよ
おわり

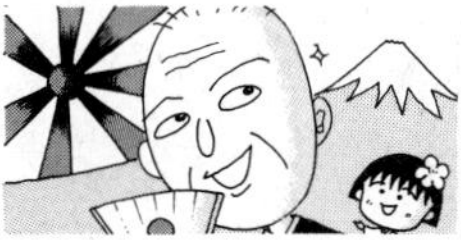

ちびまる子ちゃん

まる子は盆栽好きの巻

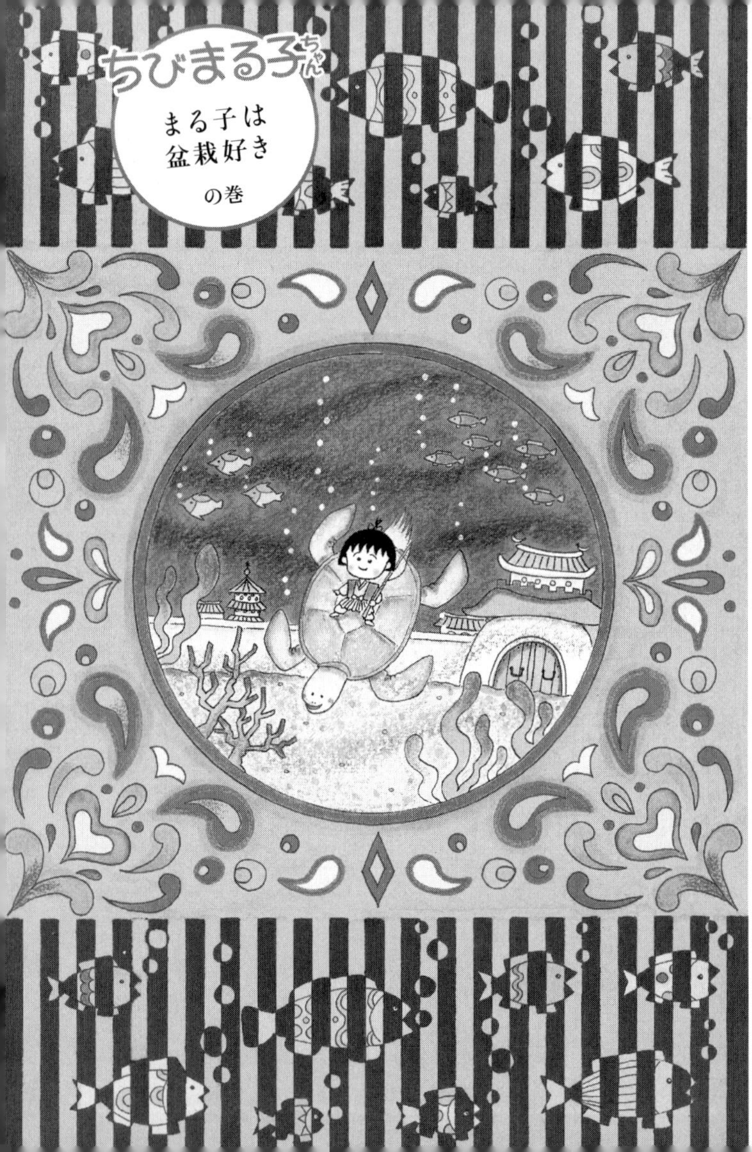

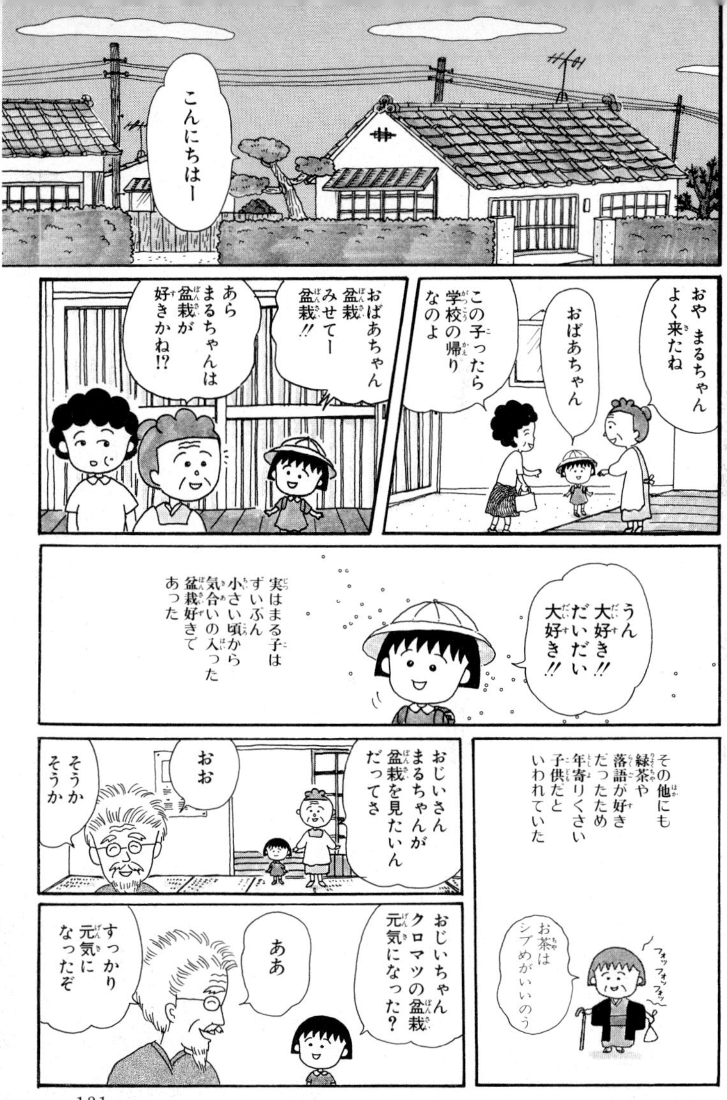
こんにちはー
おや まるちゃん
よく来たね
おばあちゃん
この子ったら
学校の帰り
なのよ
おばあちゃん
盆栽
みせてー
盆栽!!
あら
まるちゃんは
盆栽が
好きかね!?
うん
大好き!!
だいだい
大好き!!
実はまる子は
ずいぶん
小さい頃から
気合いの入った
盆栽好きで
あった
その他にも
緑茶や
落語が好き
だったため
年寄りくさい
子供だと
いわれていた
お茶は
シブめがいいのう
フォッフォッフォッ
おじいさん
まるちゃんが
盆栽を見たいん
だってさ
おお
そうか
そうか
おじいちゃん
クロマツの盆栽
元気になった?
ああ
すっかり
元気に
なったぞ

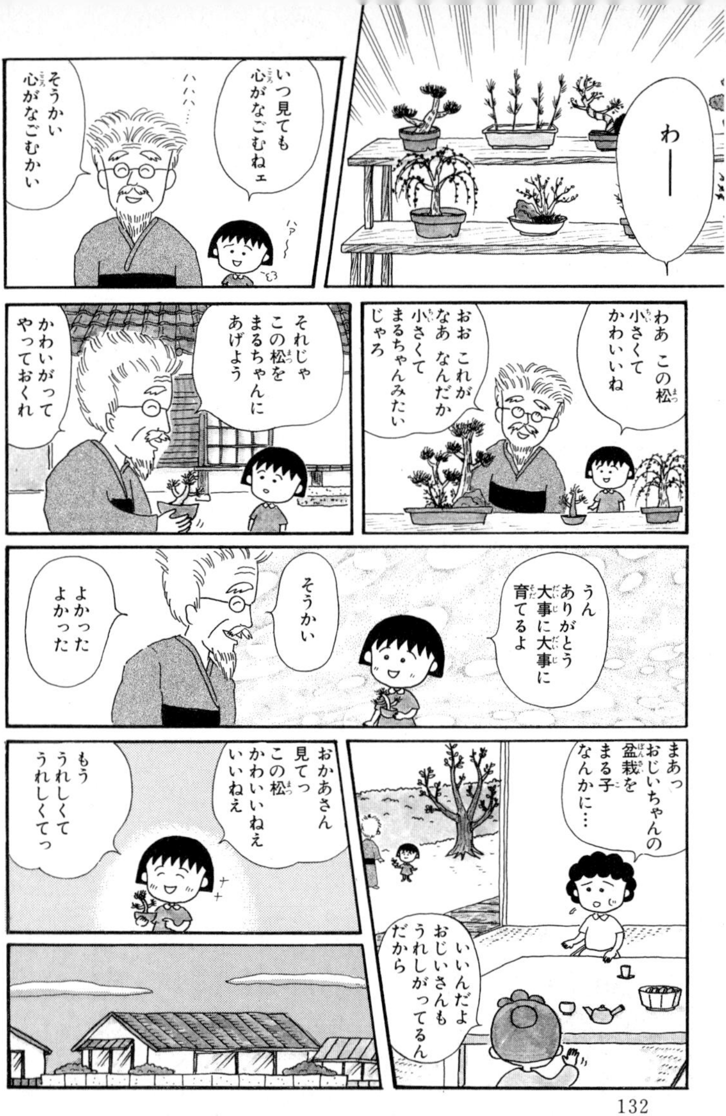
わー
いつ見ても心がなごむねェ
ハハハ……
そうかい 心がなごむかい
ハァ〜
わあ この松小さくてかわいいね
おお これがなあ なんだか小さくてまるちゃんみたいじゃろ
それじゃ この松をまるちゃんにあげよう
かわいがってやっておくれ
うん ありがとう 大事に大事に育てるよ
そうかい
よかった よかった
まあっ おじいちゃんの盆栽をまる子なんかに…
いいんだよ おじいさんもうれしがってるんだから
おかあさん見てっ この松かわいいねえ
もう うれしくてうれしくてっ

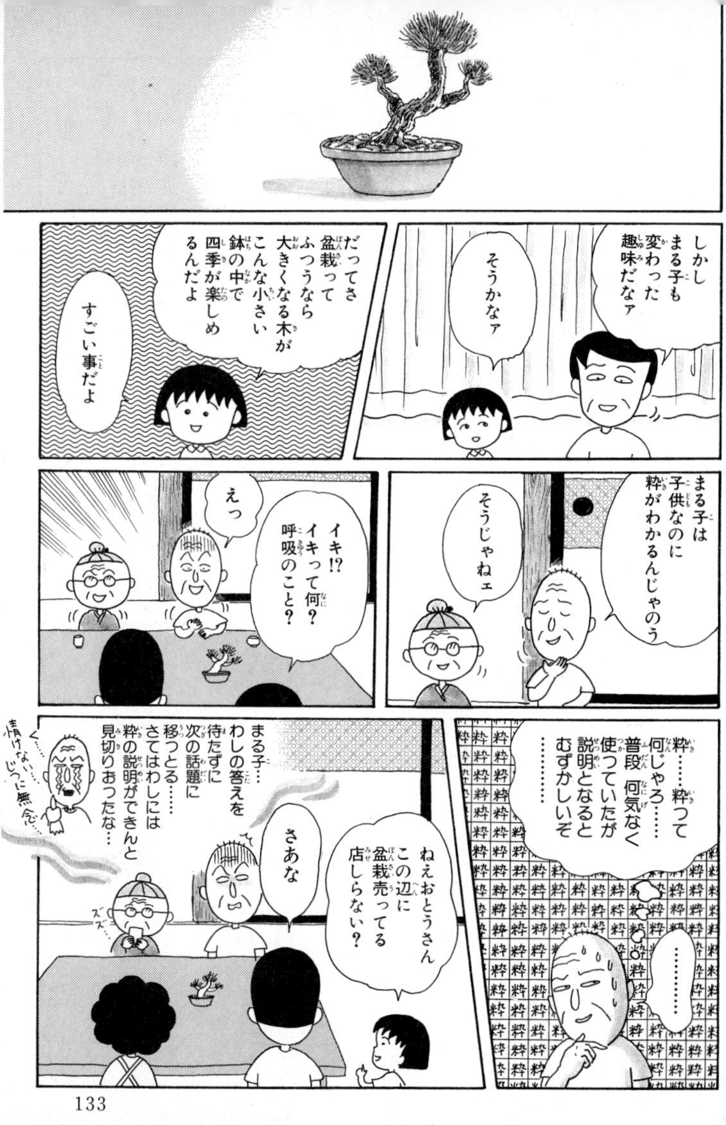

しかし まる子も 変わった 趣味だなァ
そうかなァ
だってさ 盆栽って ふつうなら 大きくなる木が こんな小さい 鉢の中で 四季が楽しめるんだよ
すごい事だよ
まる子は 子供なのに 粋がわかるんじゃのう
そうじゃねェ
イキ!? イキって何? 呼吸のこと?
えっ
粋……粋って 何じゃろ…… 普段 何気なく 使っていたが 説明となると むずかしいぞ ………
………
ねえおとうさん この辺に 盆栽売ってる 店しらない?
さあな
まる子… わしの答えを 待たずに 次の話題に 移っとる…… さてはわしには 粋の説明ができんと 見切りおったな…
く…… 情けない… じつに無念…
ズズ…

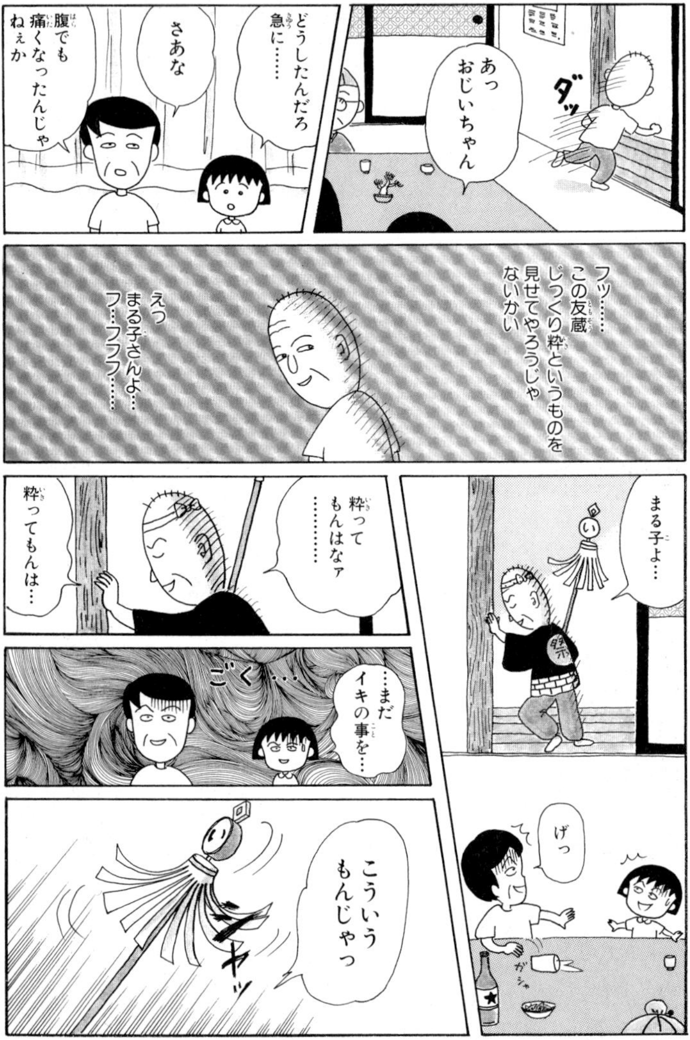

ダッ
あっ おじいちゃん
どうしたんだろ 急に……
さあな
腹でも痛くなったんじゃねえか
フッ…… この友蔵 じっくり粋というものを見せてやろうじゃないかい
えっ まる子さんよ… フ…フフフ……
まる子よ…
げっ
粋ってもんはなァ…………
粋ってもんは…
…まだ イキの事を…
ごく…
こういう もんじゃっ
ガシャ

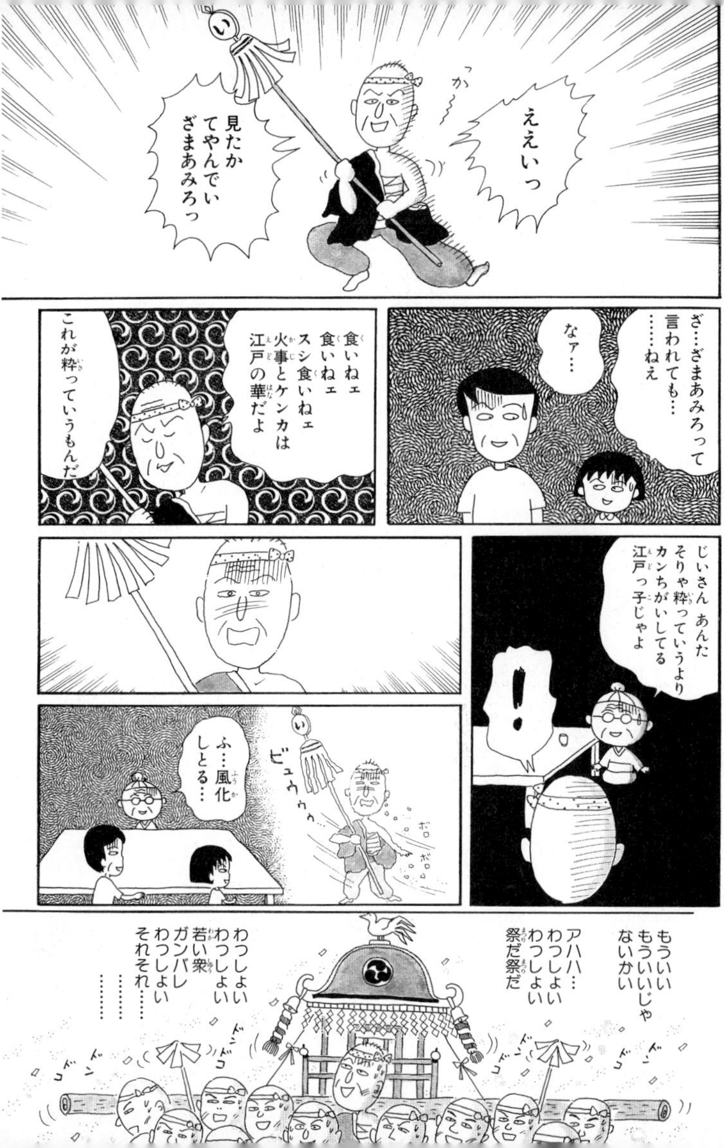
えぇいっ
見たか
てやんでぃ
ざまあみろっ
ざ…ざまあみろって
言われても…
……ねえ
なァ…
食いねェ
食いねェ
スシ食いねェ
火事とケンカは
江戸の華だよ
これが粋っていうもんだ
じいさん あんた
そりゃ粋っていうより
カンちがいしてる
江戸っ子じゃよ
！
ふ…風化
しとる…
ビュウゥゥ…
ボロ
ボロ
もういい
もういいじゃ
ないかい
アハハ…
わっしょい
祭だ祭だ
わっしょい
わっしょい
若い衆
ガンバレ
わっしょい
それそれ……
……
……
ドンドコ

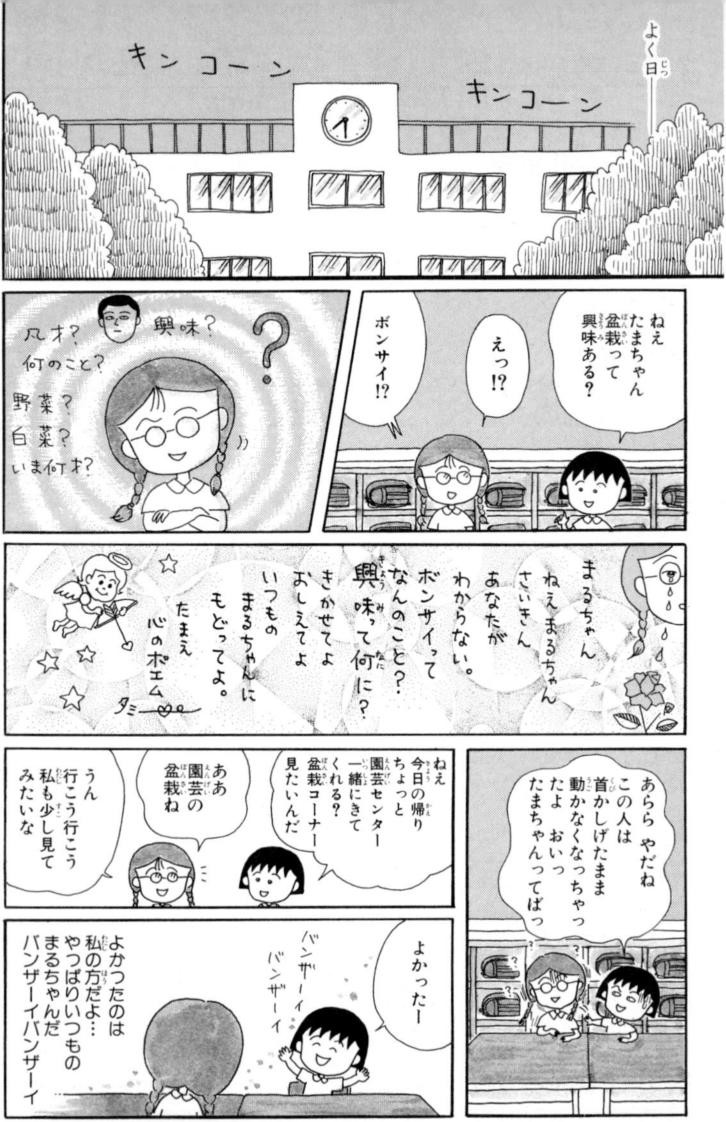
よく日
キンコーン
キンコーン
ねえ たまちゃん 盆栽って 興味ある？
えっ!?
ボンサイ!?
凡才？
興味？
何のこと？
野菜？
白菜？
いま何才？
まるちゃん
ねえまるちゃん
さいきん
あなたが
わからない。
ボンサイって
なんのこと？
興味って何に？
きかせてよ
おしえてよ
いつもの
まるちゃんに
もどってよ。
たまえ
心のポエム
タミ
あらら やだね この人は 首かしげたまま 動かなくなっちゃったよ おいっ たまちゃんってばっ
ねえ 今日の帰り ちょっと 園芸センター 一緒にきて くれる？ 盆栽コーナー 見たいんだ
ああ 園芸の 盆栽ね
うん 行こう行こう 私も少し見て みたいな
よかったー
バンザーイ
バンザーイ
よかったのは 私の方だよ… やっぱりいつもの まるちゃんだ バンザーイバンザーイ

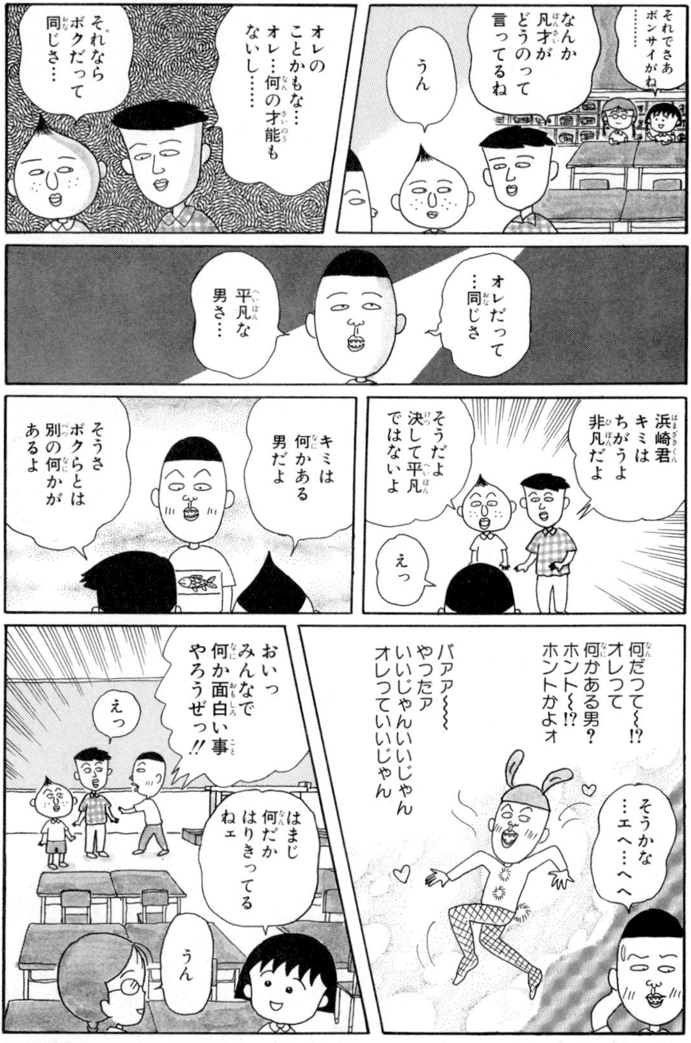

それでさぁ ボンサイがね……
なんか凡才がどうのって言ってるね
うん
オレのことかもな…オレ…何の才能もないし……
それならボクだって同じさ…
オレだって…同じさ
平凡な男さ…
浜崎君キミはちがうよ非凡だよ
そうだよ決して平凡ではないよ
えっ
キミは何かある男だよ
そうさボクらとは別の何かがあるよ
何だって〜!? オレって何かある男? ホント〜!? ホントかよォ
パアア〜〜 やったァ いいじゃんいいじゃん オレっていいじゃん
そうかな…エヘ…へへ
おいっ みんなで何か面白い事やろうぜっ!!
えっ
はまじ何だかはりきってるねェ
うん

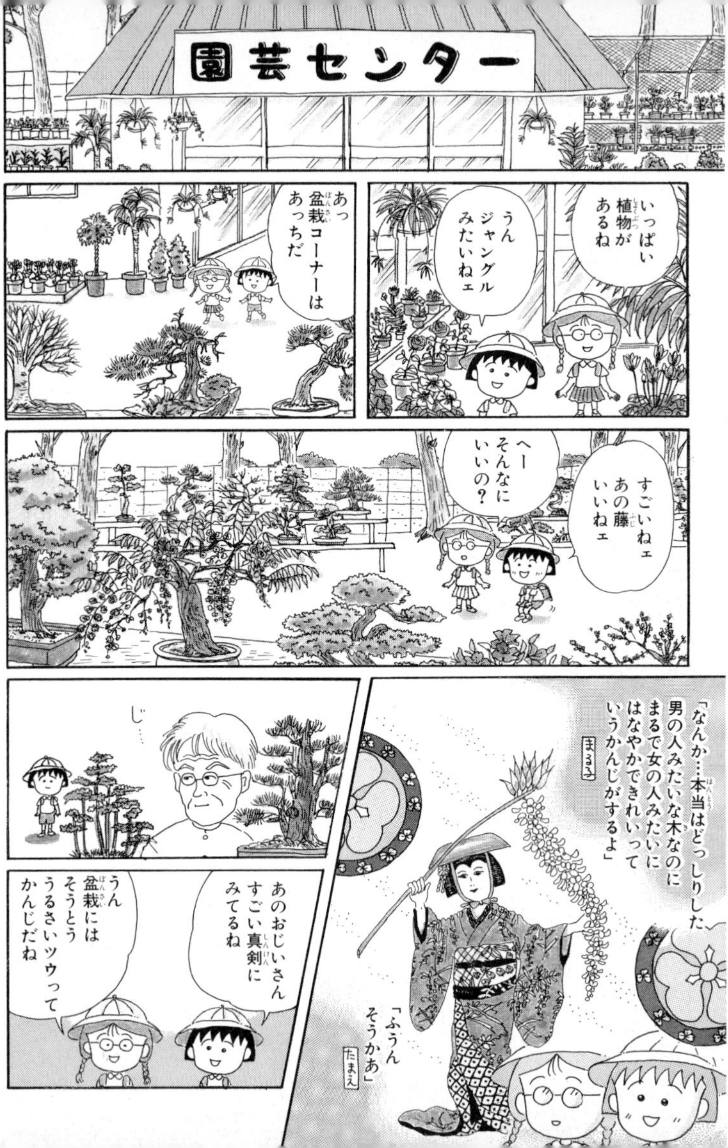
園芸センター
いっぱい植物があるね
うんジャングルみたいいねェ
あっ盆栽コーナーはあっちだ
すごいねェあの藤いいねェ
へーそんなにいいの？
「なんか…本当はどっしりした男の人みたいな木なのにまるで女の人みたいにはなやかできれいっていうかんじがするよ」
まる子
「ふうんそうかあ」
たまえ
じ…
あのおじいさんすごい真剣にみてるね
うん盆栽にはそうとううるさいツウってかんじだね

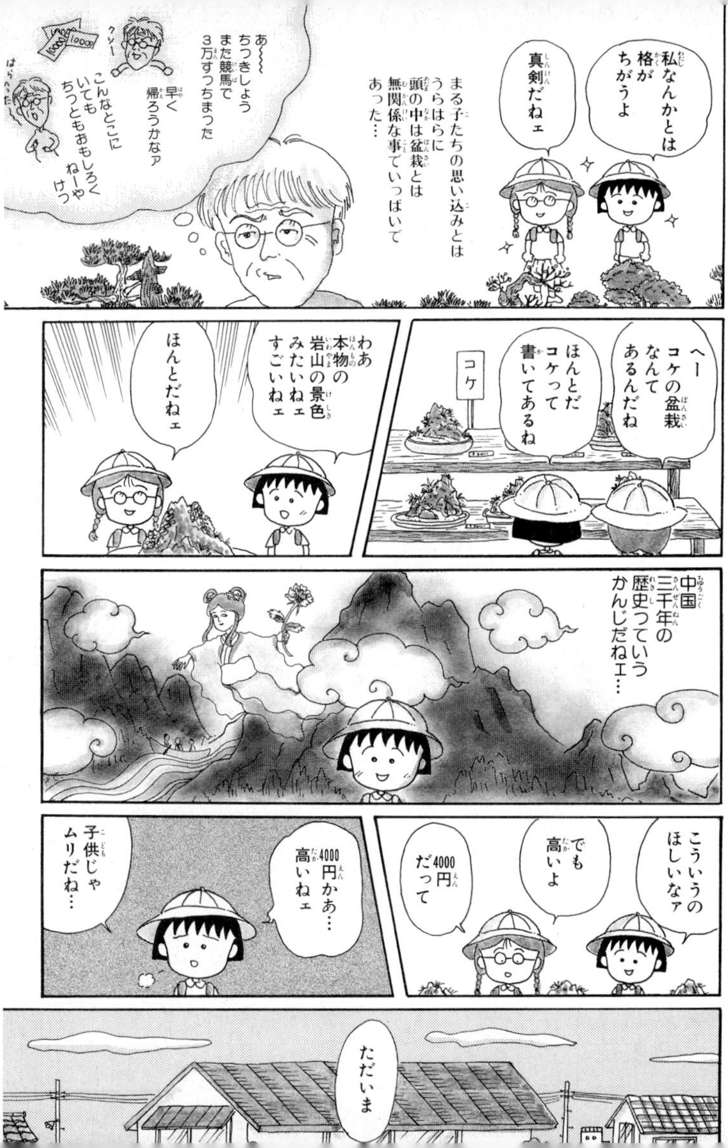

私なんかとは格がちがうよ
真剣だねェ
まる子たちの思い込みとはうらはらに頭の中は盆栽とは無関係な事でいっぱいであった…
あ〜〜〜ちつきしょうまた競馬で3万すっちまった
早く帰ろうかなァ
クソー
こんなとこにいてもちっともおもしろくねーやけっ
はらへった
へーコケの盆栽なんてあるんだね
ほんとだコケって書いてあるね
コケ
わあ本物の岩山の景色みたいねェすごいねェ
ほんとだねェ
中国三千年の歴史っていうかんじだねエ…
こういうのほしいなァ
でも高いよ
4000円だって
4000円かあ…高いねェ
子供じゃムリだね…
ただいま

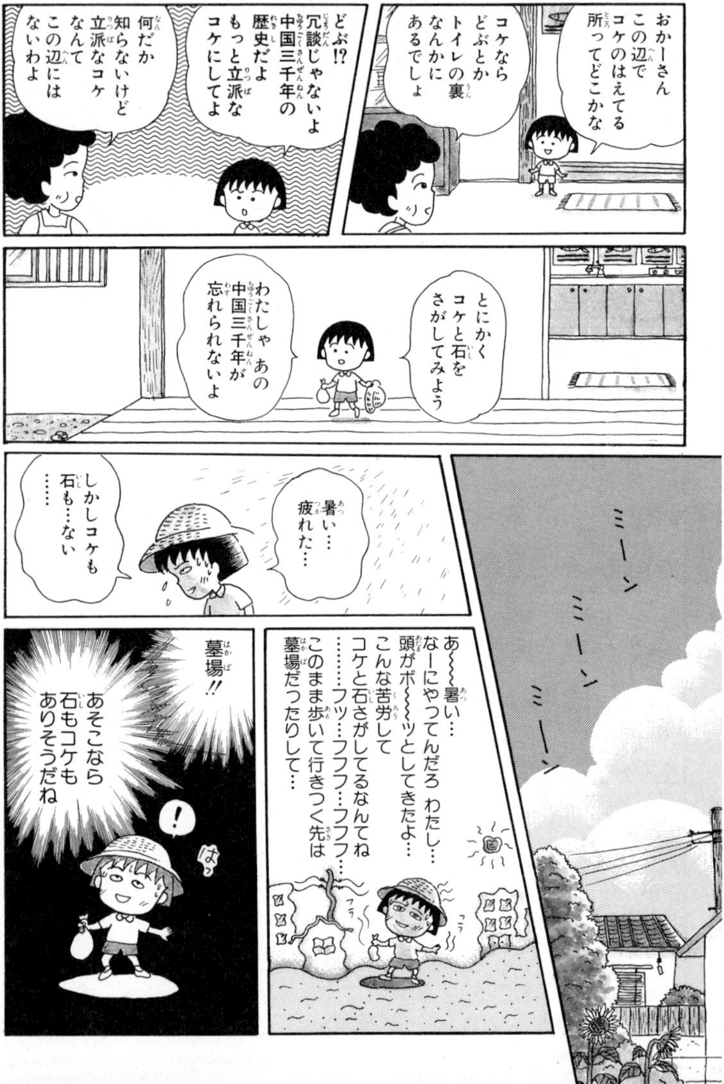

おかーさん この辺でコケのはえてる所ってどこかな
コケならどぶとかトイレの裏なんかにあるでしょ
どぶ!? 冗談じゃないよ 中国三千年の歴史だよ もっと立派なコケにしてよ
何だか知らないけど立派なコケなんてこの辺にはないわよ
とにかくコケと石をさがしてみよう
わたしゃあの中国三千年が忘れられないよ
ミーン
ミーン
ミーン
暑い… 疲れた…
しかしコケも石も…ない ……
あ〜〜暑い… なーにやってんだろ わたし… 頭がボ〜〜ッとしてきたよ… こんな苦労してコケと石さがしてるなんてね ……フッ…フフフ…フフフ… このまま歩いて行きつく先は墓場だったりして…
フラ
フラ
墓場!!
あそこなら石もコケもありそうだね
!
はっ

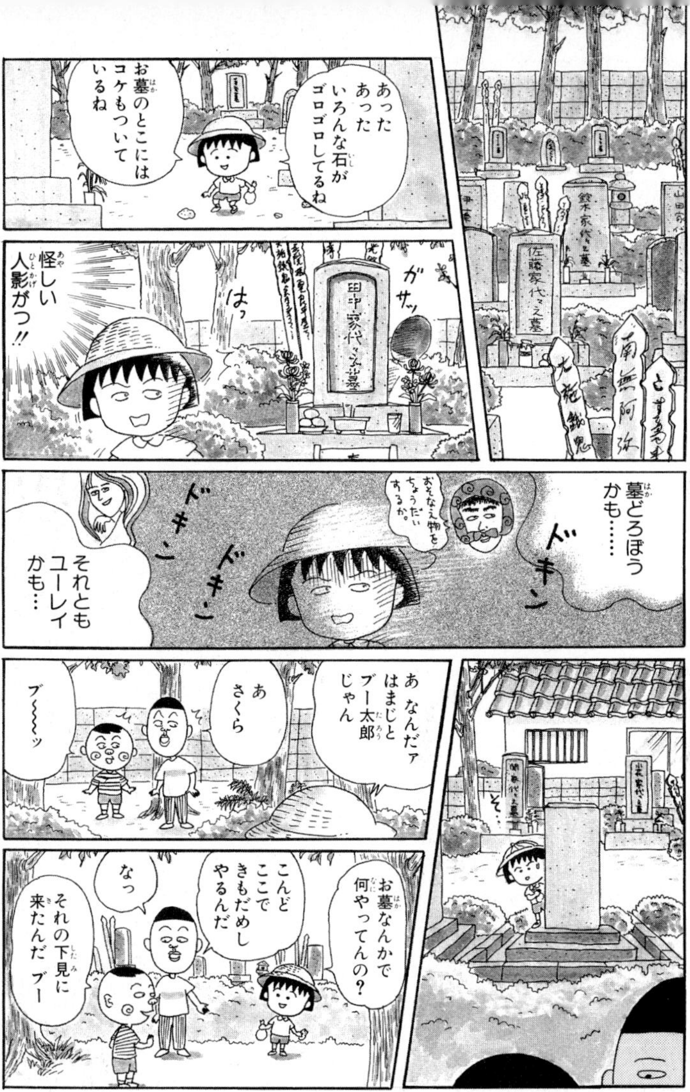
佐藤家代々之墓
あった あった いろんな石がゴロゴロしてるね
お墓のとこにはコケもついているね
ガサッ
田中家代々之墓
はっ
怪しい人影がっ!!
墓どろぼうかも……
ドキン
おそなえ物をちょうだいするか。
ドキン
ドキン
それともユーレイかも…
そ…
あ なんだァ はまじとブー太郎じゃん
あ さくら
ブ〜〜〜ッ
お墓なんかで何やってんの?
こんどここできもだめしやるんだ
なっ
それの下見に来たんだ ブー

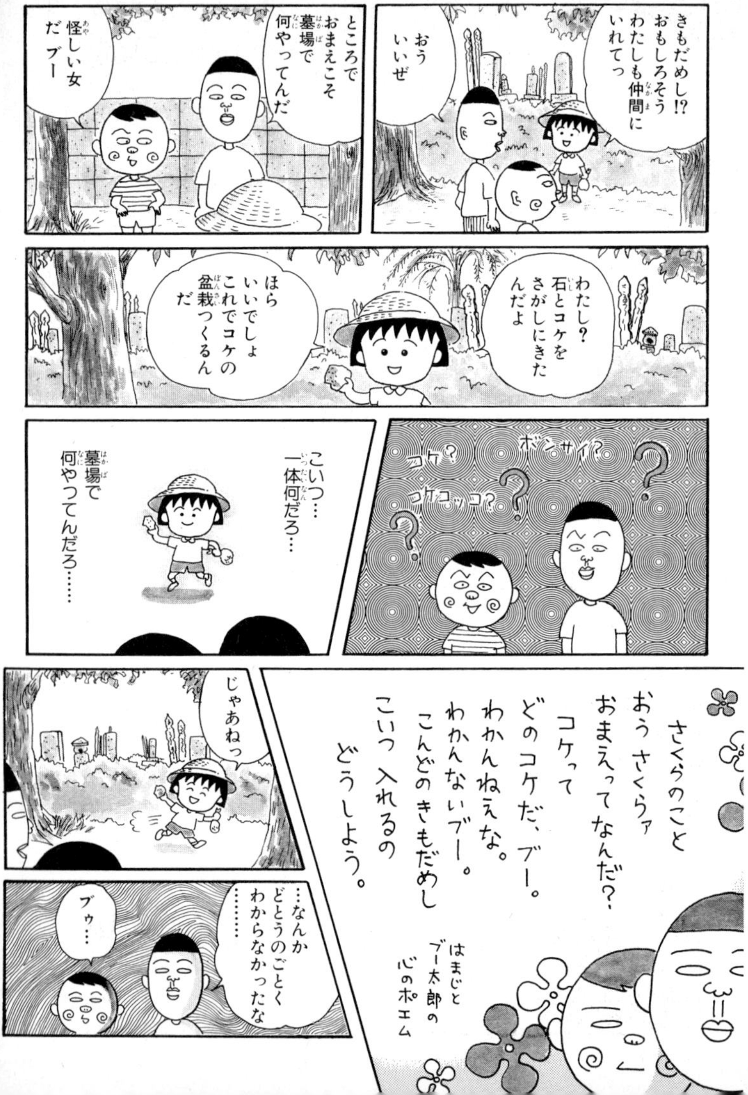

きもだめし!? おもしろそう わたしも仲間に いれてっ
おう いいぜ
ところで おまえこそ 墓場で 何やってんだ
怪しい女 だブー
わたし? 石とコケを さがしにきた んだよ
ほら いいでしょ これでコケの 盆栽つくるん だ
ボンサイ?
コケ?
コケコッコ?
こいつ… 一体何だろ…
墓場で 何やってんだろ……
じゃあねっ
…なんか どとうのごとく わからなかったな……
ブゥ…
さくらのこと
おうさくらァ
おまえってなんだ?
コケって
どのコケだ、ブー。
わかんねえな。
わかんないブー。
こんどのきもだめし
こいつ入れるの
どうしよう。
はまじと ブー太郎の 心のポエム

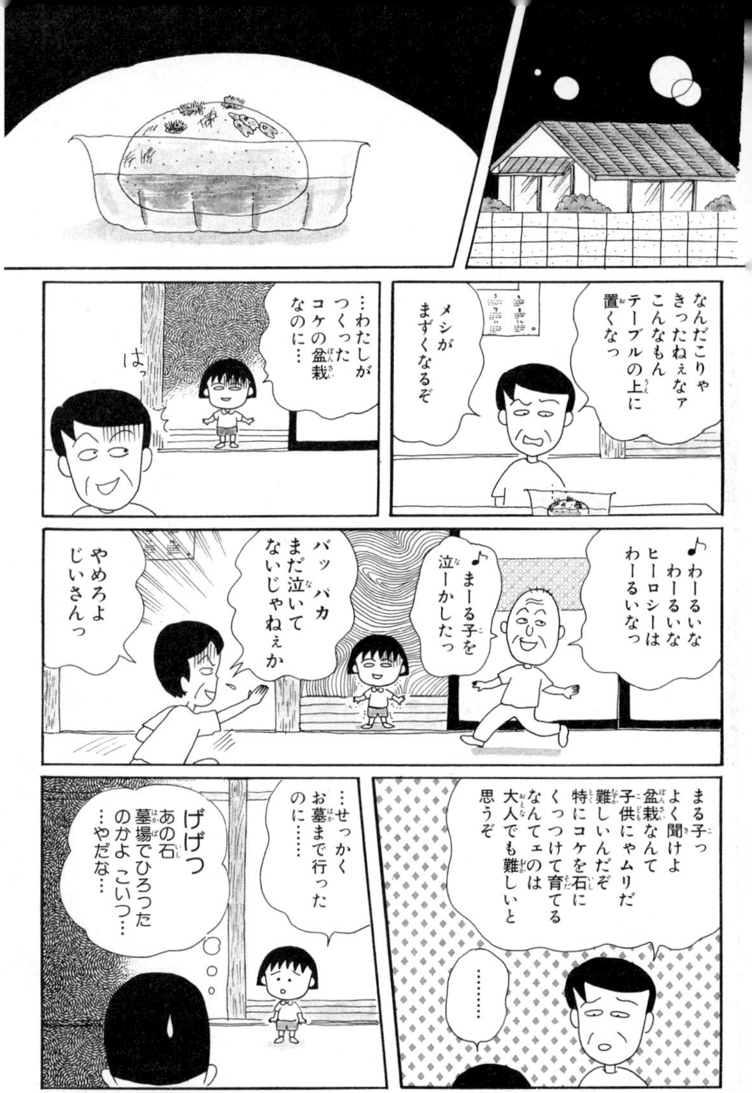
なんだこりゃ
きったねぇなァ
こんなもん
テーブルの上に
置くなっ
メシが
まずくなるぞ
…わたしが
つくった
コケの盆栽
なのに…
はっ
♪わーるいな
わーるいな
ヒーロシーは
わーるいなっ
♪まーる子を
泣ーかしたっ
バッバカ
まだ泣いて
ないじゃねぇか
やめろよ
じいさんっ
まる子っ
よく聞けよ
盆栽なんて
子供にゃムリだ
難しいんだぞ
特にコケを石に
くっつけて育てる
なんてェのは
大人でも難しいと
思うぞ
………
…せっかく
お墓まで行った
のに……
げげつ
あの石
墓場でひろった
のかよ こいつ…
…やだな…

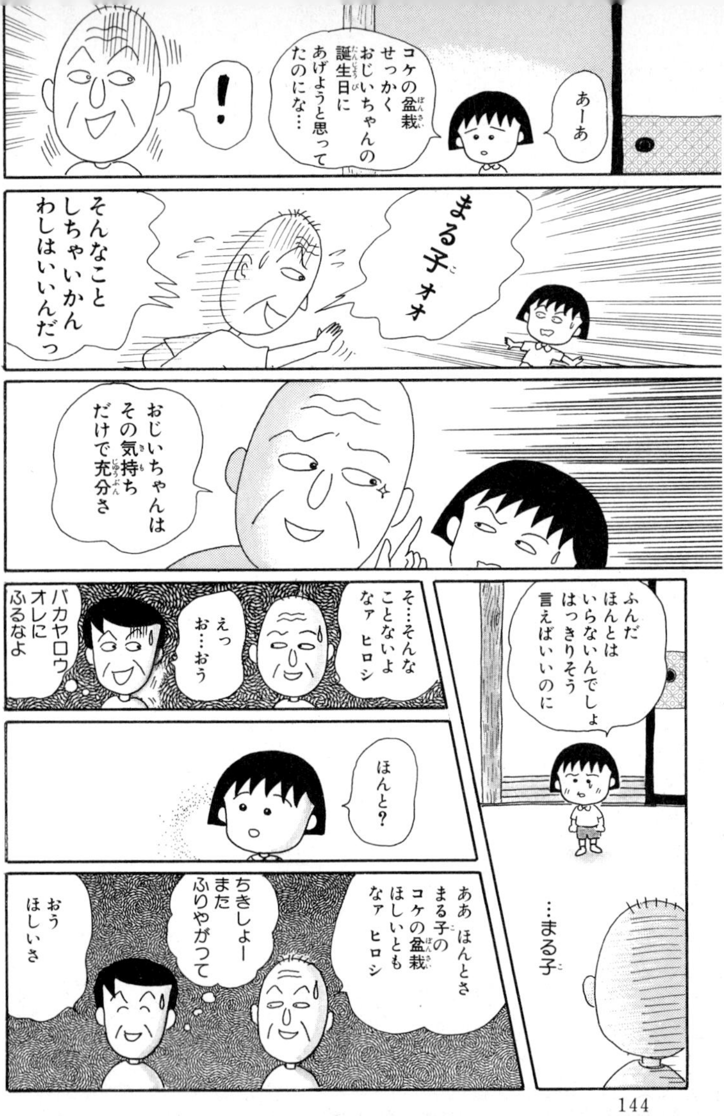

あーあ
コケの盆栽
せっかく
おじいちゃんの
誕生日に
あげようと思って
たのにな…
!
まる子ォォ
そんなこと
しちゃいかん
わしはいいんだっ
おじいちゃんは
その気持ち
だけで充分さ
ふんだ
ほんとは
いらないんでしょ
はっきりそう
言えばいいのに
…まる子
そ…そんな
ことないよ
なァ ヒロシ
えっ
お…おう
バカヤロウ
オレに
ふるなよ
ほんと?
ああ ほんとさ
まる子の
コケの盆栽
ほしいとも
なァ ヒロシ
ちきしょー
また
ふりやがって
おう
ほしいさ

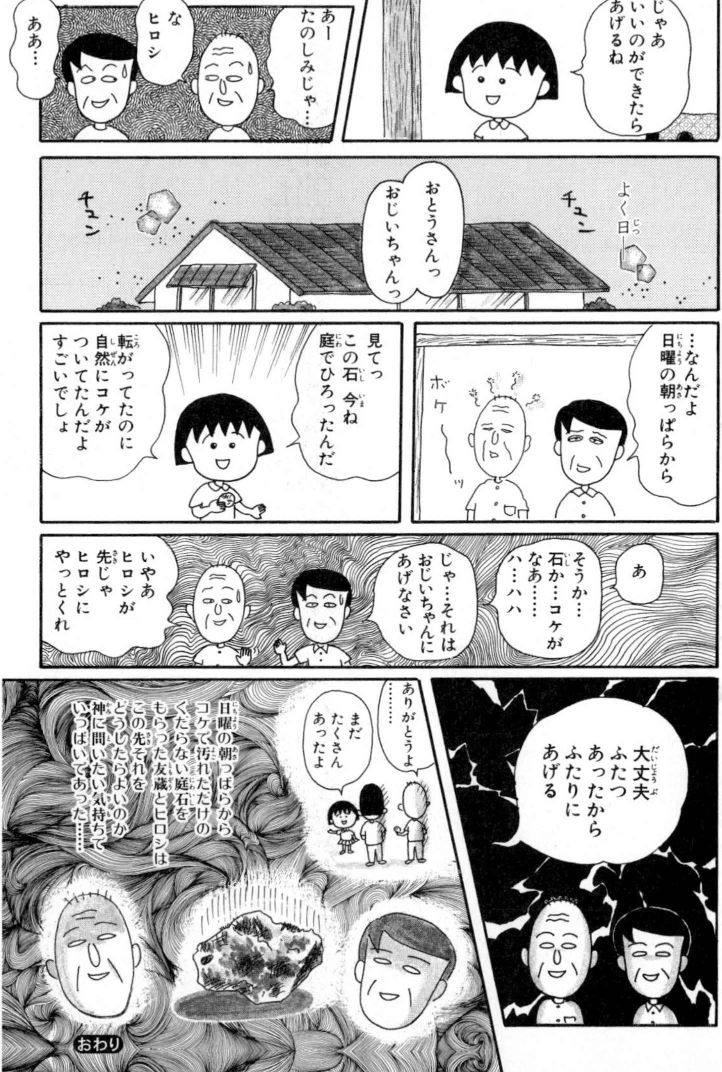
じゃあ いいのができたら あげるね
あー たのしみじゃ…
な ヒロシ
ああ…
よく日ー
チュン
おとうさんっ おじいちゃんっ
チュン
…なんだよ 日曜の朝っぱらから
ボケーッ
見てっ この石 今ね 庭でひろったんだ
転がってたのに 自然にコケが ついてたんだよ すごいでしょ
あ
そうか…石か…コケが なあ…… ハ…ハハ
じゃ…それは おじいちゃんに あげなさい
いやあ ヒロシが 先じゃ ヒロシに やっとくれ
大丈夫 ふたつ あったから ふたりに あげる
ありがとうよ……
まだ たくさん あったよ
日曜の朝っぱらから コケで汚れただけの くだらない庭石を もらった友蔵とヒロシは この先それを どうしたらよいのか 神に問いたい気持ちで いっぱいであった……
おわり

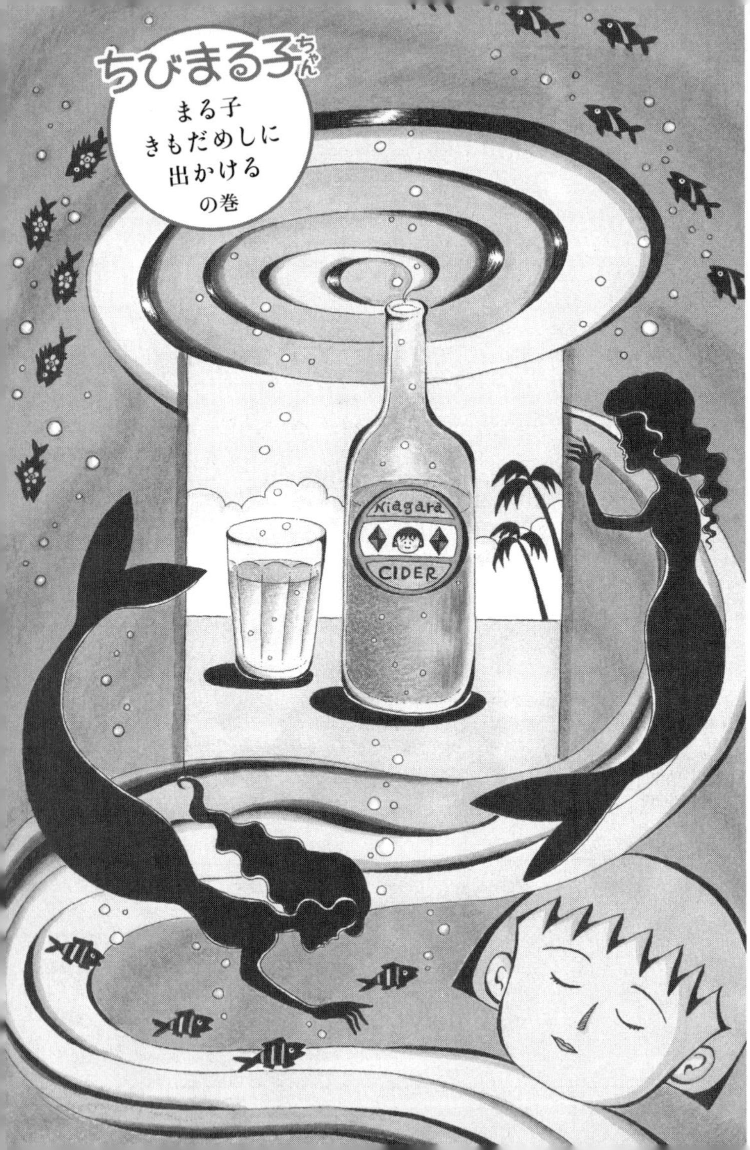
ちびまる子ちゃん
まる子
きもだめしに
出かける
の巻
Niagara
CIDER

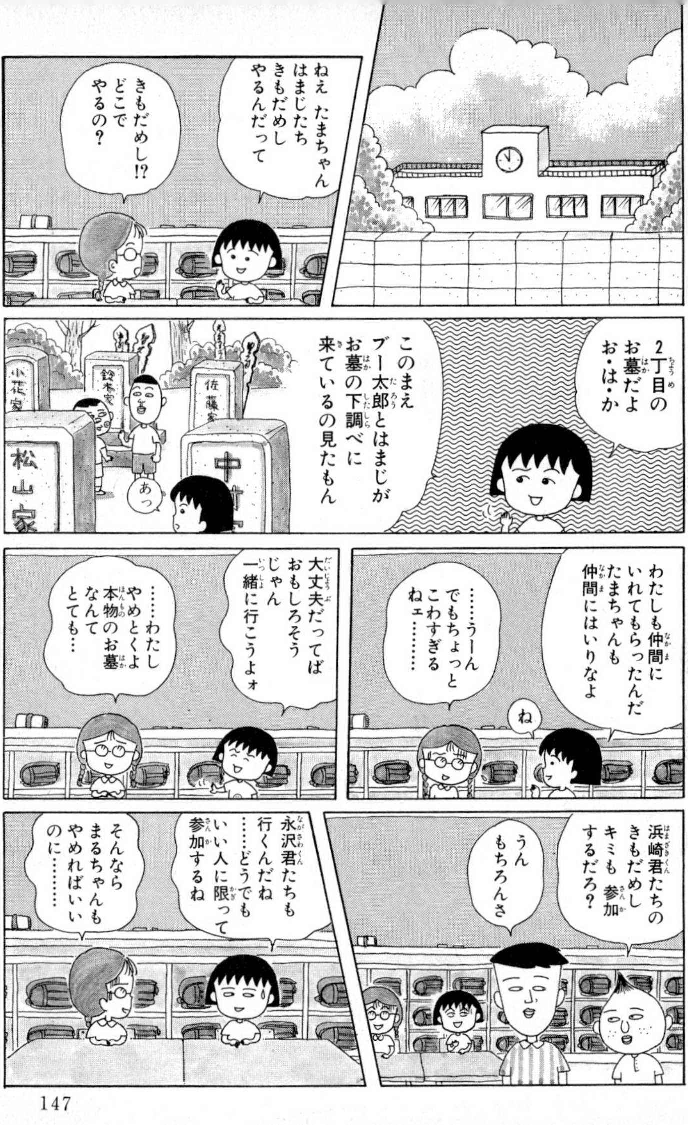
ねえ たまちゃん はまじたち きもだめし やるんだって
きもだめし!? どこでやるの?
2丁目のお墓だよ お・は・か
このまえ ブー太郎とはまじがお墓の下調べに来ているの見たもん
小花家
鈴木家
佐藤家
松山家
あっ
わたしも仲間にいれてもらったんだ たまちゃんも仲間にはいりなよ
ね
……うーん でもちょっと こわすぎるねェ………
大丈夫だってば おもしろそうじゃん 一緒に行こうよォ
……わたし やめとくよ 本物のお墓なんてとても…
浜崎君たちの きもだめし キミも 参加するだろ?
うん もちろんさ
永沢君たちも行くんだね ……どうでも いい人に限って参加するね
そんなら まるちゃんも やめればいいのに………

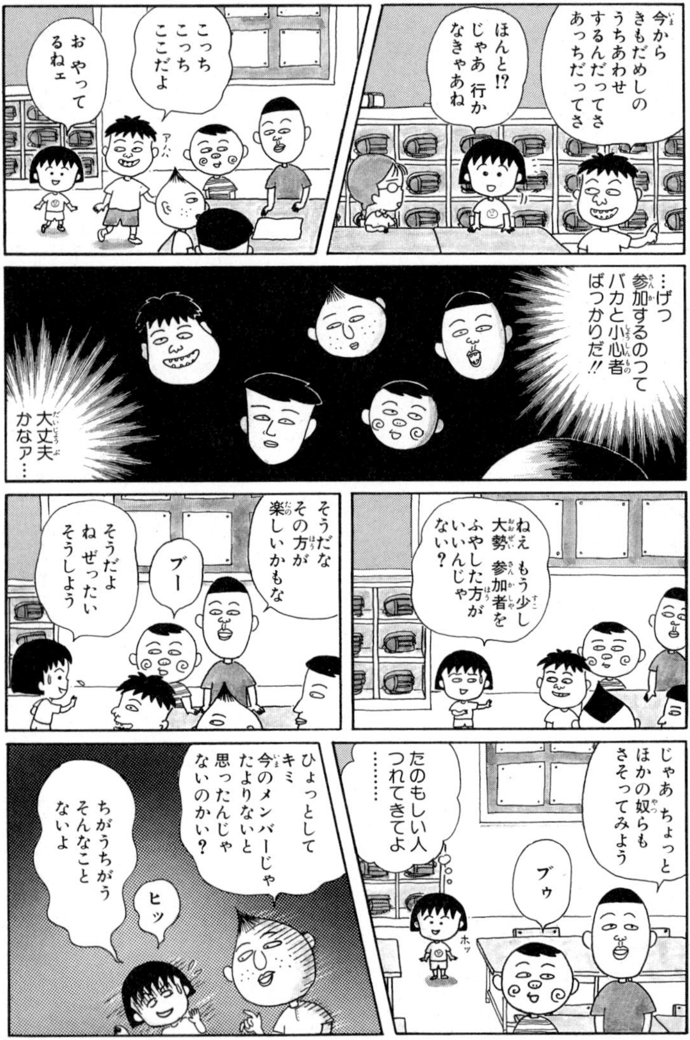
今から きもだめしの うちあわせ するんだってさ あっちだってさ
ほんと!? じゃあ 行かなきゃあね
こっち こっち ここだよ
アハハ
おやってるねェ
…げっ 参加するのって バカと小心者ばっかりだ!!
大丈夫かなア…
ねえ もう少し 大勢 参加者を ふやした方が いいんじゃ ない?
そうだな その方が 楽しいかもな
ブー
そうだよ ね ぜったい そうしよう
じゃあ ちょっと ほかの奴らも さそってみよう
ブゥ
たのもしい人 つれてきてよ………
ホッ
ひょっとして キミ 今のメンバーじゃ たよりないと 思ったんじゃ ないのかい?
ヒッ
ちがうちがう そんなこと ないよ

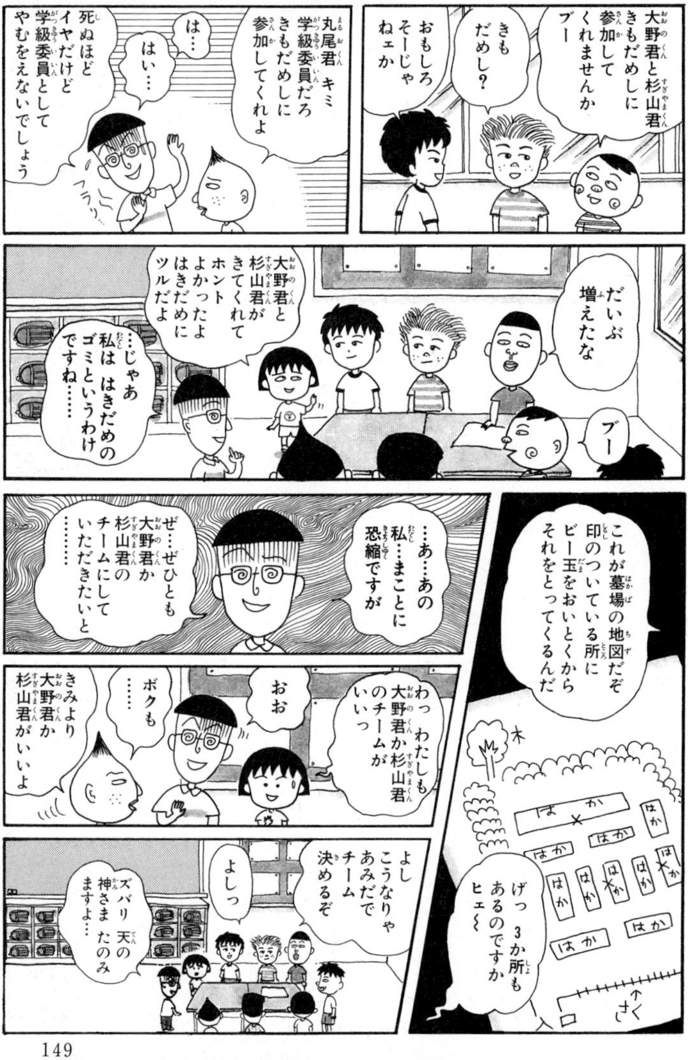

大野君と杉山君 きもだめしに 参加して くれませんか ブー
きも だめし?
おもしろ そーじゃ ねェか
丸尾君 キミ 学級委員だろ きもだめしに 参加してくれよ
は…
はい…
死ぬほど イヤだけど 学級委員として やむをえないでしょう
だいぶ 増えたな
ブー
大野君と 杉山君が きてくれて ホント よかったよ はきだめに ツルだよ
…じゃあ 私は はきだめの ゴミというわけ ですね……
これが墓場の地図だぞ 印のついている所に ビー玉をおいとくから それをとってくるんだ
木
はか
さく
げっ 3か所も あるのですか ヒェ〜
…あ…あの 私…まことに 恐縮ですが
ぜ…ぜひとも 大野君か 杉山君の チームにして いただきたいと ……
わっ わたしも 大野君か杉山君 のチームが いいっ
おお
ボクも ……
きみより 大野君か 杉山君がいいよ
よし こうなりゃ あみだで チーム 決めるぞ
よしっ
ズバリ 天の 神さま たのみ ますよ…

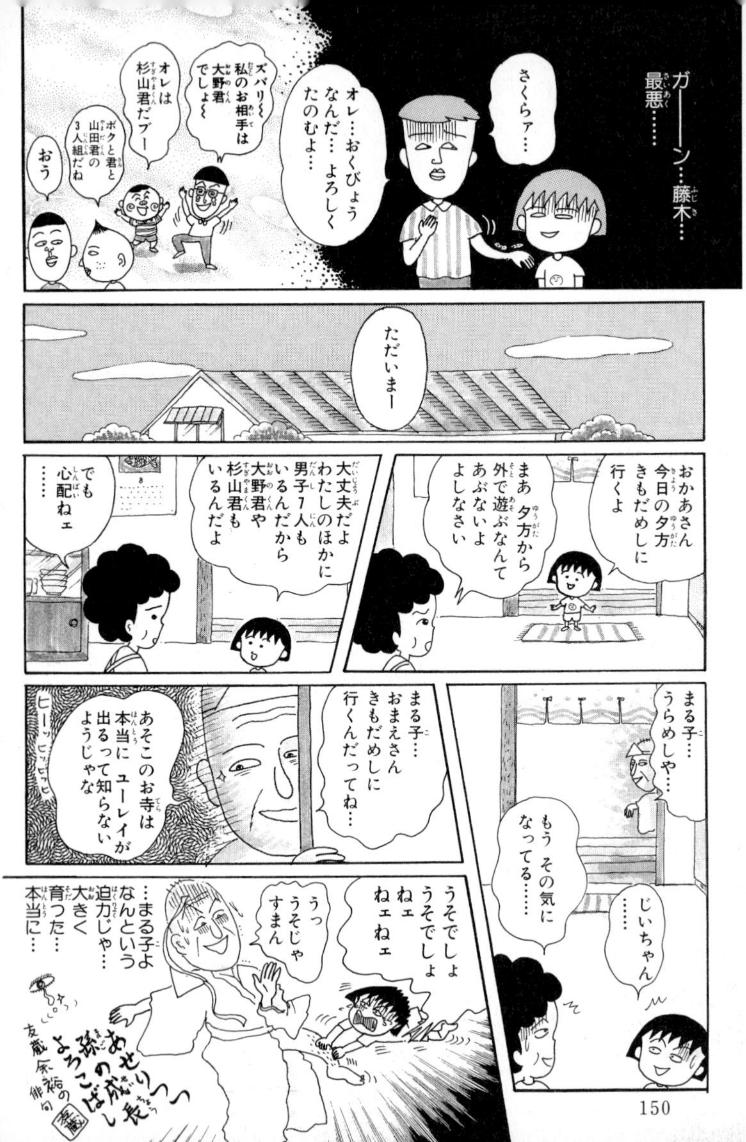
ガーン…藤木…
最悪……
さくらァ…
オレ…おくびょうなんだ…よろしくたのむよ…
ズバリ〜私のお相手は大野君でしょ〜
オレは杉山君だブー
ボクと君と山田君の3人組だね
おう
ただいまー
おかあさん今日の夕方きもだめしに行くよ
まあ夕方から外で遊ぶなんてあぶないよよしなさい
大丈夫だよわたしのほかに男子7人もいるんだから大野君や杉山君もいるんだよ
でも心配ねェ……
まる子…うらめしや…
もうその気になってる……
じいちゃん……
まる子…おまえさんきもだめしに行くんだってね…
あそこのお寺は本当にユーレイが出るって知らないようじゃな
ヒーッヒッヒッヒ
うそでしょうそでしょねェねェねェ
うっうそじゃすまん
…まる子よなんという迫力じゃ…大きく育った…本当に…
あせり〜孫の成長よろこばし
友蔵余裕の俳句
友蔵

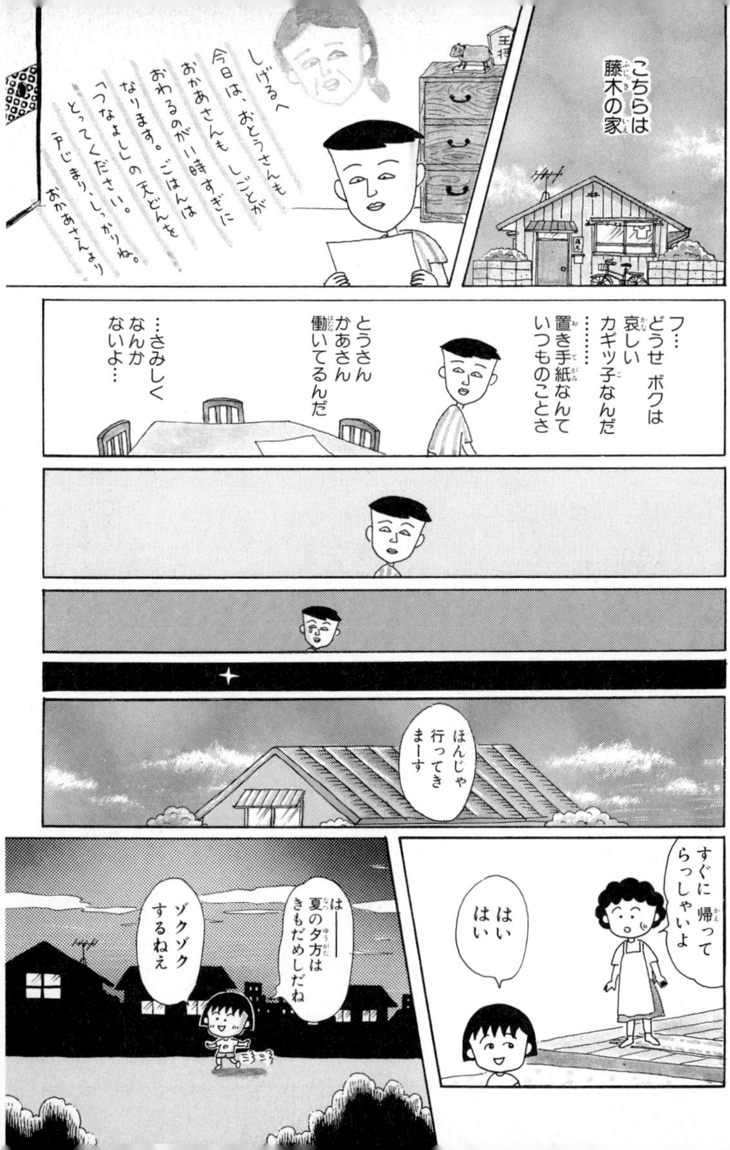
こちらは藤木の家
しげるへ
今日は、おとうさんもおかあさんもしごとがおわるのが11時すぎになります。ごはんは「つなよし」の天どんをとってください。
戸じまり、しっかりね。
おかあさんより
フ…どうせ ボクは哀しいカギッ子なんだ……置き手紙なんていつものことさ
とうさんかあさん働いてるんだ
…さみしくなんかないよ…
ほんじゃ行ってきまーす
すぐに帰ってらっしゃいよ
はいはい
は——夏の夕方はきもだめしだね
ゾクゾクするねえ

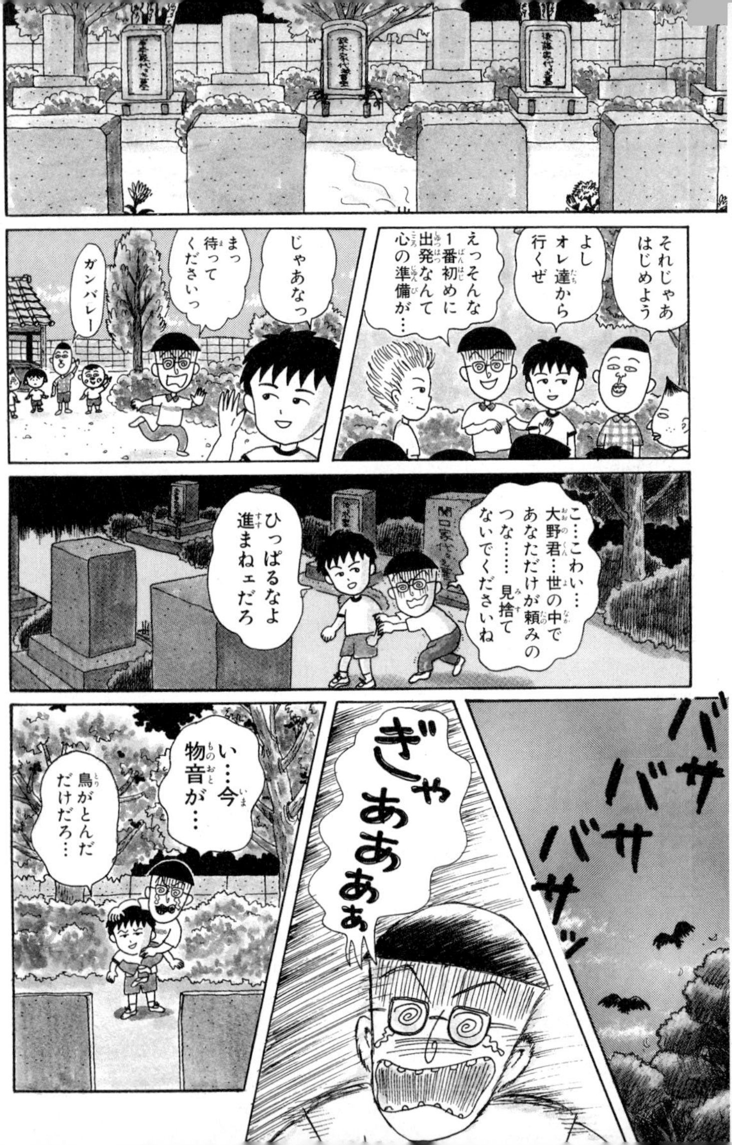
それじゃあ はじめよう
よし オレ達から 行くぜ
えっそんな 1番初めに 出発なんて 心の準備が…
じゃあなっ
まっ 待って くださいっ
ガンバレー
こ…こわい… 大野君…世の中で あなただけが頼みの つな…… 見捨て ないでくださいね
ひっぱるなよ 進まねェだろ
バサ バサ バサッ
ぎゃあああぁ
い…今 物音が…
鳥がとんだ だけだろ…

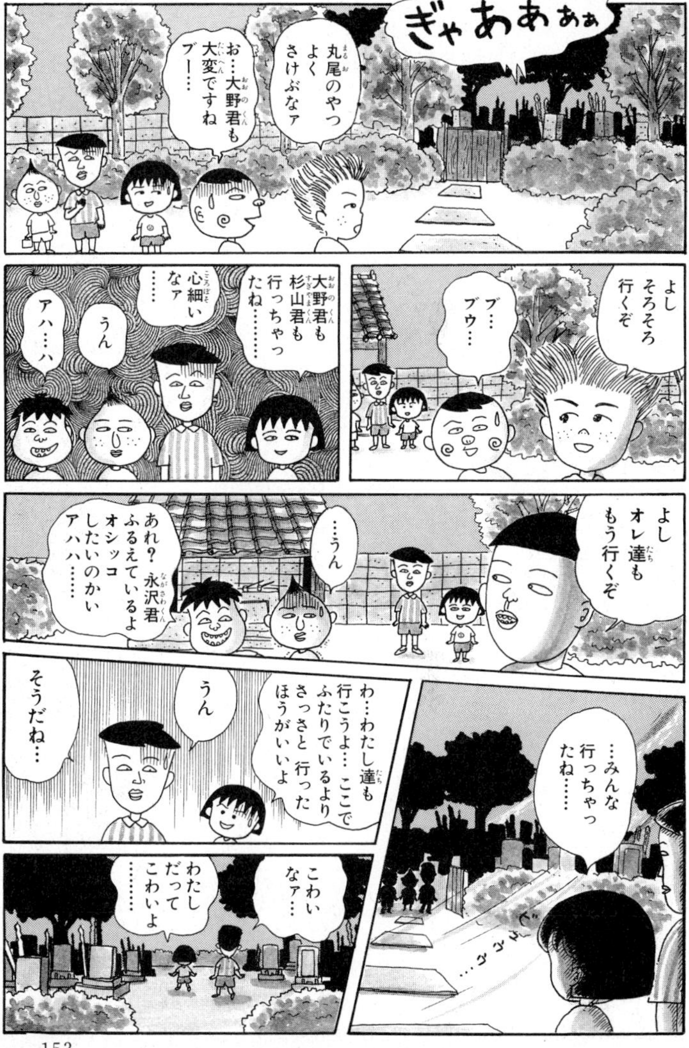

ぎゃあああぁ
丸尾のやつ よく さけぶなァ
お…大野君も 大変ですね ブー…
よし そろそろ 行くぞ
ブ… ブウ…
大野君も 杉山君も 行っちゃっ たね………
心細い なァ ……
うん
アハ…ハ
よし オレ達も もう行くぞ
…うん
あれ？ 永沢君 ふるえているよ オシッコ したいのかい アハハ……
…みんな 行っちゃっ たね……
わ…わたし達も 行こうよ… ここで ふたりでいるより さっさと 行った ほうがいいよ
うん
そうだね…
こわい なァ…
わたし だって こわいよ
………

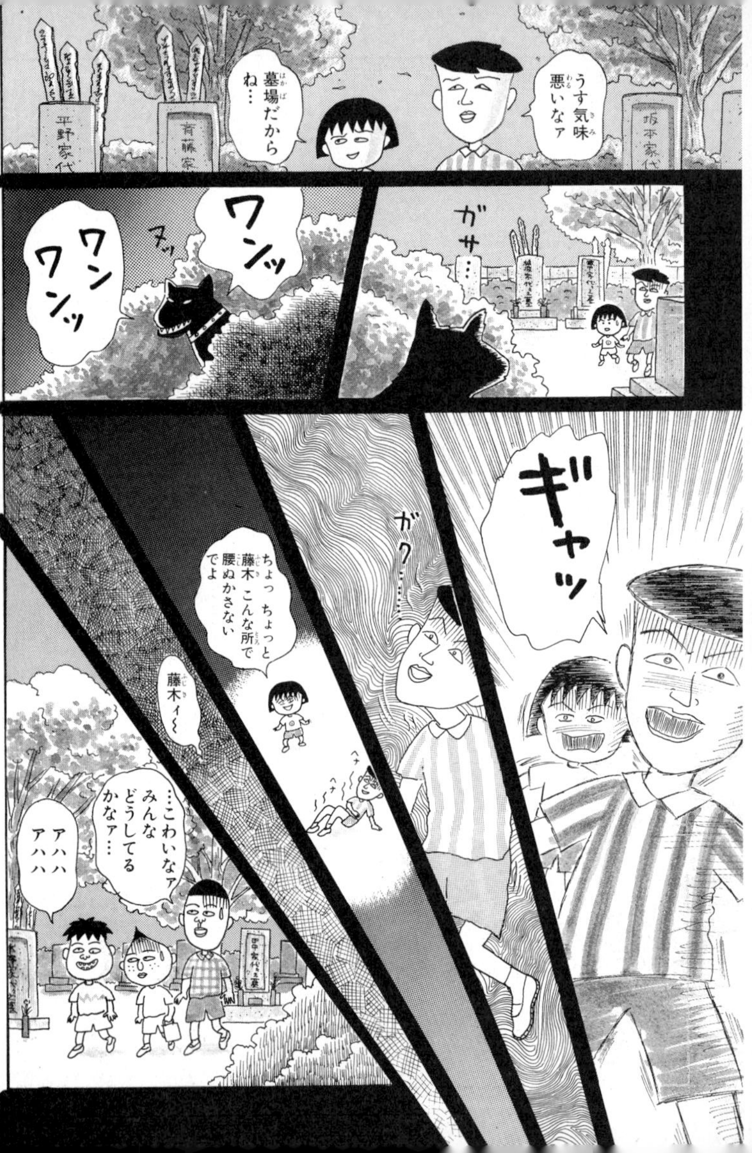

うす気味悪いなァ
墓場だからね…
ガサ…
ワンッ
ヌッ
ワンワンッ
ギャッ
ガク…
ちょっちょっと藤木こんな所で腰ぬかさないでよ
藤木ィ〜
ヘナ
ヘナ
…こわいなァ
みんなどうしてるかなァ…
アハハアハハ

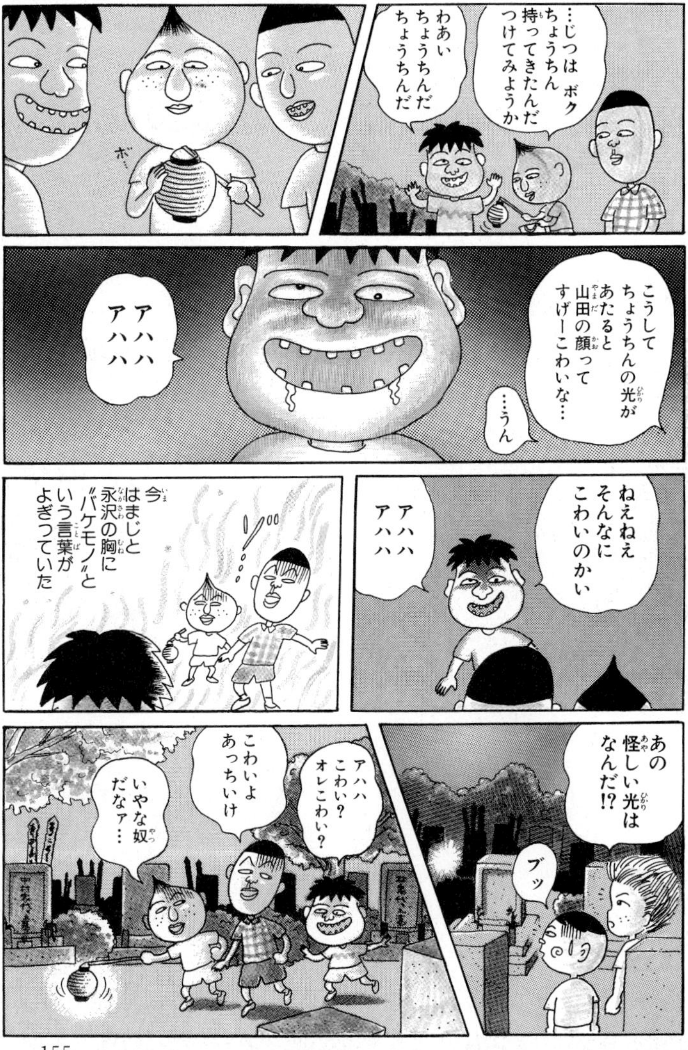
…じつは ボク
ちょうちん
持ってきたんだ
つけてみようか
わあい
ちょうちんだ
ちょうちんだ
ボ…
こうして
ちょうちんの光が
あたると
山田の顔って
すげーこわいな…
…うん
アハハ
アハハ
ねえねえ
そんなに
こわいのかい
アハハ
アハハ
今はまじと
永沢の胸に
〝バケモノ〟と
いう言葉が
よぎっていた
あの
怪しい光は
なんだ!?
ブッ
アハハ
こわい?
オレこわい?
こわいよ
あっちいけ
いやな奴
だなァ…

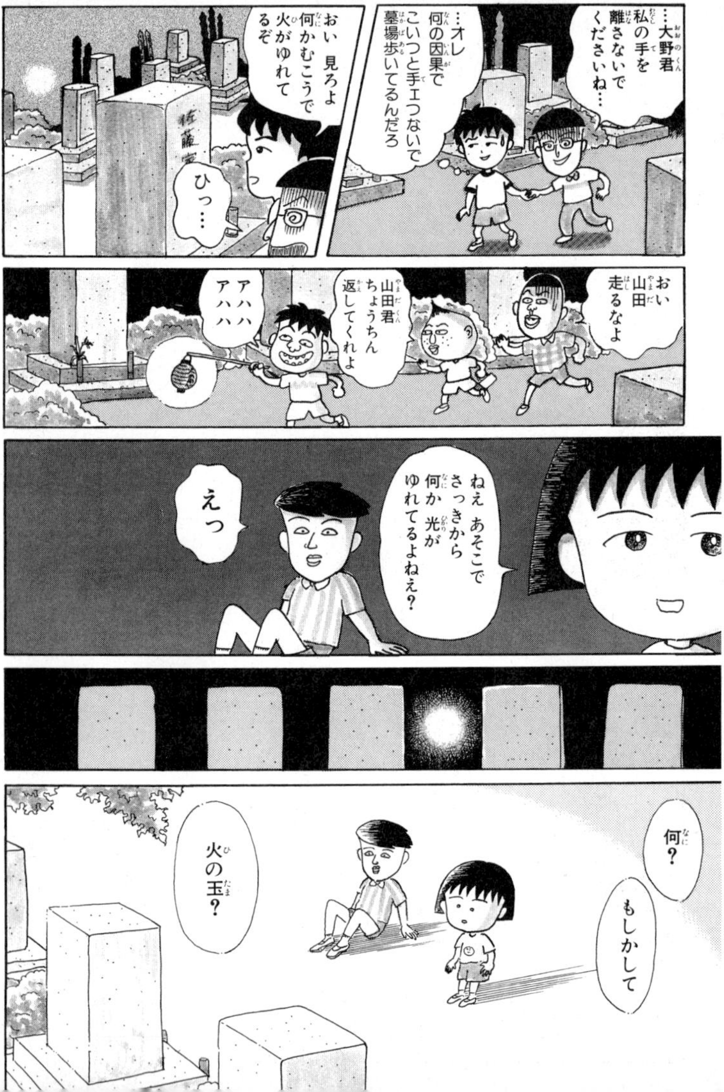
…大野君 私の手を離さないでくださいね…
…オレ 何の因果でこいつと手ェつないで墓場歩いてるんだろ
おい 見ろよ 何かむこうで火がゆれてるぞ
ひっ…
おい 山田 走るなよ
山田君 ちょうちん返してくれよ
アハハ アハハ
ねえ あそこで さっきから 何か 光が ゆれてるよねえ?
えっ
何?
もしかして
火の玉?

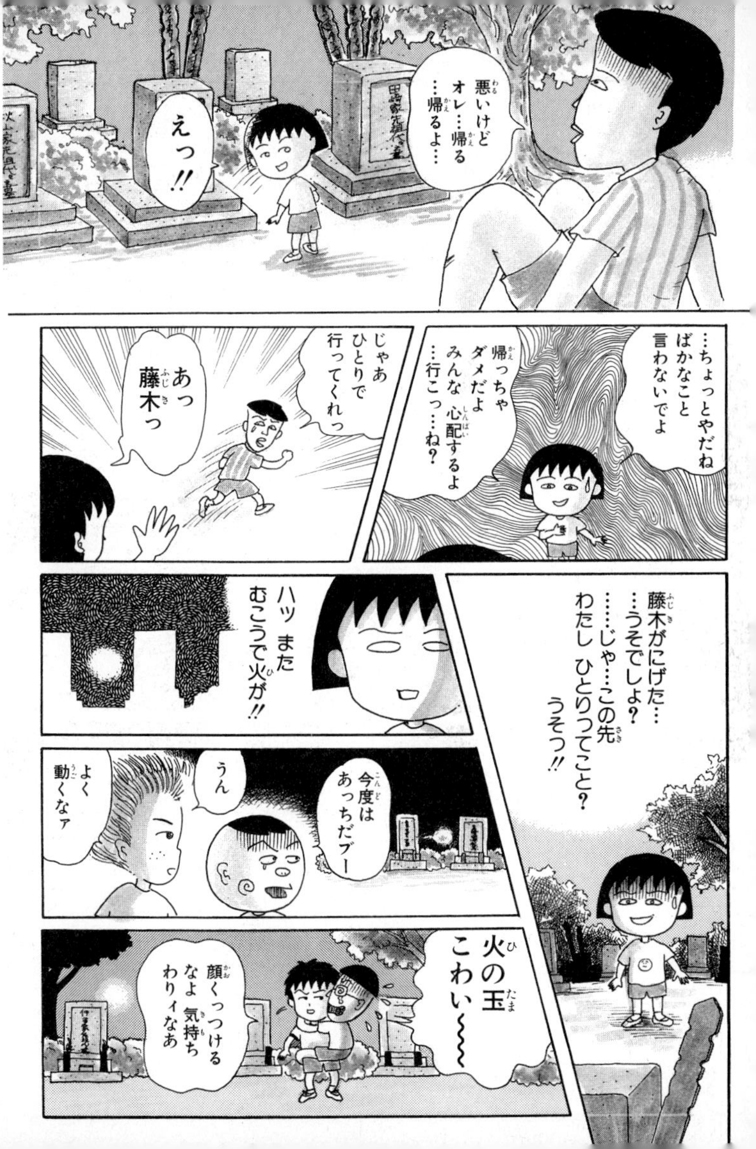
悪いけど オレ…帰る …帰るよ…
えっ!!
…ちょっとやだね ばかなこと 言わないでよ
帰っちゃ ダメだよ みんな 心配するよ …行こっ…ね?
じゃあ ひとりで 行ってくれっ
あっ 藤木っ
藤木がにげた… …うそでしょ? ……じゃ…この先 わたし ひとりってこと? うそっ!!
ハッ また むこうで火が!!
今度は あっちだブー
うん
よく 動くなァ
火の玉 こわい〜〜〜
顔くっつける なよ 気持ち わりィなあ

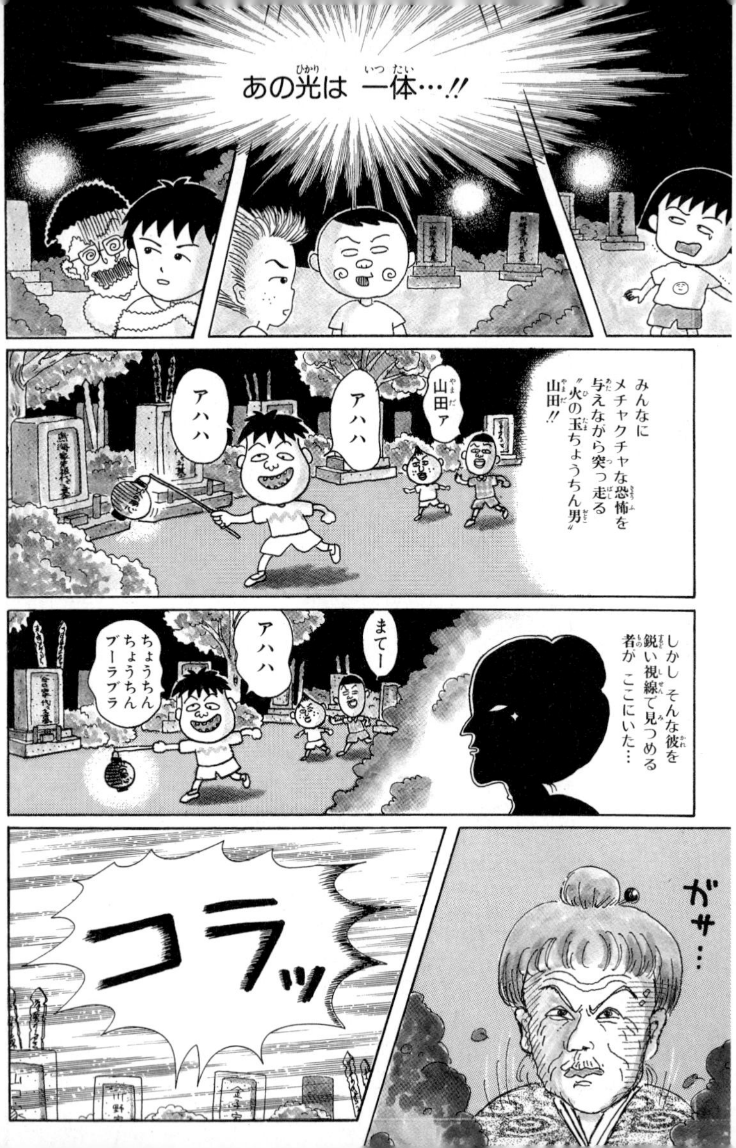

あの光は 一体…!!
みんなにメチャクチャな恐怖を与えながら突っ走る〝火の玉ちょうちん男〟山田!!
山田ァ
アハハ
アハハ
しかし そんな彼を鋭い視線で見つめる者が ここにいた…
まてー
アハハ
ちょうちんちょうちんブーラブラ
ガサ…
コラッ

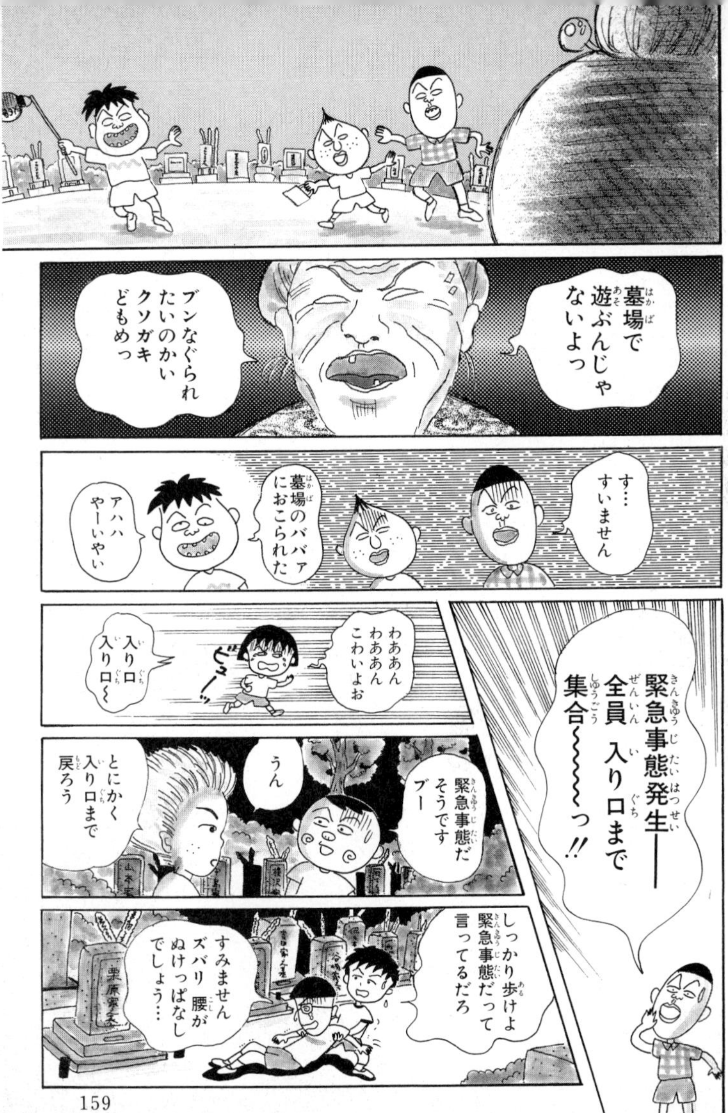
墓場で遊ぶんじゃないよっ
ブンなぐられたいのかいクソガキどもめっ
す…すいません
墓場のババァにおこられた
アハハやーいやい
緊急事態発生——全員 入り口まで集合〜〜〜〜っ!!
わあああわあああこわいよお
ビューッ
入り口入り口〜
緊急事態だそうですブー
うん
とにかく入り口まで戻ろう
しっかり歩けよ緊急事態だって言ってるだろ
すみませんズバリ腰がぬけっぱなしでしょう…

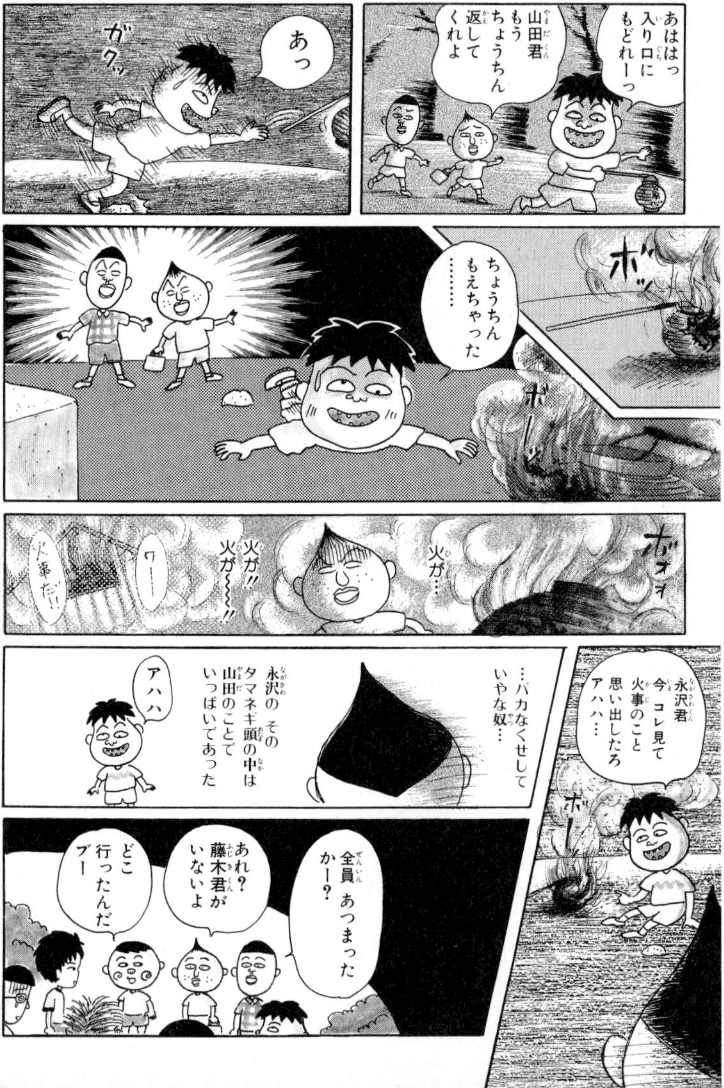
あははっ
入り口に
もどれーっ
山田君
もう
ちょうちん
返して
くれよ
ガクッ
あっ
ボッ
ちょうちん
もえちゃった
………
ボーッ
ボオォ
火が…
火が!!
火が〜〜〜!!
ワーー
火事だ!!
永沢君
今 コレ見て
火事のこと
思い出したろ
アハハ…
ボーッ
…バカなくせして
いやな奴…
永沢の その
タマネギ頭の中は
山田のことで
いっぱいであった
アハハ
全員 あつまった
かー?
あれ?
藤木君が
いないよ
どこ
行ったんだ
ブー

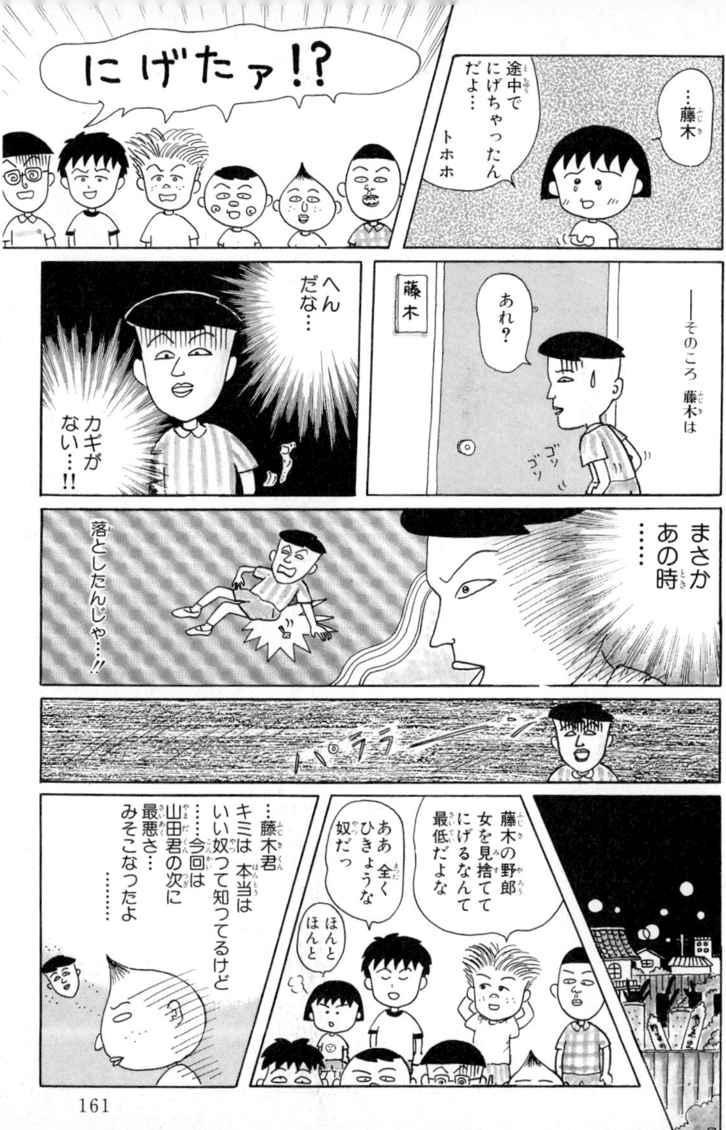

…藤木
途中でにげちゃったんだよ…
トホホ
にげたァ!?
——そのころ 藤木は
あれ?
藤木
ゴソ ゴソ
へんだな…
カギがない…!!
まさかあの時……
落としたんじゃ…!!
パララ
藤木の野郎 女を見捨ててにげるなんて最低だよな
ああ全くひきょうな奴だっ
ほんとほんと
…藤木君 キミは本当はいい奴って知ってるけど……今回は山田君の次に最悪さ… みそこなったよ
………

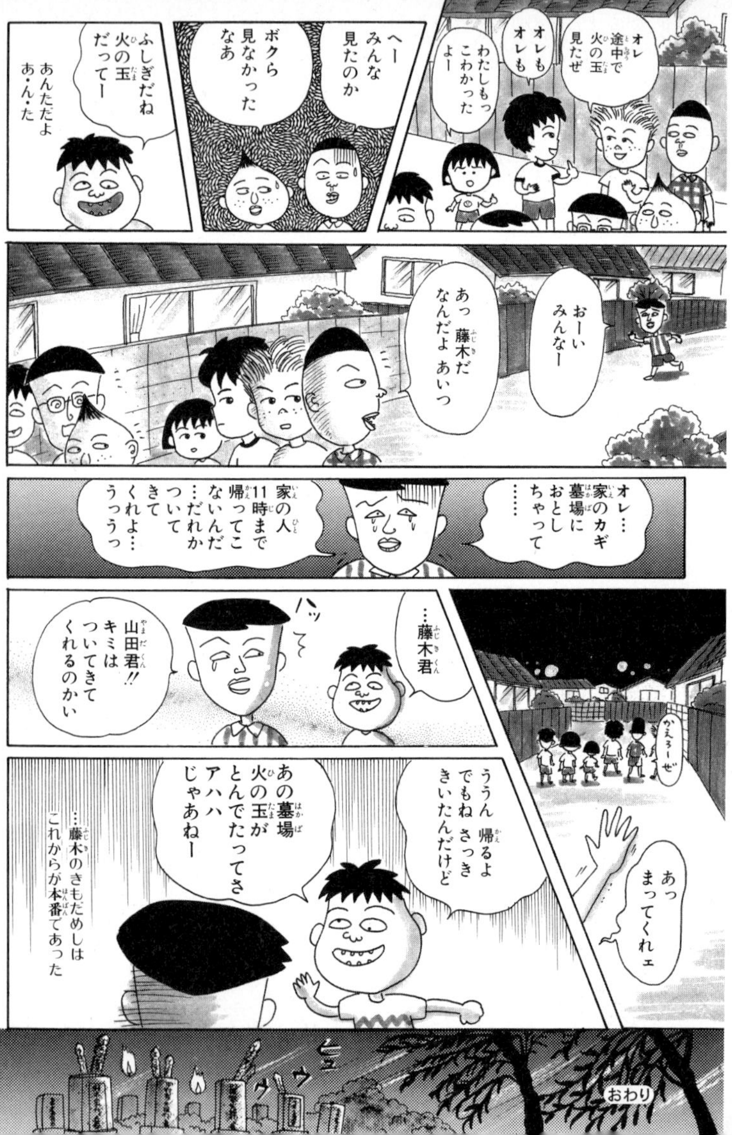

オレ途中で火の玉見たぜ
わたしもっこわかったよー
オレもオレも
へーみんな見たのか
ボクら見なかったなあ
ふしぎだね火の玉だってー
あんただよ あ・ん・た
おーいみんなー
あっ藤木だ なんだよ あいつ
オレ…家のカギ墓場におとしちゃって……
家の人11時まで帰ってこないんだ…だれかついてきてくれよ…うっうっ
かえろーぜ
…藤木君
ハッ
山田君!! キミはついてきてくれるのかい
あっまってくれェ
ううん 帰るよ でもね さっき きいたんだけど
あの墓場 火の玉が とんでたってさ アハハ じゃあねー
…藤木のきもだめしはこれからが本番であった
おわり

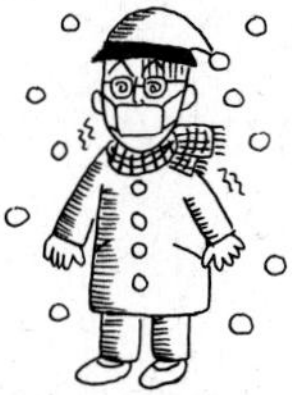

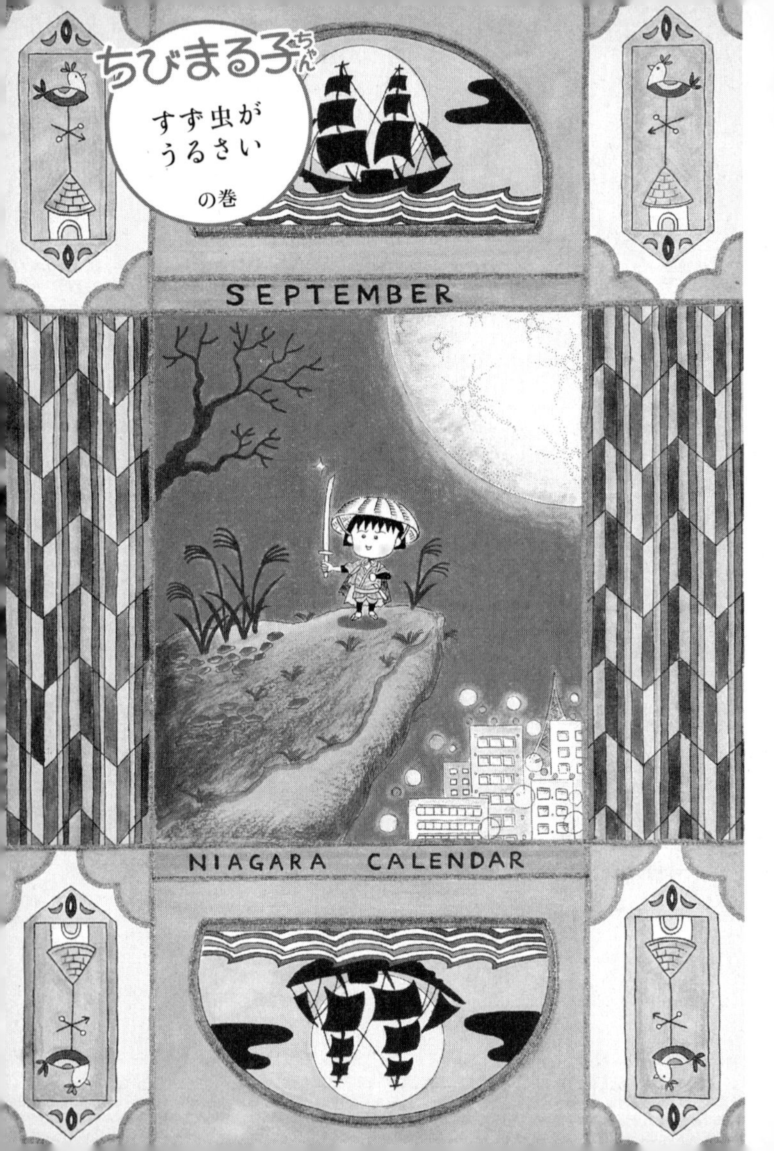
ちびまる子ちゃん
すず虫が
うるさい
の巻
SEPTEMBER
NIAGARA CALENDAR

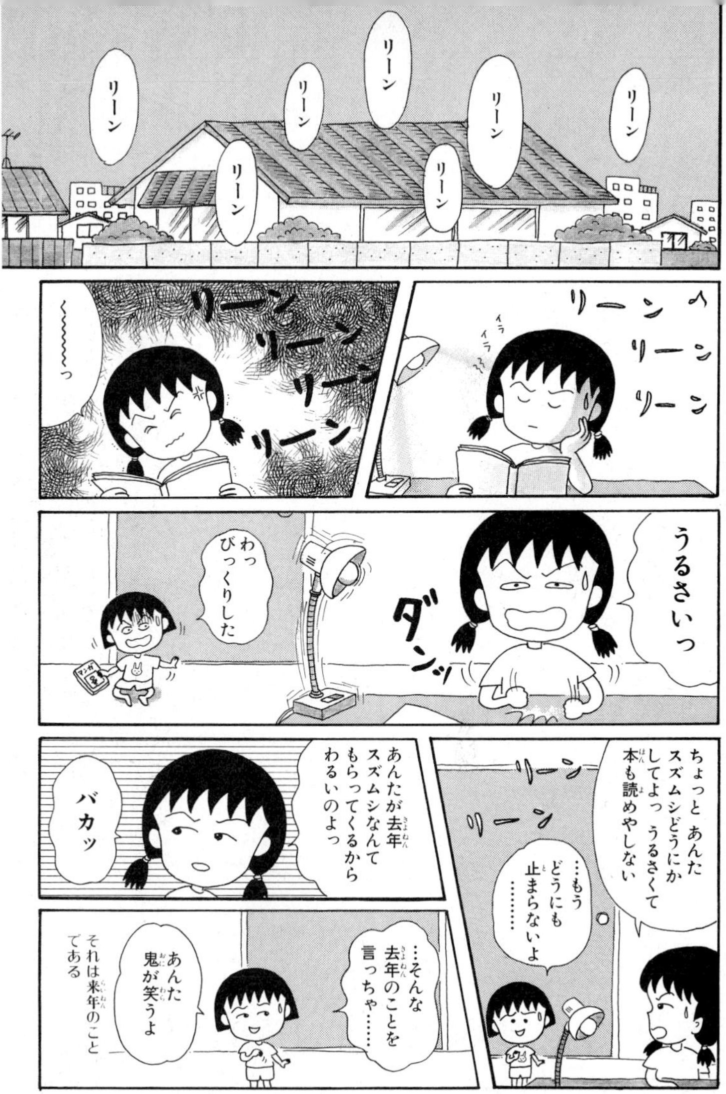
リーン
リーン
リーン
リーン
リーン
リーン
リーン
イライラ
リーン
リーン
リーン
リーン
リーン
リーン
リーン
く〜〜〜っ
うるさいっ
ダンッ
わっ びっくりした
ちょっと あんた スズムシどうにかしてよっ うるさくて本も読めやしない
リーン
リーン
…もう どうにも止まらないよ………
あんたが去年スズムシなんてもらってくるからわるいのよっ
バカッ
…そんな去年のことを言っちゃ……
あんた鬼が笑うよ
それは来年のことである

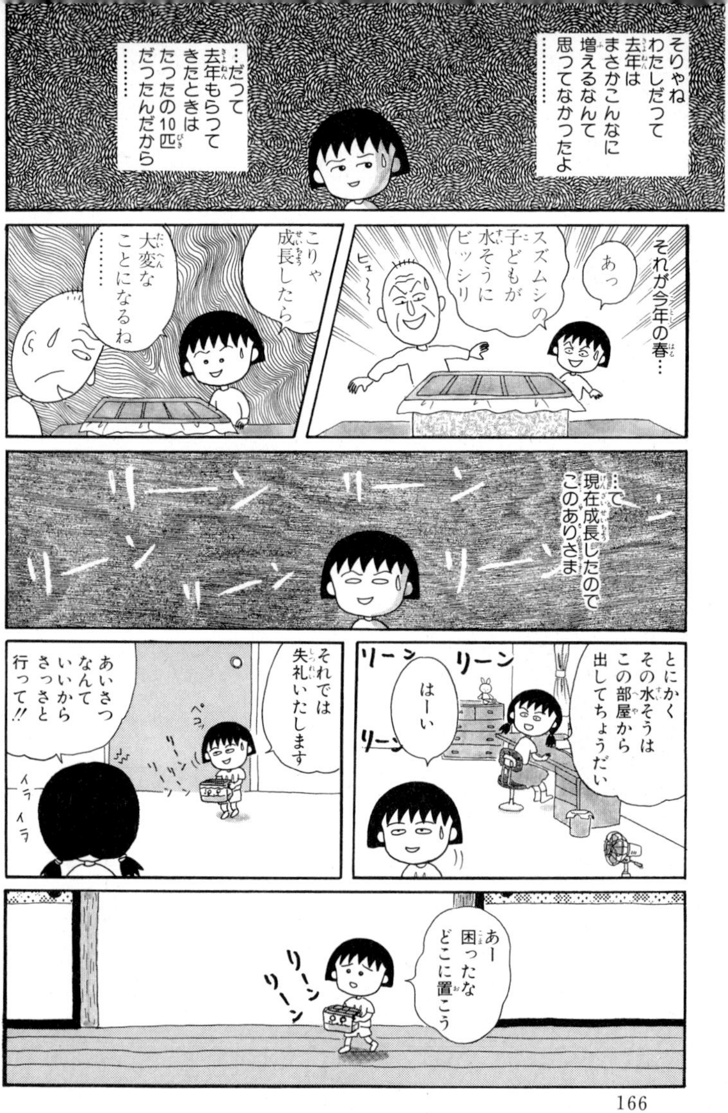
そりゃね わたしだって 去年は まさかこんなに 増えるなんて 思ってなかったよ……
…だって 去年もらって きたときは たったの10匹 だったんだから……
それが今年の春…
あっ
スズムシの 子どもが 水そうに ビッシリ
ヒュ〜
こりゃ 成長したら
大変な ことになるね……
…で 現在成長したので このありさま
リーン リーン
リーン リーン
とにかく その水そうは この部屋から 出してちょうだい
リーン リーン
はーい
それでは 失礼いたします
ペコッ
あいさつ なんて いいから さっさと 行って!!
イラ イラ
あー 困ったな どこに置こう
リーン リーン

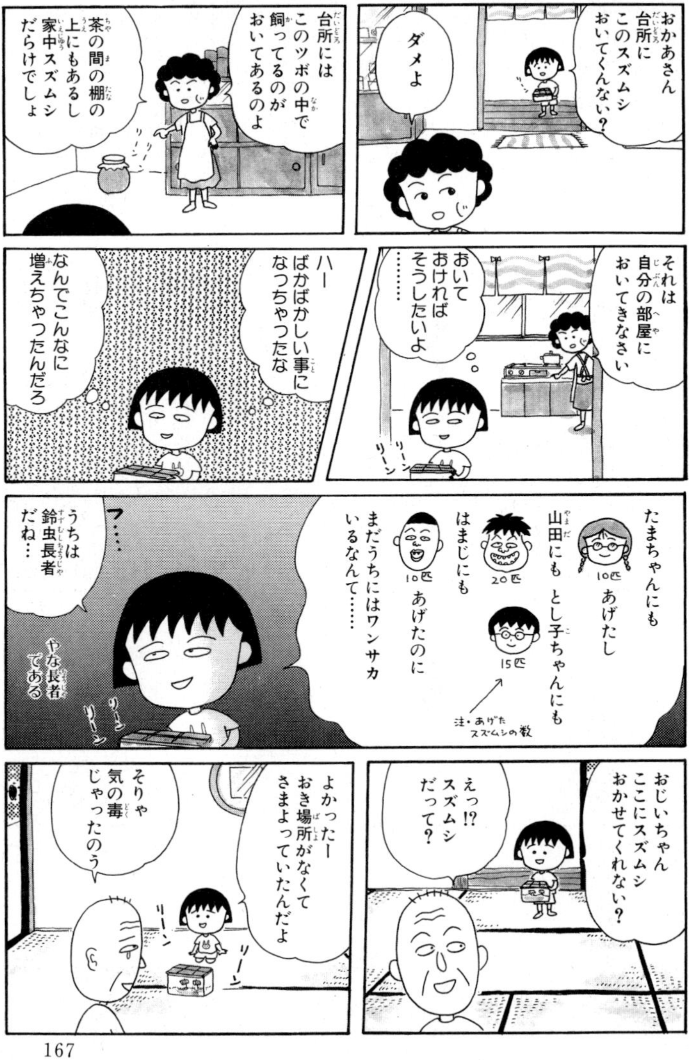

おかあさん台所にこのスズムシおいてくんない？
ダメよ
リーン
台所にはこのツボの中で飼ってるのがおいてあるのよ
茶の間の棚の上にもあるし家中スズムシだらけでしょ
リーン
それは自分の部屋においてきなさい
おいておければそうしたいよ……
リーン
ハーばかばかしい事になっちゃったな
なんでこんなに増えちゃったんだろ
たまちゃんにもあげたし
10匹
山田にも
20匹
とし子ちゃんにも
15匹
はまじにも
10匹
あげたのに
まだうちにはワンサカいるなんて……
注・あげたスズムシの数
「……
うちは鈴虫長者だね…
やな長者である
リーン
おじいちゃんここにスズムシおかせてくれない？
えっ!? スズムシだって？
よかったーおき場所がなくてさまよっていたんだよ
そりゃ気の毒じゃったのう
リーン

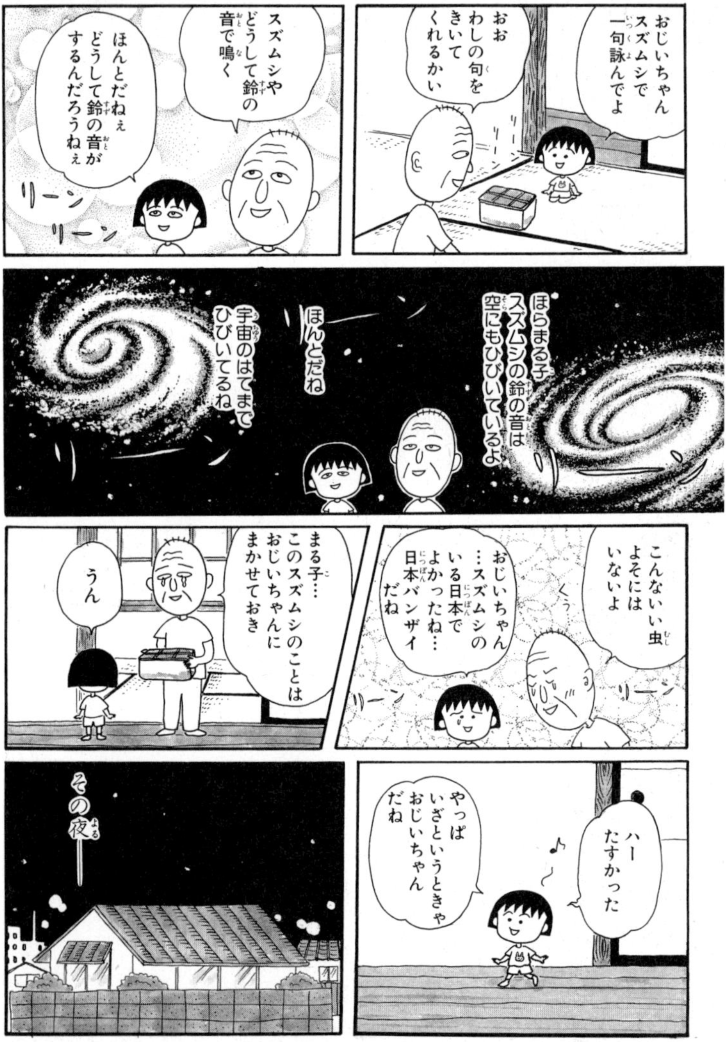
おじいちゃん スズムシで 一句詠んでよ
おお わしの句を きいて くれるかい
リーン リーン
スズムシや どうして鈴の 音で鳴く
ほんとだねぇ どうして鈴の音が するんだろうねぇ
リーン リーン
ほらまる子 スズムシの鈴の音は 空にもひびいているよ
ほんとだね 宇宙のはてまで ひびいてるね
こんないい虫 よそには いないよ
くう
おじいちゃん …スズムシの いる日本で よかったね… 日本バンザイ だね
リーン
リーン
まる子… このスズムシのことは おじいちゃんに まかせておき
うん
ハー たすかった
やっぱ いざというときゃ おじいちゃん だね
その夜

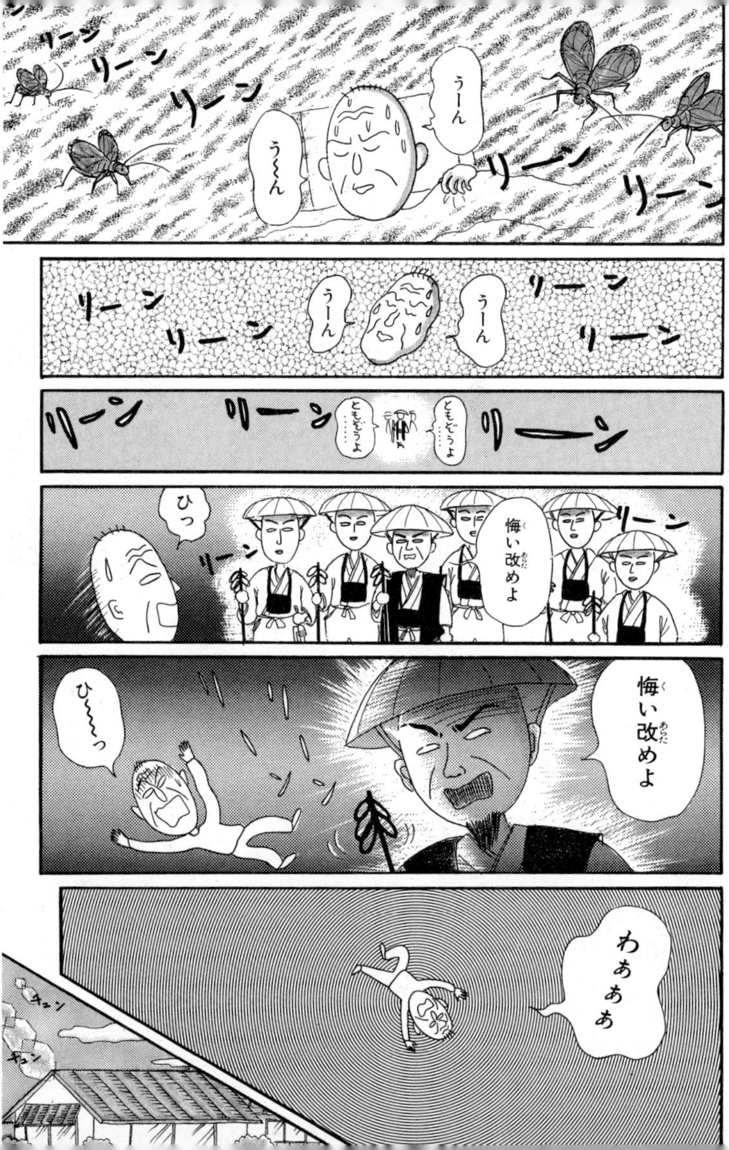

リーン
リーン
リーン
うーん
う〜ん
リーン
リーン
リーン
うーん
うーん
リーン
リーン
リーン
リーン
リーン
ともどうよ……
ともどうよ……
リーン
リーン
リーン
悔い改めよ
ひっ
リーン
悔い改めよ
ひ〜〜っ
わあああ
チュン
チュン

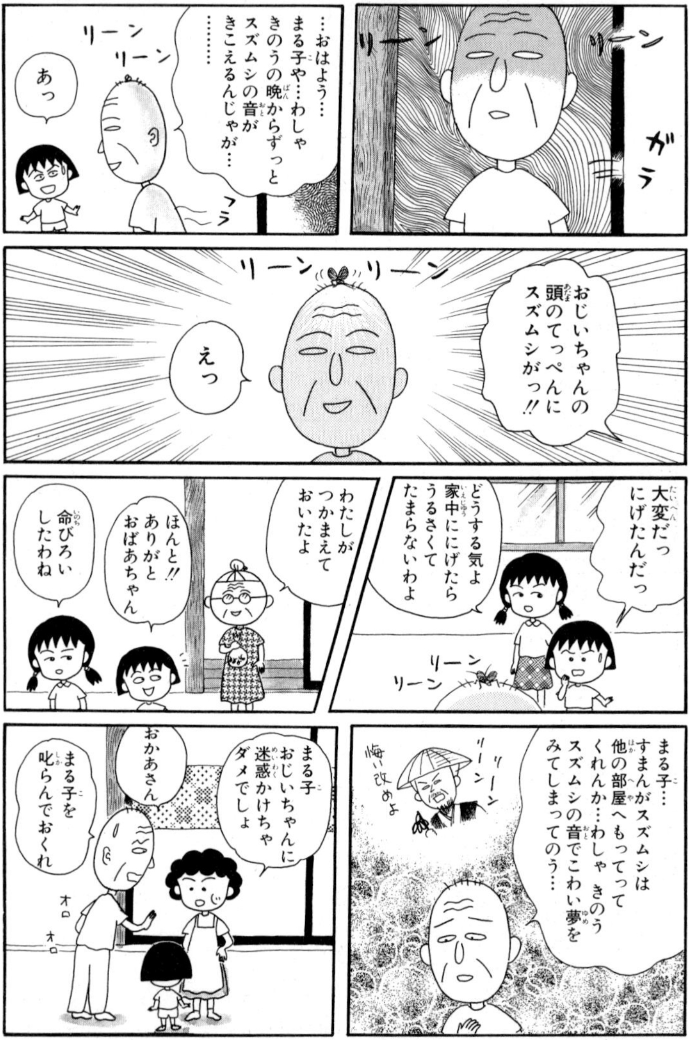
リーン リーン
ガラ
…おはよう…まる子や…わしゃきのうの晩からずっとスズムシの音がきこえるんじゃが………
リーン リーン
あっ
フラ
リーン リーン
おじいちゃんの頭のてっぺんにスズムシがっ!!
えっ
大変だっにげたんだっ
どうする気よ家中ににげたらうるさくてたまらないわよ
リーン リーン
わたしがつかまえておいたよ
ほんと!!ありがとおばあちゃん
命びろいしたわね
まる子…すまんがスズムシは他の部屋へもってってくれんか…わしゃ きのうスズムシの音でこわい夢をみてしまってのう…
リーン リーン
悔い改めよ
まる子おじいちゃんに迷惑かけちゃダメでしょ
おかあさん
まる子を叱らんでおくれ
オロ オロ

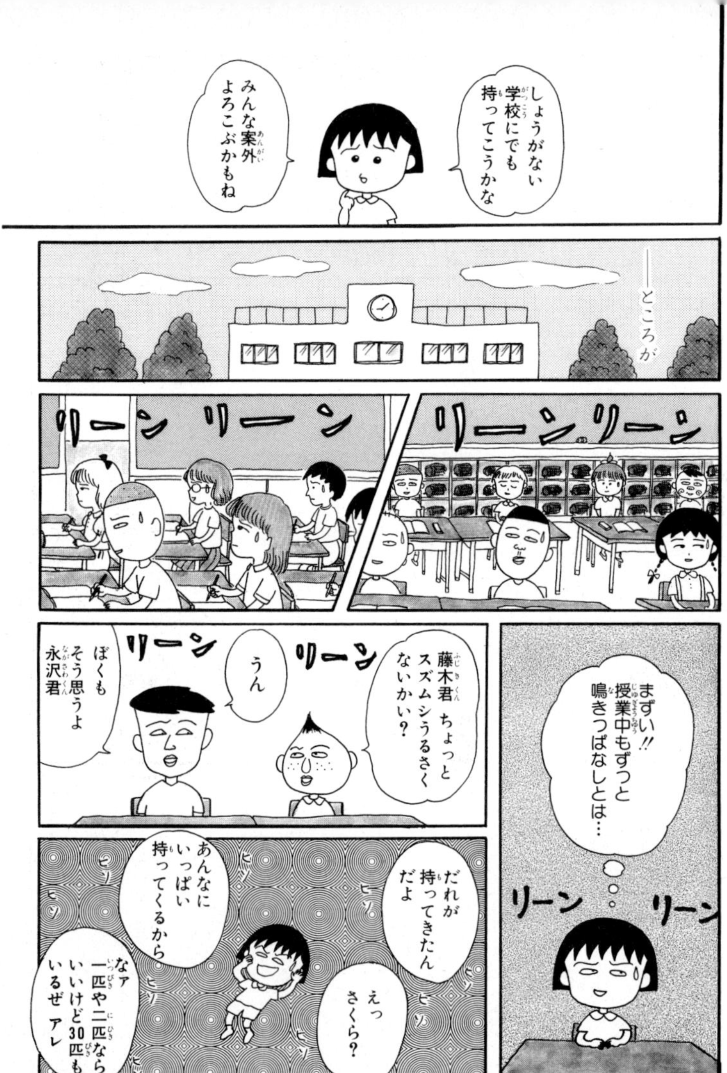

しょうがない
学校にでも
持ってこうかな
みんな案外
よろこぶかもね
――ところが
リーン リーン
リーン リーン
まずい!!
授業中もずっと
鳴きつぱなしとは…
リーン リーン
藤木君 ちょっと
スズムシうるさく
ないかい?
うん
リーン リーン
ぼくも
そう思うよ
永沢君
だれが
持ってきたん
だよ
あんなに
いっぱい
持ってくるから
えっ
さくら?
なァ
一匹や二匹なら
いいけど30匹も
いるぜ アレ
ヒソ
ヒソ
ヒソ
ヒソ

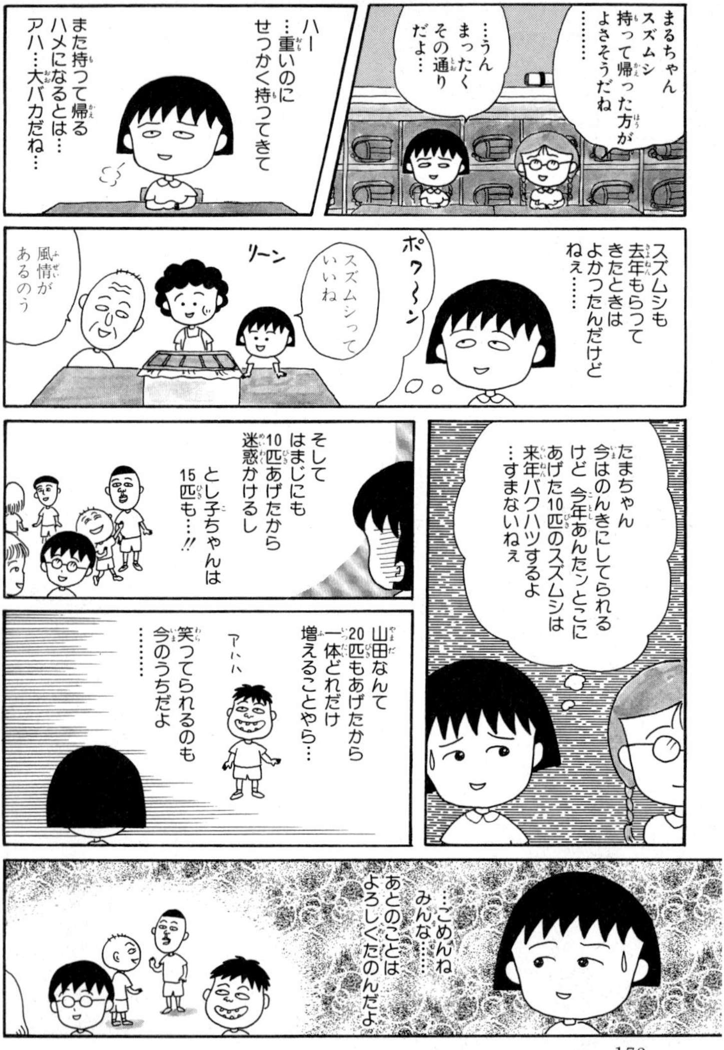
まるちゃん
スズムシ
持って帰った方が
よさそうだね
……
…うん
まったく
その通り
だよ…
ハー
…重いのに
せっかく持ってきて
また持って帰る
ハメになるとは…
アハ…大バカだね…
スズムシも
去年もらって
きたときは
よかったんだけど
ねぇ……
ポワ〜ン
リーン
スズムシって
いいね
風情が
あるのう
たまちゃん
今はのんきにしてられる
けど 今年あんたンとこに
あげた10匹のスズムシは
来年バクハツするよ
…すまないねぇ
そして
はまじにも
10匹あげたから
迷惑かけるし
とし子ちゃんは
15匹も…!!
山田なんて
20匹もあげたから
一体どれだけ
増えることやら…
アハハ
笑ってられるのも
今のうちだよ
……
…ごめんね
みんな……
あとのことは
よろしくたのんだよ

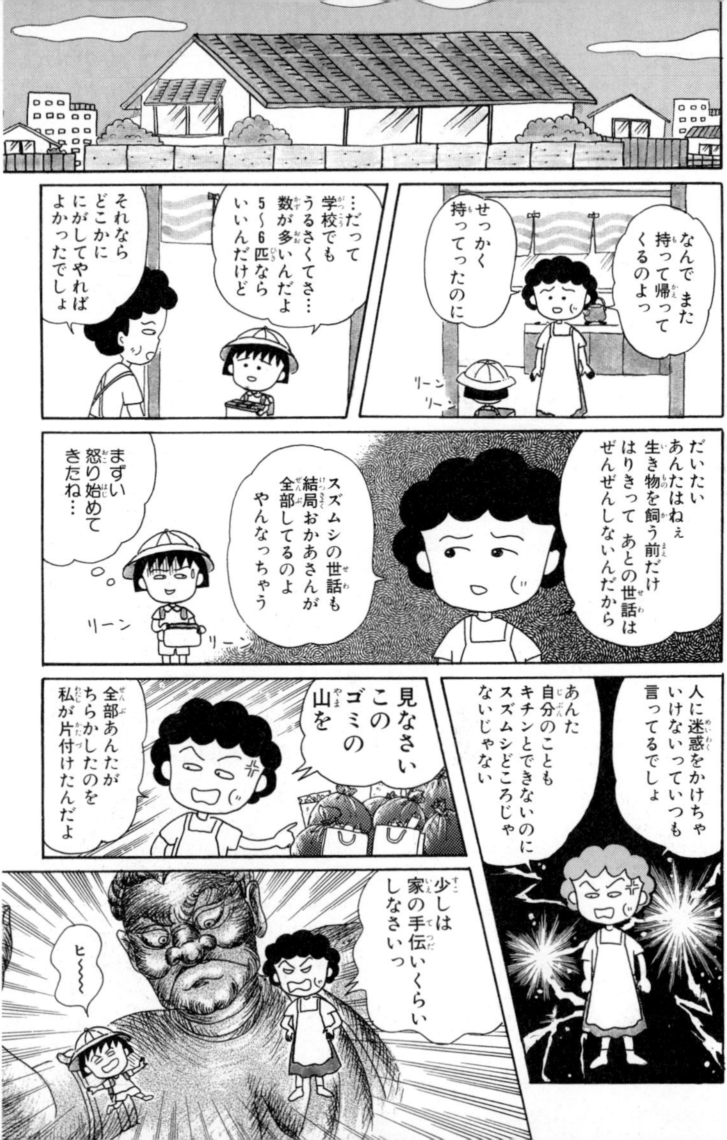
なんで また持って帰ってくるのよっ
せっかく持ってったのに
リーン リーン
…だって学校でもうるさくてさ…数が多いんだよ5～6匹ならいいんだけど
それならどこかににがしてやればよかったでしょ
だいたいあんたはねぇ生き物を飼う前だけはりきって あとの世話はぜんぜんしないんだから
スズムシの世話も結局おかあさんが全部してるのよやんなっちゃう
まずい怒り始めてきたね…
リーン
リーン
人に迷惑をかけちゃいけないっていつも言ってるでしょ
あんた自分のこともキチンとできないのにスズムシどころじゃないじゃない
見なさいこのゴミの山を
全部あんたがちらかしたのを私が片付けたんだよ
少しは家の手伝いくらいしなさいっ
ヒ～～～

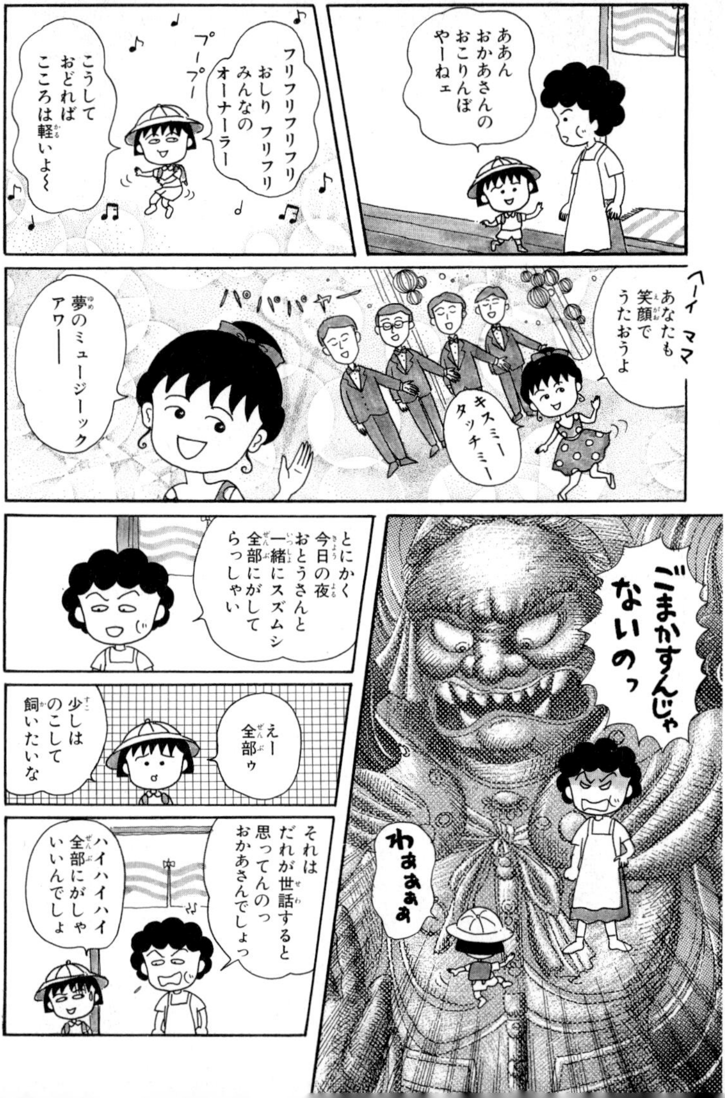
ああん おかあさんの おこりんぼ やーねェ
フリフリフリフリ おしり フリフリ みんなの オーナーラー
プープー
こうして おどれば こころは軽いよ〜
ヘーイ ママ あなたも 笑顔で うたおうよ
パパパヤー
キスミー タッチミー
夢のミュージーック アワーー
ごまかすんじゃ ないのっ
わぁぁぁぁ
とにかく 今日の夜 おとうさんと 一緒にスズムシ 全部にがして らっしゃい
えー 全部ゥ
少しは のこして 飼いたいな
それは だれが世話すると 思ってんのっ おかあさんでしょっ
ハイハイハイ 全部にがしゃ いいんでしょ

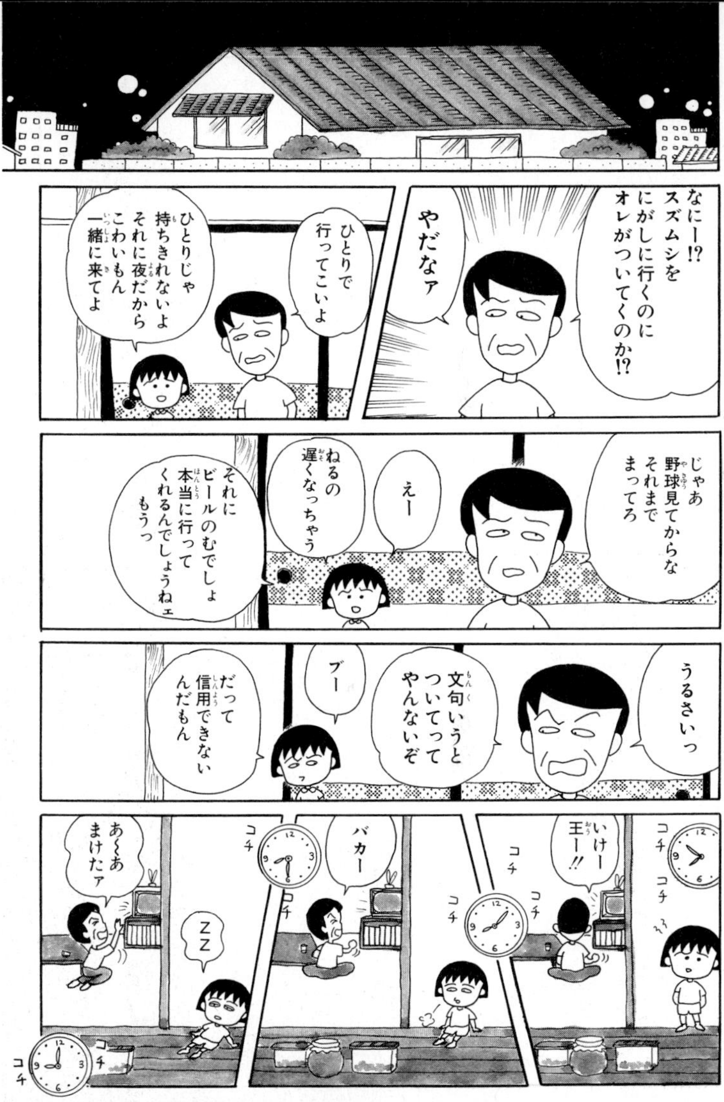
なにー!? スズムシを にがしに行くのに オレがついてくのか!?
やだなァ
ひとりで 行ってこいよ
ひとりじゃ 持ちきれないよ それに夜だから こわいもん 一緒に来てよ
じゃあ 野球見てからな それまで まってろ
えー
ねるの 遅くなっちゃう
それに ビールのむでしょ 本当に行って くれるんでしょうねェ もうっ
うるさいっ
文句いうと ついてって やんないぞ
ブー
だって 信用できない んだもん
コチ
コチ
いけー 王ー!!
コチ
コチ
コチ
コチ
バカー
コチ
あ〜あ まけたァ
ZZ
コチ
コチ

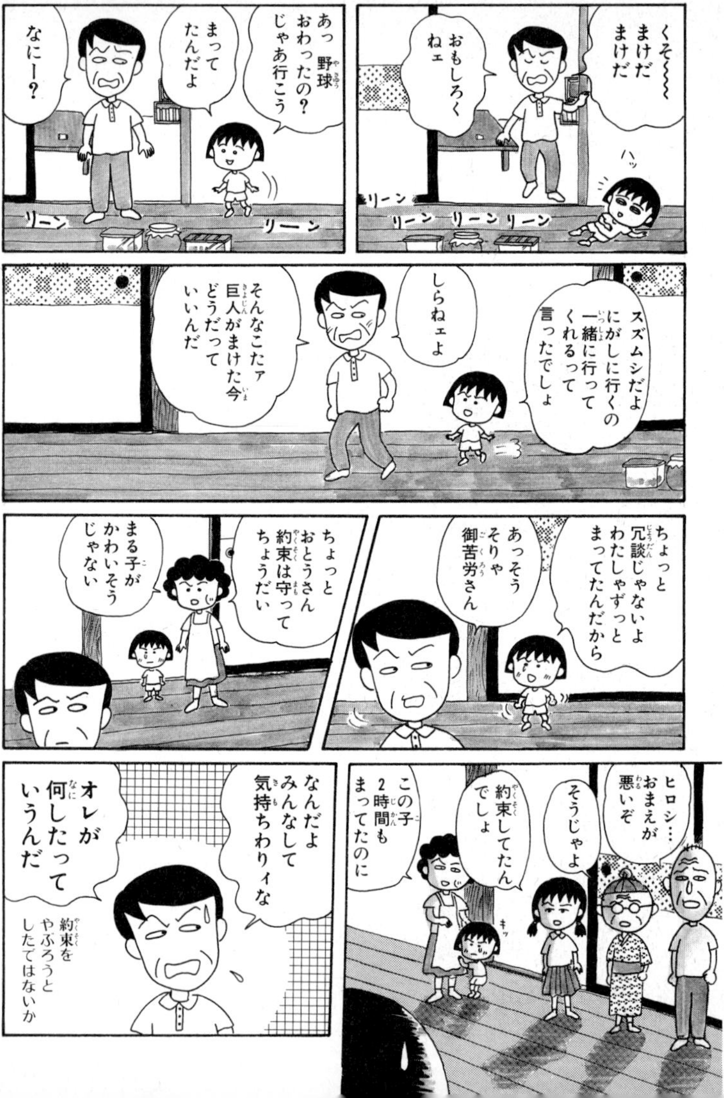

くそ〜〜〜 まけだ まけだ
おもしろくねェ
ハッ
リーン リーン リーン リーン
あっ 野球おわったの? じゃあ行こう
まってたんだよ
なにー?
リーン リーン
スズムシだよ にがしに行くの一緒に行ってくれるって言ったでしょ
しらねェよ
そんなこたァ巨人がまけた今どうだっていいんだ
ちょっと冗談じゃないよ わたしゃずっとまってたんだから
あっそう そりゃ御苦労さん
ちょっと おとうさん 約束は守ってちょうだい
まる子がかわいそうじゃない
ヒロシ… おまえが悪いぞ
そうじゃよ
約束してたんでしょ
この子2時間もまってたのに
キッ
なんだよ みんなして気持ちわりィな
オレが何したっていうんだ
約束をやぶろうとしたではないか

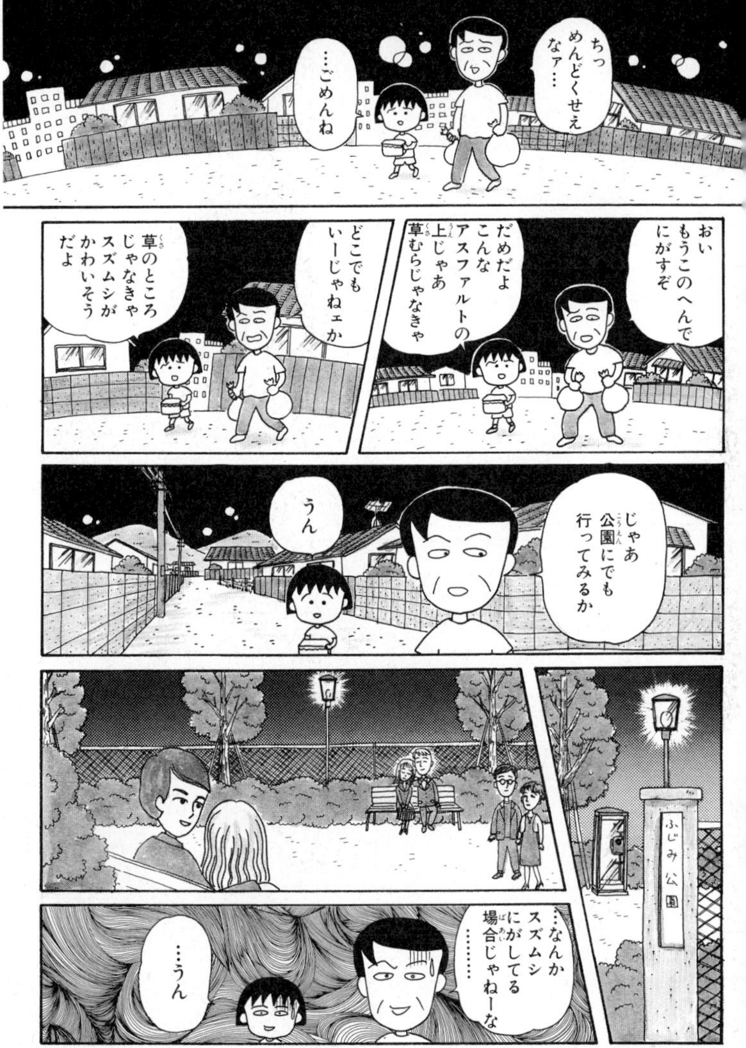
ちっ めんどくせえなァ…
…ごめんね
おい もうこのへんで にがすぞ
だめだよ こんな アスファルトの上じゃあ 草むらじゃなきゃ
どこでも いーじゃねェか
草のところ じゃなきゃ スズムシが かわいそう だよ
じゃあ 公園にでも 行ってみるか
うん
ふじみ公園
…なんか スズムシ にがしてる 場合じゃねーな ………
…うん

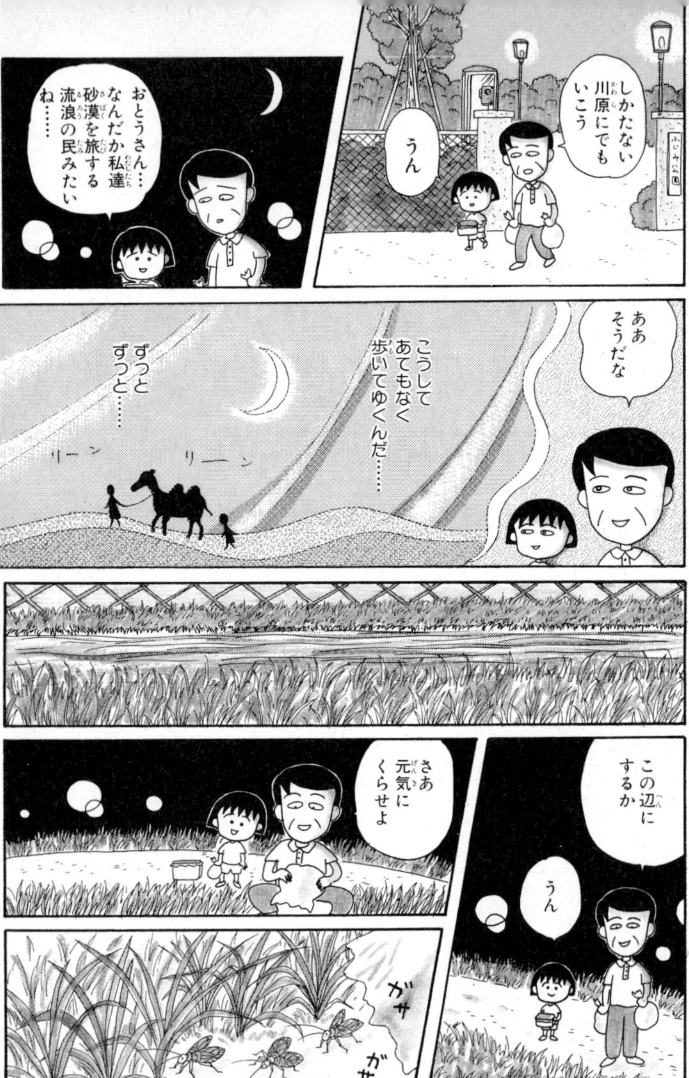
しかたない 川原にでも いこう
うん
おとうさん… なんだか私達 砂漠を旅する 流浪の民みたい ね……
ああ そうだな
こうして あてもなく 歩いてゆくんだ……
ずっと ずっと……
リーン
リーン
この辺に するか
うん
さあ 元気に くらせよ
ガサ
ガサ

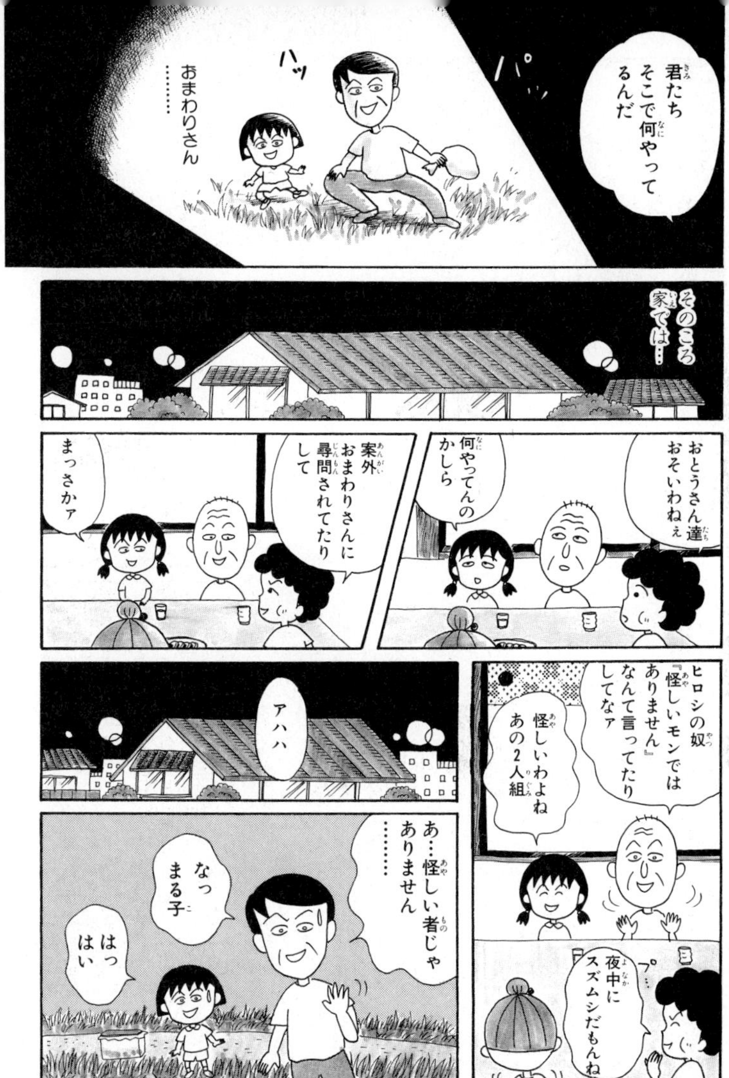
君たちそこで何やってるんだ
パッ
ハッ
おまわりさん……
そのころ家では…
おとうさん達おそいわねぇ
何やってんのかしら
案外おまわりさんに尋問されてたりして
まっさかァ
ヒロシの奴『怪しいモンではありません』なんて言ってたりしてなァ
怪しいわよねあの2人組
アハハ
夜中にスズムシだもんね
プ…
あ…怪しい者じゃありません………
なっまる子
はっはい

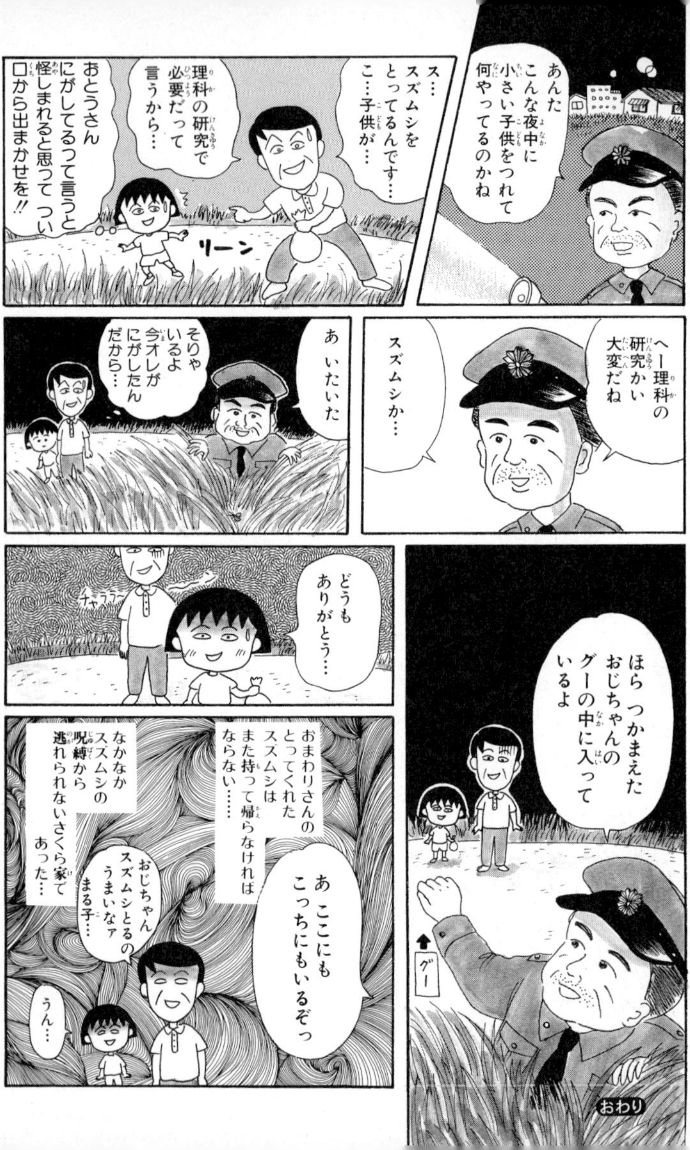

あんた こんな夜中に 小さい子供をつれて 何やってるのかね
ス…スズムシを とってるんです… こ…子供が…
理科の研究で 必要だって 言うから…
リーン
おとうさん にがしてるって言うと 怪しまれると思って つい 口から出まかせを!!
ヘー理科の 研究かい 大変だね
スズムシか…
あ いたいた
そりゃ いるよ 今オレが にがしたん だから…
ほら つかまえた おじちゃんの グーの中に入って いるよ
グー
どうも ありがとう…
チャラララ~
あ ここにも こっちにもいるぞっ
おまわりさんの とってくれた スズムシは また持って帰らなければ ならない……
なかなか スズムシの 呪縛から 逃れられないさくら家で あった…
おじちゃん スズムシとるの うまいなァ まる子…
うん…
おわり

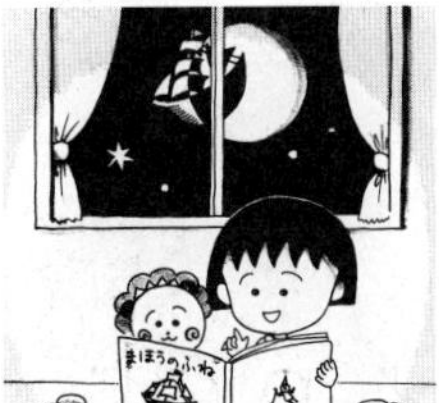
まほうのふね

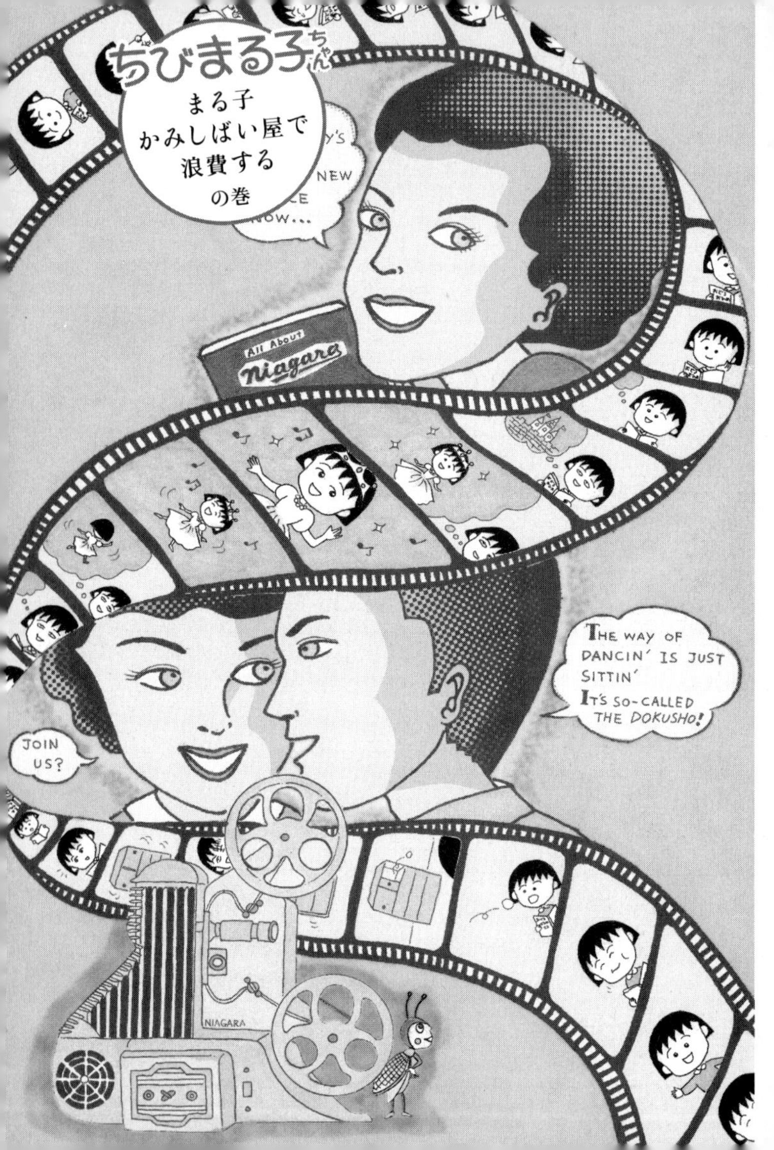
ちびまる子ちゃん
まる子
かみしばい屋で
浪費する
の巻
All About
niagara
THE WAY OF
DANCIN' IS JUST
SITTIN'
IT'S SO-CALLED
THE DOKUSHO!
JOIN
US?
NIAGARA

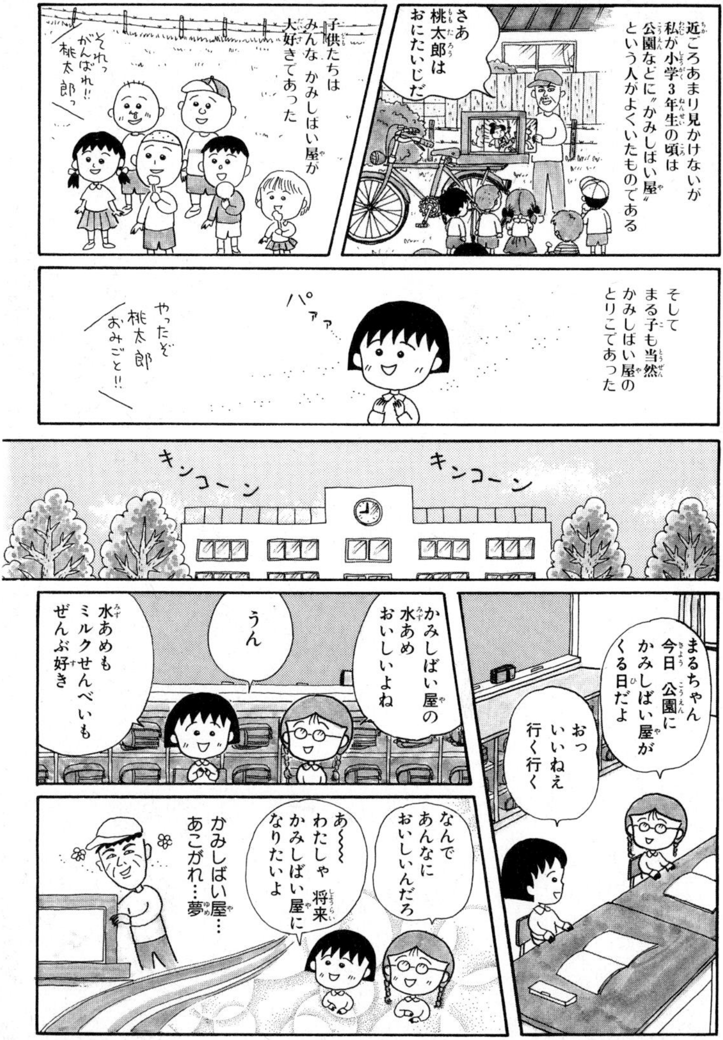

近ごろあまり見かけないが
私が小学3年生の頃は
公園などに〝かみしばい屋〟
という人がよくいたものである
さあ
桃太郎は
おにたいじだ
子供たちは
みんな かみしばい屋が
大好きであった
それっ
がんばれ!!
桃太郎っ
そして
まる子も当然
かみしばい屋の
とりこであった
パァァ…
やったぞ
桃太郎
おみごと!!
キンコーン
キンコーン
まるちゃん
今日 公園に
かみしばい屋が
くる日だよ
おっ
いいねえ
行く行く
かみしばい屋の
水あめ
おいしいよね
うん
水あめも
ミルクせんべいも
ぜんぶ好き
なんで
あんなに
おいしいんだろ
あ〜〜〜
わたしゃ 将来
かみしばい屋に
なりたいよ
かみしばい屋…
あこがれ…夢

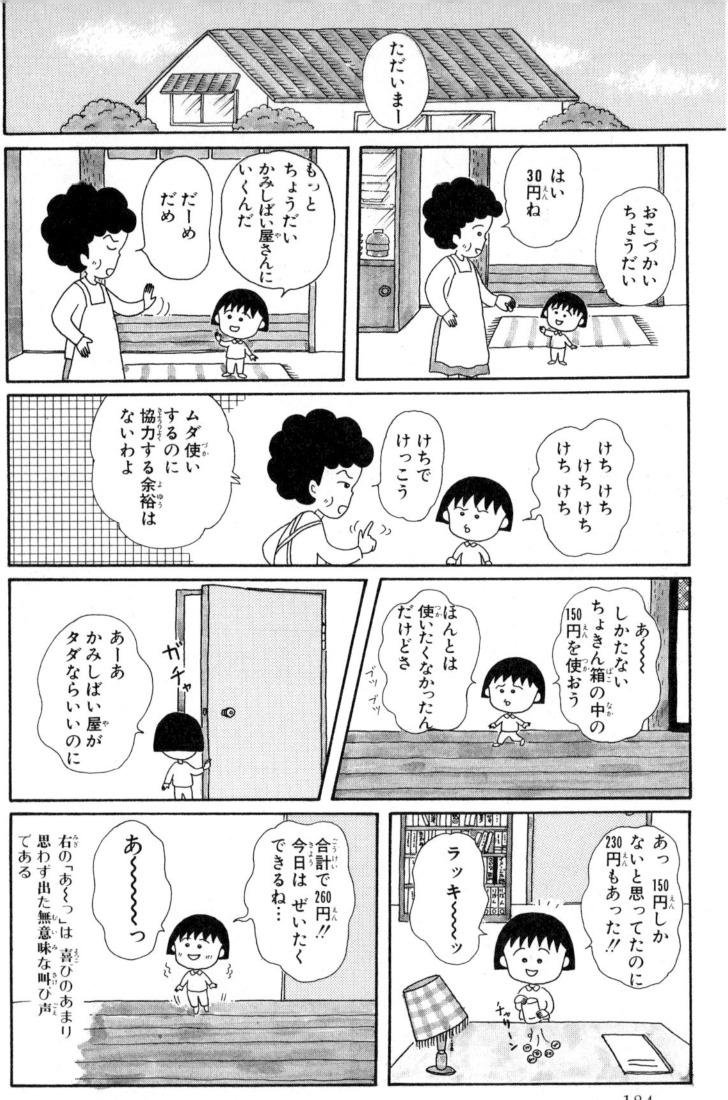

ただいまー
おこづかいちょうだい
はい30円ね
もっとちょうだい
かみしばい屋さんにいくんだ
だーめだめ
けちけちけちけちけちけち
けちでけっこう
ムダ使いするのに協力する余裕はないわよ
あ〜〜しかたない
ちょきん箱の中の150円を使おう
ほんとは使いたくなかったんだけどさ
ブツブツ
ガチャ
あーあ
かみしばい屋がタダならいいのに
あっ 150円しかないと思ってたのに230円もあった!!
ラッキ〜〜〜ッ
チャリーン
合計で260円!!
今日は ぜいたくできるね…
あ〜〜〜〜っ
右の「あ〜っ」は 喜びのあまり思わず出た無意味な叫び声である

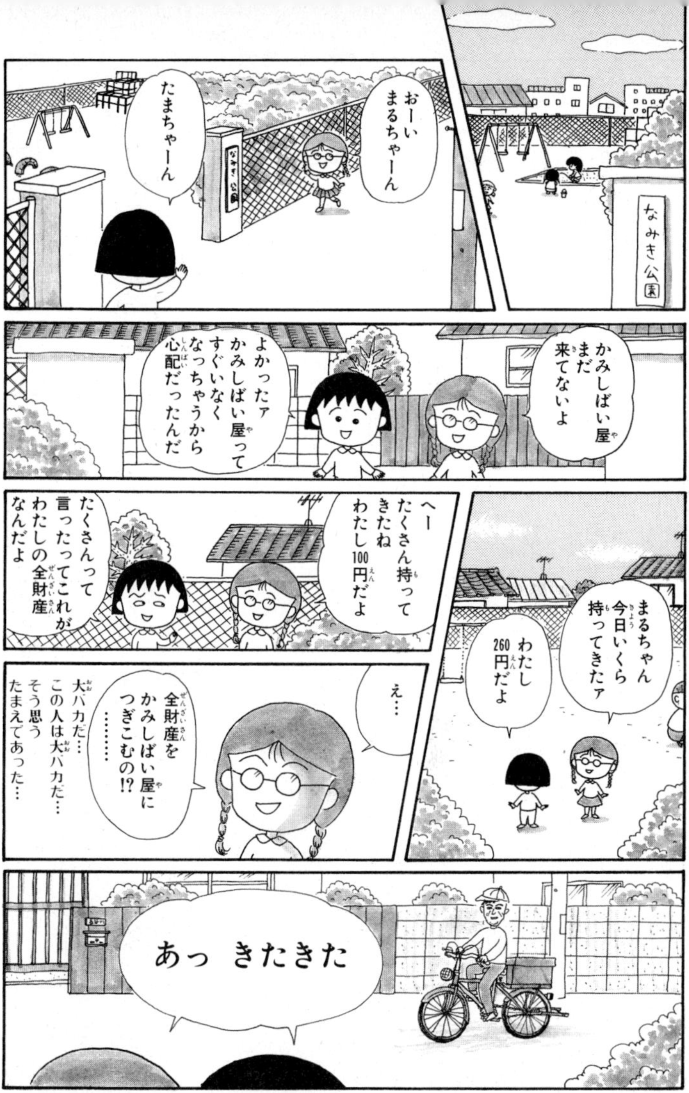
なみき公園
おーい まるちゃーん
たまちゃーん
かみしばい屋まだ来てないよ
よかったァ かみしばい屋ってすぐいなくなっちゃうから心配だったんだ
まるちゃん今日いくら持ってきたァ
わたし260円だよ
へー たくさん持ってきたね わたし100円だよ
たくさんって言ったってこれがわたしの全財産なんだよ
え…
全財産をかみしばい屋につぎこむの!? ………
大バカだ… この人は大バカだ… そう思うたまえであった…
あっ きたきた

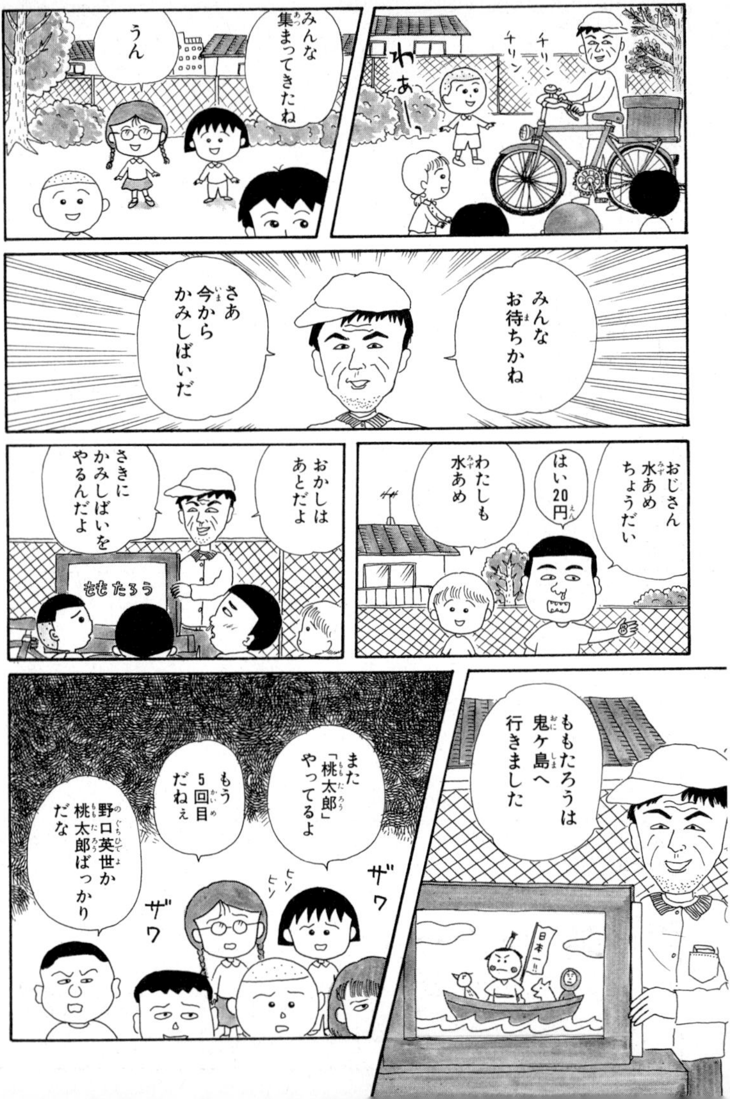
チリン チリン…
わあーっ
みんな集まってきたね
うん
みんなお待ちかね
さあ今からかみしばいだ
おじさん水あめちょうだい
はい20円
わたしも水あめ
おかしはあとだよ
さきにかみしばいをやるんだよ
ももたろう
ももたろうは鬼ケ島へ行きました
日本一!!
また「桃太郎」やってるよ
ヒソ ヒソ
ザワ
ザワ
もう5回目だねぇ
野口英世か桃太郎ばっかりだな

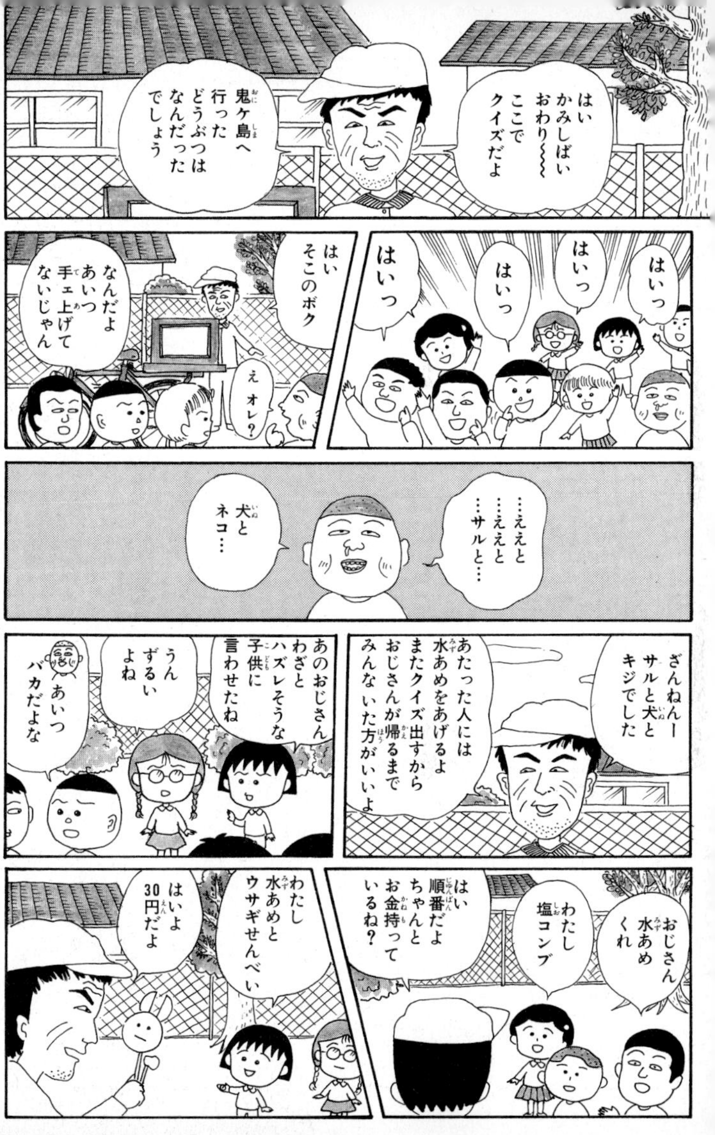

はい
かみしばい
おわり〜〜〜
ここで
クイズだよ
鬼ケ島へ
行った
どうぶつは
なんだった
でしょう
はいっ
はいっ
はいっ
はいっ
はい
そこのボク
え オレ?
なんだよ
あいつ
手ェ上げて
ないじゃん
…ええと
…ええと
…サルと…
犬と
ネコ…
ざんねんー
サルと犬と
キジでした
あたった人には
水あめをあげるよ
またクイズ出すから
おじさんが帰るまで
みんないた方がいいよ
あのおじさん
わざと
ハズレそうな
子供に
言わせたね
うん
ずるい
よね
あいつ
バカだよな
おじさん
水あめ
くれ
わたし
塩コンブ
はい
順番だよ
ちゃんと
お金持って
いるね?
わたし
水あめと
ウサギせんべい
はいよ
30円だよ

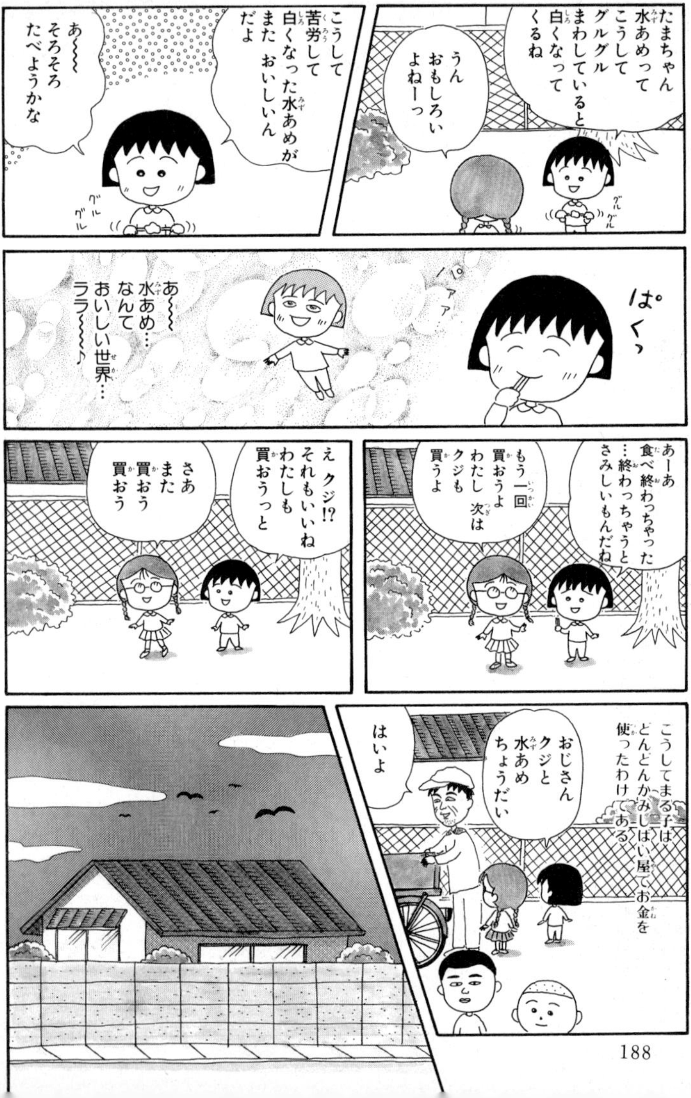

たまちゃん 水あめって こうして グルグル まわしていると 白くなって くるね
うん おもしろい よねーっ
グル グル
こうして 苦労して 白くなった水あめが また おいしいん だよ
あ〜〜 そろそろ たべようかな
グル グル
ぱくっ
パアァ…
あ〜〜 水あめ… なんて おいしい世界… ララ〜〜♪
あーあ 食べ終わっちゃった …終わっちゃうと さみしいもんだね
もう一回 買おうよ わたし 次は クジも 買うよ
え クジ!? それもいいね わたしも 買おうっと
さあ また 買おう 買おう
こうしてまる子は どんどんかみしばい屋でお金を 使ったわけである
おじさん クジと 水あめ ちょうだい
はいよ

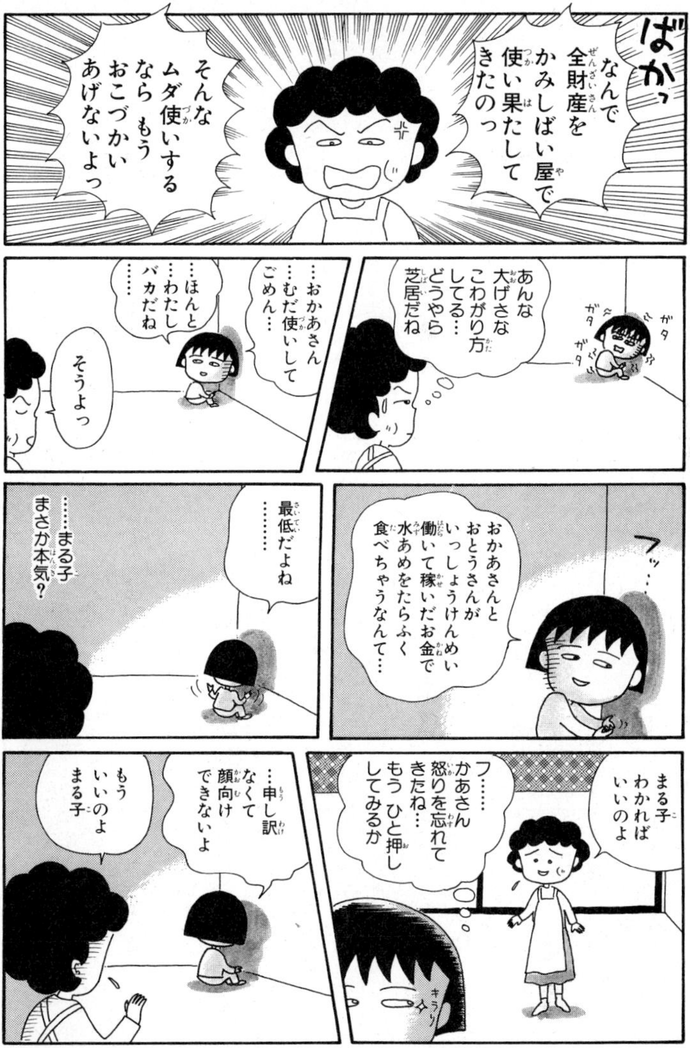

ばかっ
なんで全財産をかみしばい屋で使い果たしてきたのっ
そんなムダ使いするならもうおこづかいあげないよっ
ガタ ガタ ガタ ガタ
あんな大げさなこわがり方してる…どうやら芝居だね
…おかあさん…むだ使いしてごめん…
…ほんと…わたしバカだね……
そうよっ
フッ…
おかあさんとおとうさんがいっしょうけんめい働いて稼いだお金で水あめをたらふく食べちゃうなんて…
最低だよね……
……まる子まさか本気?
まる子わかればいいのよ
フ……かあさん怒りを忘れてきたね…もうひと押ししてみるか
キラリ
…申し訳なくて顔向けできないよ
もういいのよまる子

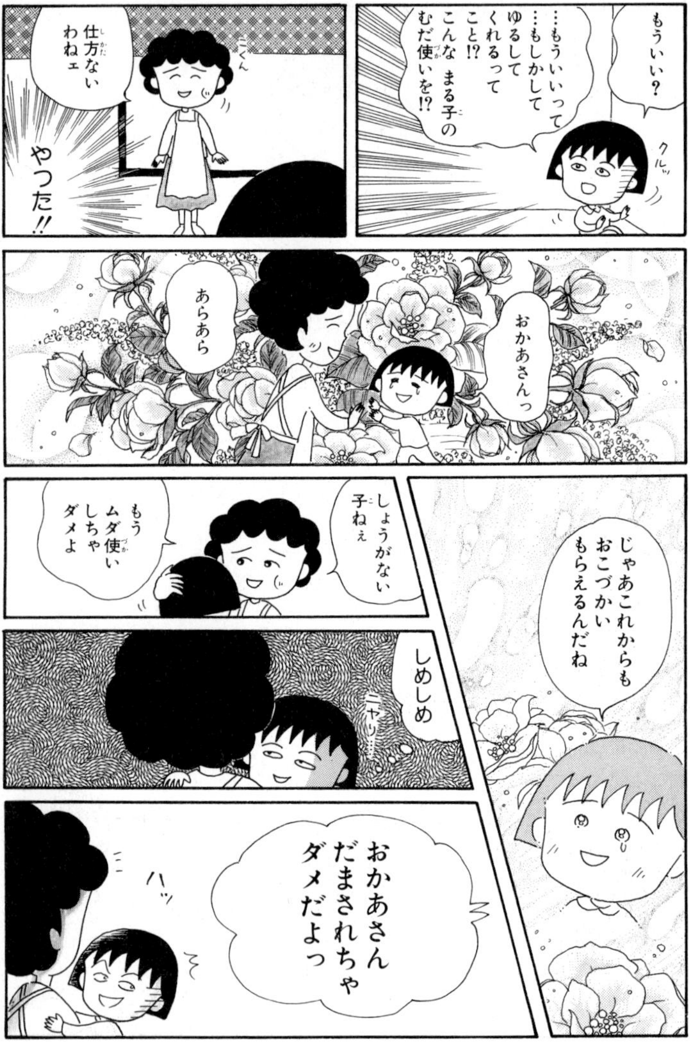
もういい？
…もういいって …もしかして ゆるして くれるって こと!? こんな まる子の むだ使いを!?
クルッ
仕方ない わねェ
やった!!
おかあさんっ
あらあら
じゃあこれからも おこづかい もらえるんだね
しょうがない 子ねぇ
もう ムダ使い しちゃ ダメよ
しめしめ
ニヤリ……
おかあさん だまされちゃ ダメだよっ
ハッ

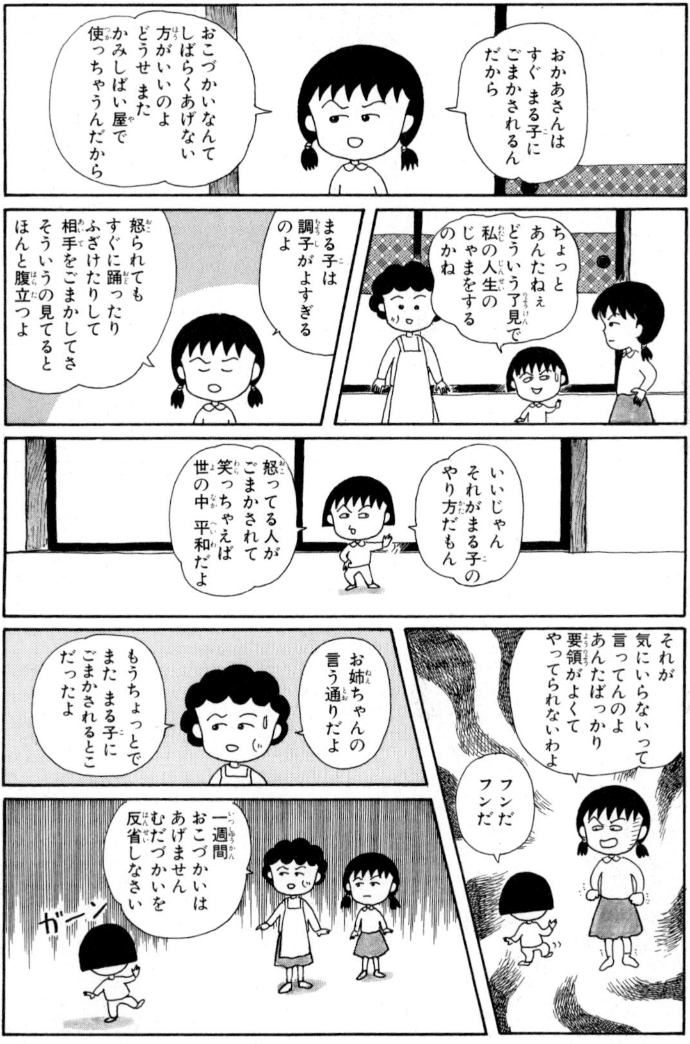
おかあさんは すぐ まる子に ごまかされるんだから
おこづかいなんて しばらくあげない 方がいいのよ どうせ また かみしばい屋で 使っちゃうんだから
ちょっと あんたねぇ どういう了見で 私の人生の じゃまをするのかね
まる子は 調子がよすぎるのよ
怒られても すぐに踊ったり ふざけたりして 相手をごまかしてさ そういうの見てると ほんと腹立つよ
いいじゃん それがまる子の やり方だもん
怒ってる人が ごまかされて 笑っちゃえば 世の中 平和だよ
それが 気にいらないって 言ってんのよ あんたばっかり 要領がよくて やってられないわよ
フンだ フンだ
お姉ちゃんの 言う通りだよ
もうちょっとで また まる子に ごまかされるとこ だったよ
一週間 おこづかいは あげません むだづかいを 反省しなさい
ガーン

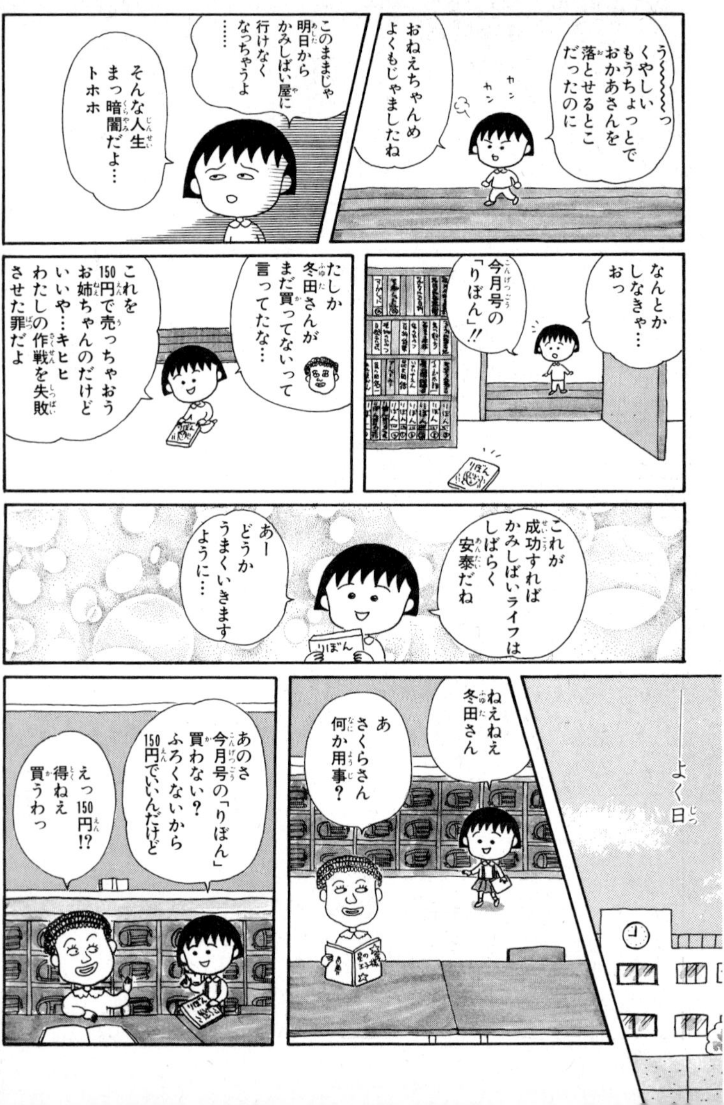

う〜〜〜っ くやしい もうちょっとで おかあさんを 落とせるとこ だったのに
カン カン
おねえちゃんめ よくもじゃましたね
このままじゃ 明日から かみしばい屋に 行けなく なっちゃうよ ……
そんな人生 まっ暗闇だよ… トホホ
なんとか しなきゃ… おっ
今月号の「りぼん」!!
たしか 冬田さんが まだ買ってないって 言ってたな…
これを 150円で売っちゃおう お姉ちゃんのだけど いいや…キヒヒ わたしの作戦を失敗 させた罰だよ
これが 成功すれば かみしばいライフは しばらく 安泰だね
あー どうか うまくいきます ように…
りぼん
——よく日
ねえねえ 冬田さん
あ さくらさん 何か用事?
あのさ 今月号の「りぼん」 買わない? ふろくないから 150円でいいんだけど
えっ 150円!? 得ねえ 買うわっ

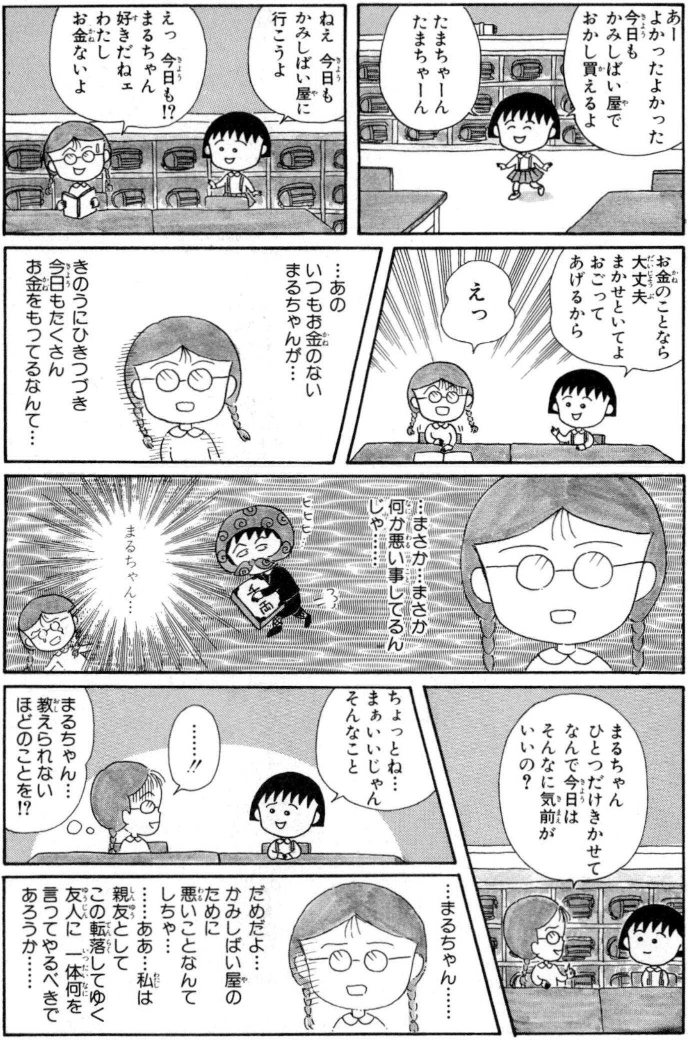
あーよかったよかった今日もかみしばい屋でおかし買えるよ
たまちゃーんたまちゃーん
ねえ 今日もかみしばい屋に行こうよ
えっ 今日も!? まるちゃん好きだねェ わたしお金ないよ
お金のことなら大丈夫 まかせといてよ おごってあげるから
えっ
…あの いつもお金のない まるちゃんが…
きのうにひきつづき今日もたくさんお金をもってるなんて…
…まさか…まさか何か悪い事してるんじゃ……
ヒヒヒ…
まるちゃん…
まるちゃん ひとつだけきかせて なんで今日はそんなに気前がいいの?
ちょっとね… まぁいいじゃん そんなこと
……!!
まるちゃん… 教えられないほどのことを!?
…まるちゃん……
だめだよ… かみしばい屋のために悪いことなんてしちゃ… ……ああ…私は親友としてこの転落してゆく友人に一体何を言ってやるべきであろうか……

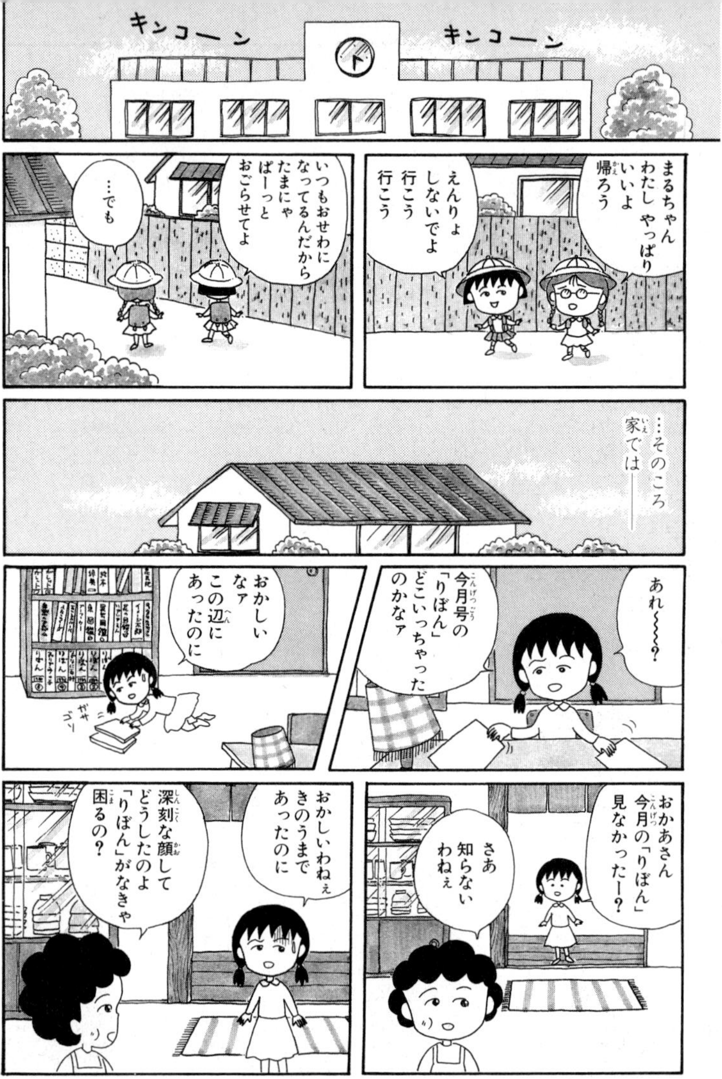
キンコーン
キンコーーン
まるちゃん わたし やっぱり いいよ 帰ろう
えんりょ しないでよ 行こう 行こう
いつもおせわに なってるんだから たまにゃ ぱーっと おごらせてよ
…でも
…そのころ 家では――
あれ~~~?
今月号の「りぼん」どこいっちゃったのかなァ
おかしいなァ この辺にあったのに
ガサ ゴソ
おかあさん 今月の「りぼん」見なかったー?
さあ 知らないわねぇ
おかしいわねぇ きのうまであったのに
深刻な顔して どうしたのよ「りぼん」がなきゃ困るの?

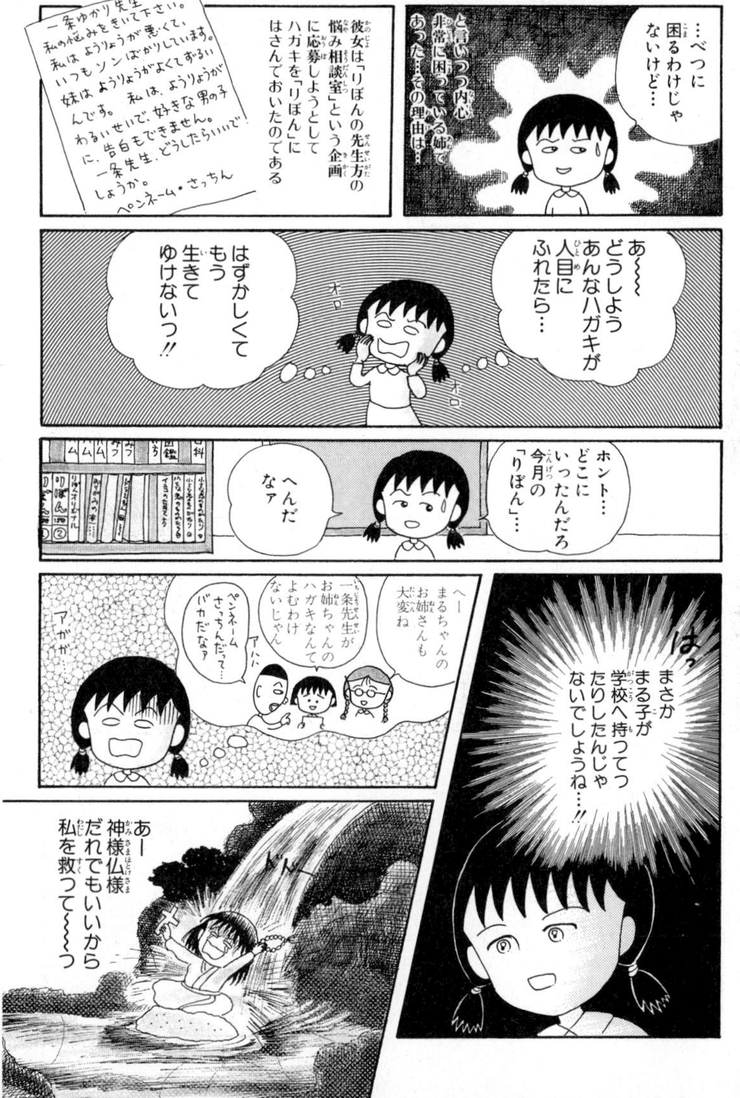
…べつに困るわけじゃないけど…
と言いつつ内心非常に困っている姉であった…その理由は…
彼女は「りぼんの先生方の悩み相談室」という企画に応募しようとしてハガキを「りぼん」にはさんでおいたのである
一条ゆかり先生
私の悩みをきいて下さい。
私は ようりょうが悪くて、
いつもソンばかりしています。
妹は ようりょうがよくてずるい
んです。 私は、ようりょうが
わるいせいで、好きな男の子
に、告白もできません。
一条先生、どうしたらいいで
しょうか。
ペンネーム・さっちん
あ〜〜〜どうしようあんなハガキが人目にふれたら…
オロ
オロ
はずかしくてもう生きてゆけないっ!!
ホント…どこにいったんだろ今月の「りぼん」…
へんだなァ
はっ
まさかまる子が学校へ持ってったりしたんじゃないでしょうね…!!
へーまるちゃんのお姉さんも大変ね
一条先生がお姉ちゃんのハガキなんてよむわけないじゃん
ペンネームさっちんだって…バカだなァ
アハハ
アガが…
ドドー
あー神様仏様だれでもいいから私を救って〜〜っ

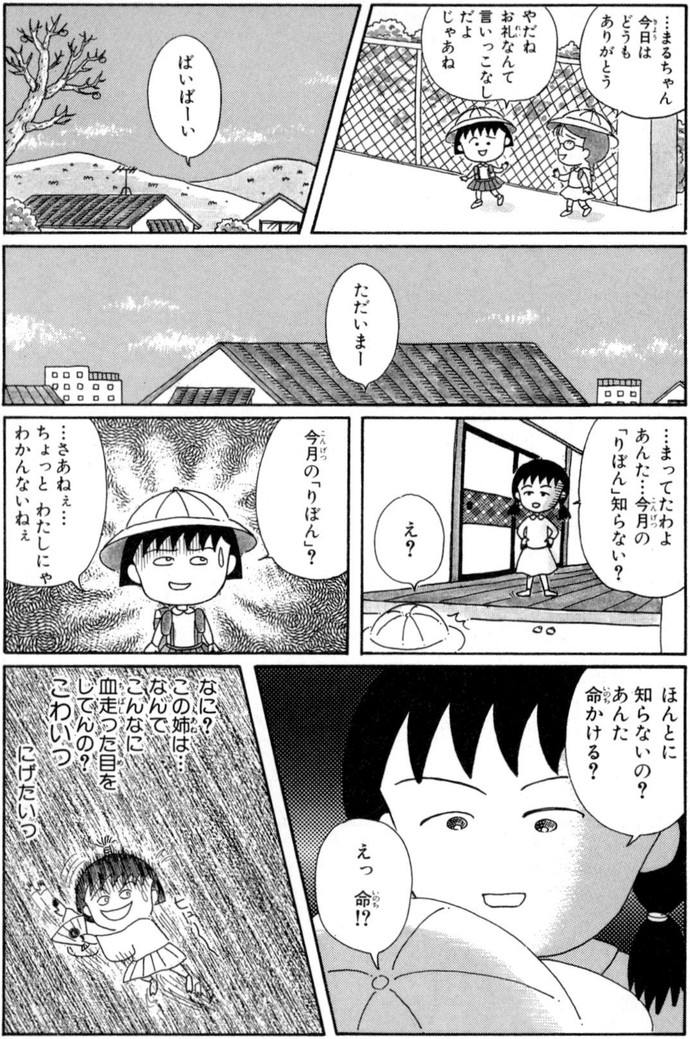
…まるちゃん 今日は どうも ありがとう
やだね お礼なんて 言いっこなしだよ じゃあね
ばいばーい
ただいまー
…まってたわよ あんた…今月の「りぼん」知らない？
え？
今月の「りぼん」？
…さあねぇ… ちょっと わたしにゃ わかんないねぇ
ほんとに 知らないの？ あんた 命かける？
えっ 命!?
なに？ この姉は… なんで こんなに 血走った目を じてんの？ こわいっ
にげたいっ

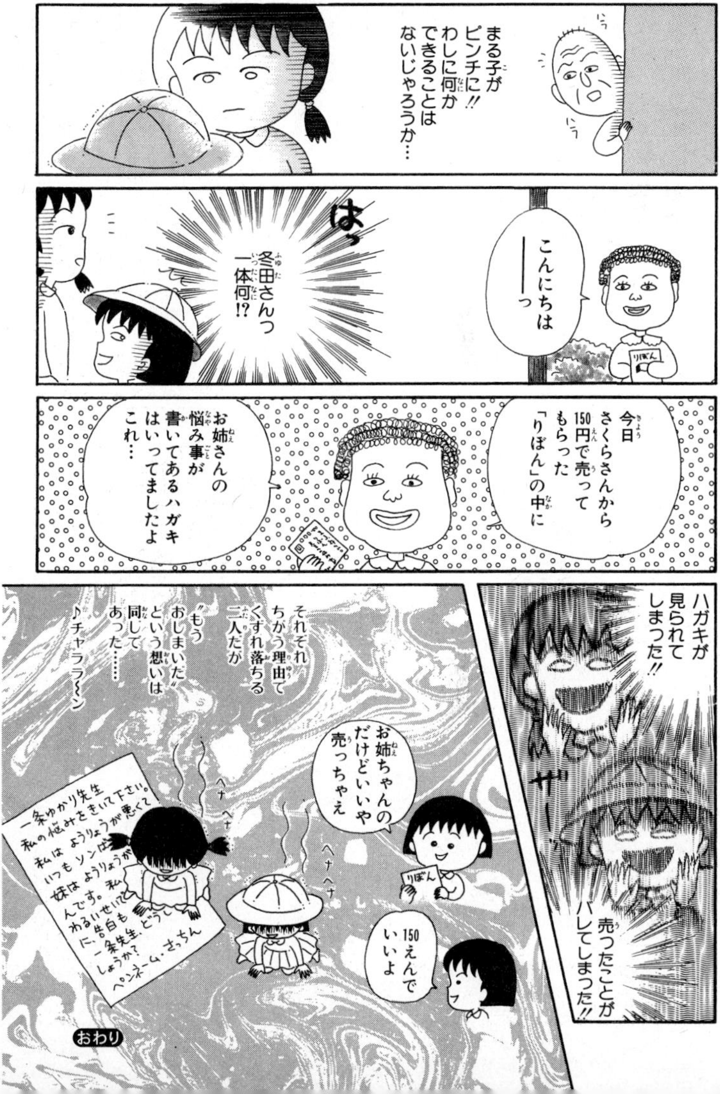

まる子が
ピンチに!!
わしに何か
できることは
ないじゃろうか…
こんにちは——っ
はっ
冬田さんっ
一体何!?
今日
さくらさんから
150円で売って
もらった
「りぼん」の中に
お姉さんの
悩み事が
書いてあるハガキ
はいってましたよ
ハガキが
見られて
しまった!!
ザー
売ったことが
バレてしまった!!
それぞれ
ちがう理由で
くずれ落ちる
二人だが
〝もう
おしまいだ〟
という想いは
同じで
あった……
♪チャララ〜ン
お姉ちゃんの
だけどいいや
売っちゃえ
150えんで
いいよ
りぼん
一条ゆかり先生
私の悩みをきいて下さい。
私は ようりょうが悪くて
いつも ソンばかり
妹は ようりょうが
いいんです。私
わるいせいで
に、告白も
一条先生、どうし
しょうか?
ペンネーム・さっちん
おわり

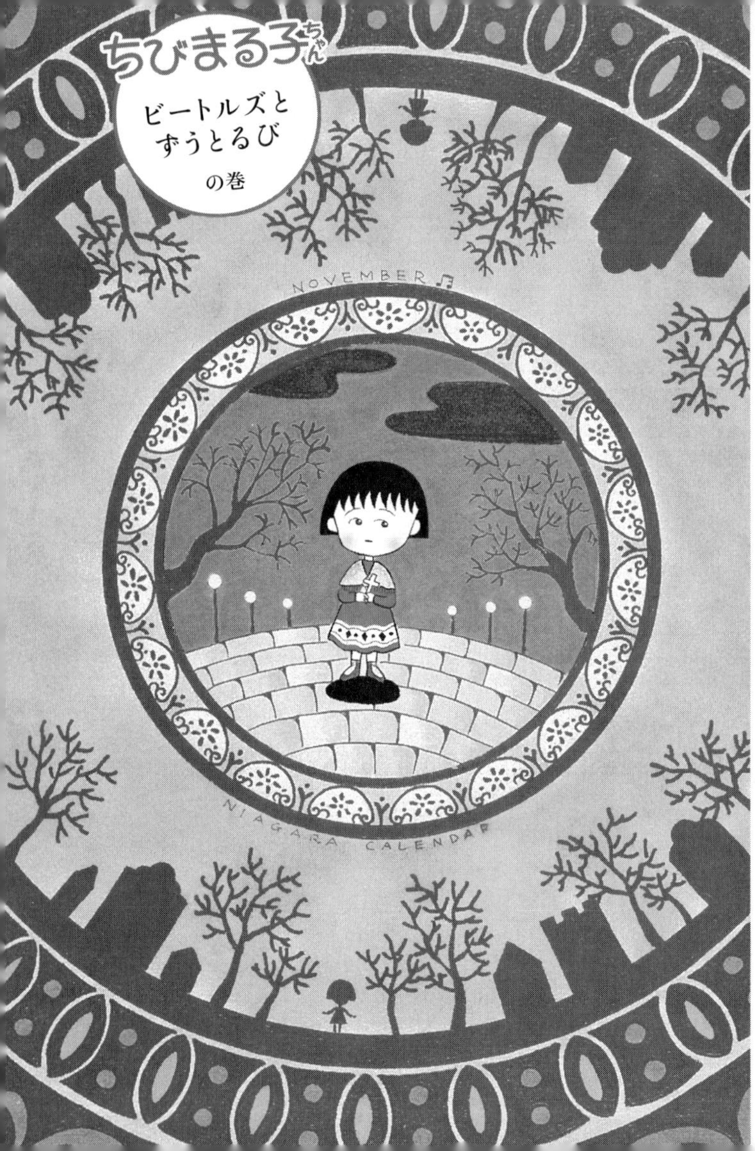
ちびまる子ちゃん
ビートルズと
ずうとるび
の巻
NOVEMBER
NIAGARA CALENDAR

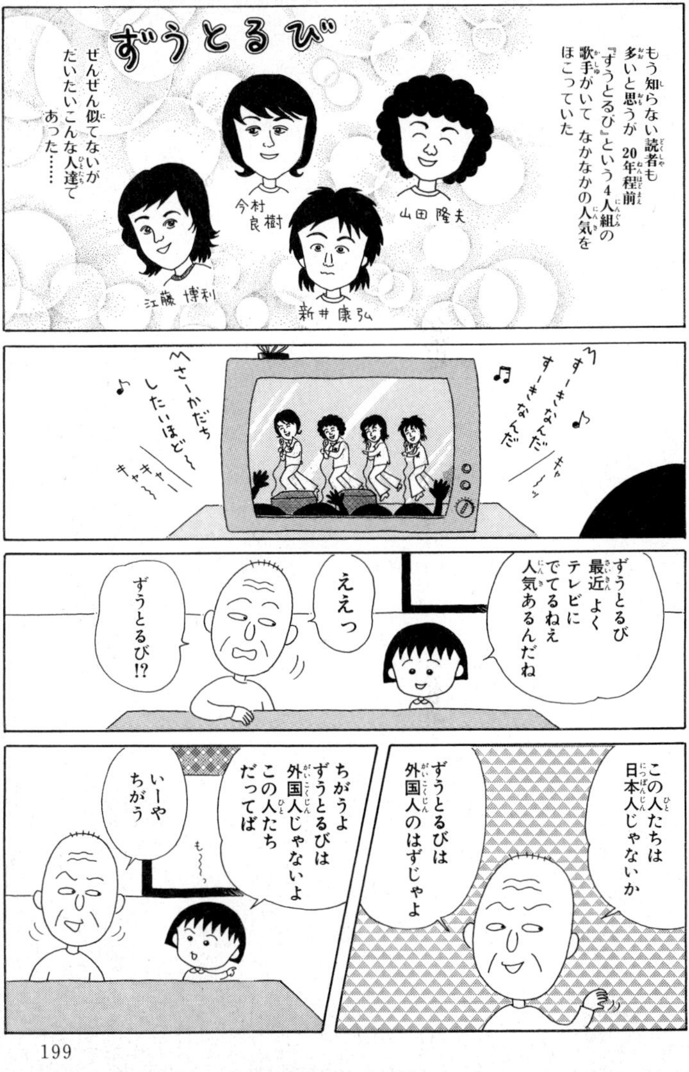
ずうとるび
もう知らない読者も多いと思うが 20年程前『ずうとるび』という4人組の歌手がいて なかなかの人気をほこっていた
山田隆夫
今村良樹
新井康弘
江藤博利
ぜんぜん似てないが だいたいこんな人達で あった……
すーきなんだ すーきなんだ
キャ〜ッ
さーかだち したいほど〜
キャキャー〜
ずうとるび 最近よく テレビに でてるねえ 人気あるんだね
ええっ
ずうとるび!?
この人たちは 日本人じゃないか
ずうとるびは 外国人のはずじゃよ
ちがうよ ずうとるびは 外国人じゃないよ この人たち だってば
も〜〜っ
いーや ちがう

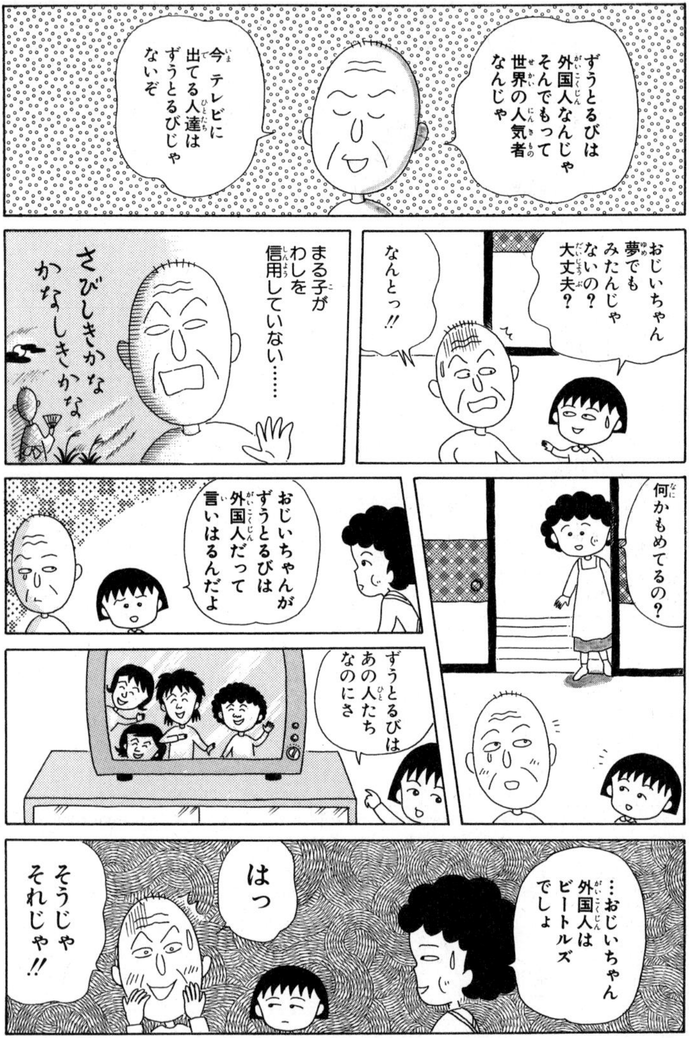
ずうとるびは外国人なんじゃ そんでもって世界の人気者なんじゃ
今 テレビに出てる人達はずうとるびじゃないぞ
おじいちゃん 夢でもみたんじゃないの？ 大丈夫？
なんとっ!!
まる子がわしを信用していない……
さびしきかな かなしきかな
何かもめてるの？
おじいちゃんがずうとるびは外国人だって言いはるんだよ
ずうとるびはあの人たちなのにさ
…おじいちゃん 外国人はビートルズでしょ
はっ
そうじゃ それじゃ!!

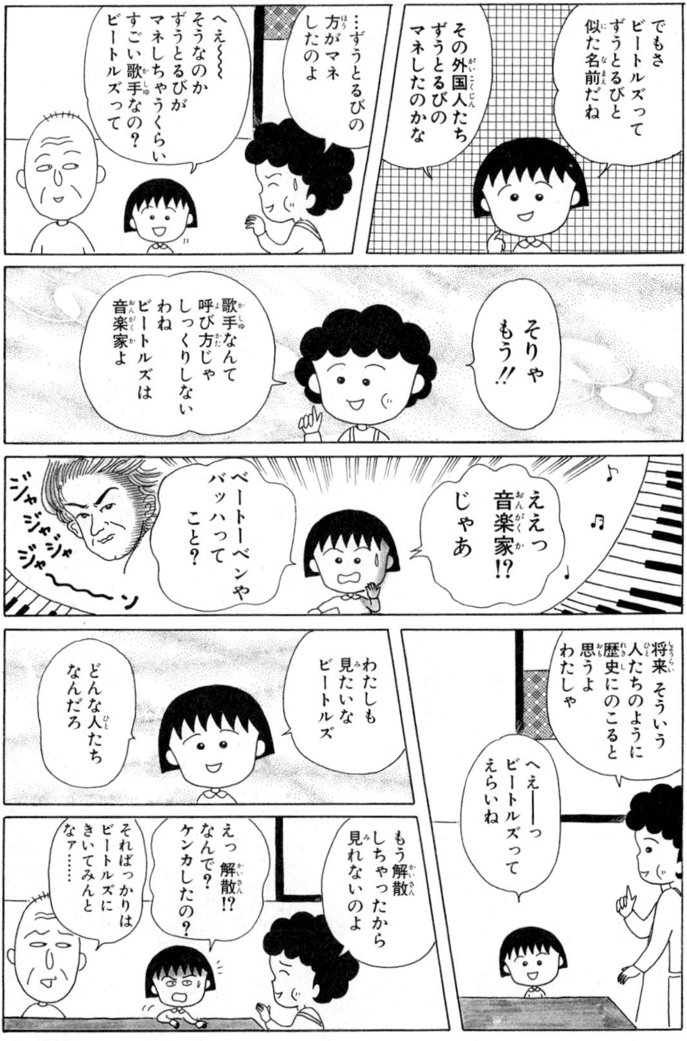
でもさ ビートルズって ずうとるびと 似た名前だね
その外国人たち ずうとるびの マネしたのかな
…ずうとるびの 方がマネ したのよ
へえ〰〰 そうなのか ずうとるびが マネしちゃうくらい すごい歌手なの？ ビートルズって
そりゃ もう!!
歌手なんて 呼び方じゃ しっくりしない わね ビートルズは 音楽家よ
ええっ 音楽家!? じゃあ
ベートーベンや バッハって こと？
ジャジャジャジャ〜〜ン
将来 そういう 人たちのように 歴史にのこると 思うよ わたしゃ
へえ——っ ビートルズって えらいね
わたしも 見たいな ビートルズ
どんな人たち なんだろ
もう解散 しちゃったから 見れないのよ
えっ 解散!? なんで？ ケンカしたの？
それぱっかりは ビートルズに きいてみんと なァ……

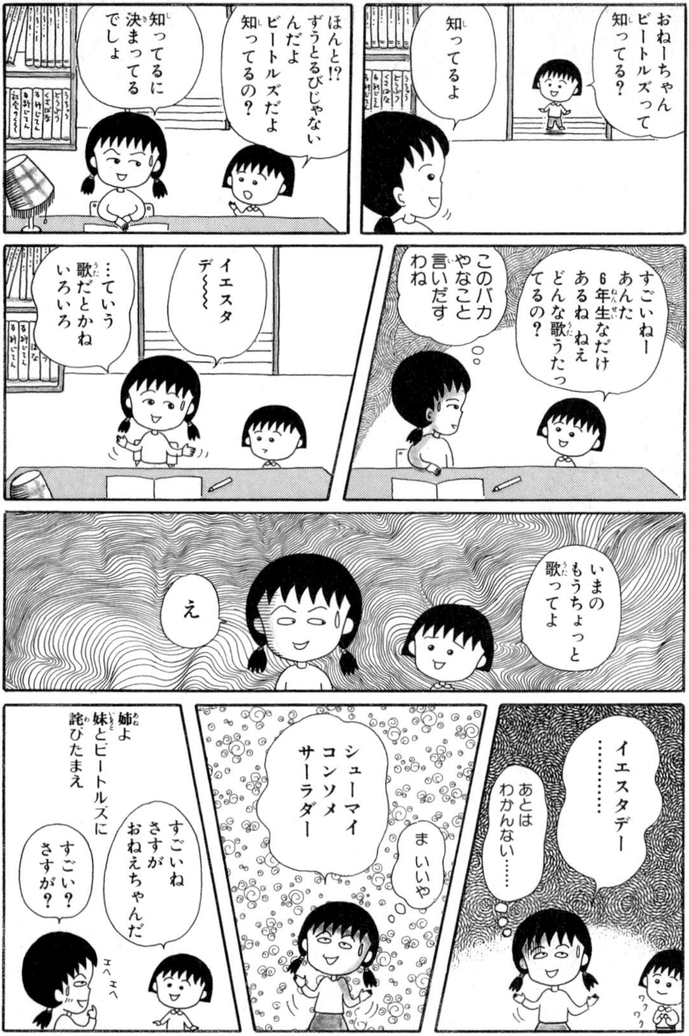

おねーちゃん ビートルズって 知ってる?
知ってるよ
ほんと!? ずうとるびじゃないんだよ ビートルズだよ 知ってるの?
知ってるに 決まってる でしょ
すごいねー あんた 6年生なだけ あるね ねえ どんな歌うたってるの?
このバカ やなこと 言いだす わね
イエスタ デ〜〜〜
…ていう 歌だとかね いろいろ
いまの もうちょっと 歌ってよ
え
イエスタデー………
あとは わかんない……
ワクワク
シューマイ コンソメ サーラダー
ま いいや
姉よ 妹とビートルズに 詫びたまえ
すごいね さすが おねえちゃんだ
すごい? さすが?
エヘ エヘ

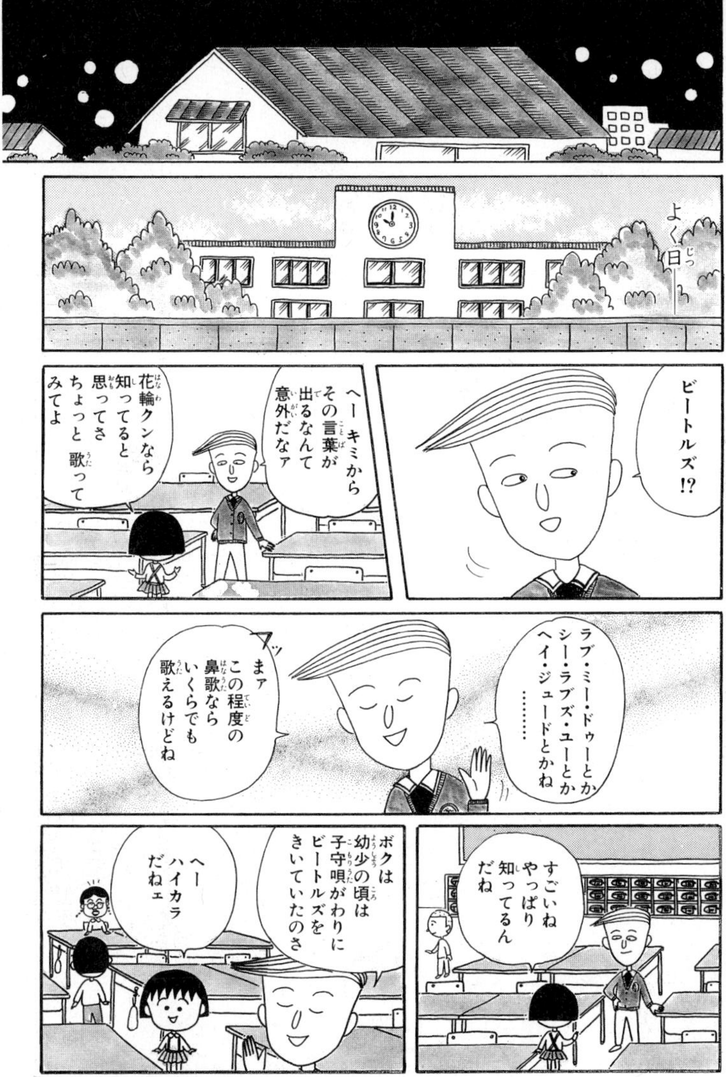
よく日
ビートルズ!?
へーキミから
その言葉が
出るなんて
意外だなァ
花輪クンなら
知ってると
思ってさ
ちょっと 歌って
みてよ
ラブ・ミー・ドゥーとか
シー・ラブズ・ユーとか
ヘイ・ジュードとかね
………
フッ
まァ
この程度の
鼻歌なら
いくらでも
歌えるけどね
すごいね
やっぱり
知ってるん
だね
ボクは
幼少の頃は
子守唄がわりに
ビートルズを
きいていたのさ
へー
ハイカラ
だねェ

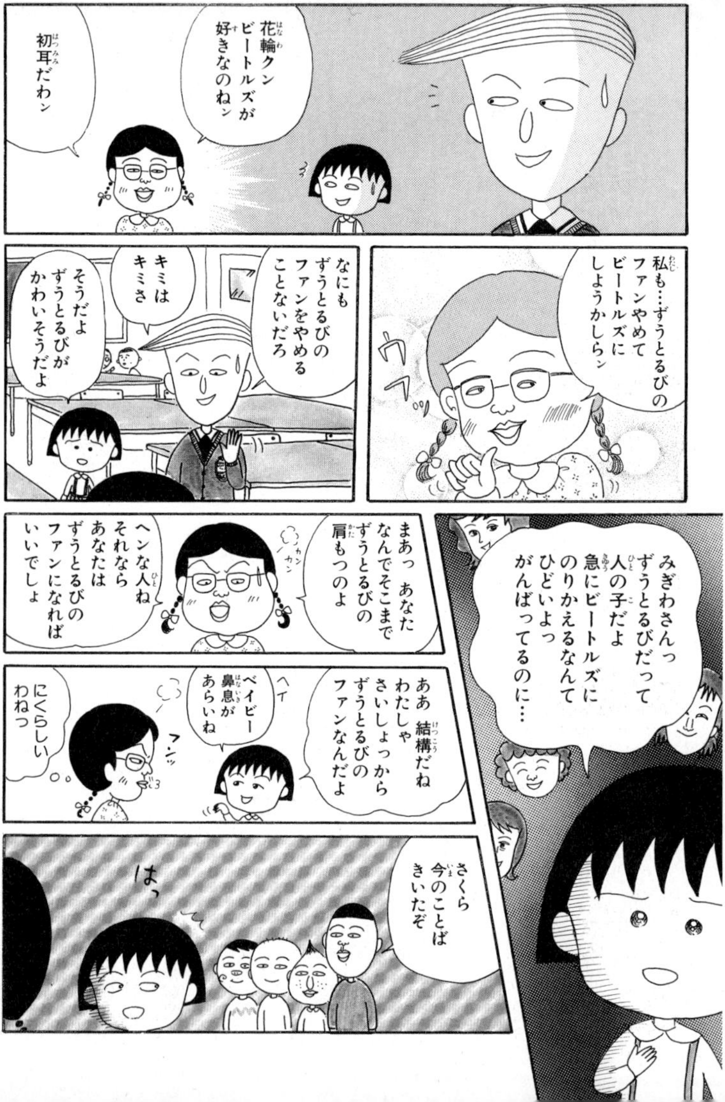
花輪クン
ビートルズが
好きなのねン
初耳だわン
私も…ずうとるびの
ファンやめて
ビートルズに
しようかしらン
ウフッ
なにも
ずうとるびの
ファンをやめる
ことないだろ
キミは
キミさ
そうだよ
ずうとるびが
かわいそうだよ
みぎわさんっ
ずうとるびだって
人の子だよ
急にビートルズに
のりかえるなんて
ひどいよっ
がんばってるのに…
まあっ あなた
なんでそこまで
ずうとるびの
肩もつのよ
カンカン
ヘンな人ね
それなら
あなたは
ずうとるびの
ファンになれば
いいでしょ
ああ 結構だね
わたしゃ
さいしょっから
ずうとるびの
ファンなんだよ
ヘイ
ベイビー
鼻息が
あらいね
フンッ
にくらしい
わねっ
さくら
今のことは
きいたぞ
はっ

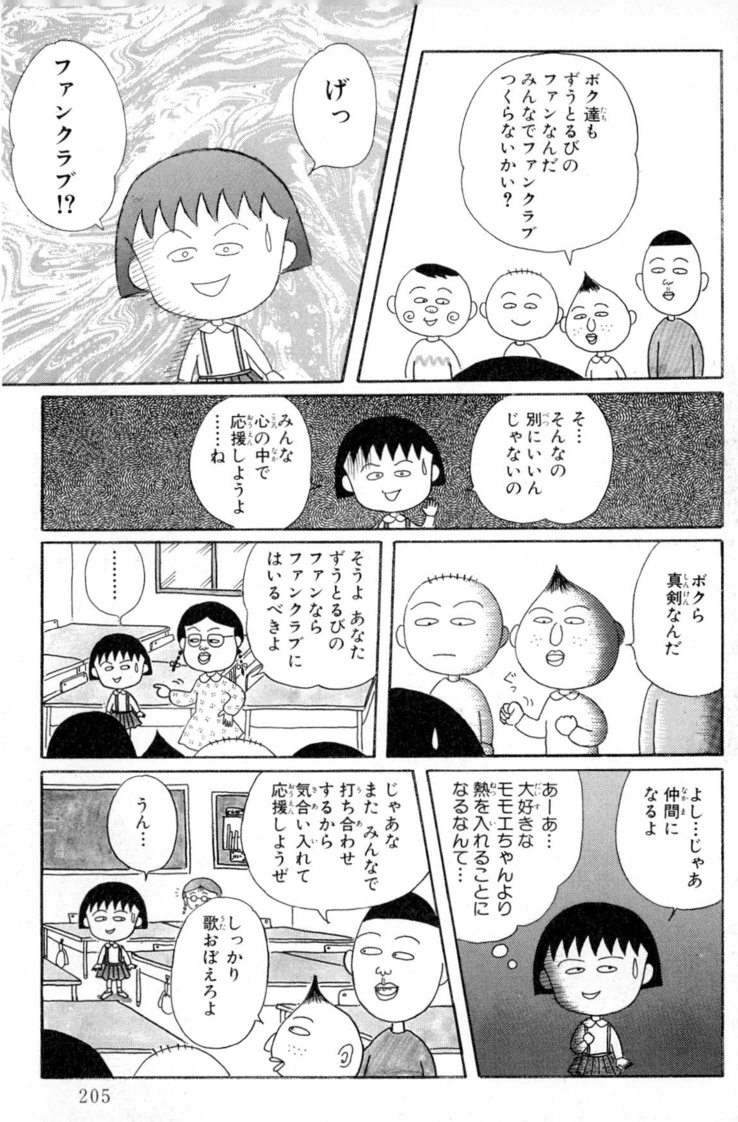
ボク達もずうとるびのファンなんだみんなでファンクラブつくらないかい?
げっ
ファンクラブ!?
そ…そんなの別にいいんじゃないの
みんな心の中で応援しようよ……ね
ボクら真剣なんだ
そうよ あなたずうとるびのファンならファンクラブにはいるべきよ
……
よし…じゃあ仲間になるよ
あーあ…大好きなモモエちゃんより熱を入れることになるなんて…
じゃあな また みんなで打ち合わせするから気合い入れて応援しようぜ
うん…
しっかり歌おぼえろよ

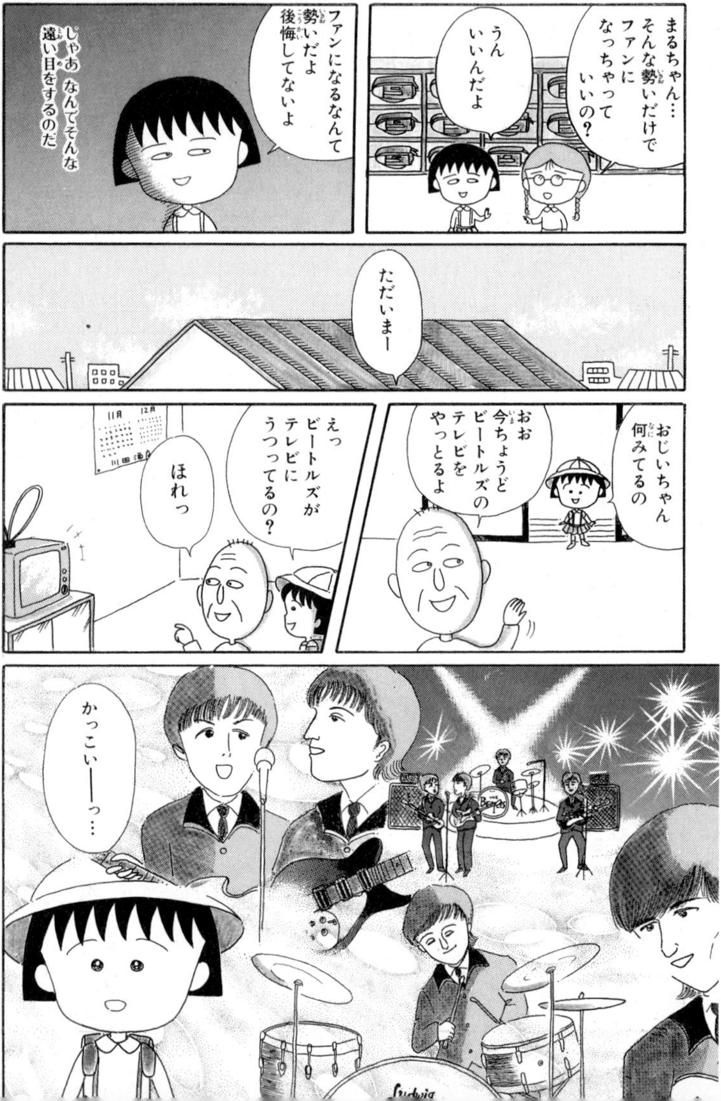

まるちゃん…そんな勢いだけでファンになっちゃっていいの?
うん いいんだよ
ファンになるなんて勢いだよ 後悔してないよ
じゃあ なんでそんな遠い目をするのだ
ただいまー
おじいちゃん何みてるの
おお今ちょうどビートルズのテレビをやっとるよ
えっビートルズがテレビにうつってるの?
ほれっ
かっこいい──っ…

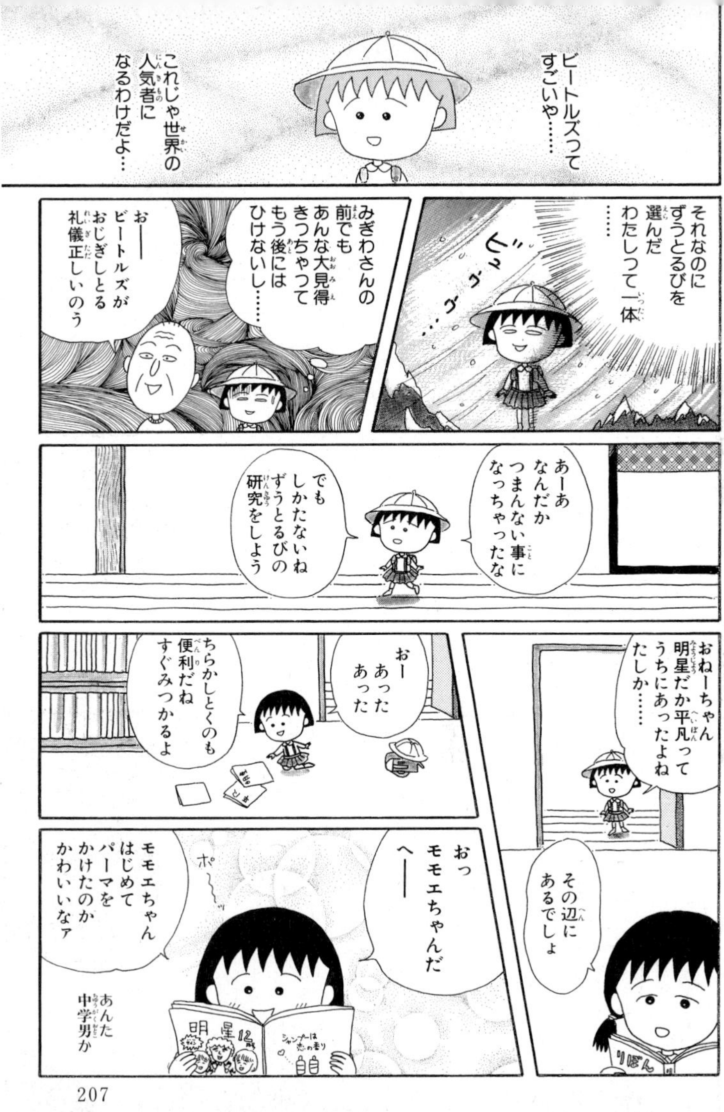
ビートルズって すごいや……
これじゃ世界の 人気者に なるわけだよ…
それなのに ずうとるびを 選んだ わたしって一体 ……
みぎわさんの 前でも あんな大見得 きっちゃって もう後には ひけないし……
おーー ビートルズが おじぎしとる 礼儀正しいのう
あーあ なんだか つまんない事に なっちゃったな
でも しかたないね ずうとるびの 研究をしよう
おねーちゃん 明星だか平凡って うちにあったよね たしか……
その辺に あるでしょ
おー あった あった
ちらかしとくのも 便利だね すぐみつかるよ
おっ モモエちゃんだ へーー
モモエちゃん はじめて パーマを かけたのか かわいいなァ
あんた 中学男か

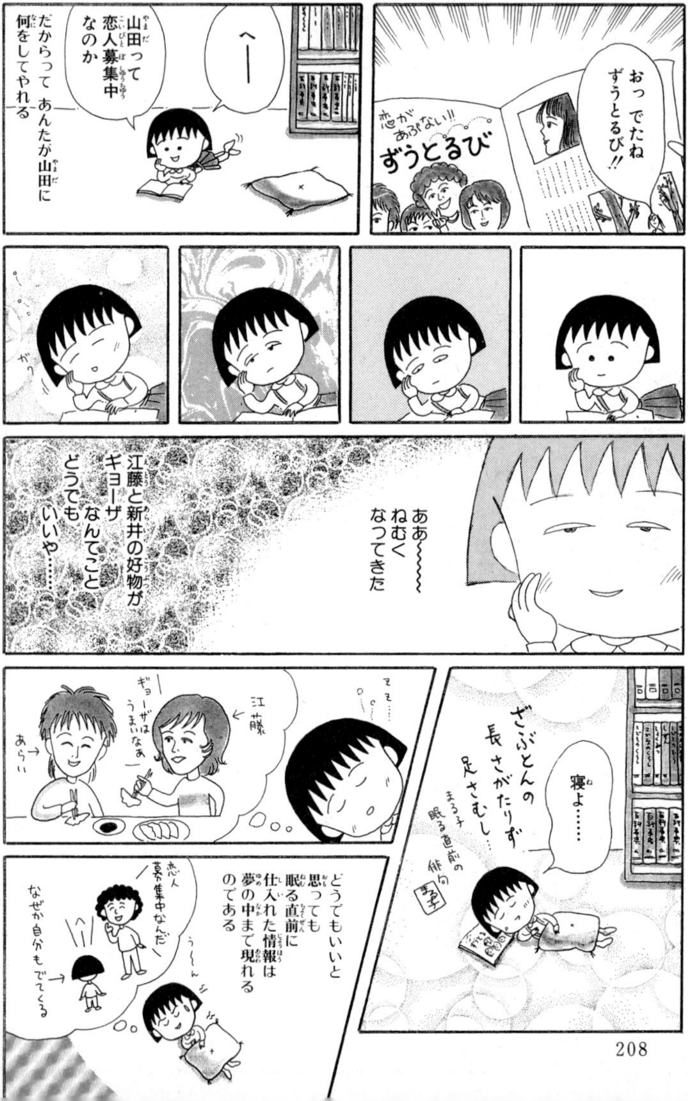
おっ でたね
ずうとるび!!
恋があぶない!!
ずうとるび
へーー
山田って
恋人募集中
なのか
だからって あんたが山田に
何をしてやれる
ああ〜〜〜
ねむく
なってきた
江藤と新井の好物が
ギョーザ なんてこと
どうでも
いいや……
寝よ……
ざぶとんの
長さがたりず
足さむし…
まる子
眠る直前の
俳句
まる子
ええ……
江藤
ギョーザは
うまいなあ
あらい
どうでもいいと
思っても
眠る直前に
仕入れた情報は
夢の中まで現れる
のである
恋人
募集中なんだ
へー
なぜか自分もでてくる
う〜ん

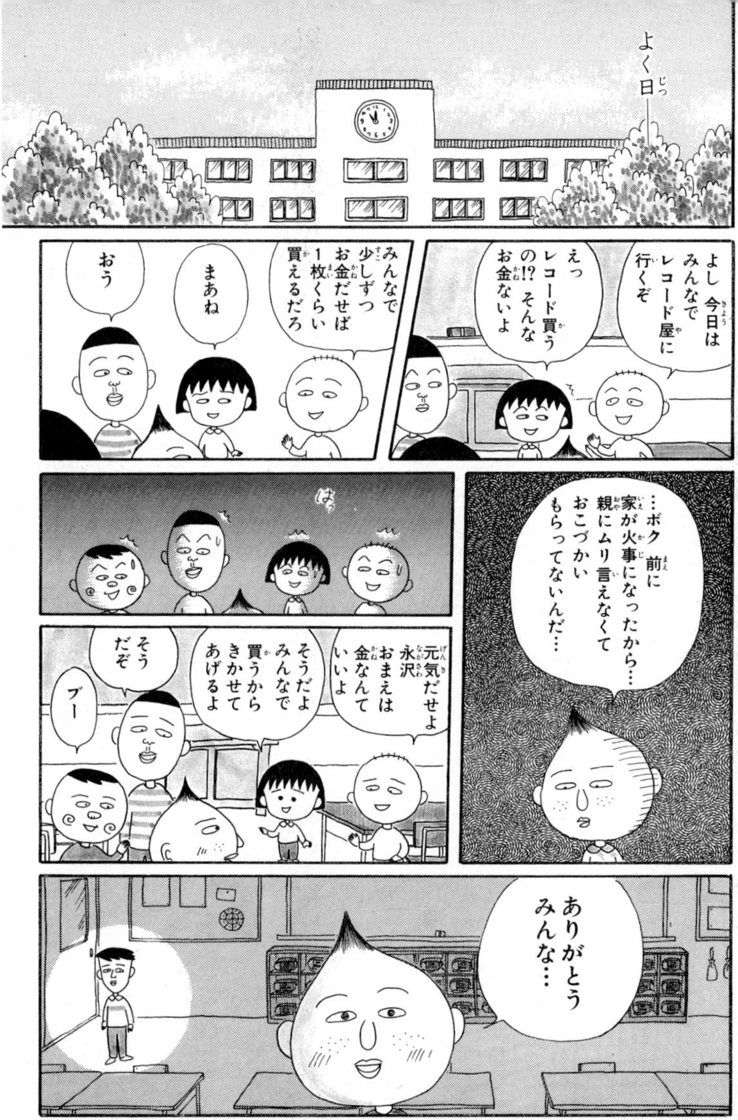

よく日
よし 今日は みんなで レコード屋に 行くぞ
えっ レコード買うの!? そんな お金ないよ
みんなで 少しずつ お金だせば 1枚くらい 買えるだろ
まあね
おう
…ボク 前に 家が火事になったから… 親にムリ言えなくて おこづかい もらってないんだ…
はっ
元気だせよ 永沢 おまえは 金なんて いいよ
そうだよ みんなで 買うから きかせて あげるよ
そう だぞ
ブー
ありがとう みんな…

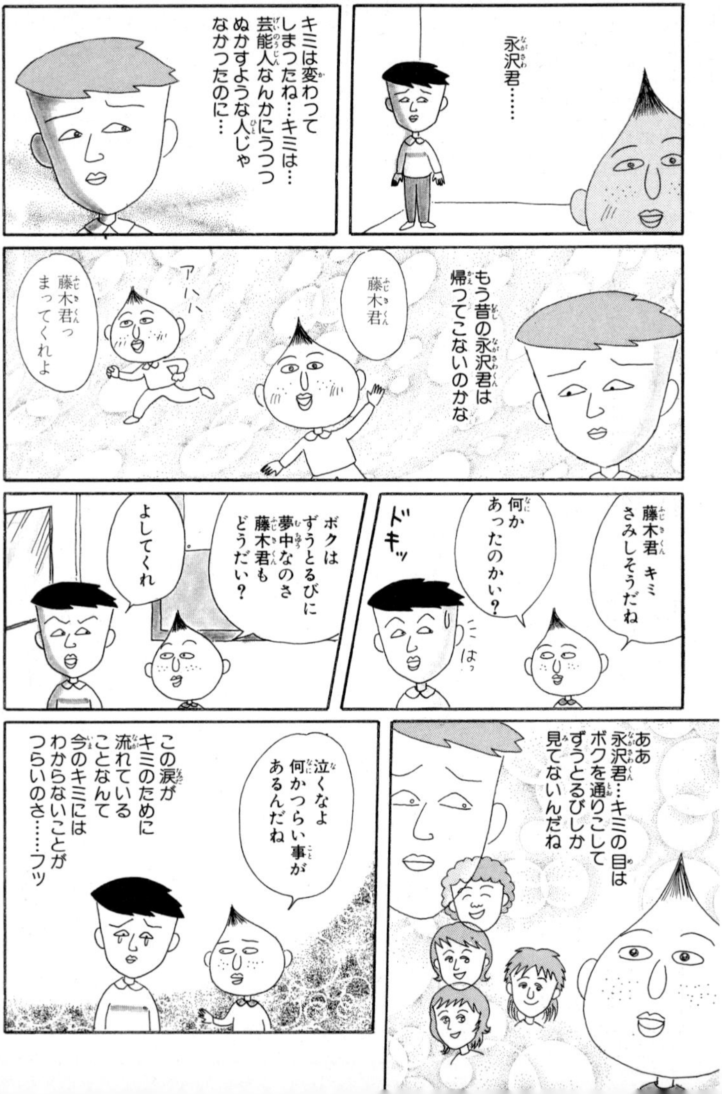
永沢君……
キミは変わってしまったね…キミは…芸能人なんかにうつつぬかすような人じゃなかったのに…
もう昔の永沢君は帰ってこないのかな
藤木君
アハハ
藤木君っまってくれよ
藤木君 キミさみしそうだね
何かあったのかい？
ドキッ
はっ
ボクはずうとるびに夢中なのさ藤木君もどうだい？
よしてくれ
ああ永沢君…キミの目はボクを通りこしてずうとるびしか見てないんだね
泣くなよ何かつらい事があるんだね
この涙がキミのために流れていることなんて今のキミにはわからないことがつらいのさ……フッ

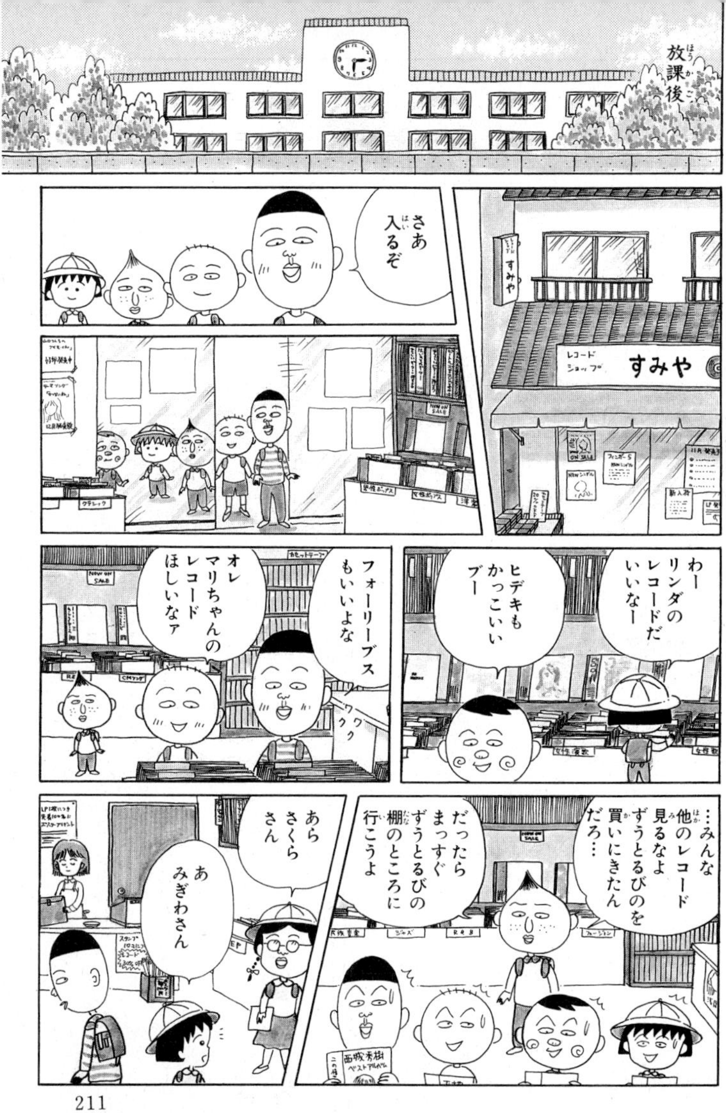
放課後
さあ入るぞ
レコードショップ すみや
わーリンダのレコードだいいなー
ヒデキもかっこいいブー
フォーリーブスもいいよな
ワクワク
オレマリちゃんのレコードほしいなァ
…みんな他のレコード見るなよずうとるびのを買いにきたんだろ…
だったらまっすぐずうとるびの棚のところに行こうよ
あらさくらさん
あみぎわさん
西城秀樹ベストアルバム

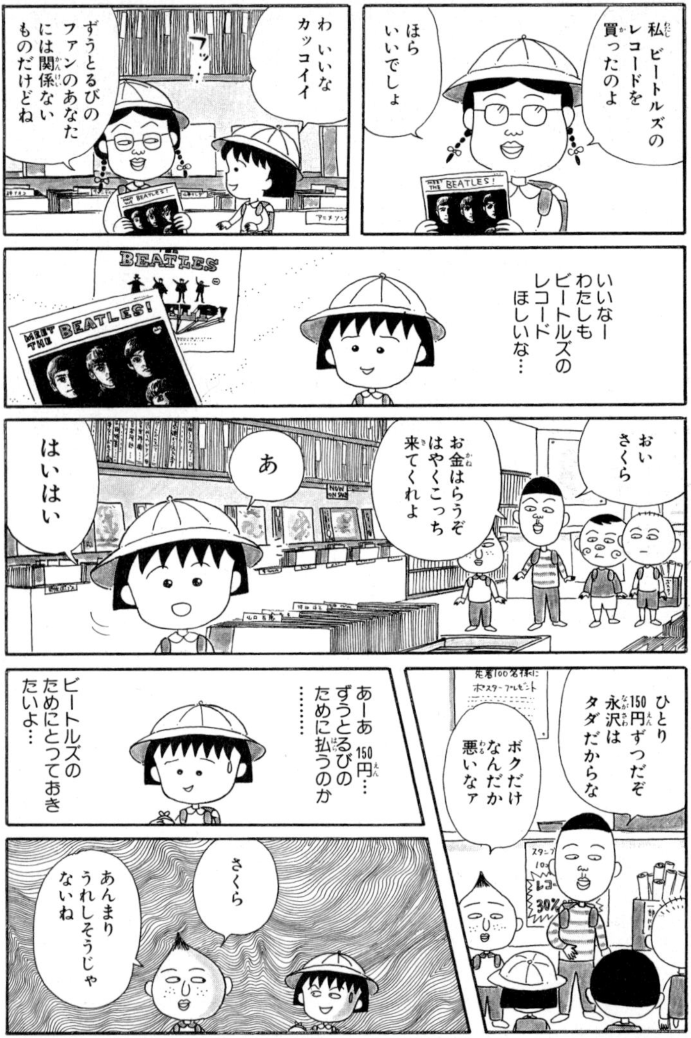

私ビートルズのレコードを買ったのよ
ほらいいでしょ
わいいなカッコイイ
フッ…
ずうとるびのファンのあなたには関係ないものだけどね
MEET THE BEATLES!
いいなーわたしもビートルズのレコードほしいな…
おいさくら
お金はらうぞはやくこっち来てくれよ
あ
はいはい
先着100名様に
ポスタープレゼント
ひとり150円ずつだぞ永沢はタダだからな
ボクだけなんだか悪いなァ
あーあ150円…ずうとるびのために払うのか……
ビートルズのためにとっておきたいよ…
さくら
あんまりうれしそうじゃないね

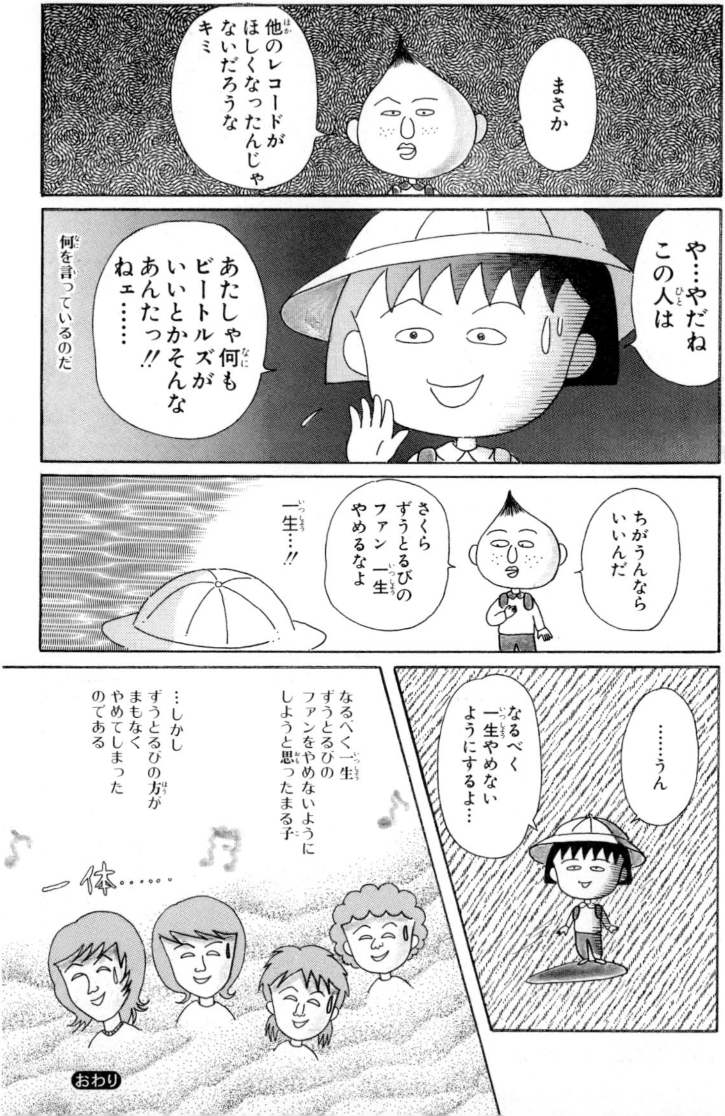
まさか
他のレコードがほしくなったんじゃないだろうなキミ
や…やだね この人は
あたしゃ何もビートルズがいいとかそんなあんたっ!!ねェ……
何を言っているのだ
ちがうんならいいんだ
さくら ずうとるびのファン一生やめるなよ
一生…!!
……うん
なるべく一生やめないようにするよ…
なるべく一生ずうとるびのファンをやめないようにしようと思ったまる子
…しかし ずうとるびの方がまもなくやめてしまったのである
一体……。
おわり

ちびまる子ちゃん まる子鍋モノさわぎの巻

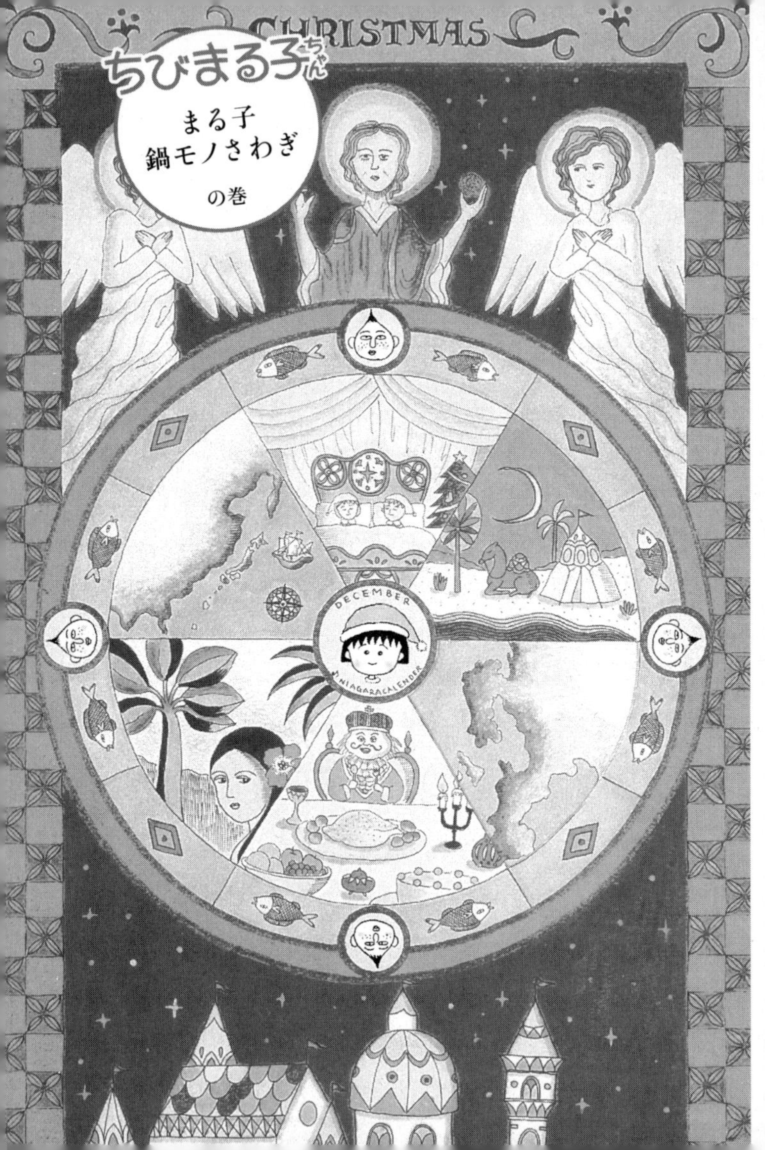

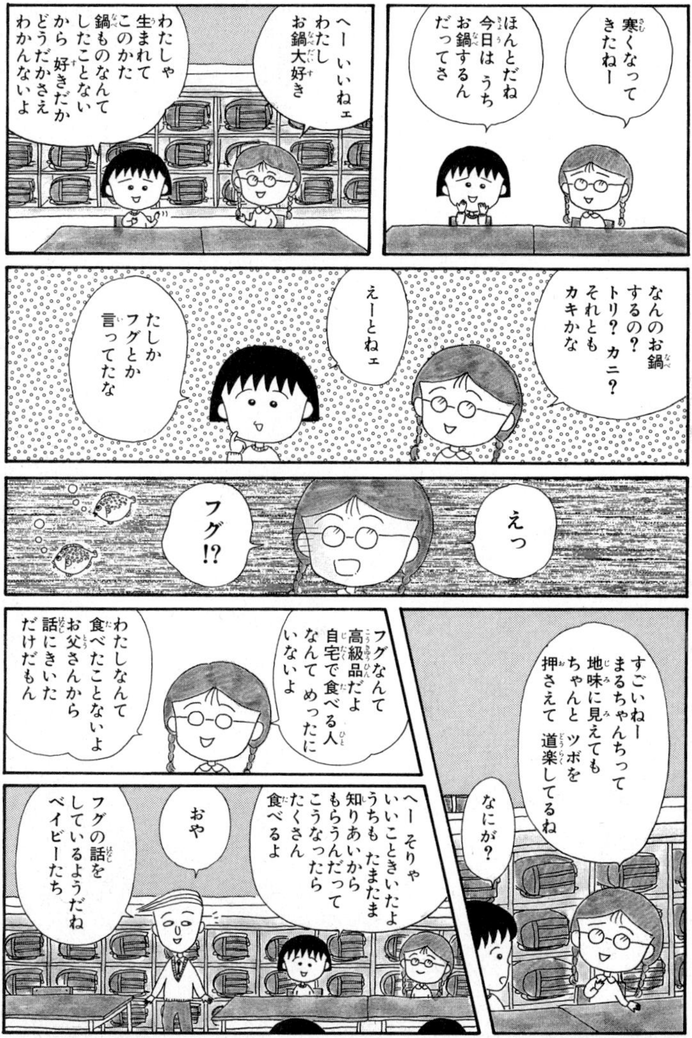

寒くなってきたねー
ほんとだね 今日は うち お鍋するんだってさ
へー いいねェ わたし お鍋大好き
わたしゃ生まれてこのかた鍋ものなんてしたことないから 好きだかどうだかさえわかんないよ
なんのお鍋するの? トリ? カニ? それともカキかな
えーとねェ
たしかフグとか言ってたな
えっ
フグ!?
すごいねー まるちゃんちって地味に見えてもちゃんと ツボを押さえて 道楽してるね
なにが?
フグなんて高級品だよ 自宅で食べる人なんて めったにいないよ
わたしなんて食べたことないよ お父さんから話にきいただけだもん
へー そりゃいいこときいたよ うちも たまたま知りあいからもらうんだって こうなったらたくさん食べるよ
おや
フグの話をしているようだね ベイビーたち

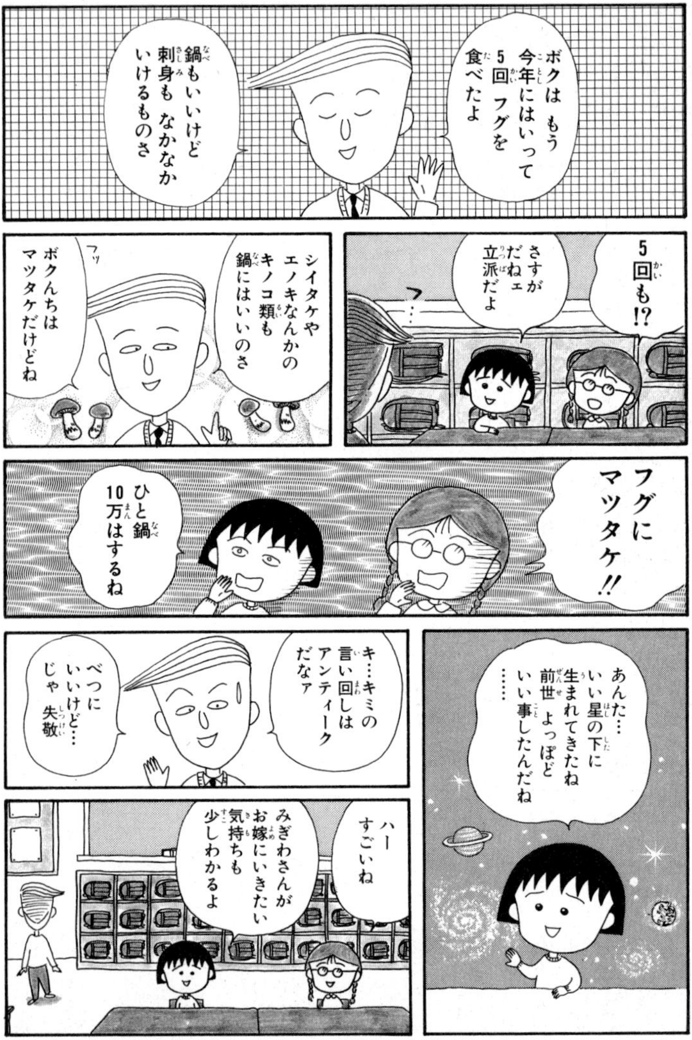

ボクは もう今年にはいって5回 フグを食べたよ
鍋もいいけど刺身も なかなかいけるものさ
5回も!?
さすがだねェ立派だよ
フ…
シイタケやエノキなんかのキノコ類も鍋にはいいのさ
フッ
ボクんちはマツタケだけどね
フグにマツタケ!!
ひと鍋10万はするね
あんた…いい星の下に生まれてきたね前世 よっぽどいい事したんだね……
キ…キミの言い回しはアンティークだなァ
べつにいいけど…じゃ 失敬
ハーすごいね
みぎわさんがお嫁にいきたい気持ちも少しわかるよ

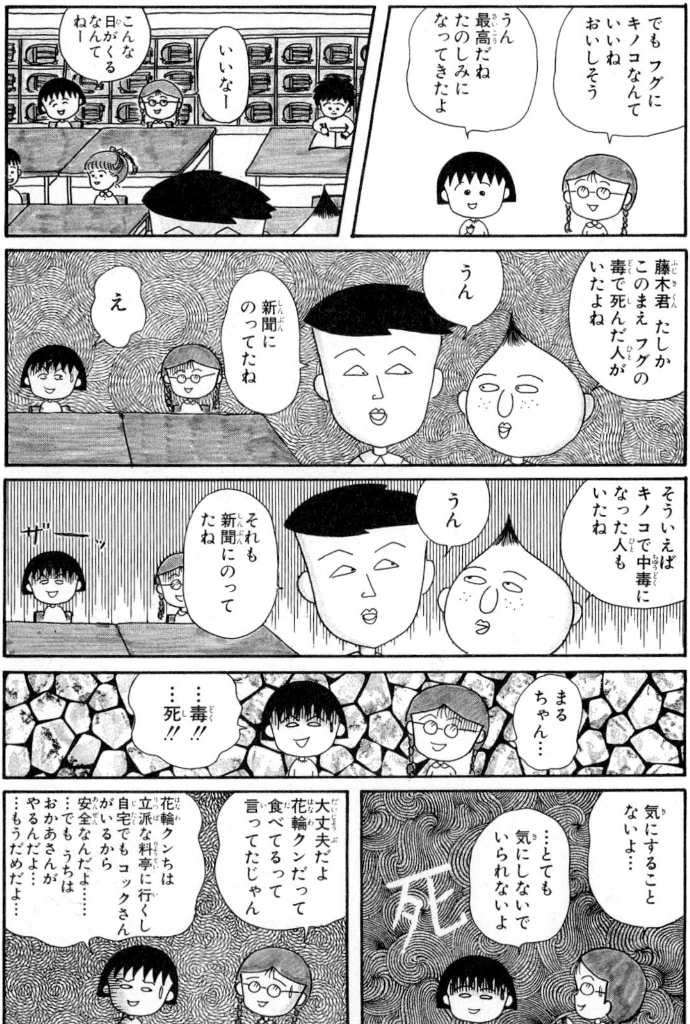
でも フグに
キノコなんて
いいね
おいしそう
うん
最高だね
たのしみに
なってきたよ
いいなー
こんな
日がくる
なんて
ねー
藤木君 たしか
このまえ フグの
毒で死んだ人が
いたよね
うん
新聞に
のってたね
え
そういえば
キノコで中毒に
なった人も
いたね
うん
それも
新聞にのって
たね
ザーーッ
まるちゃん…
…毒!!
…死!!
気にすること
ないよ…
…とても
気にしないで
いられないよ
死
大丈夫だよ
花輪クンだって
食べてるって
言ってたじゃん
花輪クンちは
立派な料亭に行くし
自宅でもコックさん
がいるから
安全なんだよ……
…でも うちは
おかあさんが
やるんだよ…
…もうだめだよ…

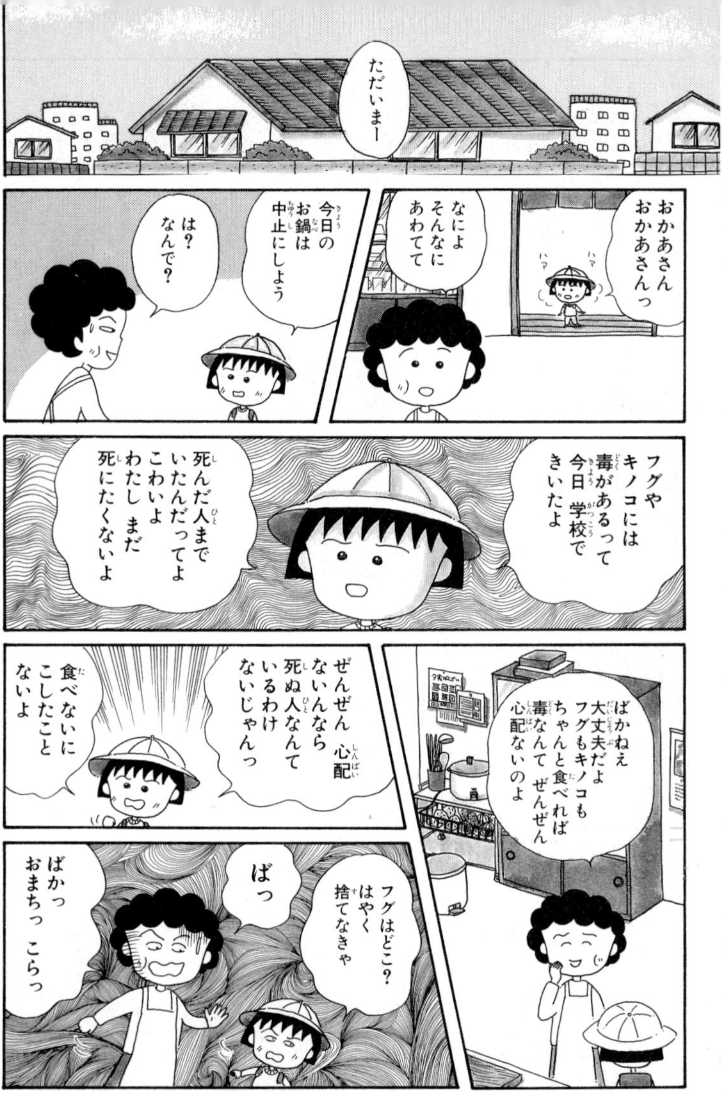
ただいまー
おかあさん おかあさんっ
ハァ ハァ
なによ そんなに あわてて
今日の お鍋は 中止にしよう
は? なんで?
フグや キノコには 毒があるって 今日 学校で きいたよ
死んだ人まで いたんだってよ こわいよ わたし まだ 死にたくないよ
ばかねえ 大丈夫だよ フグもキノコも ちゃんと食べれば 毒なんて ぜんぜん 心配ないのよ
ぜんぜん 心配 ないんなら 死ぬ人なんて いるわけ ないじゃんっ
食べないに こしたこと ないよ
フグはどこ? はやく 捨てなきゃ
ばっ
ばかっ おまちっ こらっ

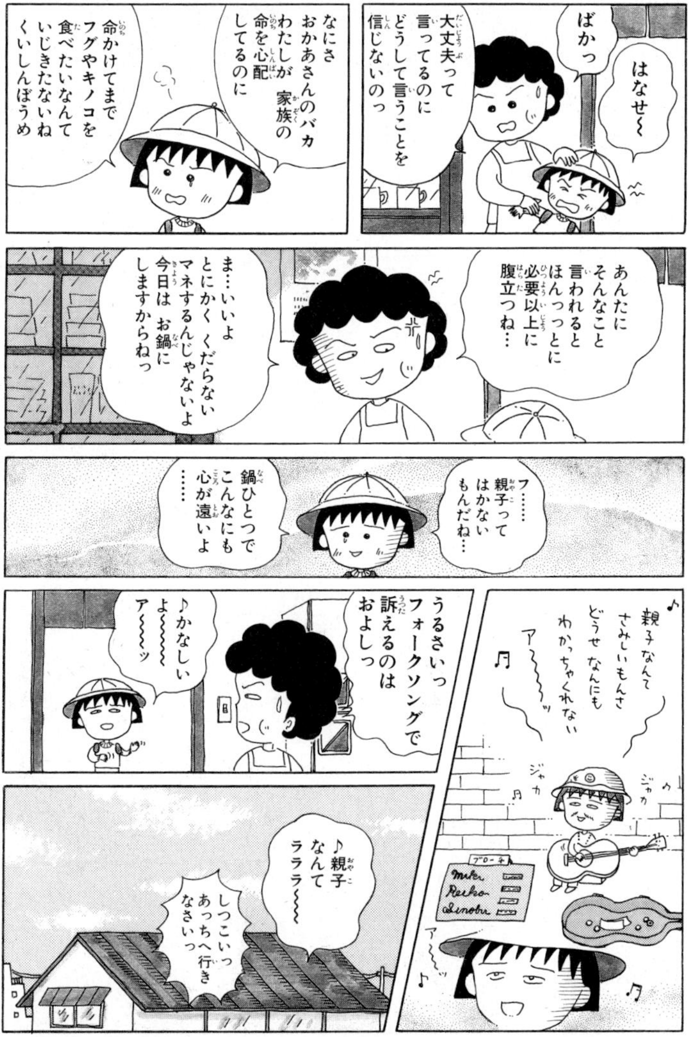
はなせ〜
ばかっ
大丈夫って言ってるのにどうして言うことを信じないのっ
なにさ おかあさんのバカ わたしが 家族の命を心配してるのに
命かけてまでフグやキノコを食べたいなんていじきたないね くいしんぼうめ
あんたにそんなこと言われるとほんっとに必要以上に腹立つね…
ま…いいよ とにかく くだらないマネするんじゃないよ 今日は お鍋にしますからねっ
フ……親子ってはかないもんだね…
鍋ひとつでこんなにも心が遠いよ……
♪親子なんて さみしいもんさ どうせ なんにも わかっちゃくれない ア〜〜〜ッ
ジャカ
ジャカ
ア〜〜ッ
うるさいっ フォークソングで訴えるのはおよしっ
♪かなしいよ〜〜〜ア〜〜〜ッ
♪親子なんてラララ〜〜〜
しつこいっ あっちへ行きなさいっ

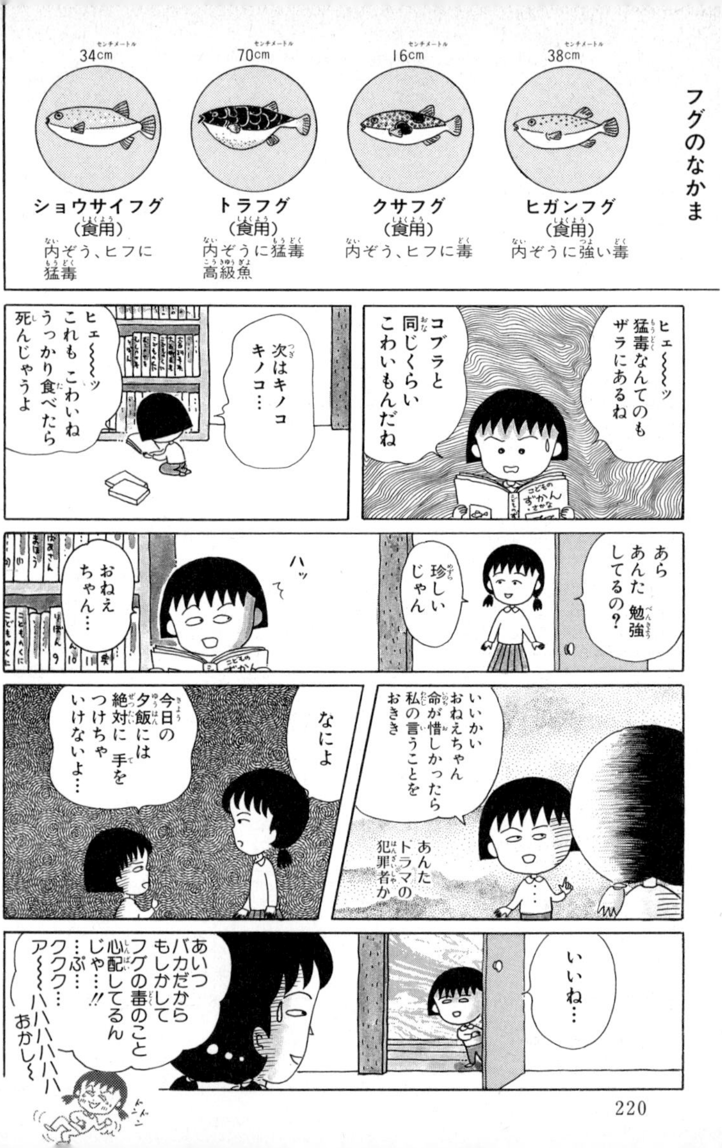
フグのなかま
38cm
ヒガンフグ
(食用)
内ぞうに強い毒
16cm
クサフグ
(食用)
内ぞう、ヒフに毒
70cm
トラフグ
(食用)
内ぞうに猛毒
高級魚
34cm
ショウサイフグ
(食用)
内ぞう、ヒフに猛毒
ヒェ〜〜ッ 猛毒なんてのもザラにあるね
コブラと同じくらいこわいもんだね
こどものずかん さかな
次はキノコ キノコ…
ヒェ〜〜ッ これも こわいね うっかり食べたら死んじゃうよ
あら あんた 勉強してるの?
珍しいじゃん
ハッ
おねえちゃん…
いいかい おねえちゃん 命が惜しかったら 私の言うことをおきき
あんた ドラマの犯罪者か
なによ
今日の夕飯には 絶対に 手をつけちゃいけないよ…
いいね…
あいつ バカだから もしかして フグの毒のこと 心配してるんじゃ…!! …ぷ… ククク…
ア〜〜ハハハハハ おかし〜

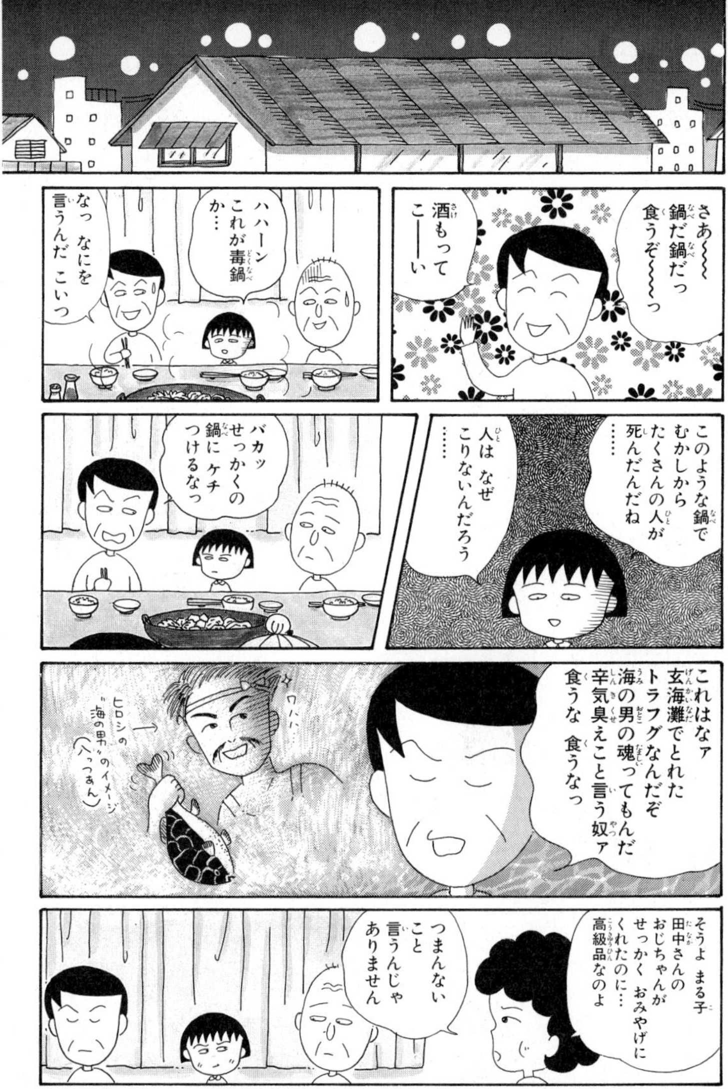
さあ〜〜 鍋だ鍋だっ 食うぞ〜〜っ
酒もって こ――い
ハハーン これが毒鍋か…
なっ なにを言うんだ こいつ
このような鍋で むかしから たくさんの人が 死んだんだね……
人は なぜ こりないんだろう……
バカッ せっかくの 鍋にケチ つけるなっ
これはなァ 玄海灘でとれた トラフグなんだぞ 海の男の魂ってもんだ 辛気臭えこと言う奴ァ 食うな 食うなっ
ヒロシの "海の男"のイメージ (八っつぁん)
そうよ まる子 田中さんの おじちゃんが せっかく おみやげに くれたのに… 高級品なのよ
つまんない こと 言うんじゃ ありません

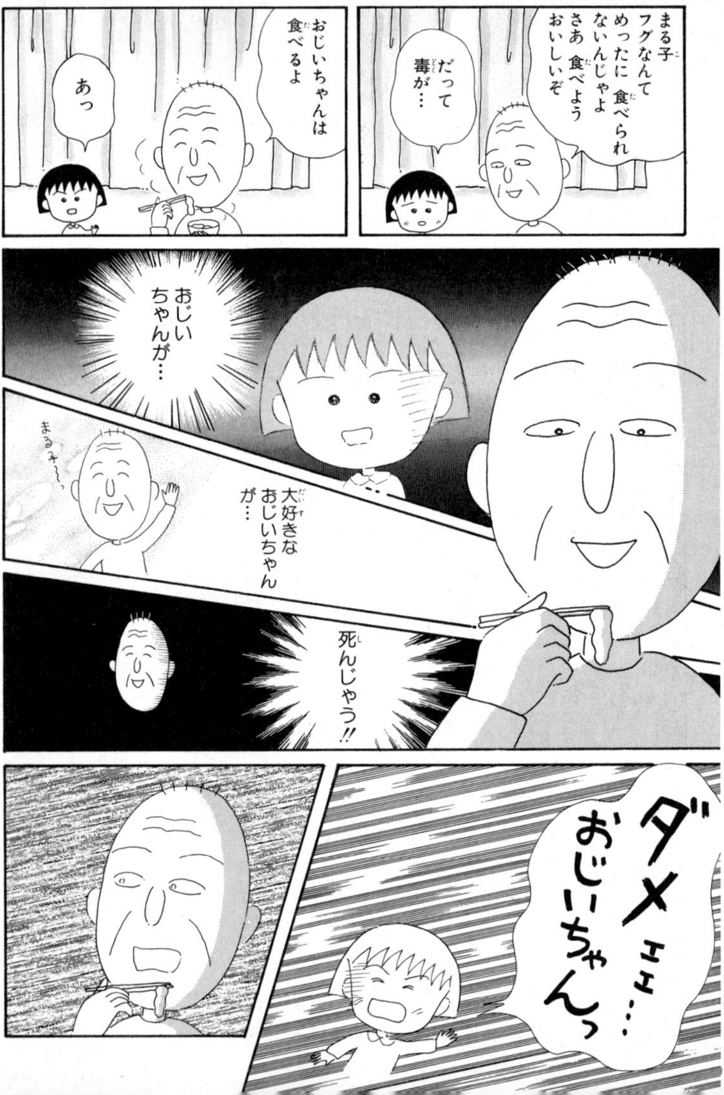
まる子 フグなんて めったに 食べられ ないんじゃよ さあ 食べよう おいしいぞ
だって 毒が…
おじいちゃんは 食べるよ
あっ
おじいちゃんが…
大好きな おじいちゃん が…
まる子〜っ
死んじゃう!!
ダメェェ…おじいちゃんっ

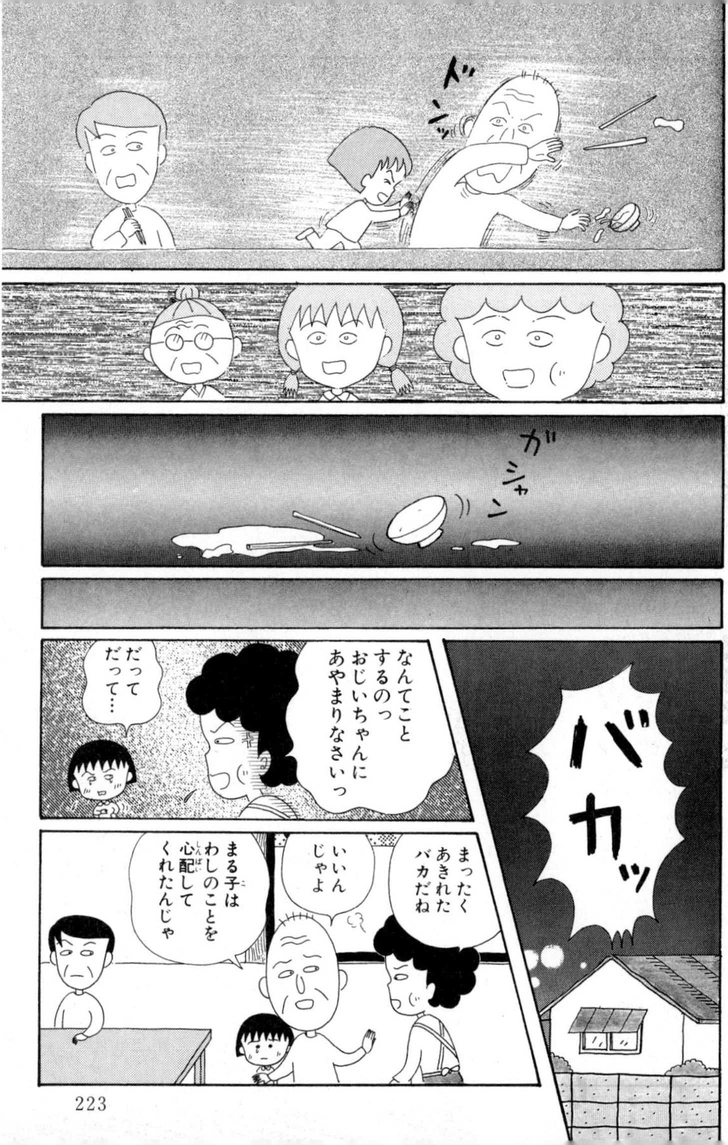
ドンッ
ガシャン
バカッ
なんてこと するのっ おじいちゃんに あやまりなさいっ
だって だって…
まったく あきれた バカだね
いいん じゃよ
まる子は わしのことを 心配して くれたんじゃ

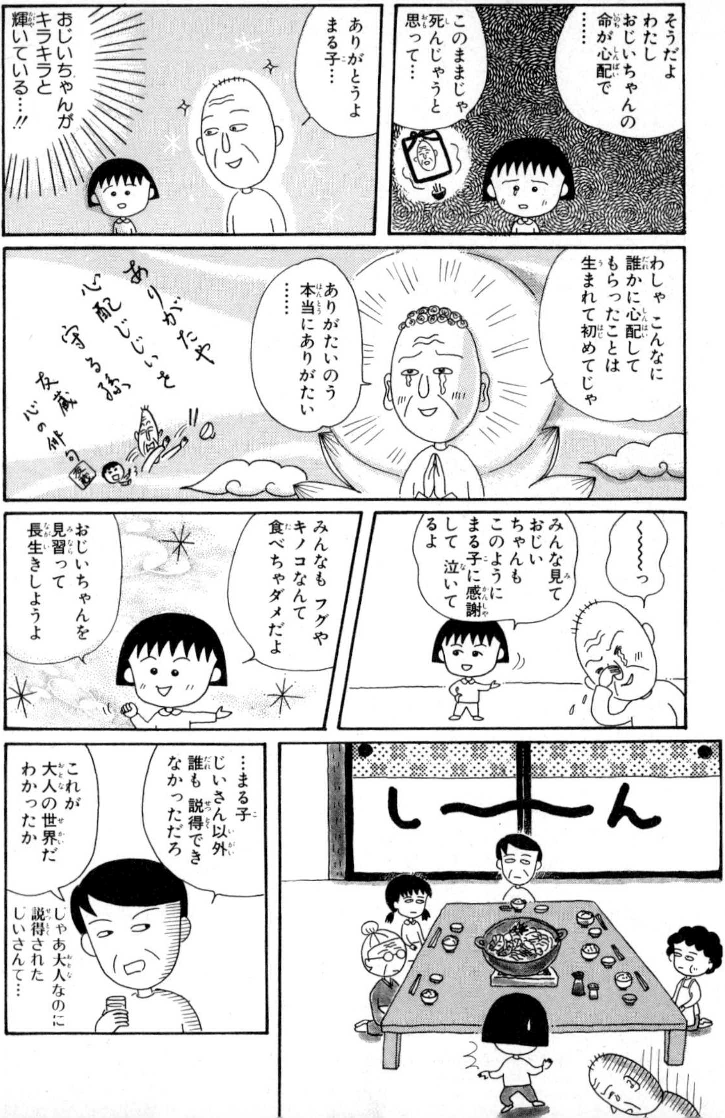

そうだよ わたし おじいちゃんの 命が心配で ……
このままじゃ 死んじゃうと 思って…
ありがとうよ まる子…
おじいちゃんが キラキラと 輝いている…!!
わしゃ こんなに 誰かに心配して もらったことは 生まれて初めてじゃ
ありがたいのう 本当にありがたい ……
ありがたや 心配じじいを 守る孫っ
友蔵 心の俳句
くぅ〜〜〜っ
みんな見て おじいちゃんも このように まる子に感謝して 泣いてるよ
みんなも フグや キノコなんて 食べちゃダメだよ
おじいちゃんを 見習って 長生きしようよ
し〜〜ん
…まる子 じいさん以外 誰も 説得できなかっただろ
これが 大人の世界だ わかったか
じゃあ大人なのに 説得された じいさんて…

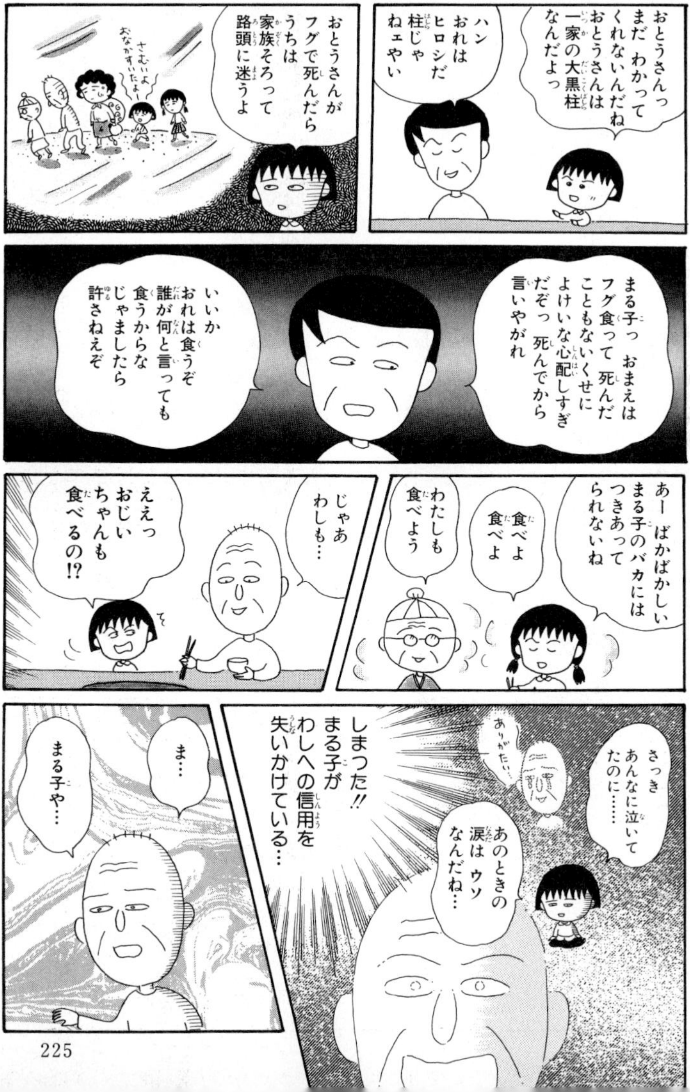

おとうさんっ まだ わかって くれないんだね おとうさんは 一家の大黒柱 なんだよっ
ハン おれは ヒロシだ 柱じゃ ねェやい
おとうさんが フグで死んだら うちは 家族そろって 路頭に迷うよ
さむいよ おなかすいたよ～
まる子っ おまえは フグ食って 死んだ こともないくせに よけいな心配しすぎ だぞっ 死んでから 言いやがれ
いいか おれは食うぞ 誰が何と言っても 食うからな じゃましたら 許さねえぞ
あー ばかばかしい まる子のバカには つきあって られないね
食べよ 食べよ
わたしも 食べよう
じゃあ わしも…
ええっ おじいちゃんも 食べるの⁉
さっき あんなに泣いて たのに……
ありがたい…
あのときの 涙は ウソ なんだね…
しまった‼ まる子が わしへの信用を 失いかけている…
ま…
まる子や…

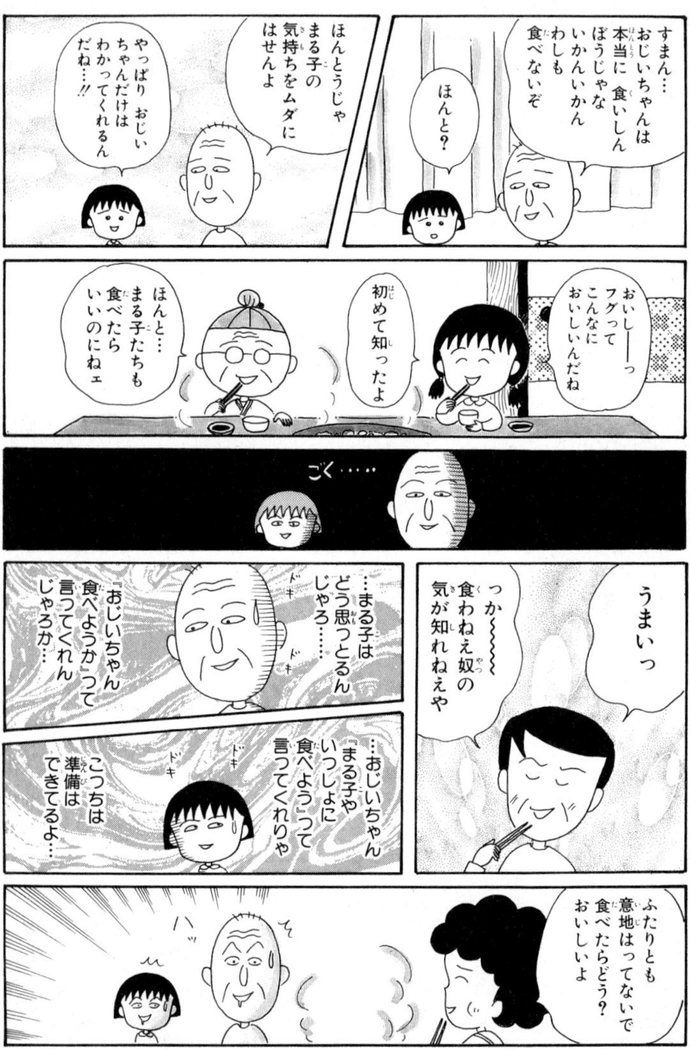
すまん…
おじいちゃんは
本当に 食いしん
ぼうじゃな
いかんいかん
わしも
食べないぞ
ほんと？
ほんとうじゃ
まる子の
気持ちをムダに
はせんよ
やっぱり おじい
ちゃんだけは
わかってくれるん
だね…!!
おいしー—っ
フグって
こんなに
おいしいんだね
初めて知ったよ
ほんと…
まる子たちも
食べたら
いいのにねェ
ごく……
うまいっ
つか〰〰
食わねえ奴の
気が知れねえや
…まる子は
どう思っとるん
じゃろ……
ドキ ドキ
『おじいちゃん
食べようか』って
言ってくれん
じゃろか…
…おじいちゃん
『まる子や
いっしょに
食べよう』って
言ってくれりゃ
ドキ ドキ
こっちは
準備は
できてるよ…
ふたりとも
意地はってないで
食べたらどう？
おいしいよ
ハッ

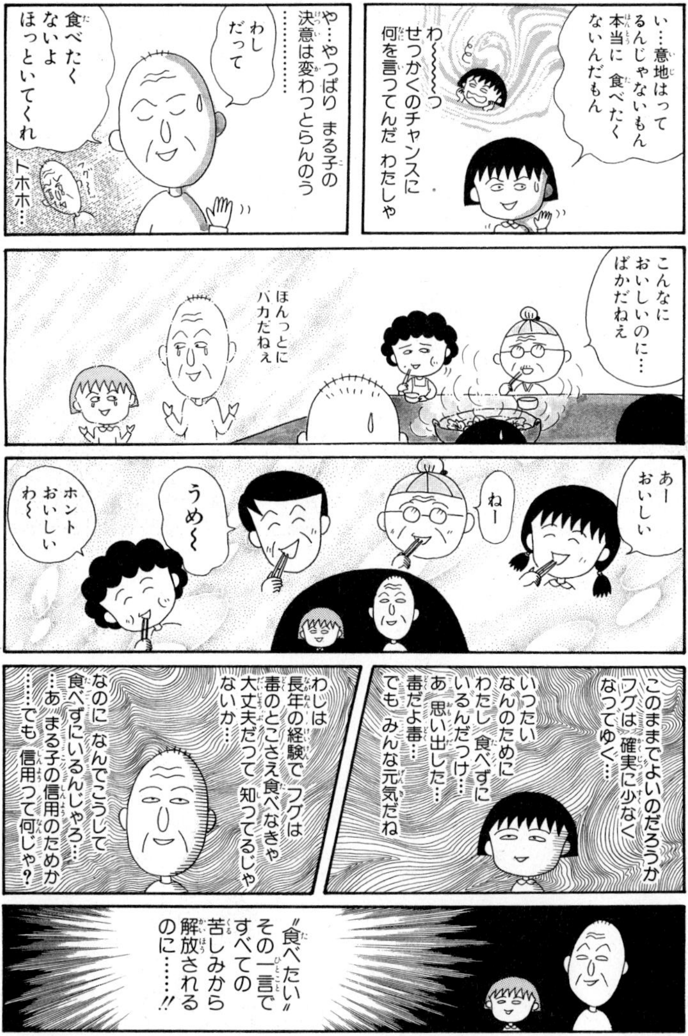
い…意地はってるんじゃないもん
本当に 食べたくないんだもん
わ〜〜〜っ
せっかくのチャンスに 何を言ってんだ わたしゃ
わし だって
や…やっぱり まる子の決意は変わっとらんのう……………
食べたく ないよ ほっといてくれ
フグ〜
トホホ…
こんなに おいしいのに… ばかだねぇ
ほんっとに バカだねぇ
あー おいしい
ねー
うめ〜
ホント おいしい わ〜
このままでよいのだろうか フグは 確実に少なく なってゆく…
いったい なんのために わたし 食べずに いるんだっけ… あ 思い出した… 毒だよ毒… でも みんな元気だね
わしは 長年の経験で フグは 毒のとこさえ食べなきゃ 大丈夫だって 知ってるじゃ ないか…
なのに なんでこうして 食べずにいるんじゃろ… …あ まる子の信用のためか ……でも 信用って何じゃ?
〝食べたい〟 その一言で すべての 苦しみから 解放される のに……!!

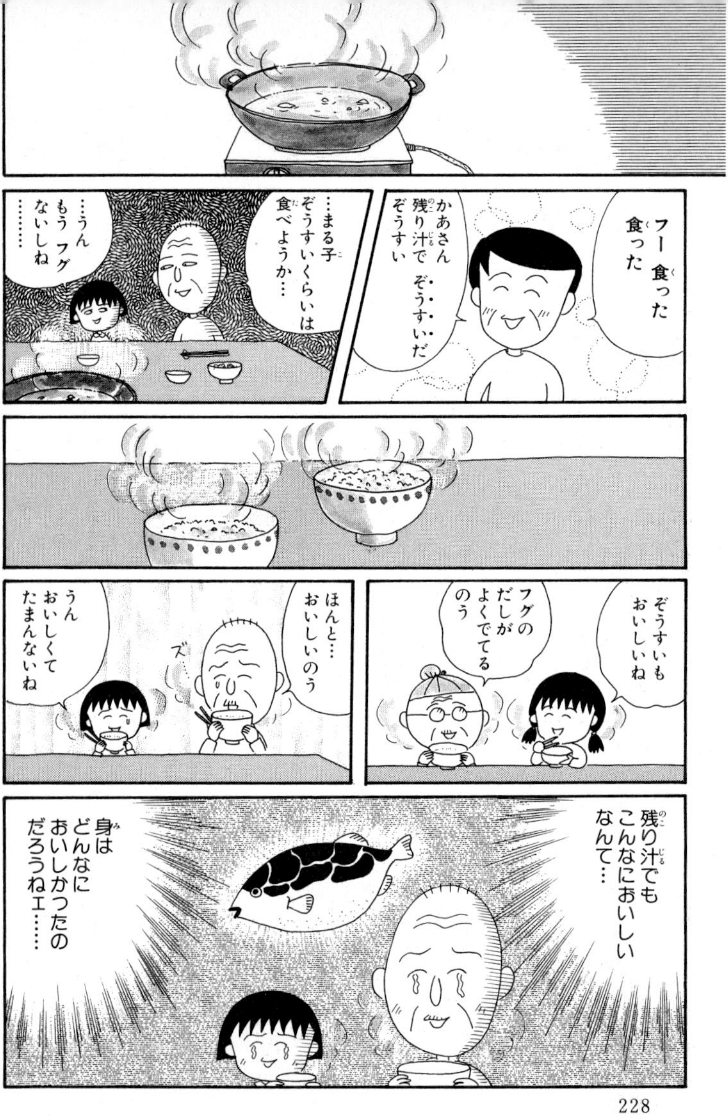
フー 食った
かあさん 残り汁で ぞうすいだ ぞうすい
…まる子 ぞうすいくらいは 食べようか…
…うん もう フグ ないしね ………
ぞうすいも おいしいね
フグの だしが よくでてる のう
ほんと… おいしいのう
ズ…
うん おいしくて たまんないね
残り汁でも こんなにおいしい なんて…
身は どんなに おいしかったの だろうねエ……

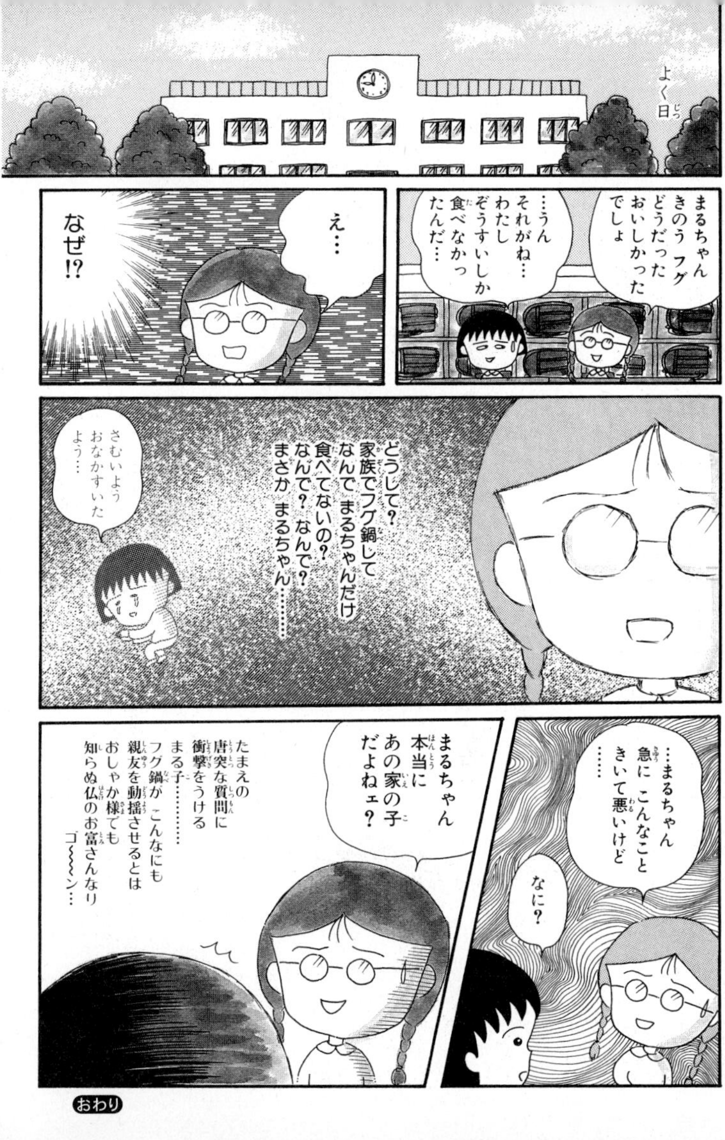

よく日
まるちゃん きのう フグ どうだった おいしかった でしょ
…うん それがね… わたし ぞうすいしか 食べなかったんだ…
え…
なぜ!?
どうして? 家族でフグ鍋して なんでまるちゃんだけ 食べてないの? なんで? なんで? まさか まるちゃん………
さむいよう おなかすいた よう…
…まるちゃん 急に こんなこと きいて悪いけど ……
なに?
まるちゃん 本当に あの家の子 だよねェ?
たまえの 唐突な質問に 衝撃をうける まる子………
フグ鍋が こんなにも 親友を動揺させるとは おしゃか様でも 知らぬ仏のお富さんなり
ゴ〜〜ン…
おわり

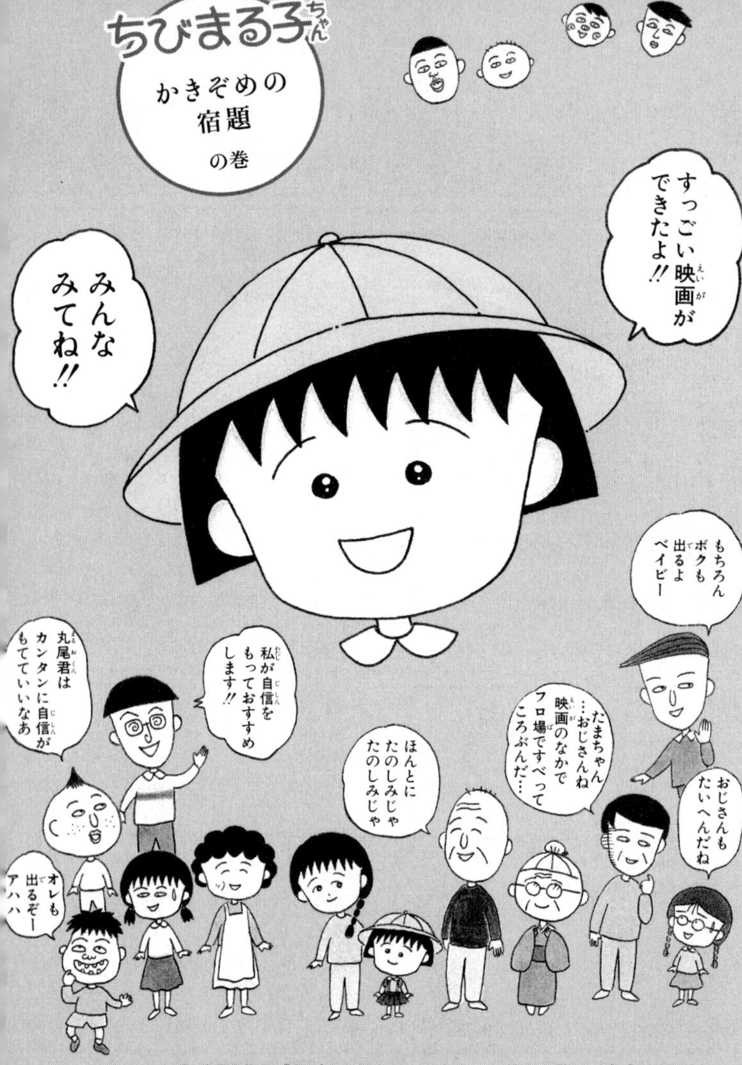

この頃 映画2作目『ちびまる子ちゃん―わたしの好きな歌』が完成しました

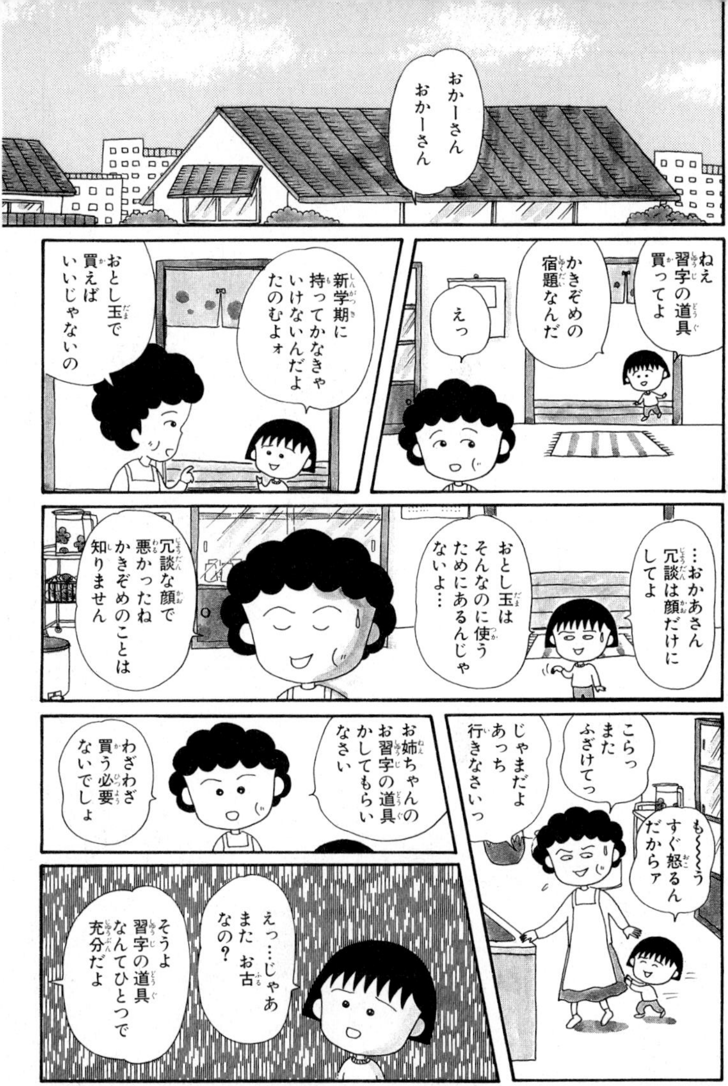
おかーさん おかーさん
ねえ 習字の道具買ってよ
かきぞめの宿題なんだ
えっ
新学期に持ってかなきゃいけないんだよ たのむよォ
おとし玉で買えばいいじゃないの
…おかあさん 冗談は顔だけにしてよ
おとし玉はそんなのに使うためにあるんじゃないよ…
冗談な顔で悪かったね かきぞめのことは知りません
こらっ また ふざけてっ
じゃまだよ あっち行きなさいっ
も〜〜う すぐ怒るんだからァ
お姉ちゃんのお習字の道具かしてもらいなさい
わざわざ買う必要ないでしょ
えっ…じゃあ また お古なの？
そうよ 習字の道具なんてひとつで充分だよ

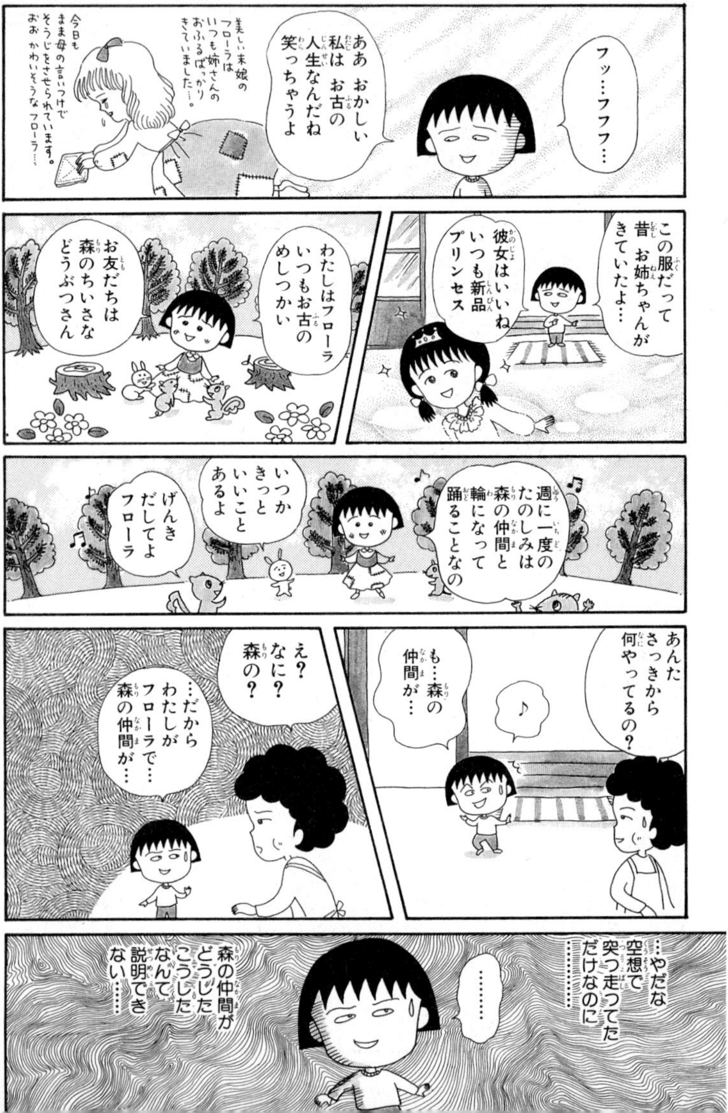
フッ…フフフ…
ああ おかしい 私は お古の 人生なんだね 笑っちゃうよ
美しい末娘のフローラはいつも姉さんのおふるばっかりきていました…。
今日もまま母の言いつけでそうじをさせられています。おお かわいそうな フローラ…。
この服だって 昔 お姉ちゃんが きていたよ…
彼女はいいね いつも新品 プリンセス
わたしはフローラ いつもお古の めしつかい
お友だちは 森のちいさな どうぶつさん
週に一度の たのしみは 森の仲間と 輪になって 踊ることなの
いつか きっと いいこと あるよ
げんき だしてよ フローラ
あんた さっきから 何やってるの?
♪
も…森の 仲間が…
え? なに? 森の?
…だから わたしが フローラで… 森の仲間が…
…やだな 空想で 突っ走ってた だけなのに ………
………
森の仲間が どうした こうした なんて 説明でき ない……

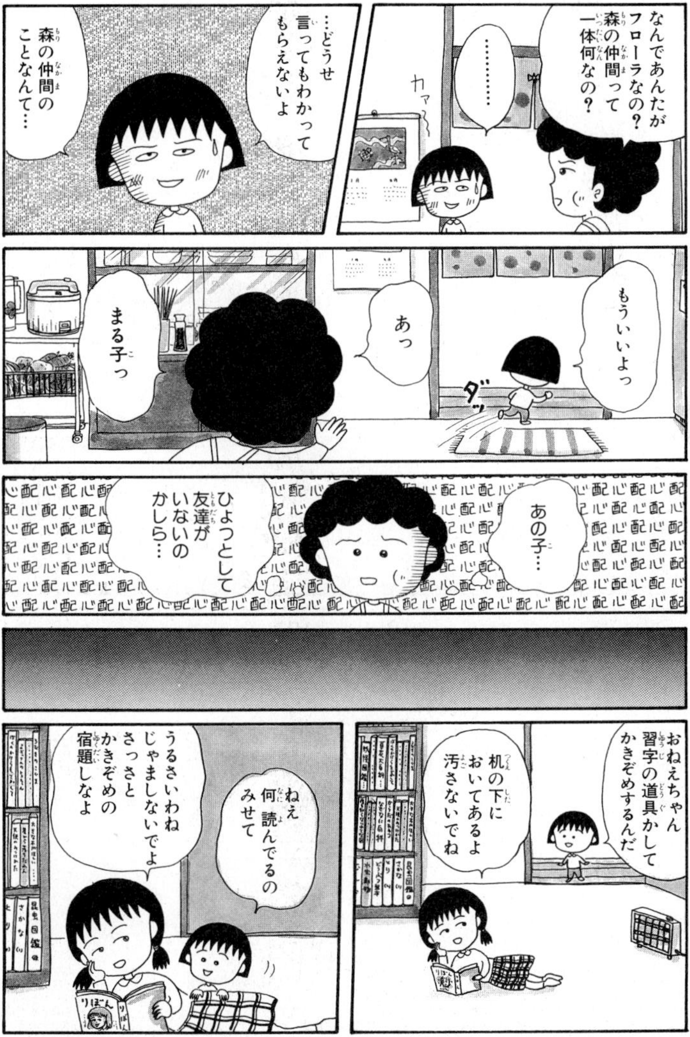
なんであんたがフローラなの?森の仲間って一体何なの?
………
カァ〜
…どうせ言ってもわかってもらえないよ
森の仲間のことなんて…
もういいよっ
ダッ
あっ
まる子っ
あの子…
ひょっとして友達がいないのかしら…
おねえちゃん習字の道具かしてかきぞめするんだ
机の下においてあるよ汚さないでね
ねえ何読んでるのみせて
うるさいわねじゃましないでよさっさとかきぞめの宿題しなよ
りぼん

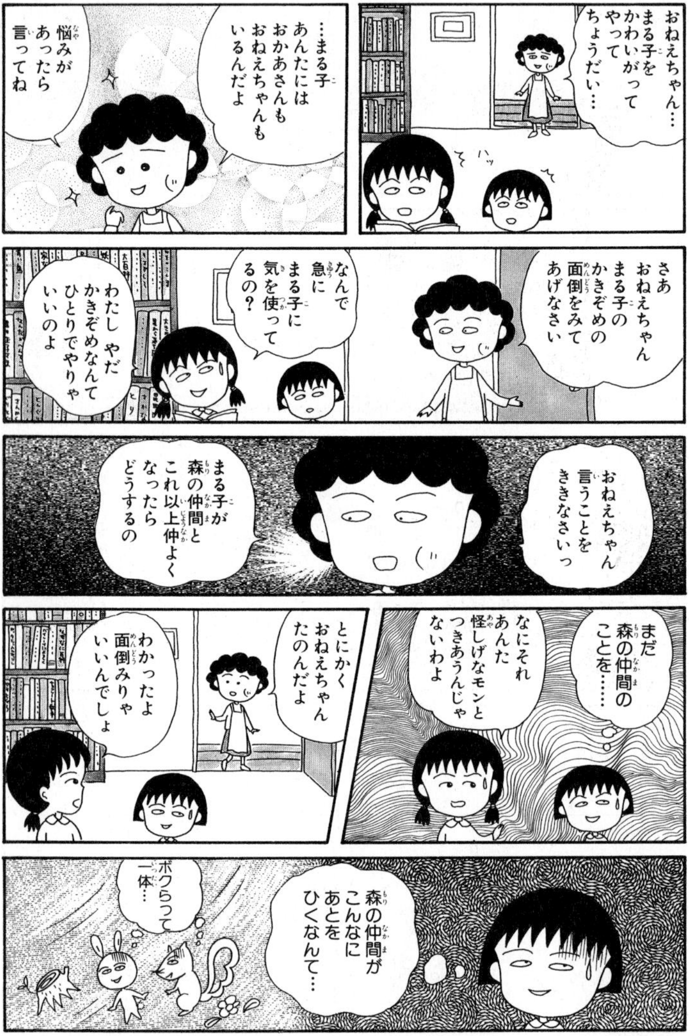
おねえちゃん…まる子をかわいがってやってちょうだい…
ハッ
…まる子 あんたにはおかあさんもおねえちゃんもいるんだよ
悩みがあったら言ってね
さあ おねえちゃん まる子のかきぞめの面倒をみてあげなさい
なんで急にまる子に気を使ってるの？
わたしやだ かきぞめなんてひとりでやりゃいいのよ
おねえちゃん 言うことをききなさいっ
まる子が森の仲間とこれ以上仲よくなったらどうするの
まだ森の仲間のことを……
なにそれ あんた怪しげなモンとつきあうんじゃないわよ
とにかくおねえちゃんたのんだよ
わかったよ 面倒みりゃいいんでしょ
森の仲間がこんなにあとをひくなんて…
ボクらって一体…

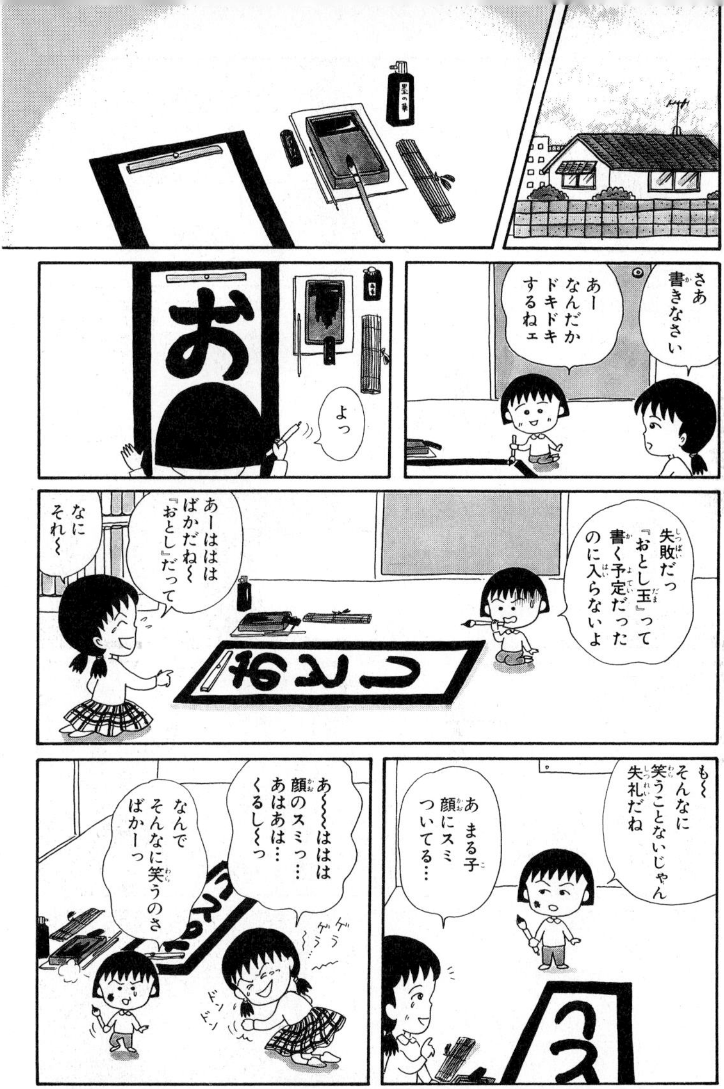
墨の華
さあ 書きなさい
あー なんだか ドキドキ するねェ
よっ
失敗だっ 『おとし玉』って 書く予定だった のに入らないよ
あーははは ばかだね〜 『おとし』だって
なに それ〜
も〜 そんなに 笑うことないじゃん 失礼だね
あ まる子 顔にスミ ついてる…
あ〜〜ははは 顔のスミっ… あはあは… くるし〜っ
なんで そんなに 笑うのさ ばかーっ
ゲラゲラ
ドンドン

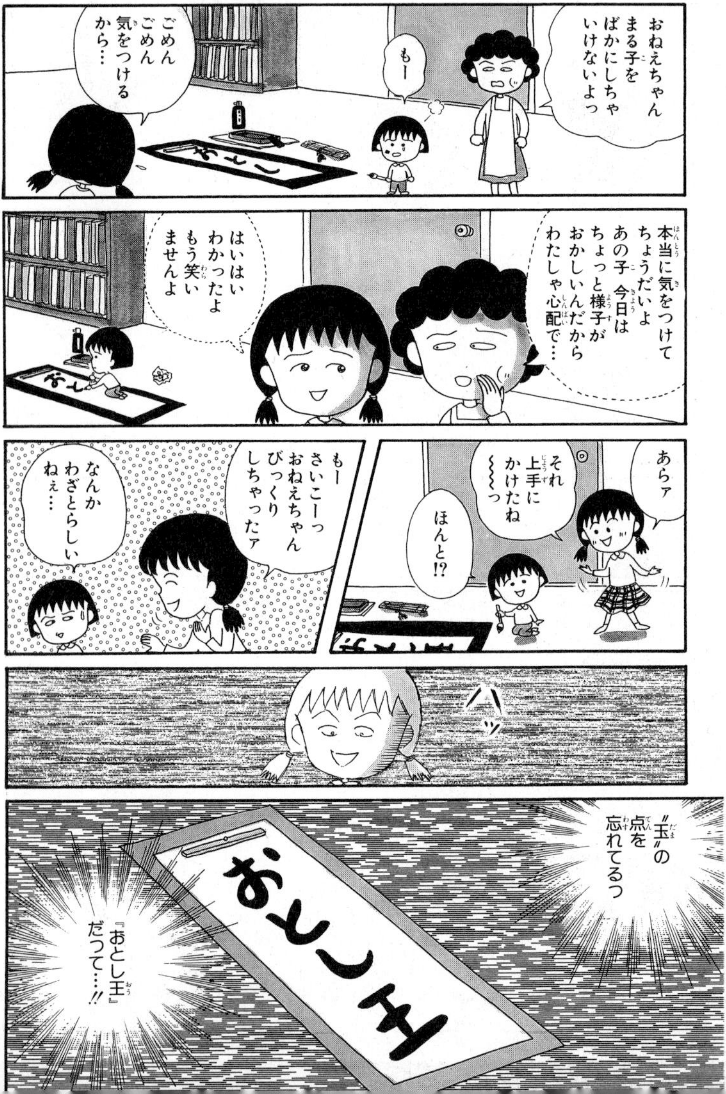
おねえちゃん まる子を ばかにしちゃ いけないよっ
もー
ごめん ごめん 気をつける から…
本当に気をつけて ちょうだいよ あの子 今日は ちょっと様子が おかしいんだから わたしゃ心配で…
はいはい わかったよ もう笑い ませんよ
あらァ
それ 上手に かけたね〜〜っ
ほんと!?
もー さいこーっ おねえちゃん びっくり しちゃったァ
なんか わざとらしい ねぇ…
ハッ
〝玉〟の 点を 忘れてるっ
おとし王
『おとし王』 だって…!!

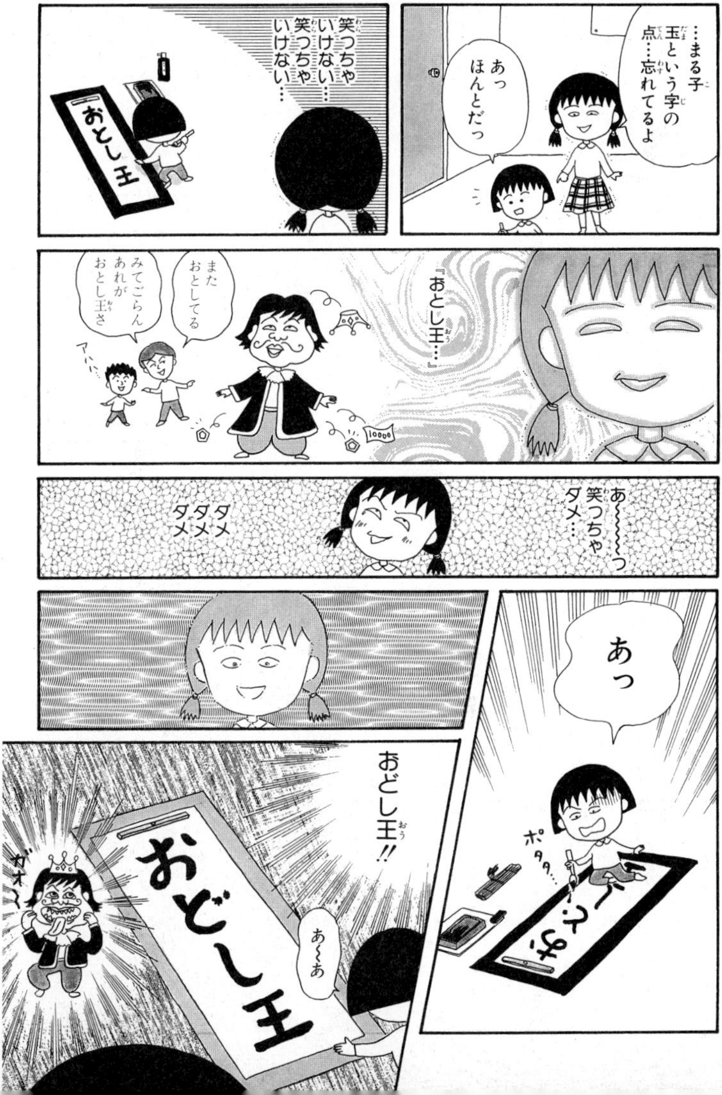
…まる子
玉という字の
点…忘れてるよ
あっ
ほんとだっ
笑っちゃ
いけない…
笑っちゃ
いけない…
おとし王
『おとし王…』
また
おとしてる
みてごらん
あれが
おとし王さ
アハハ
10000
あ〜〜〜っ
笑っちゃ
ダメ…
ダメ
ダメ
ダメ
あっ
ポタタ…
おどし王!!
ガオ〜
あ〜あ
おどし王

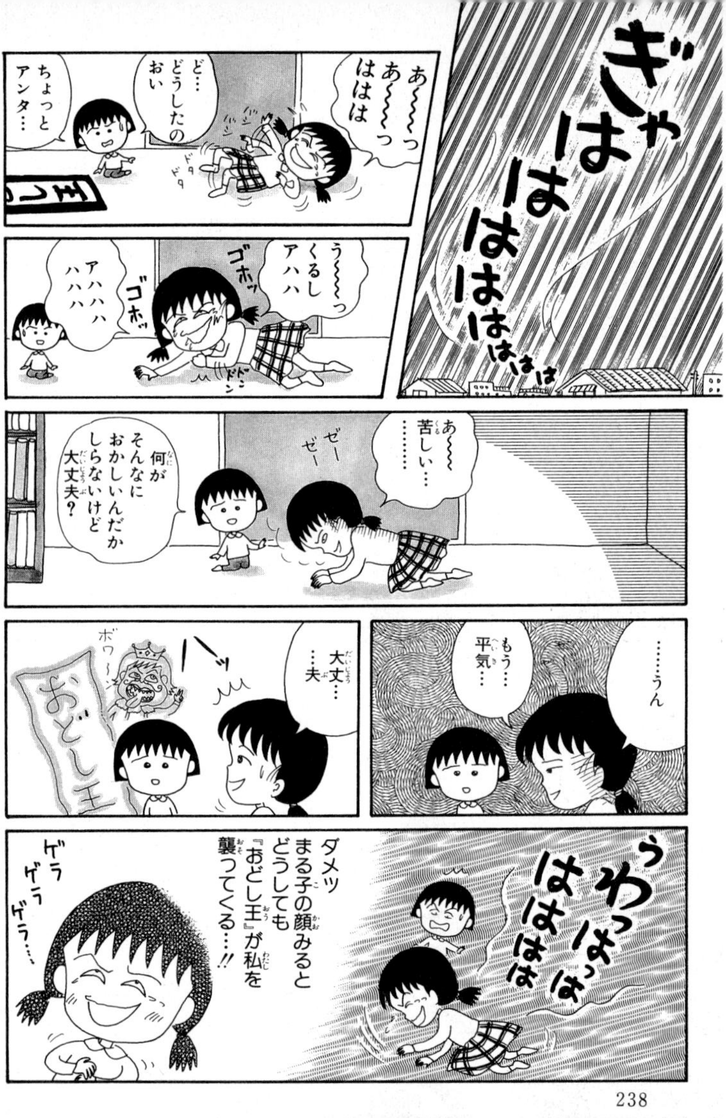

ぎゃはははははははは
あ〜〜〜っ
あ〜〜〜っ
ははは
ど…
どうしたの
おい
ちょっと
アンタ…
う〜〜〜っ
くるし
アハハ
ゴホッ
ゴホッ
アハハハ
ハハハ
あ〜〜〜
苦しい…
………
ゼー
ゼー
何が
そんなに
おかしいんだか
しらないけど
大丈夫?
……うん
もう…
平気…
大丈…
…夫
ハッ
ボワ〜ン
おどし王
うわっはっはははは
ダメッ
まる子の顔みると
どうしても
『おどし王』が私を
襲ってくる…!!
ゲラ
ゲラ
ゲラ…

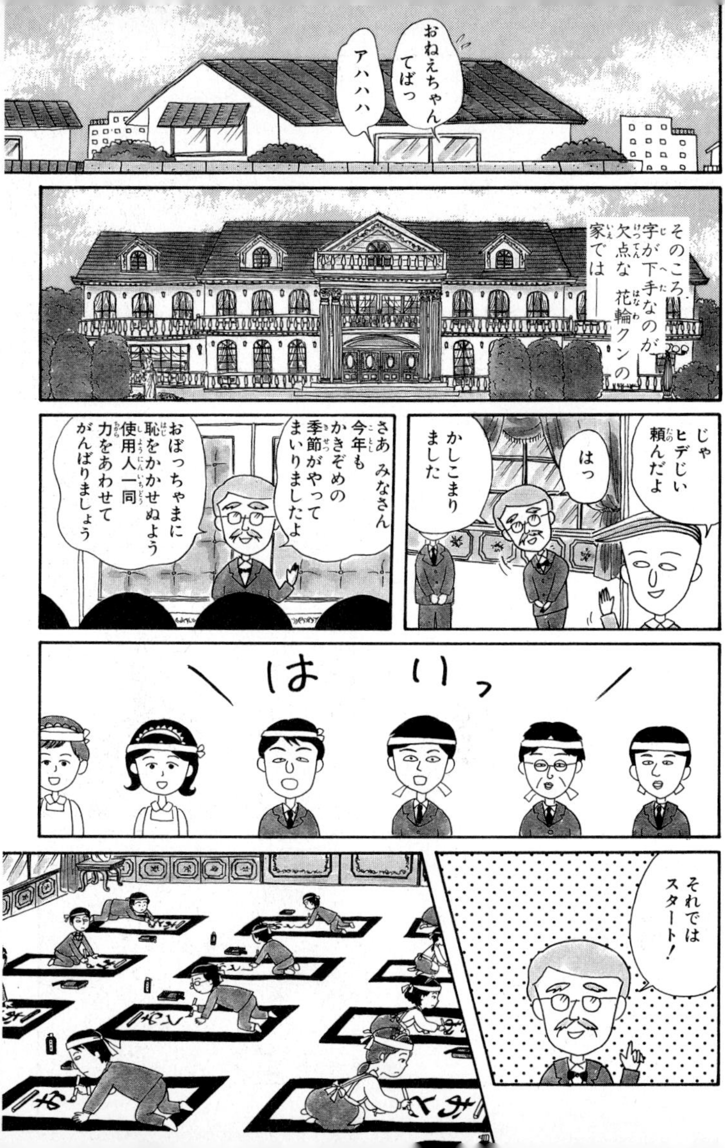
おねえちゃんてばっ
アハハハ
そのころ字が下手なのが欠点な花輪クンの家では――
じゃヒデじい頼んだよ
はっ
かしこまりました
さあ みなさん今年もかきぞめの季節がやってまいりましたよ
おぼっちゃまに恥をかかせぬよう使用人一同力をあわせてがんばりましょう
はいっ
それではスタート!

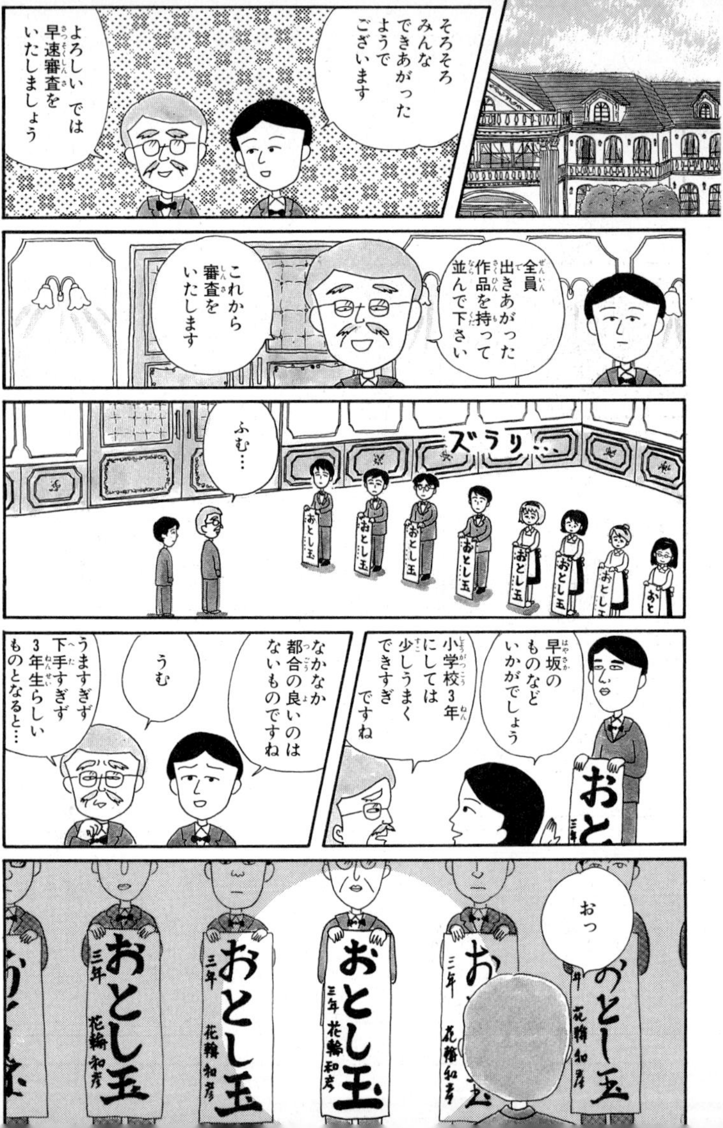
そろそろ みんな できあがった ようで ございます
よろしい では 早速審査を いたしましょう
全員 出きあがった 作品を持って 並んで下さい
これから 審査を いたします
ズラリ…
ふむ…
早坂の ものなど いかがでしょう
小学校3年 にしては 少しうまく できすぎ ですね
なかなか 都合の良いのは ないものですね
うむ
うますぎず 下手すぎず 3年生らしい ものとなると…
おっ
おとし玉
三年 花輪和彦

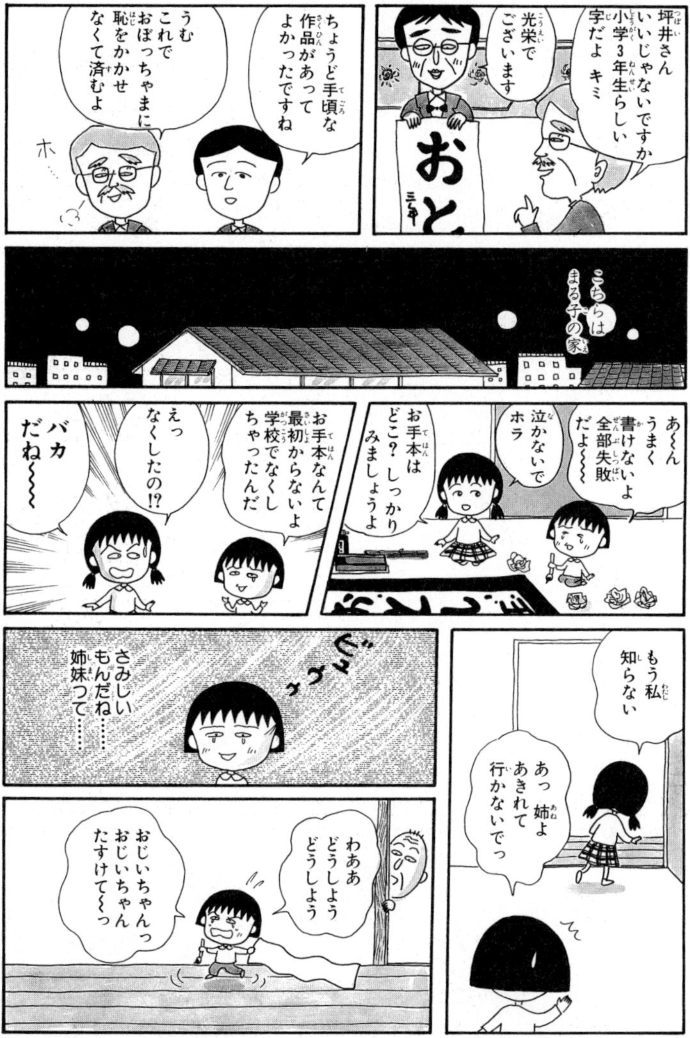

坪井さん いいじゃないですか 小学3年生らしい 字だよ キミ
光栄でございます
おと
ちょうど手頃な作品があってよかったですね
うむ これで おぼっちゃまに 恥をかかせなくて済むよ
ホ……
こちらはまる子の家
あ〜ん うまく書けないよ 全部失敗だよ〜〜
泣かないで ホラ
お手本はどこ? しっかりみましょうよ
お手本なんて最初からないよ 学校でなくしちゃったんだ
えっ なくしたの!?
バカだね〜〜〜
もう私知らない
あっ 姉よ あきれて行かないでっ
さみしいもんだね…… 姉妹って……
わああ どうしよう どうしよう
おじいちゃんっ おじいちゃん たすけて〜っ

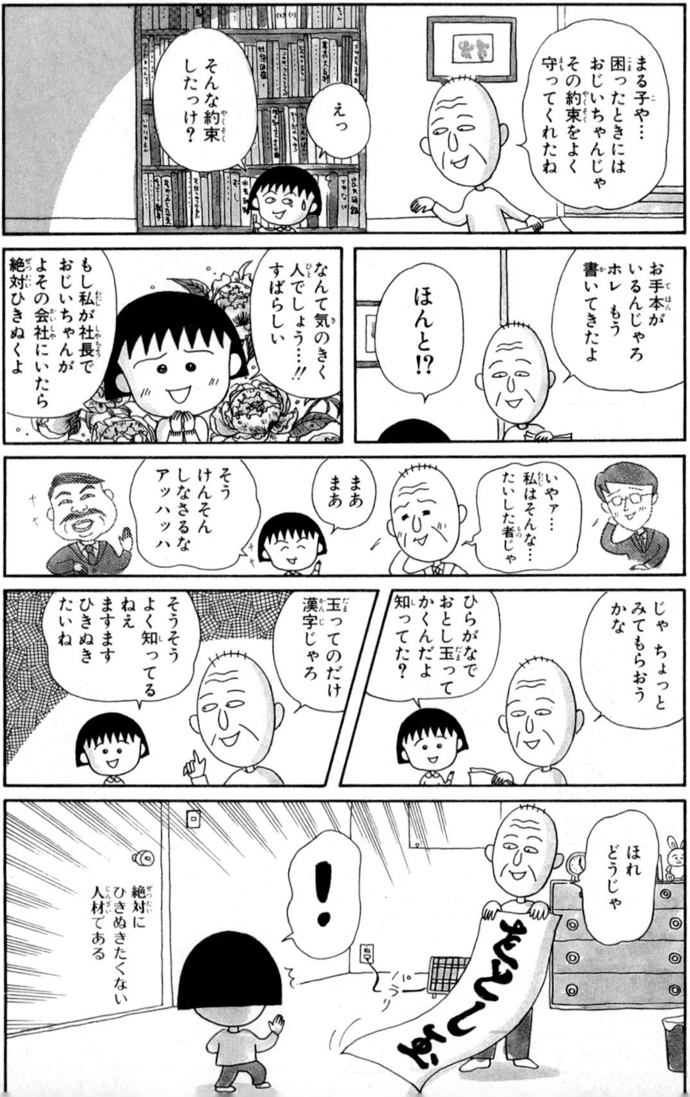
まる子や…
困ったときには
おじいちゃんじゃ
その約束をよく
守ってくれたね
えっ
そんな約束
したっけ?
お手本が
いるんじゃろ
ホレ もう
書いてきたよ
ほんと!?
なんて気のきく
人でしょう…!!
すばらしい
もし私が社長で
おじいちゃんが
よその会社にいたら
絶対ひきぬくよ
いやァ…
私はそんな…
たいした者じゃ
まあ
まあ
そう
けんそん
しなさるな
アッハッハ
じゃ ちょっと
みてもらおう
かな
ひらがなで
おとし玉って
かくんだよ
知ってた?
玉ってのだけ
漢字じゃろ
そうそう
よく知ってる
ねえ
ますます
ひきぬき
たいね
ほれ
どうじゃ
!
絶対に
ひきぬきたくない
人材である

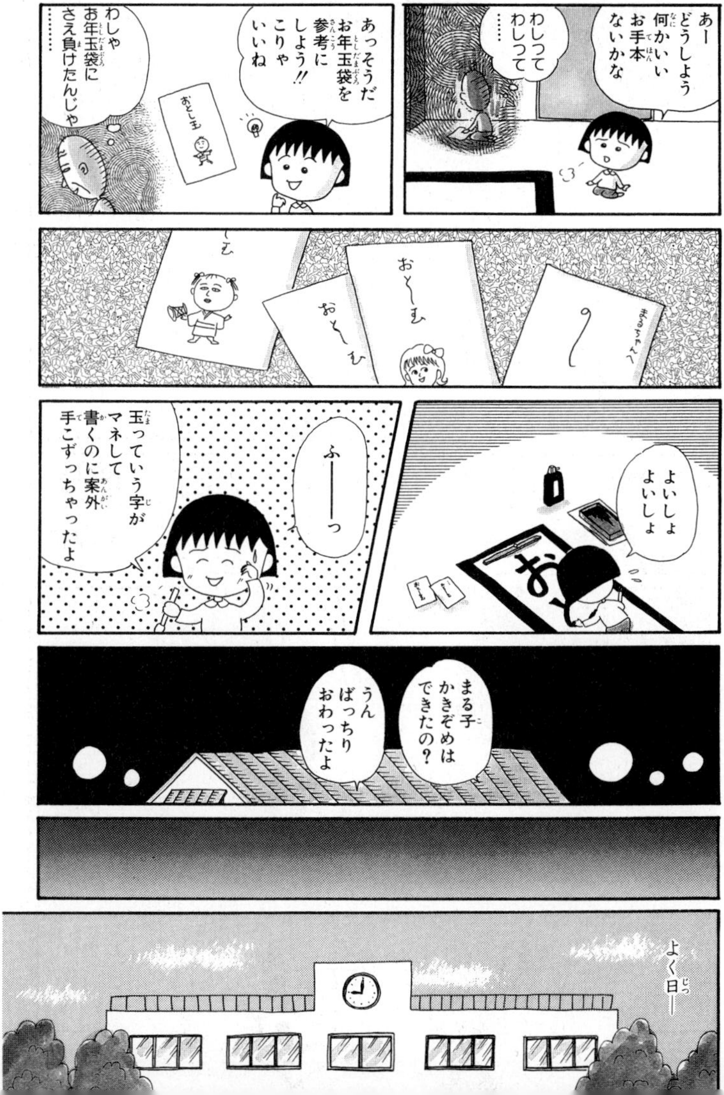

あー どうしよう 何かいい お手本 ないかな
わしって わしって……
あっそうだ お年玉袋を 参考に しよう!! こりゃ いいね
おとし玉
わしゃ お年玉袋に さえ負けたんじゃ……
まるちゃんへ
よいしょ よいしょ
ふーーーっ
玉っていう字が マネして 書くのに案外 手こずっちゃったよ
まる子 かきぞめは できたの?
うん ばっちり おわったよ
よく日ー

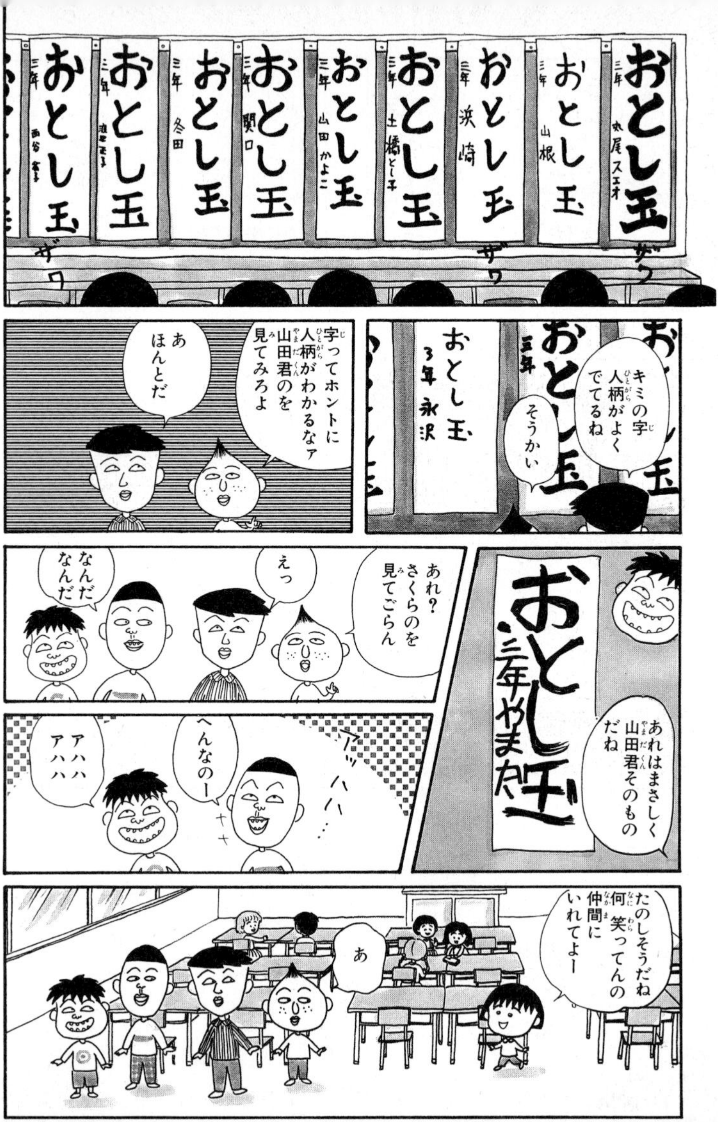

三年 丸尾スエオ おとし玉
三年 山根 おとし玉
三年 浜崎 おとし玉
三年 土橋とし子 おとし玉
三年 山田かよこ おとし玉
三年 関口 おとし玉
三年 冬田 おとし玉
三年 おとし玉
三年 西谷 おとし玉
ザワ
ザワ
ザワ
おとし玉 3年 永沢
キミの字人柄がよくでてるね
そうかい
字ってホントに人柄がわかるなァ山田君のを見てみろよ
あほんとだ
おとし玉 三年やまだ
あれはまさしく山田君そのものだね
あれ?さくらのを見てごらん
えっ
なんだなんだ
アッハハ…
へんなのー
アハハアハハ
たのしそうだね何笑ってんの仲間にいれてよー
あ

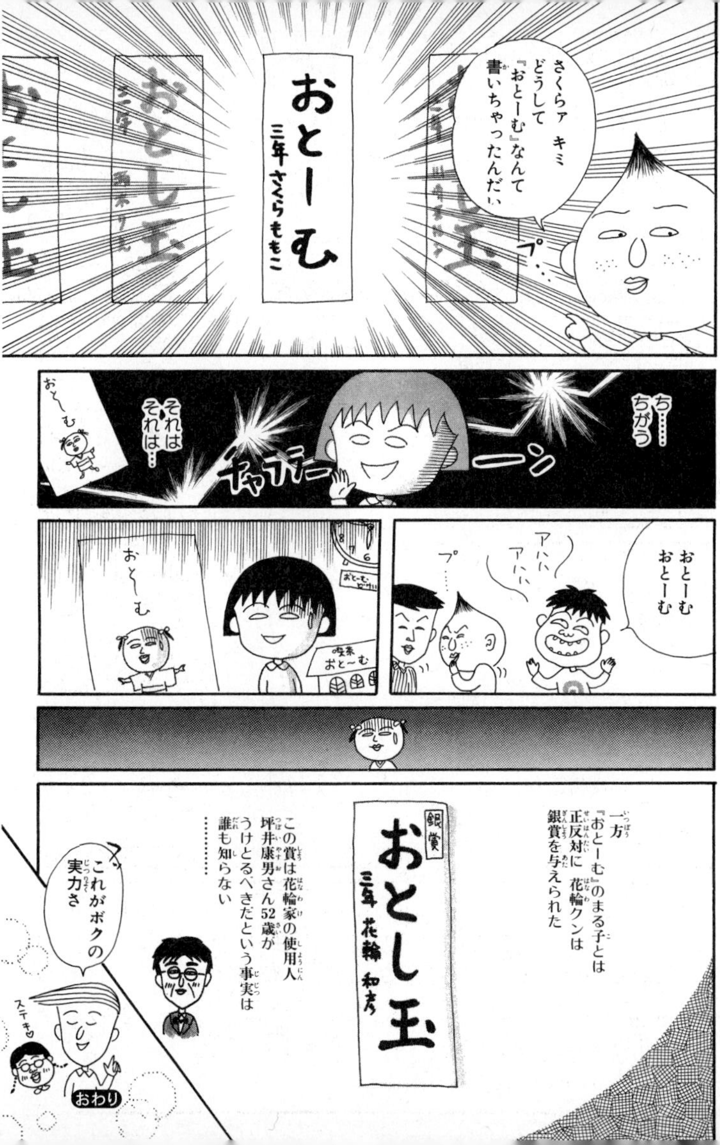

さくらァ キミ
どうして
『おとーむ』なんて
書いちゃったんだい
プ…
おとーむ
三年 さくらももこ
ち…
ちがう…
それ
それは…
チャラーーーン
おと〜む
おとーむ
おとーむ
アハハ
アハハ
プ…
おと〜む
おと〜む
一方
『おとーむ』のまる子とは
正反対に 花輪クンは
銀賞を与えられた
銀賞
おとし玉
三年 花輪 和彦
この賞は花輪家の使用人
坪井康男さん52歳が
うけとるべきだという事実は
誰も知らない
……
これがボクの
実力さ
ステキ♡
おわり

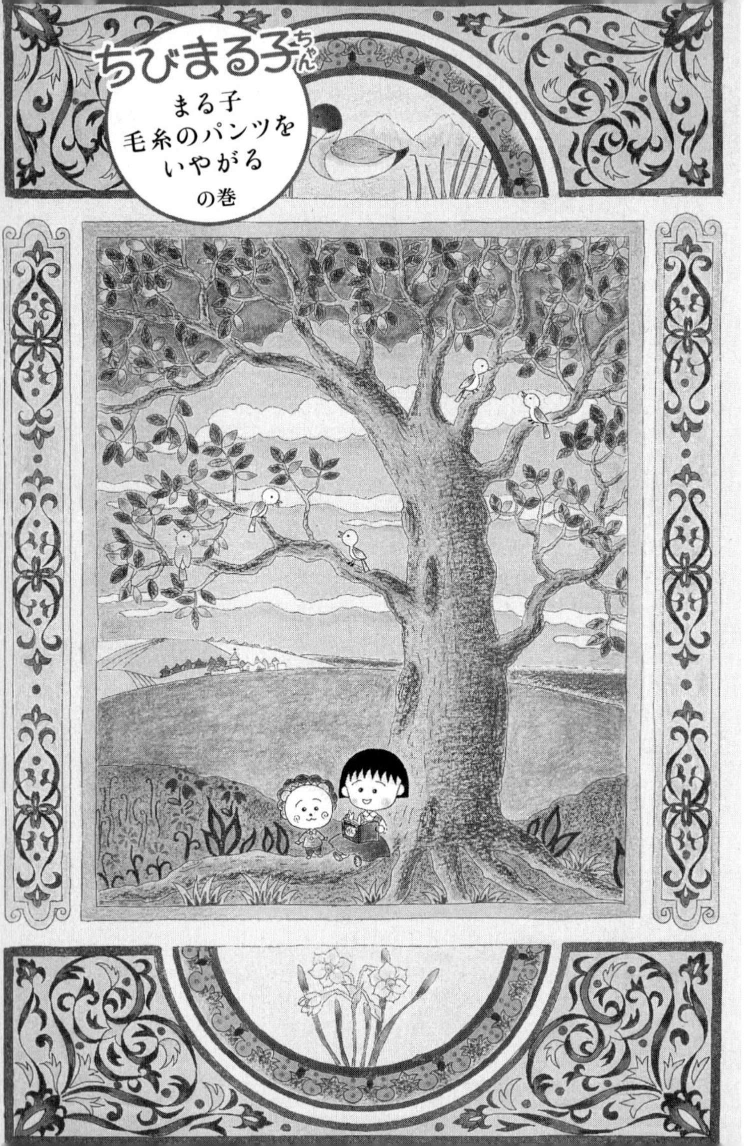
ちびまる子ちゃん
まる子
毛糸のパンツを
いやがる
の巻

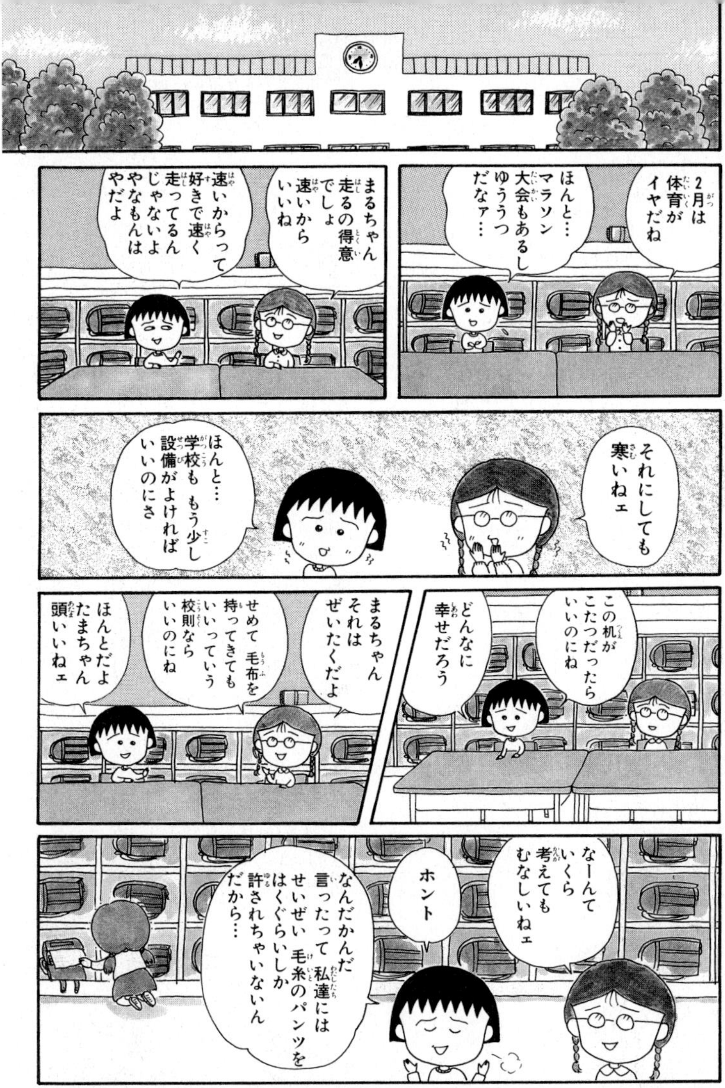
2月は体育がイヤだね
ほんと…マラソン大会もあるしゆううつだなァ…
まるちゃん走るの得意でしょ速いからいいね
速いからって好きで速く走ってるんじゃないよやなもんはやだよ
それにしても寒いねェ
ほんと…学校も　もう少し設備がよければいいのにさ
この机がこたつだったらいいのにね
どんなに幸せだろう
まるちゃんそれはぜいたくだよ
せめて　毛布を持ってきてもいいっていう校則ならいいのにね
ほんとだよたまちゃん頭いいねェ
なーんていくら考えてもむなしいねェ
ホント
なんだかんだ言ったって　私達にはせいぜい　毛糸のパンツをはくぐらいしか許されちゃいないんだから…

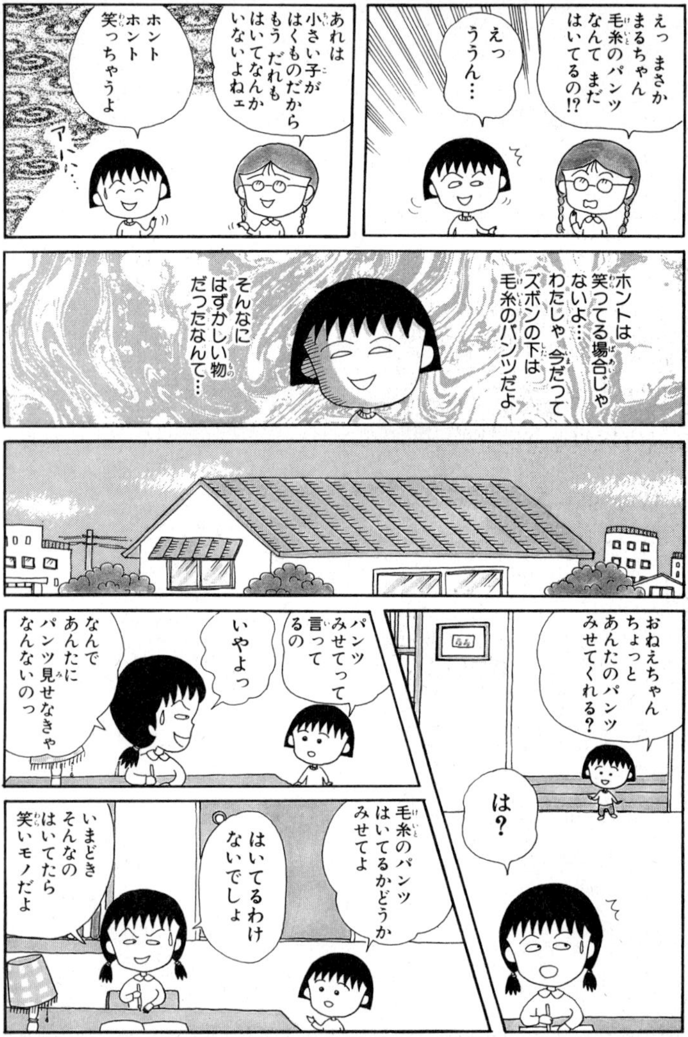
えっ まさか
まるちゃん
毛糸のパンツ
なんて まだ
はいてるの!?
えっ
ううん…
あれは
小さい子が
はくものだから
もう だれも
はいてなんか
いないよねェ
ホント
ホント
笑っちゃうよ
アハハ…
ホントは
笑ってる場合じゃ
ないよ…
わたしゃ 今だって
ズボンの下は
毛糸のパンツだよ
そんなに
はずかしい物
だったなんて…
おねえちゃん
ちょっと
あんたのパンツ
みせてくれる？
は？
パンツ
みせてって
言ってるの
いやよっ
なんで
あんたに
パンツ見せなきゃ
なんないのっ
毛糸のパンツ
はいてるかどうか
みせてよ
はいてるわけ
ないでしょ
いまどき
そんなの
はいてたら
笑いモノだよ

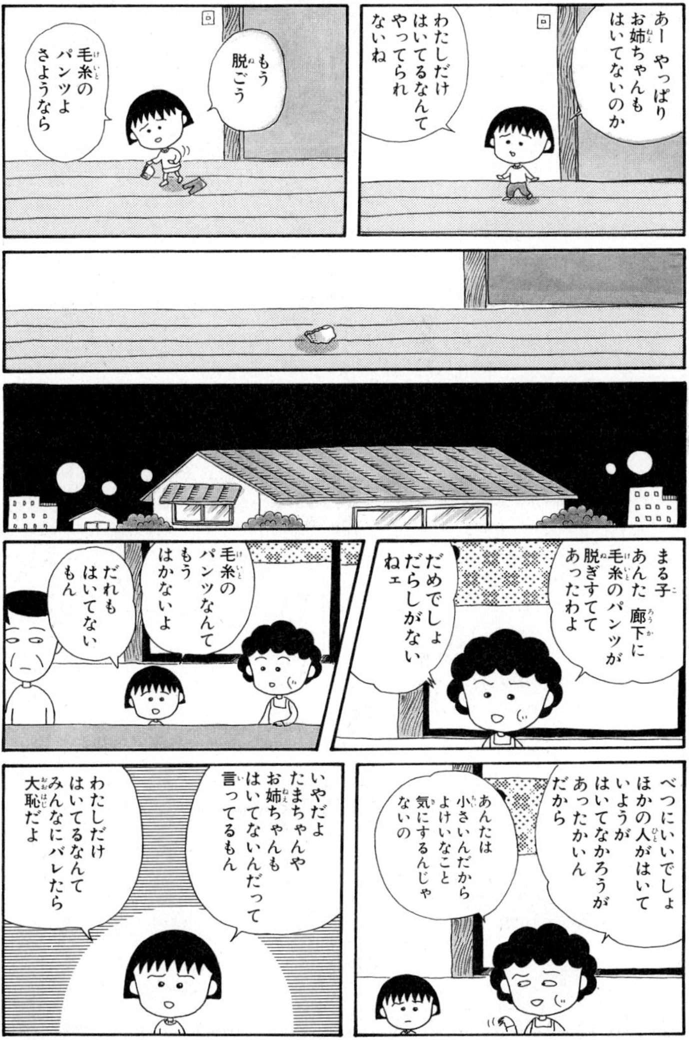

あーやっぱり
お姉ちゃんも
はいてないのか
わたしだけ
はいてるなんて
やってられ
ないね
もう
脱ごう
毛糸の
パンツよ
さようなら
まる子
あんた 廊下に
毛糸のパンツが
脱ぎすてて
あったわよ
だめでしょ
だらしがない
ねェ
毛糸の
パンツなんて
もう
はかないよ
だれも
はいてない
もん
べつにいいでしょ
ほかの人がはいて
いようが
はいてなかろうが
あったかいん
だから
あんたは
小さいんだから
よけいなこと
気にするんじゃ
ないの
いやだよ
たまちゃんや
お姉ちゃんも
はいてないんだって
言ってるもん
わたしだけ
はいてるなんて
みんなにバレたら
大恥だよ

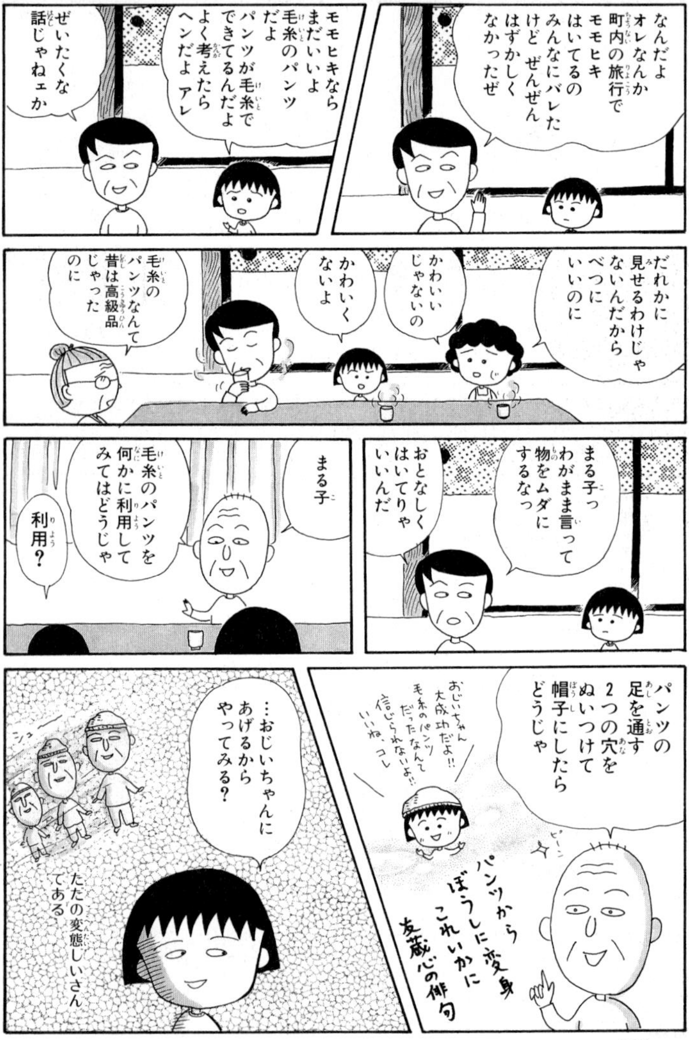
なんだよ オレなんか 町内の旅行で モモヒキ はいてるの みんなにバレた けど ぜんぜん はずかしく なかったぜ
モモヒキなら まだいいよ 毛糸のパンツ だよ パンツが毛糸で できてるんだよ よく考えたら ヘンだよ アレ
ぜいたくな 話じゃねェか
だれかに 見せるわけじゃ ないんだから べつに いいのに
かわいい じゃないの
かわいく ないよ
毛糸の パンツなんて 昔は高級品 じゃった のに
まる子っ わがまま言って 物をムダに するなっ
おとなしく はいてりゃ いいんだ
まる子
毛糸のパンツを 何かに利用して みてはどうじゃ
利用？
パンツの 足を通す 2つの穴を ぬいつけて 帽子にしたら どうじゃ
ピーン
おじいちゃん 大成功だよ!! 毛糸のパンツ だったなんて 信じられないよ!! いいね、コレ
パンツから ぼうしに変身 これいかに 友蔵心の俳句
…おじいちゃんに あげるから やってみる？
シュ〜
ただの変態じいさん である

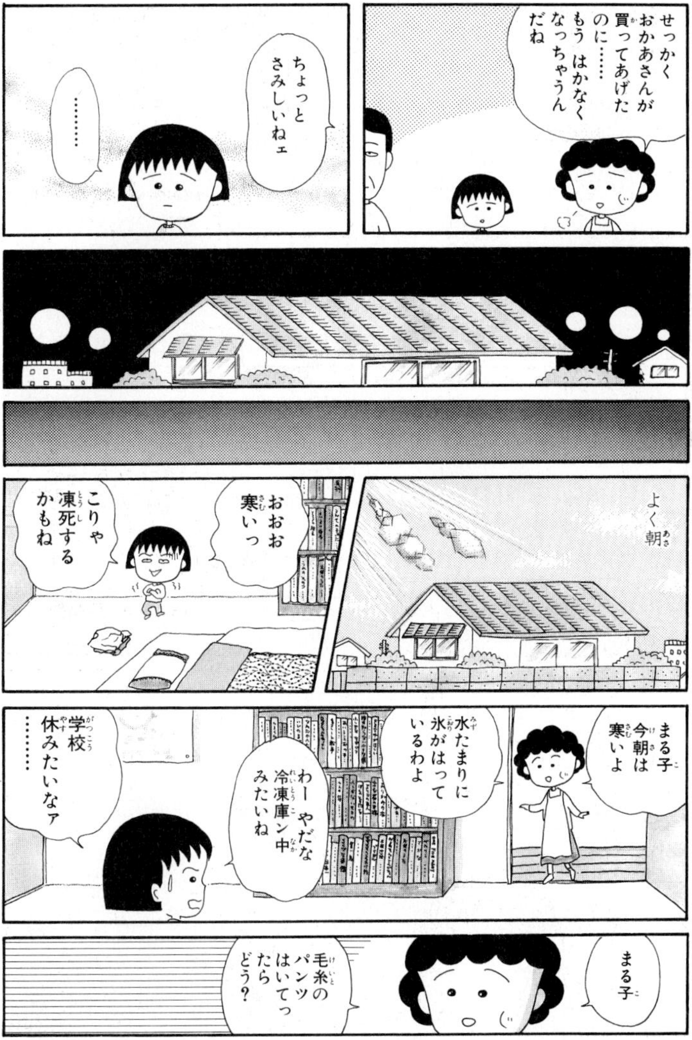
せっかくおかあさんが買ってあげたのに……もう はかなくなっちゃうんだね
ちょっとさみしいねェ
………
よく朝
おおお寒いっ
こりゃ凍死するかもね
まる子今朝は寒いよ
水たまりに氷がはっているわよ
わーやだな冷凍庫ン中みたいね
学校休みたいなァ
………
まる子
毛糸のパンツはいてったらどう?

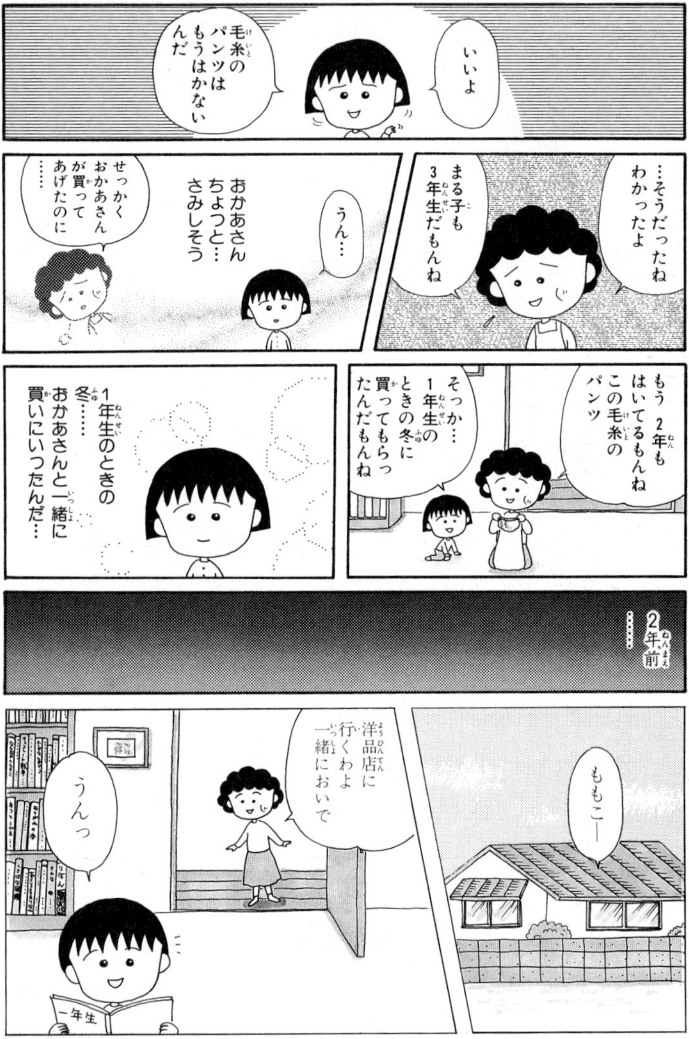
いいよ
毛糸のパンツはもうはかないんだ
…そうだったね わかったよ
まる子も3年生だもんね
うん…
おかあさんちよつと…さみしそう
せっかくおかあさんが買ってあげたのに……
もう2年もはいてるもんねこの毛糸のパンツ
そっか…1年生の冬に買ってもらったんだもんね
1年生のときの冬……おかあさんと一緒に買いにいったんだ…
2年前……
ももこー
洋品店に行くわよ一緒においで
うんっ
一年生

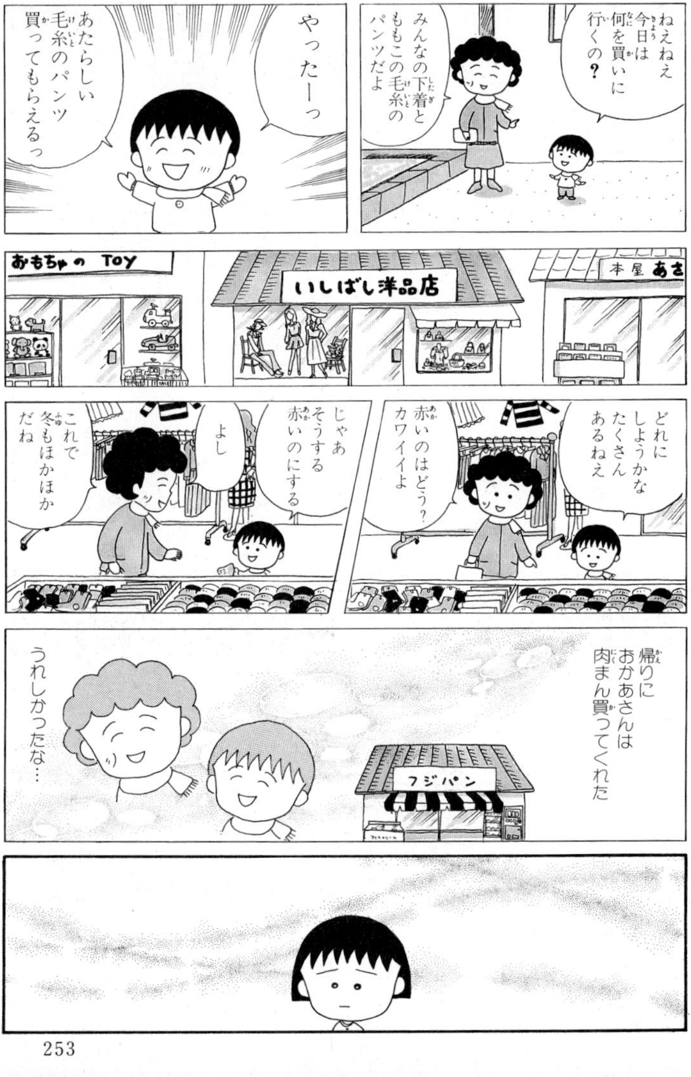
ねえねえ今日は何を買いに行くの?
みんなの下着ともももこの毛糸のパンツだよ
やったーっ
あたらしい毛糸のパンツ買ってもらえるっ
本屋 あさ
いしばし洋品店
おもちゃの TOY
どれにしようかなたくさんあるねえ
赤いのはどう?カワイイよ
じゃあそうする赤いのにする
よし
これで冬もほかほかだね
帰りにおかあさんは肉まん買ってくれた
フジパン
うれしかったな…

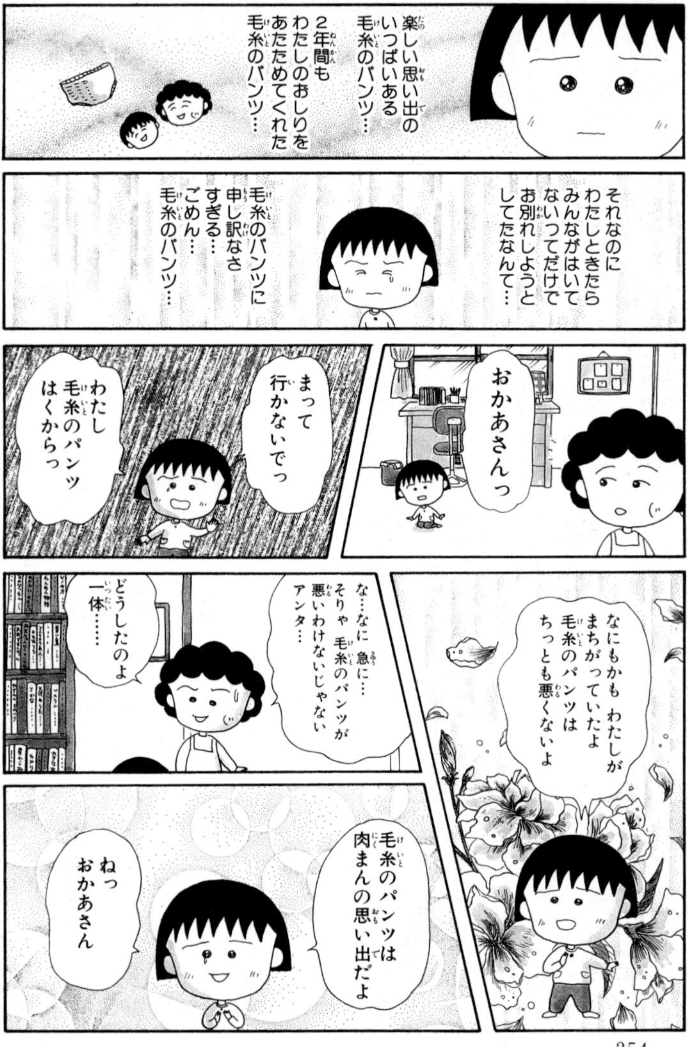
楽しい思い出の
いっぱいある
毛糸のパンツ…
2年間も
わたしのおしりを
あたためてくれた
毛糸のパンツ…
それなのに
わたしときたら
みんながはいて
ないってだけで
お別れしようと
してたなんて…
毛糸のパンツに
申し訳なさ
すぎる…
ごめん…
毛糸のパンツ…
おかあさんっ
まって
行かないでっ
わたし
毛糸のパンツ
はくからっ
なにもかも わたしが
まちがっていたよ
毛糸のパンツは
ちっとも悪くないよ
な…なに 急に…
そりゃ 毛糸のパンツが
悪いわけないじゃない
アンタ…
どうしたのよ
一体……
毛糸のパンツは
肉まんの思い出だよ
ねっ
おかあさん

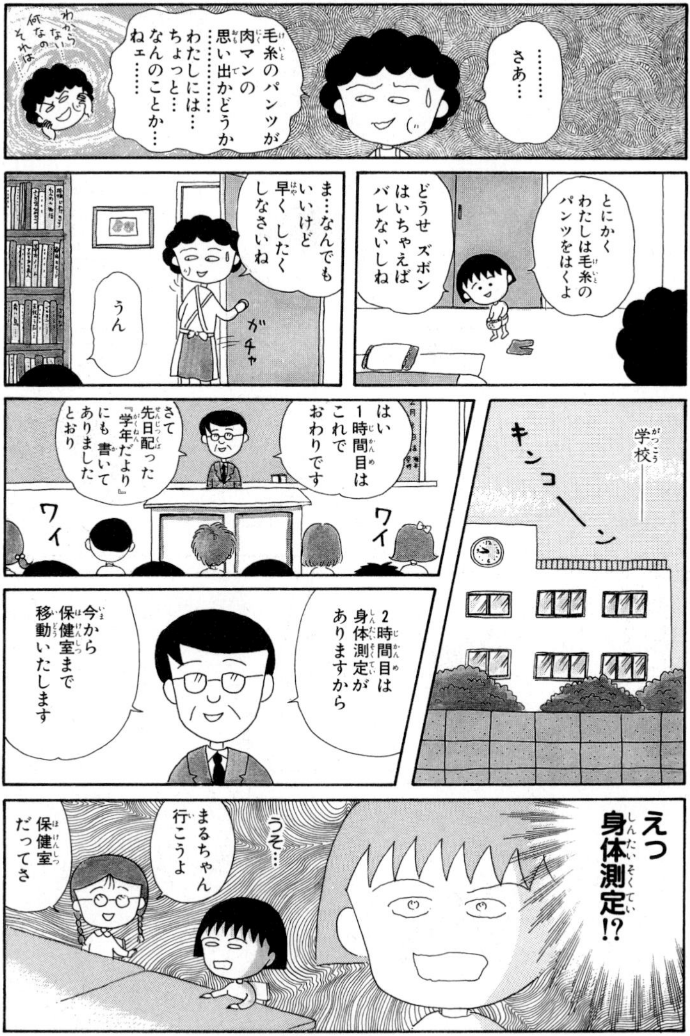
……さあ…
毛糸のパンツが肉マンの思い出かどうか…………わたしには…ちょっと…なんのことか…ねェ……
わからない… 何なの それは…
とにかく わたしは毛糸の パンツをはくよ
どうせ ズボン はいちゃえば バレないしね
ま…なんでも いいけど 早く したく しなさいね
ガチャ
うん
学校――
キンコ――ン
はい 1時間目は これで おわりです
ワイ
さて 先日配った 『学年だより』 にも 書いて ありました とおり
ワイ
2時間目は 身体測定が ありますから
今から 保健室まで 移動いたします
えっ 身体測定!?
うそ…
まるちゃん 行こうよ
保健室 だってさ

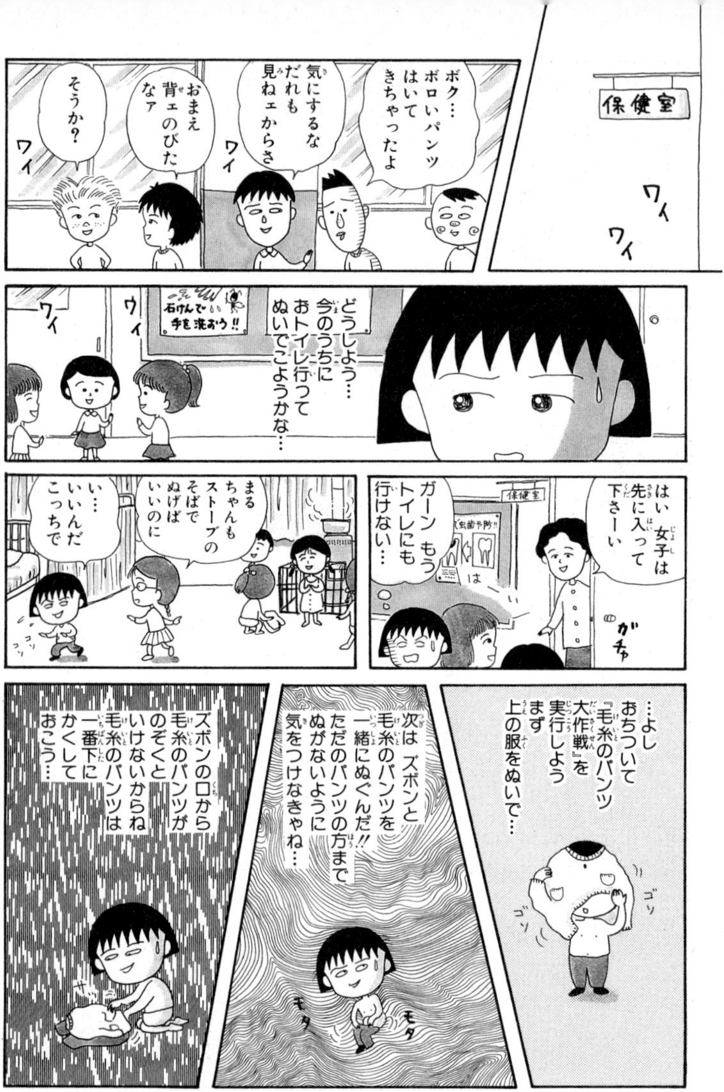

保健室
ワイ
ワイ
ボク…ボロいパンツはいてきちゃったよ
気にするなだれも見ねェからさ
おまえ背ェのびたなァ
そうか？
ワイ
ワイ
どうしよう…今のうちにおトイレ行ってぬいでこようかな…
石けんで手を洗おう!!
ワイ
ワイ
はい女子は先に入って下さーい
ガチャ
保健室
ガーン もうトイレにも行けない…
まるちゃんもストーブのそばでぬげばいいのに
い…いいんだこっちで
ゴソ
ゴソ
…よし おちついて『毛糸のパンツ大作戦』を実行しよう まず上の服をぬいで…
ゴソ
ゴソ
次は ズボンと毛糸のパンツを一緒にぬぐんだ!! ただのパンツの方までぬがないように気をつけなきゃね…
モタ
モタ
ズボンの口から毛糸のパンツがのぞくといけないからね 毛糸のパンツは一番下にかくしておこう…

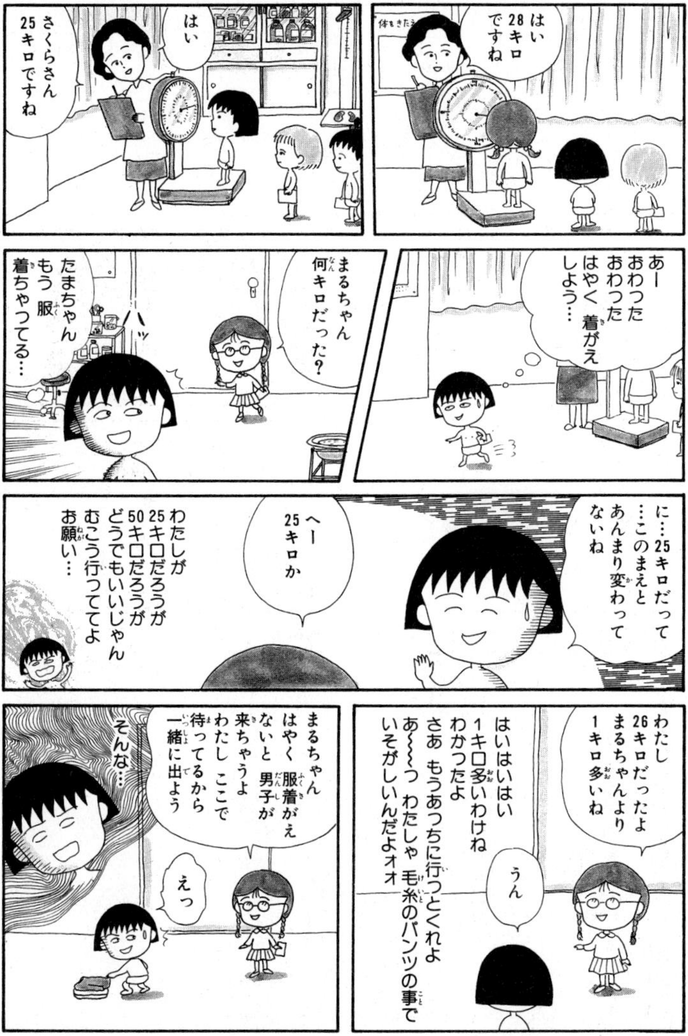
はい 28キロですね
さくらさん 25キロですね
はい
あー おわった おわった はやく 着がえ しよう…
まるちゃん 何キロだった?
ハッ
たまちゃん もう 服 着ちゃってる…
に…25キロだって …このまえと あんまり変わって ないね
へー 25キロか
わたしが 25キロだろうが 50キロだろうが どうでもいいじゃん むこう行っててよ お願い…
わたし 26キロだったよ まるちゃんより 1キロ多いね
うん
はいはいはい 1キロ多いわけね わかったよ さあ もうあっちに行っとくれよ あ〜〜っ わたしゃ 毛糸のパンツの事で いそがしいんだよォオ
まるちゃん はやく 服着がえ ないと 男子が 来ちゃうよ わたし ここで 待ってるから 一緒に出よう
えっ
そんな…

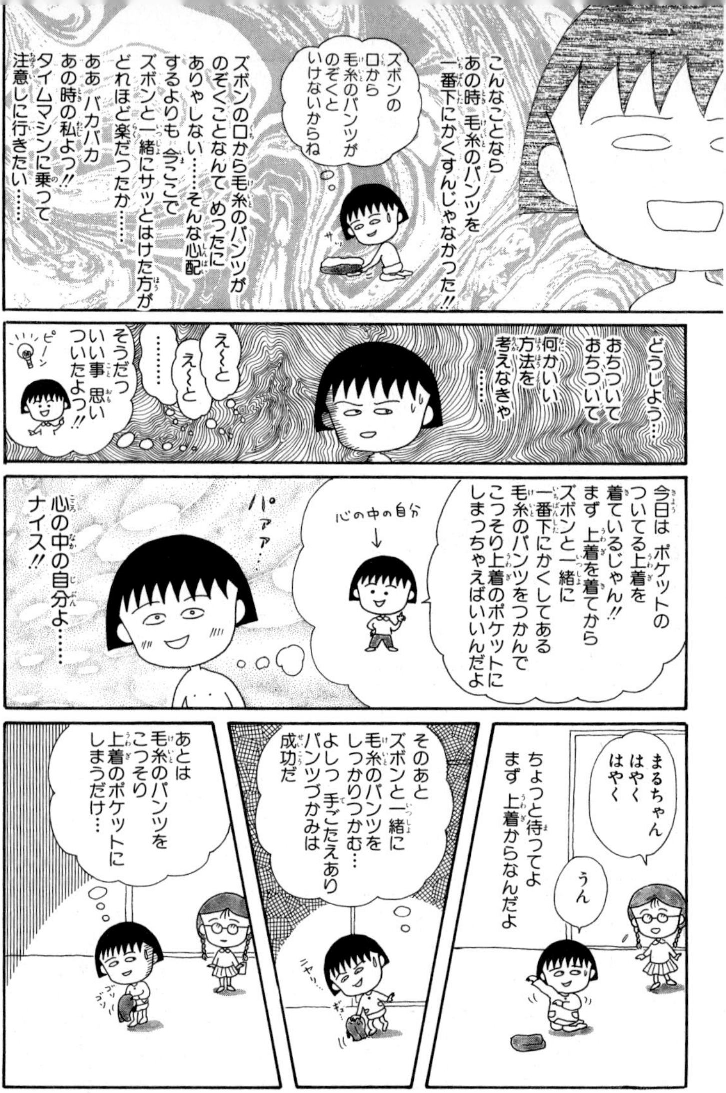

こんなことなら あの時 毛糸のパンツを 一番下にかくすんじゃなかった!!
ズボンの 口から 毛糸のパンツが のぞくと いけないからね
サッ
ズボンの口から毛糸のパンツが のぞくことなんて めったに ありゃしない……そんな心配 するよりも 今ここで ズボンと一緒にサッとはけた方が どれほど楽だったか……
ああ バカバカ あの時の私よっ!! タイムマシンに乗って 注意しに行きたい……
どうしよう… おちついて おちついて 何かいい 方法を 考えなきゃ ……
え〜と
え〜と
………
ピ!ン
そうだっ いい事 思い ついたよっ!!
今日は ポケットの ついてる上着を 着ているじゃん!! まず 上着を着てから ズボンと一緒に 一番下にかくしてある 毛糸のパンツをつかんで こっそり上着のポケットに しまっちゃえばいいんだよ
心の中の自分
パァア…
心の中の自分よ…… ナイス!!
まるちゃん はやく はやく
ちょっと待ってよ まず 上着からなんだよ
うん
そのあと ズボンと一緒に 毛糸のパンツを しっかりつかむ… よしっ 手ごたえあり パンツづかみは 成功だ
ニヤリ…
ギュ…
あとは 毛糸のパンツを こっそり 上着のポケットに しまうだけ…
ゴソ ゴソ

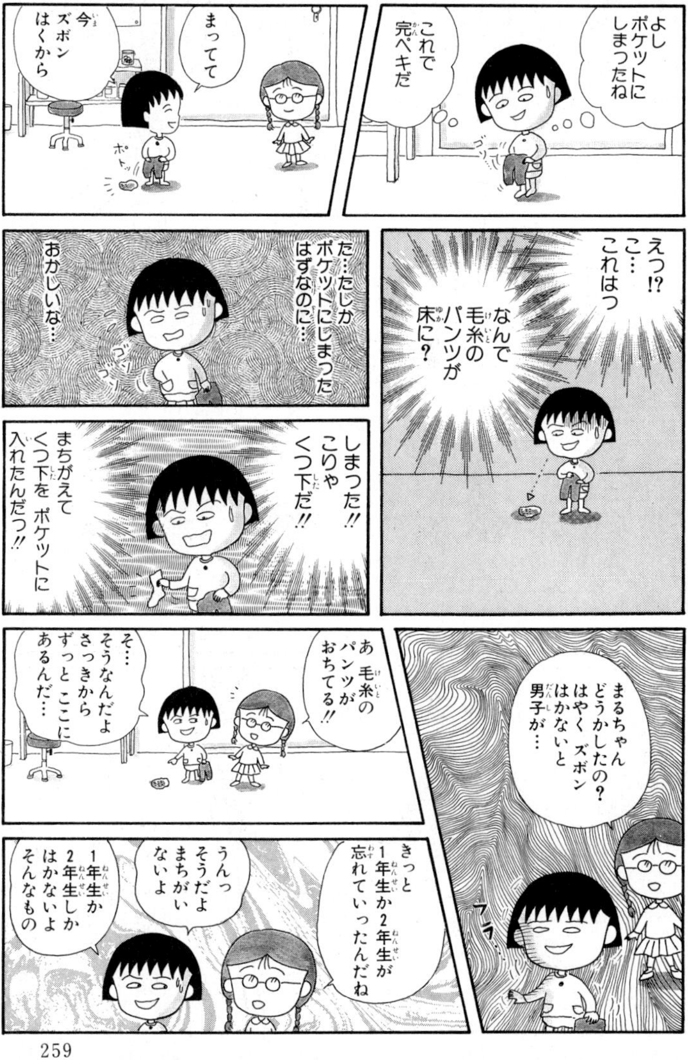
よし ポケットに しまったね
これで 完ペキだ
ゴソ
まってて
今 ズボン はくから
ポトッ
えっ!? こ… これはっ
なんで 毛糸の パンツが 床に?
た…たしか ポケットにしまった はずなのに…
おかしいな…
ゴソ ゴソ
しまった!! こりゃ くつ下だ!!
まちがえて くつ下を ポケットに 入れたんだっ!!
まるちゃん どうかしたの? はやく ズボン はかないと 男子が…
フラ…
あ 毛糸の パンツが おちてる!!
そ… そうなんだよ さっきから ずっと ここに あるんだ…
きっと 1年生か2年生が 忘れていったんだね
うんっ そうだよ まちがい ないよ
1年生か 2年生しか はかないよ そんなもの

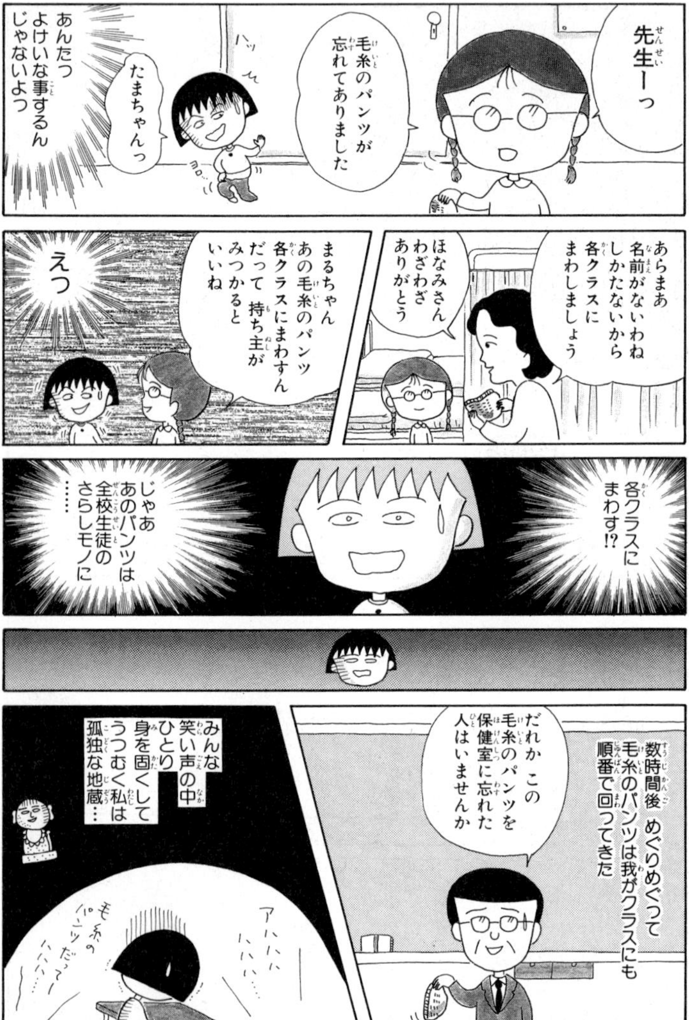
先生ーっ
毛糸のパンツが忘れてありました
ハッ
たまちゃんっ
あんたつ よけいな事するんじゃないよっ
あらまあ 名前がないわね しかたないから 各クラスにまわしましょう
ほなみさん わざわざ ありがとう
まるちゃん あの毛糸のパンツ 各クラスにまわすんだって 持ち主が みつかると いいね
えつ
各クラスに まわす!?
じゃあ あのパンツは 全校生徒の さらしモノに……
数時間後 めぐりめぐって 毛糸のパンツは我がクラスにも 順番で回ってきた
だれか この 毛糸のパンツを 保健室に忘れた 人はいませんか
みんな 笑い声の中 ひとり 身を固くして うつむく私は 孤独な地蔵…
アハハハハハ……
毛糸の パンツだって ハハハ……

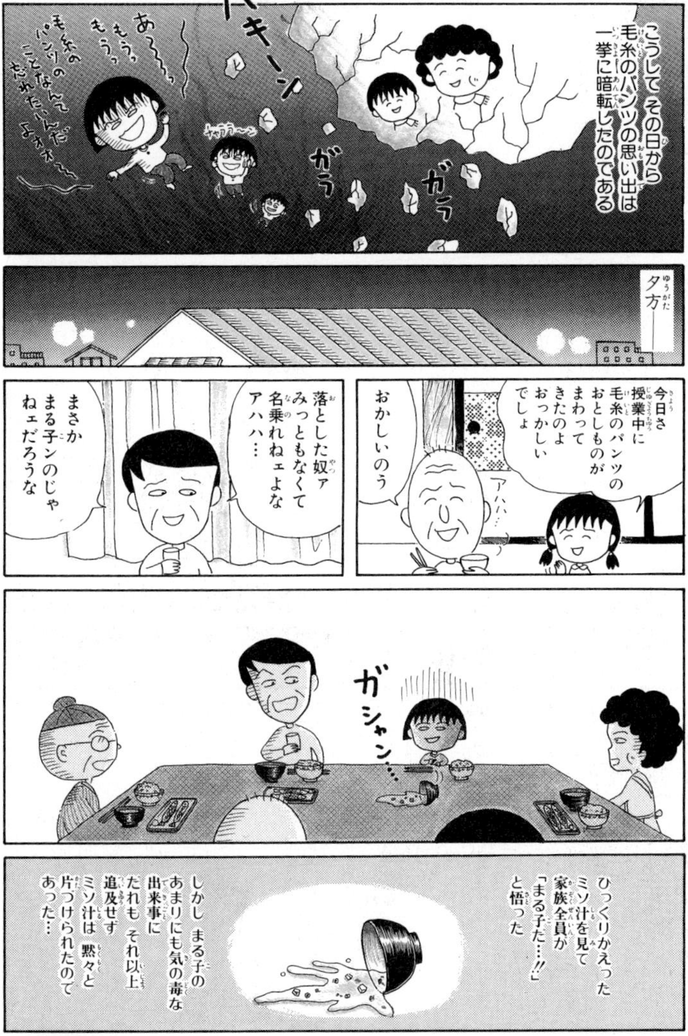
こうして その日から 毛糸のパンツの思い出は 一挙に暗転したのである
パキーン
ガラ
ガラ
キャララ〜ン
あ〜〜〜っ もうっ もうっ もうっ
毛糸のパンツのことなんて忘れたいんだよォオ〜〜
夕方——
今日さ 授業中に 毛糸のパンツの おとしものが まわって きたのよ おっかしい でしょ
アハハ…
おかしいのう
落とした奴ァ みっともなくて 名乗れねェよな アハハ…
まさか まる子ンのじゃ ねェだろうな
ガシャン…
ひっくりかえった ミソ汁を見て 家族全員が 「まる子だ…!!」 と悟った
しかし まる子の あまりにも気の毒な 出来事に だれも それ以上 追及せず ミソ汁は 黙々と 片づけられたので あった…

おわり

収録作品は、りぼん一九九一年12月号~一九九三年2月号に掲載されました。
(単行本　一九九二年6月、一九九三年1月、12月に集英社より刊行)
※ポストカード　りぼん付録　まるちゃん夏休みダイアリー(一九八九年)

JASRAC 出0400732-401

集英社文庫(コミック版)

ちびまる子ちゃん 6

2004年2月23日　第1刷

定価はカバーに表示してあります。

著　者　さくらももこ

発行者　片山道雄

発行所　株式会社　集英社
東京都千代田区一ツ橋2－5－10
〒101-8050
電話　東京　(3230) 6326 (編集)
(3230) 6393 (販売)
(3230) 6080 (制作)

印　刷　図書印刷株式会社

ISBN4-08-618120-7 C0179